《管理信息系统》实验指导书（第三版）

Management Information System Experiment Instruction

张金城　吕新民　主编

北京大学出版社
PEKING UNIVERSITY PRESS

图书在版编目(CIP)数据

《管理信息系统》实验指导书/张金城,吕新民主编.—3 版.—北京:北京大学出版社,2013.8

(21 世纪经济与管理规划教材·工商管理系列)

ISBN 978 - 7 - 301 - 22941 - 5

Ⅰ.①管… Ⅱ.①张… ②吕… Ⅲ.①管理信息系统 - 实验 - 高等学校 - 教材 Ⅳ.①C931.6 - 33

中国版本图书馆 CIP 数据核字(2013)第 174819 号

书　　名:《管理信息系统》实验指导书(第三版)
著作责任者:张金城　吕新民　主编
策 划 编 辑:徐　冰
责 任 编 辑:徐　冰
标 准 书 号:ISBN 978 - 7 - 301 - 22941 - 5/F·3693
出 版 发 行:北京大学出版社
地　　址:北京市海淀区成府路 205 号　100871
网　　址:http://www.pup.cn
电 子 信 箱:em@pup.cn　　QQ:552063295
新 浪 微 博:@北京大学出版社　@北京大学出版社经管图书
电　　话:邮购部 62752015　发行部 62750672　编辑部 62752926　出版部 62754962
印 刷 者:北京富生印刷厂
经 销 者:新华书店
787 毫米×1092 毫米　16 开本　18.25 印张　455 千字
2003 年 1 月第 1 版　2006 年 8 月第 2 版
2013 年 8 月第 3 版　2019 年 3 月第 5 次印刷
印　　数:11501—12500 册
定　　价:35.00 元

丛书出版前言

作为一家综合性的大学出版社，北京大学出版社始终坚持为教学科研服务，为人才培养服务。呈现在您面前的这套《21 世纪经济与管理规划教材》是由我国经济与管理领域颇具影响力和潜力的专家学者编写而成，力求结合中国实际，反映当前学科发展的前沿水平。

《21 世纪经济与管理规划教材》面向各高等院校经济与管理专业的本科生，不仅涵盖了经济与管理类传统课程的教材，还包括根据学科发展不断开发的新兴课程教材；在注重系统性和综合性的同时，注重与研究生教育接轨、与国际接轨，培养学生的综合素质，帮助学生打下扎实的专业基础和掌握最新的学科前沿知识，以满足高等院校培养精英人才的需要。

针对目前国内本科层次教材质量参差不齐、国外教材适用性不强的问题，本系列教材在保持相对一致的风格和体例的基础上，力求吸收国内外同类教材的优点，增加支持先进教学手段和多元化教学方法的内容，如增加课堂讨论素材以适应启发式教学，增加本土化案例及相关知识链接，在增强教材可读性的同时给学生进一步学习提供指引。

为帮助教师取得更好的教学效果，本系列教材以精品课程建设标准严格要求各教材的编写，努力配备丰富、多元的教辅材料，如电子课件、习题答案、案例分析要点等。

为了使本系列教材具有持续的生命力，我们将积极与作者沟通，争取三年左右对教材不断进行修订。无论您是教师还是学生，您在使用本系列教材的过程中，如果发现任何问题或者有任何意见或者建议，欢迎及时与我们联系（发送邮件至 em@pup.cn）。我们会将您的宝贵意见或者建议及时反馈给作者，以便修订再版时进一步完善教材内容，更好地满足教师教学和学生学习的需要。

最后，感谢所有参与编写和为我们出谋划策提供帮助的专家学者，以及广大使用本系列教材的师生，希望本系列教材能够为我国高等院校经管专业教育贡献绵薄之力。

北京大学出版社
经济与管理图书事业部
2012 年 1 月

前 言

管理信息系统作为一门综合性学科，具有较强的理论性、实践性，其内容随着管理理论、信息技术和企业应用的发展而不断更新。随着我国企业信息化的全面普及和推进，引发了新一轮对企业信息化人才的强烈需求。管理信息系统作为高等院校经济类和管理类专业的核心课程之一，只有紧密结合企业实际，增强学生的信息系统实际应用能力，拉近书本知识与实际工作的距离，才能适应高等教育专业人才的培养目标和要求。由此，加强实践环节教学，为学习者提供一套先进、完整、可操作的实验教材，成为我们“管理信息系统”精品课程组共同的目标和任务。

ERP（企业资源计划）系统融先进的管理思想、最佳企业业务实践为一体，受到企业界的广泛关注，也近乎成为了企业管理软件的代名词。作为中国最大的企业管理软件供应商，用友 ERP 在国内企业中得到了广泛应用。本实验教材选用了其最新软件产品 ERP-U8（V8.72）作为管理软件平台，将使教材更具实用性和适应性，以及更有利于提升学生的实践能力。

本实验教材共分 13 章。第 1 章在概述 ERP 的概念和基本思想基础上，对用友 ERP-U8（V8.72）的功能特点、应用架构、应用流程、系统安装进行了介绍，并对实验教程的指导思想、特色及使用建议进行了简要说明。第 2 章至第 13 章则从 ERP 软件系统集成化、信息共享的特点出发，以及用友 ERP-U8（V8.72）在企业的实际应用流程出发，以一个企业单位的经济业务贯穿始终，分别介绍了系统管理、基础档案设置、模块初始化、采购与应付款管理、销售与应收款管理、库存管理、存货核算、薪资管理、固定资产管理、总账、期末处理、UFO 报表等系统的基本功能、业务流程和操作使用，使学生能系统地、完整地掌握 ERP-U8（V8.72）管理软件在企业中的实际运用，以便在今后的工作中能适应企业信息系统管理软件的实际操作能力需求。

本实验教材在各业务系统章节中，每章都包括系统概述、系统业务处理和上机实验等部分，系统概述简要阐述了各业务系统的功能、与其他系统的关系，使学生对各业务系统有一个粗略了解，系统业务处理则对各业务系统所处理的主要业务类型、业务流程进行了介绍。实验部分作为本教材的重点，每个实验都按照实验准备、实验目的和要求、实验内容、实验资料、实验指导的顺序展开，使学生能了解完成各部分实验应具备的知识和技能，并能按照实验指导步骤顺利地完成实验内容。

本实验教材的特色有：设计新颖，独具匠心；内容全面，安排合理；贴近实际，具有较强的实用性；图文并茂，有助于学生快速掌握和实现无师自通、便于自学等。本实验教材可作为高等院校经济管理类各专业的管理信息系统实验教材使用，也可作为企业管理人员的业务学习资料。

本实验教材由张金城、吕新民主编，在编写过程中得到了用友软件股份有限公司南京分公司涂荣学、张道品的协助，在此表示感谢。

尽管我们作了很大努力，对实验中所涉及的每个实验都作了测试，力求内容的完善与数据的准确，但由于作者本身的局限，缺漏在所难免，诚恳希望读者予以批评指正。

目　　录

第 1 章　系统应用基础 ………………………………………………………… 1
　1.1　ERP 概述 ………………………………………………………… 2
　1.2　用友 ERP-U8 管理软件简介 …………………………………… 3
　1.3　实验教材使用指南 …………………………………………… 16
第 2 章　系统管理与企业应用平台 ………………………………… 18
　2.1　系统管理 ……………………………………………………… 19
　2.2　企业应用平台 ………………………………………………… 20
第 3 章　基础设置 ………………………………………………… 34
　3.1　基础设置概述 ………………………………………………… 35
　3.2　基础设置内容 ………………………………………………… 35
第 4 章　模块初始化设置 ………………………………………… 62
　4.1　模块初始化设置概述 ………………………………………… 63
　4.2　模块初始化设置内容 ………………………………………… 63
　4.3　各模块初始化设置 …………………………………………… 63
第 5 章　采购与应付款管理 ……………………………………… 90
　5.1　采购与应付款管理系统概述 ………………………………… 91
　5.2　采购管理系统 ………………………………………………… 91
　5.3　应付款管理系统 ……………………………………………… 95
第 6 章　销售与应收款管理 ……………………………………… 129
　6.1　销售与应收款管理系统概述 ……………………………… 130
　6.2　销售管理系统 ……………………………………………… 130
　6.3　应收款管理系统 …………………………………………… 135
第 7 章　库存管理 ………………………………………………… 167
　7.1　库存管理系统概述 ………………………………………… 168
　7.2　库存管理系统日常业务处理 ……………………………… 169
第 8 章　存货核算 ………………………………………………… 185
　8.1　存货核算系统概述 ………………………………………… 186

8.2 存货核算系统的日常业务处理 …… 187

第9章 薪资管理 …… 199

9.1 薪资管理系统概述 …… 200

9.2 薪资管理系统日常业务处理 …… 201

第10章 固定资产管理 …… 219

10.1 固定资产管理系统概述 …… 220

10.2 固定资产管理系统日常业务处理 …… 221

第11章 总账系统日常业务处理 …… 239

11.1 总账系统概述 …… 240

11.2 总账系统业务处理流程 …… 241

第12章 期末处理 …… 259

12.1 期末处理概述 …… 260

12.2 期末处理内容 …… 260

第13章 UFO报表 …… 273

13.1 UFO报表概述 …… 274

13.2 UFO报表业务处理流程 …… 274

第1章

系统应用基础

1.1 ERP 概述

当今信息化时代,企业整体效益的提升来自充分的信息共享和整体业务的优化,来自业务信息的有效集成,信息的集成要求扩展到企业整个资源的利用和管理,需要统一的、实时的信息共享和业务的整体协调,以消除信息孤岛所带来的沟通不畅和资源利用困难的现象。企业资源计划(Enterprise Resource Planning,ERP)正是专门为解决企业信息集成而产生的系统解决方案,即基于信息技术这一基础,利用现代企业的先进管理思想,把企业的设计、采购、生产、财务、营销等各个环节有效集成起来,为企业提供决策、计划、控制与管理的系统化平台。

ERP 利用计算机技术,把企业的物流、人流、资金流、信息流统一起来进行管理,把客户需要和企业内部的生产经营活动及供应商的资源整合在一起,为企业决策层解决产品成本问题、提高作业效率及改善资金运营情况等,使之成为能完全按用户需求进行经营管理的一种全新的行之有效的管理方法。它是一个以管理会计为核心的信息系统,识别和规划企业资源,从而获取客户订单,完成加工和交付,最后得到客户付款;是综合客户机和服务体系系统、关系数据库结构、面向对象技术、图形用户界面、第四代语言、网络通信等信息产业成果,以 ERP 为管理思想的软件产品(见图 1-1)。

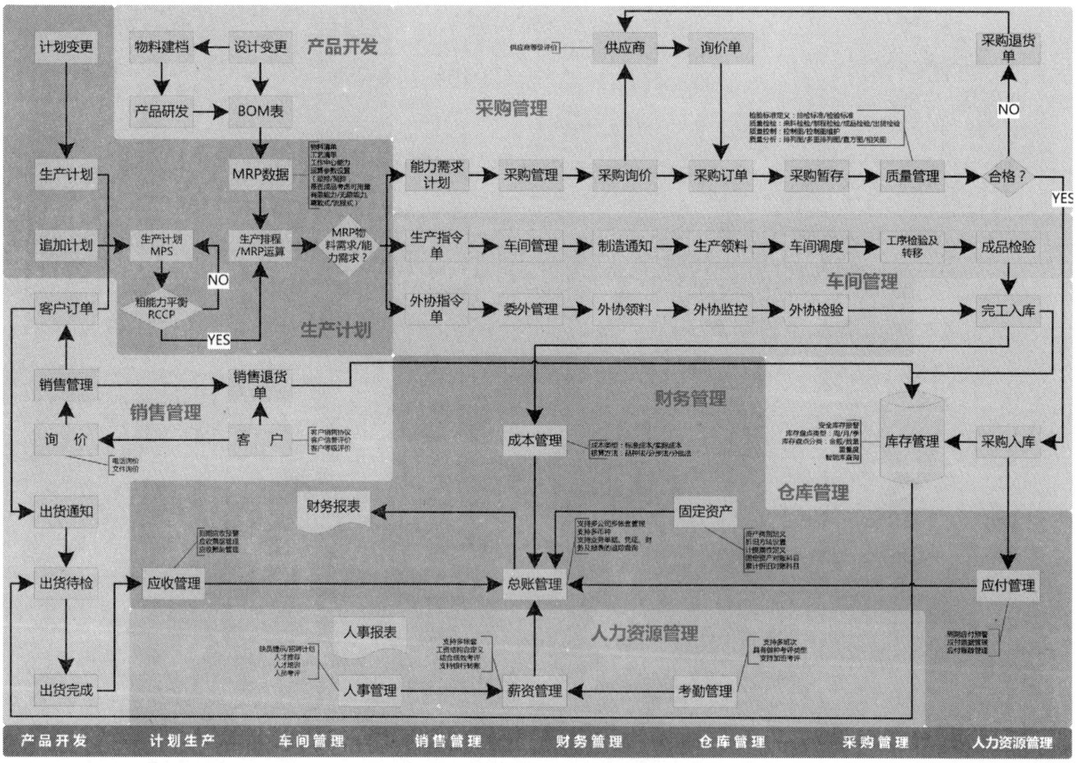

图 1-1　企业资源计划概况图

ERP 将企业内部所有资源整合在一起,对采购、生产、成本、库存、分销、运输、财务、人力资源进行规划,从而达到最佳资源组合,取得最佳效益(见图 1-2)。

图1-2　ERP资源管理思想

ERP的合理运用已经改变了企业运作的面貌，它通过运用最佳业务制度规范（Business Practice）以及集成企业关键业务流程（Business Processes）来发问和提高企业利润、市场需求反应速度。同时，企业处在日新月异的市场机遇、价格和服务等的挑战环境中，必须不断改变、改善企业经营模式，提高企业竞争力。以往仅仅关注于企业内部的流程改善，产品开发和制造水平的提高已经不足以面对现实的市场环境。事实说明，处在现代竞争环境的企业要保持生存和持续发展必须与商业合作伙伴充分协调，以建立一个具有竞争优势的价值链。

ERP软件的合理运用可以帮助企业内部业务操作合理化，同时运用功能丰富的协作/合作技术（Collaborative Technologies）可以帮助企业在跨合作企业群体和贸易伙伴之间提高管理水平，扩展企业竞争空间和提高综合能力。

随着ERP的推广和应用，许多公司正在慢慢地接受并实施ERP解决方案，用ERP来集成系统的业务信息。多数企业认为，ERP最为显著的作用是带来直接的经济效益的提高，其次是管理的标准化、规范化，然后是行业竞争力的提高。另外，它还对企业形象改善、管理思维提升、员工积极性的激励方面都有所帮助。作为先进的计算工具，ERP有很高的运算能力、固定的程式与规则，对于企业提高管理水平具有重要意义。

1.2　用友ERP-U8管理软件简介

1.2.1　用友ERP-U8功能特点

用友ERP-U8管理软件是一套企业级的解决方案，满足不同的竞争环境下，不同的制造、商务模式下，以及不同运营模式下的企业经营，实现从企业日常运营、人力资源管理到办公事务处理等全方位的产品解决方案。用友ERP-U8是以集成的信息管理为基础，以规范企业运营、改善经营成果为目标，以“优化资源、提升管理”为核心理念，以快速实施为特点，为中小型企业提供一套满足中国企业特色的、成熟、高效、低成本的ERP全面解决方案（见图1-3）。用友ERP-U8管理软件是当前国内拥有用户群最多的软件产品，包括企业信息化的各个方面。

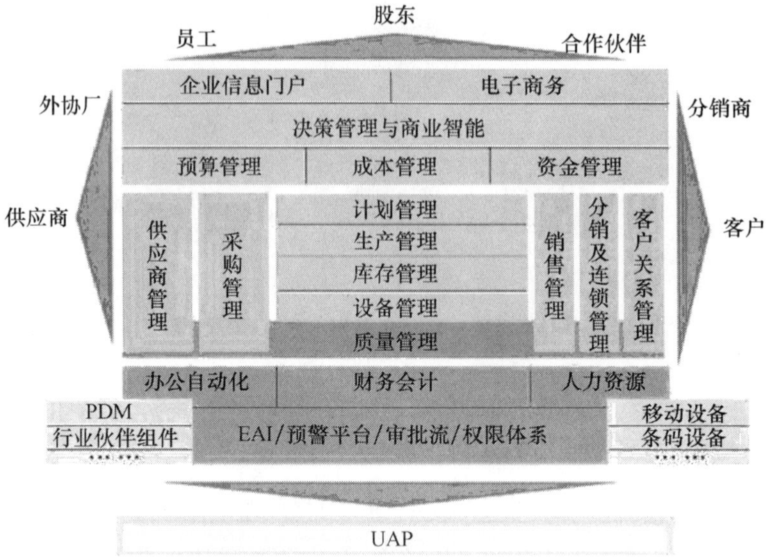

图 1-3　用友 ERP-U8 系统

用友 ERP-U8 管理软件汇集了上百万成功用户的应用需求，累积了丰富的行业先进企业管理经验，根据业务范围和应用对象的不同，划分为财务管理、供应链、生产制造、人力资源、决策支持、集团财务、企业门户、行业插件等系列产品，由四十多个系统构成且各系统之间信息高度共享。

用友 ERP-U8 管理软件主要功能特点有：

(1)“业务场景驱动”的应用模式。

用友 ERP-U8 软件基于用友 UAP 技术构架，将“懂业务，就懂 ERP”的设计思想在个性化角色门户中充分展现，让 ERP 成为“人人会用”的管理工具。

(2) 提供多个行业及领域解决方案。

用友 ERP-U8 软件融入数十个行业的先进管理模式，提供不同类型企业的全面管理解决方案，提供企业关键业务场景，并通过预配置方式，使快速应用成为可能。

(3) 实现财务和业务一体化管理。

用友 ERP-U8 软件实现了以销售订单为导向，以计划为主线，以财务为核心，业务范围覆盖财务、物流、生产制造、客户关系管理、管理会计、决策支持、网络分销、人力资源、OA(办公自动化)、集团应用以及企业应用集成等的一体化管理和全面应用。

(4) 满足各层次管理者应用需求。

用友 ERP-U8 软件是一个企业综合运营平台，可以满足各级管理者对信息化的不同要求：为高层经营管理者提供大量收益与风险的决策信息，辅助企业制定长远发展战略；为中层管理人员提供企业各个运作层面的运作状况，帮助做到对各种事件的监控、发现、分析、解决、反馈等处理流程，帮助做到投入产出最优配比；为基层管理人员提供便利的作业环境、易用的操作方式，实现工作岗位、工作职能的有效履行。

(5) 较高的性能效率和易用性。

用友 ERP-U8 软件实现了低配置、低资源占用、数百个高并发状态下的企业平台级大规模应用;支持全键盘操作,具有较好的易用性和与管理者的交互性;个性化开发工具 UAP 平台内预置各种模板,可快速支持企业基于行业的个性化开发。

(6) 支持制造业、流通企业深度应用。

运用用友 ERP-U8 软件,可实现动态安全库存、集体计件工资、工序委外管理、标准成本管理等应用;实现滚动采购计划及供货信息联动查询;实现销售订单的全过程追溯查询;提供数十个关键业务点的内部控制;支持企业直营门店、直营专柜、加盟店业务模式,支撑连锁零售企业的经营扩张。

(7) 满足新法规要求。

用友 ERP-U8 软件提供了新劳动法、新会计准则和制度的完整解决方案及适应国家财税制度新变化的财税一体化应用。

1.2.2　用友 ERP-U8(V8.72)管理软件应用架构

用友 ERP-U8(V8.72)软件系统为用友公司 2008 年 3 月发布的“用友 ERP-U8(V8.71)”的升级版本,本版重点是提高系统运行效率、改进产品易用性,另外推出了面向中高层管理人员及专业分析人员的,进行全面的企业财务、业务的综合查询、实时监控和分析决策的商业智能平台。本版还充分考虑国外企业在华投资和国内企业向海外发展的国际化运营模式的需求,提供多语言支持。

用友 ERP-U8(V8.72)软件基于用友 UAP 技术构架,将“懂业务,就懂 ERP”的设计思想在个性化角色门户中充分展现,软件的工作中心界面如图 1-4 所示。

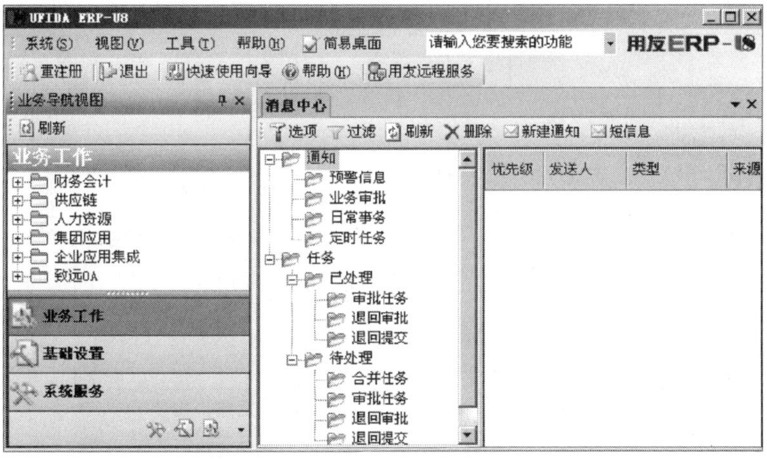

图　1-4

用友 ERP-U8(V8.72)包含的明细功能模块有:

(1) 财务会计。它包括总账、应收款管理、应付款管理、固定资产、网上报销、网上银行、UFO 报表、现金流量表、报账中心。

(2) 管理会计。它包括成本管理、项目管理、预算管理、资金管理。

(3) 客户关系管理。它包括客户关系管理、服务管理。

(4) 供应链。它包括合同管理、售前分析、销售管理、采购管理、委外管理、库存管理、存货核算、质量管理、进口管理、出口管理。

(5) 生产制造。它包括物料清单、主生产计划、产能管理、需求规划、生产订单、车间管理、工序委外、工程变更、设备管理。

(6) 人力资源。它包括 HR 基础设置、人事管理、薪资管理、保险福利管理、考勤休假管理。

(7) 集团应用。它包括结算中心管理、行业报表、网上结算。

(8) 企业应用集成。

用友 ERP-U8(V8.72)软件支持 Windows 98/NT/2000/XP/2003/Vista/2008 操作系统,支持 2007 年新会计制度;用友 ERP-U8(V8.72)软件后台使用的数据库为 SQL Server 2000 SP4/2005 SP2/2008;用友 ERP-U8(V8.72)软件能支持简体中文、繁体中文和英文三种语言。

用友 ERP-U8(V8.72)软件功能众多,不同类型的企业和自身需求的不同,在使用 ERP-U8(V8.72)软件系统时,其业务流程也会有所区别。本实验教材基于制造型企业特点,根据所选用的 ERP-U8(V8.72)软件财务管理、供应链管理和人力资源管理中的常用模块为实验学习对象,以使学生能对 ERP 软件财务业务一体化运行模式、工作流程、各功能模块和操作使用有一个总体了解、熟悉和掌握。

图 1-5 描述了本实验教材中学习使用的各模块(子系统)之间的数据关系。

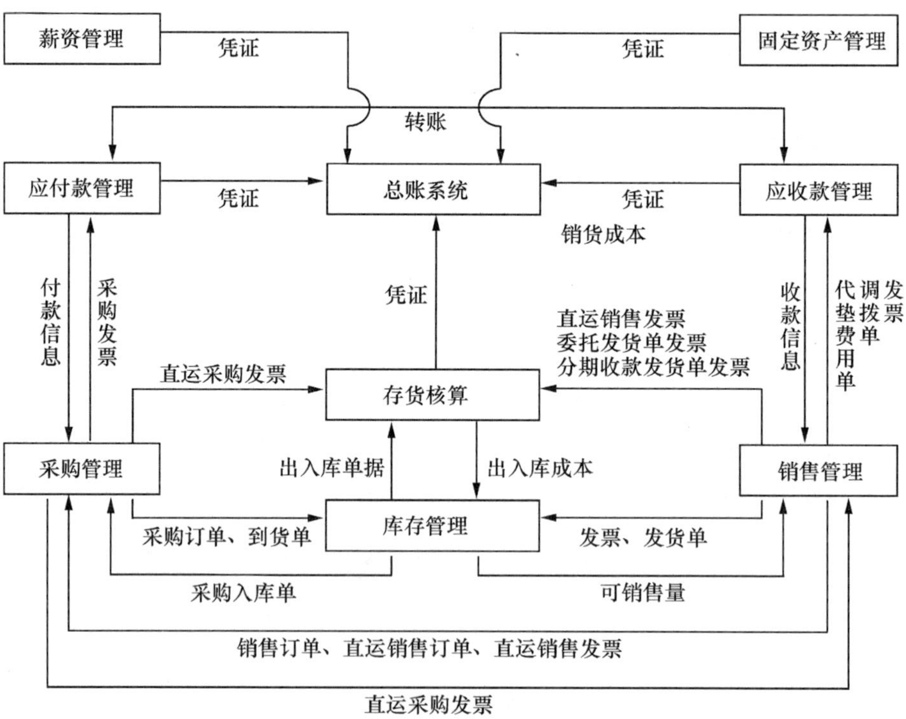

图 1-5 各模块之间的数据关系

1.2.3 用友 ERP-U8(V8.72)系统应用流程

为了正确安装和使用用友 ERP-U8(V8.72)系统,用户必须了解软件的安装步骤和操作使用程序。

用户使用用友 ERP-U8(V8.72)系统时,其应用流程如下:

(1) 安装 SOL 数据库,支持 SQL2000(SP4)、SQL2005(SP2)和 MSDE(SP4);

(2) 安装用友 ERP-U8(V8.72)系统;

(3) 设置操作员;

(4) 建立账套及其基本信息;

(5) 为操作员赋予账套操作权限;

(6) 进入账套,进行账套参数设置;

(7) 进入企业应用平台,启用各模块;

(8) 进行账套基础档案资料设置;

(9) 模块初始化,包括业务参数设置、期初数据录入;

(10) 进行日常业务处理;

(11) 月末处理;

(12) 每年 12 月末处理完毕后,进行年度账处理;

(13) 开始下一年度的业务处理。

1.2.4　用友 ERP-U8(V8.72)系统安装

1. 系统运行环境

系统的运行环境是指能够充分发挥用友 ERP-U8(V8.72)软件系统的优良特性,并实现信息共享处理及软件能够正常稳定运行所需要的环境。系统的运行环境包括系统运行的硬件环境和软件环境。

运行用友 ERP-U8(V8.72)软件需要的运行环境如表 1-1 所示。

表 1-1　用友 ERP-U8(V8.72)软件要求的硬件环境和软件环境

对象	硬件环境		软件环境
	最低配置	推荐配置	
客户端	主频 500 MHz 以上;内存 512 KB 以上;硬盘剩余空间大于 1 GB。	主频 800 MHz 以上;内存 1 GB 以上;硬盘剩余空间大于 10 GB。	操作系统:Windows XP + SP1 或 Windows 2000 Server/Professional + SP4 或 Windows2003 Server 或 WindowsNT + SP6a;数据库:SQL Server 2000/2005/2008。
数据服务器	主频 1.8 GMHz 以上;内存 1 GB 以上;硬盘剩余空间大于 20 GB。	主频 2.4 GHz 以上;内存 2 GB 以上;硬盘剩余空间大于 40 GB。	操作系统:Windows 2000 Server + SP4 或 Windows2003 Server 或 WindowsNT + SP6a;数据库:SQL Server 2000/2005/2008。
应用服务器	主频 1.8 GMHz 以上;内存 1 GB 以上;硬盘剩余空间大于 10 GB。	主频 1.8 GHz 以上;内存 1 GB 以上;硬盘剩余空间大于 10 GB。	操作系统:Windows XP + SP1 或 Windows 2000 Server + SP4 或 Windows2003 Server;数据库:SQL Server 2000/2005/2008。
网络协议	IE6.0 + SP1,TCP/IP,Named Pipe。		

(1) 在局域网环境下,应在服务器上安装用友 ERP-U8(V8.72)的服务器程序,在客户端上安装用友 ERP-U8(V8.72)的应用客户端程序。

(2) 如果单机使用 ERP-U8(V8.72),则在一台机器上既要安装用友 ERP-U8(V8.72)的服务器程序,又要安装用友 ERP-U8(V8.72)的应用客户端程序。

(3) 一般的中小型企业在使用 ERP-U8(V8.72)时,只使用一台服务器来进行数据处理,有些大型企业也可能有多台服务器,可以分为数据服务器、应用服务器、加密服务器等。

2. 系统安装过程

(1) 安装前准备事项

① 请对照用友 ERP-U8 环境说明文件所描述的配置准备环境。

② 安装时操作系统所在的磁盘分区剩余磁盘空间必须大于 600M。

③ 安装 SQL 数据库环境。

④ 关闭杀毒软件。

⑤ 安装完毕重新启动机器,安装用友 ERP-U8 系统。

⑥ 重新启动机器,配置 U8 服务管理器。

(2) 数据库安装(以 SQL 2000 为例)

① 运行 SQL Server 2000 安装程序,如图 1-6 所示。

图 1-6

② 选择其中的第 1 项“安装 SQL Server 2000 组件”进行安装。

③ 在安装界面(见图 1-7),选择第 1 项“安装数据库服务器”,系统进入正式安装的界面,单击【下一步】按钮,弹出“计算机名”对话框(见图 1-8)。

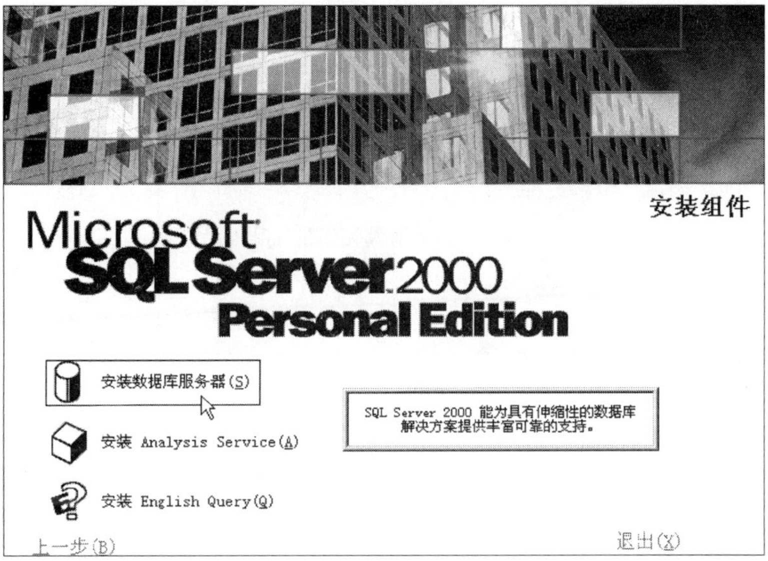

图　1-7

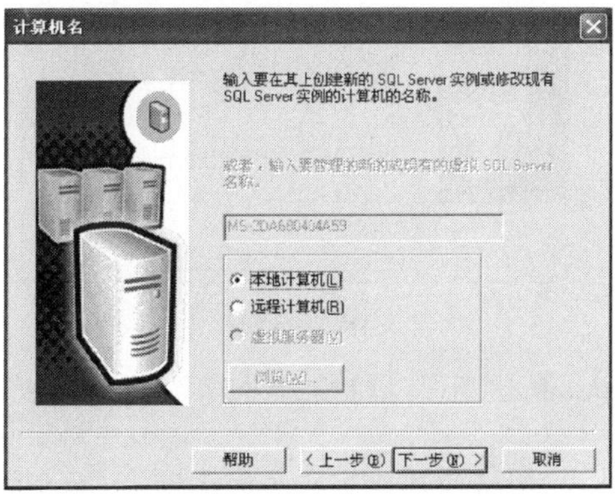

图　1-8

④ 输入计算机名,选择本地计算机,单击【下一步】按钮,打开“安装选择”对话框。

⑤ 选择【创建新的 SQL Server 实例,或安装“客户端工具”】单选按钮,单击【下一步】按钮,打开“用户信息”对话框。

⑥ 在姓名和公司文本框中输入您的姓名和您公司的名称,单击【下一步】按钮,进入“软件许可协议”对话框,询问用户是否同意软件的使用协议,阅读后单击【是】单选按钮,打开“安装定义”窗口(见图1-9)。

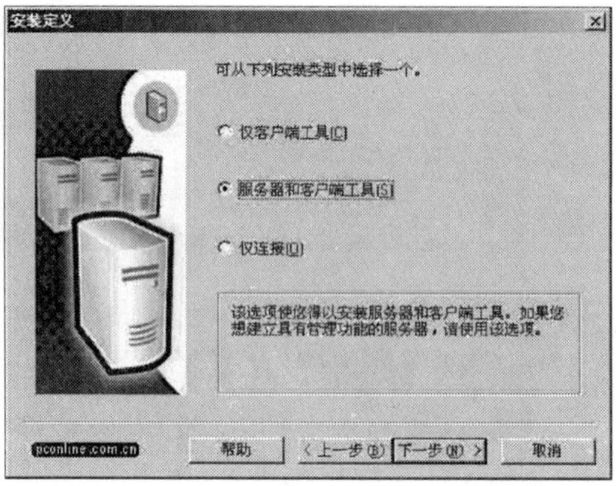

图 1-9

⑦ 在这里可以根据安装的目的进行选择,如果安装的是数据库服务器,则必须选择【服务器和客户端工具】单选按钮;如果只是为了实现客户端应用程序和服务器的连接,则可以选择【仅客户端工具】单选按钮或【仅连接】单选按钮。选择完毕后,单击【下一步】按钮,打开“实例名”对话框(见图 1-10)。

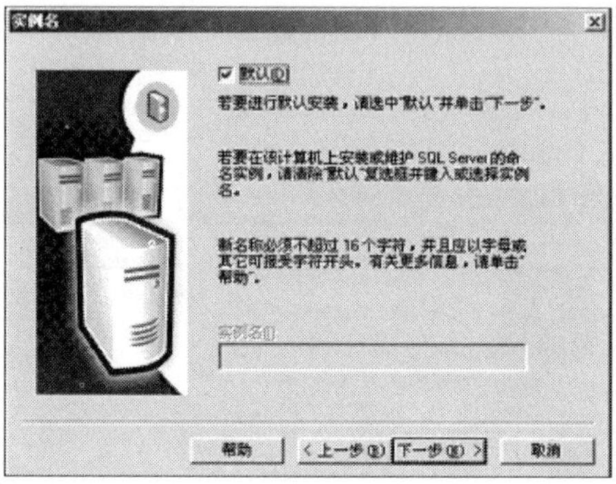

图 1-10

⑧ 选择安装为系统默认,单击【下一步】按钮,打开“安装类型”对话框。

注意:

可以选择安装为系统默认,也可以选择安装为实例名(必须为实例取名)。

⑨ 选择“安装类型”为【典型】单选按钮,选择“安装路径”设置 SQL Server 2000 的程序文件和数据文件的安装路径。

注意:

- “安装类型”有典型、最小、自定义安装方式,一般选择典型安装。
- “安装路径”用来设置 SQL Server 2000 的程序文件和数据文件的安装路径。您可任意选择 SQL Server 2000 的安装路径,建议您选择 C 盘的安装路径。

⑩ 单击【下一步】按钮,打开“服务账户”对话框(见图 1-11)。

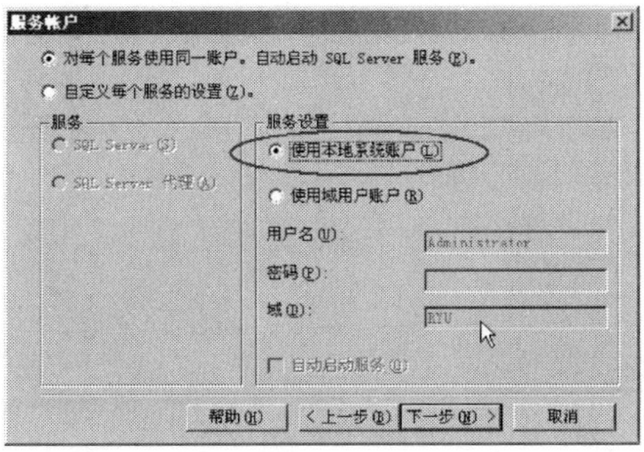

图　1-11

⑪ 选择【对每个服务使用同一账户，自动启动 SQL Server 服务】单选按钮，再选择【使用本地系统账户】单选按钮。

注意：

不要选择【使用域用户账户】单选按钮，否则安装数据库时无法通过 sa 密码验证。

⑫ 单击【下一步】按钮，打开“身份验证模式”窗口（见图 1-12）。

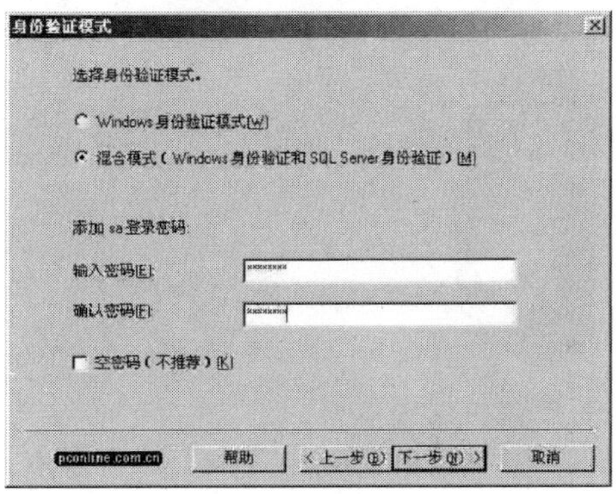

图　1-12

⑬ 选择【混合模式（Windows 身份验证和 SQL Server 身份验证）】单选按钮，添加验证密码，单击【下一步】按钮，打开“排序规则设置”对话框。

注意：

如需要设置密码可在“添加 sa 登录密码”中设置密码，如不需可在“空密码（不推荐）”选项打“√”。

⑭ 单击【下一步】按钮，打开“开始复制文件”对话框。

⑮ 单击【下一步】按钮，安装程序便开始自动进行安装过程，稍候片刻，系统显示“安装结束”对话框。

注意：

针对不同的计算机配置，这一过程会持续 10—30 分钟不等。当安装程序完成文件的复制和系统的配置以后，通常会要求重新启动计算机以自动完成系统配置。

⑯ 单击【完成】按钮，结束 SQL Server 2000 的安装。

（3）SQL Server 2000 SP4 补丁的安装

① 打开你下载的 SP4 补丁文件夹，双击，会出现如图 1-13 所示的界面。

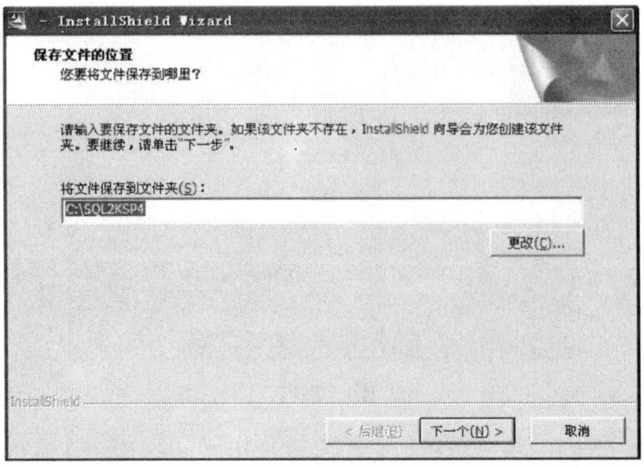

图　1-13

② 单击【下一个】按钮,再单击【完成】按钮。

③ 打开解压文件夹,双击会出现安装界面(见图 1-14)。

图　1-14

④ 单击【下一步】按钮,选择"SQL Server 系统管理员登录信息……"单选按钮,sa 密码不用输。

⑤ 单击【下一步】按钮,选择"忽略完全威胁……"单选按钮。

⑥ 单击【确定】按钮,选中"升级 Microsoft Search 并应用 SQL Server 2000 SP4(必需)"单选按钮。

⑦ 单击【继续】按钮,再单击【确定】按钮。

⑧ 看电脑配置情况,一般是 10 分钟左右,完成以后单击【确定】按钮,出现"安装完毕"信息提示框,如图 1-15 所示。

图　1-15

⑨ 单击【完成】按钮,SQL Server 2000 SP4 补丁安装完毕。

注意:

建议重启电脑,看桌面右下角有没有出现服务器图标,如果没有,从程序里打开,服务器一般都会自动运行。SQL 服务器安装完成以后,才可以安装用友管理软件。

(4) 安装 Internet 信息服务(IIS)

① 放入 XP 安装盘,单击"开始"→"控制面板"→"添加或删除程序"→"添加或删除 Windows 组件"(见图 1-16)。

图　1-16

② 勾选 IIS 之后,双击打开,再勾选 FTP 协议,开始安装 IIS,如图 1-17 所示。

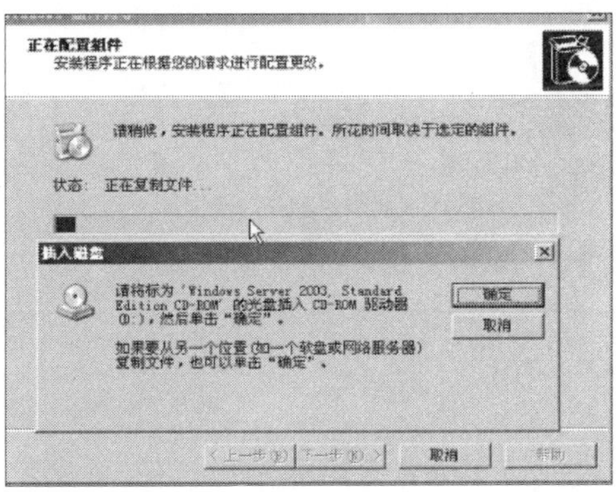

图　1-17

③ 单击【确定】按钮，找到光盘中的 IIS 文件夹（不同盘的文件名不同，大致名称都带有 IIS 前缀），双击打开文件夹。

④ 找到唯一的子文件：STAIMEN. DL...，选中后，单击【确定】按钮就能安装成功。

(5) 安装用友 ERP-U8（V8.72）：向导式安装

① 双击光盘\用友 ERP-U8.72\U872SETUP\setup. exe 文件（标志为一个 U8 图标），运行安装程序，根据提示单击【下一步】按钮进行操作，直至出现如图 1-18 所示的界面。

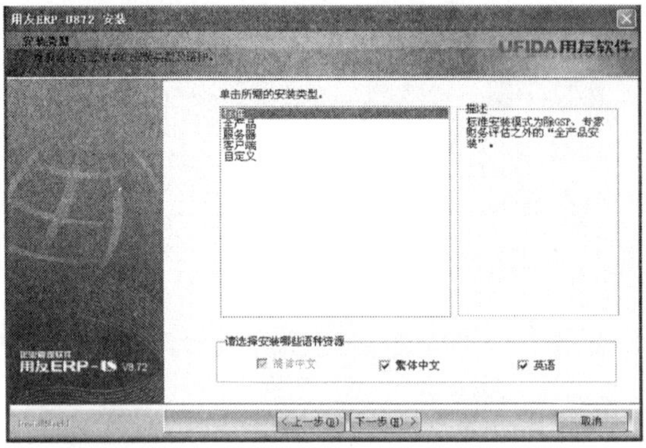

图 1-18

注意：

根据需求，一般自定义安装，选择需要的模块。

② 单击【下一步】按钮，打开"系统环境检查"窗口，自动进行系统环境检测，看系统配置是否已经满足所需条件，如图 1-19 所示。

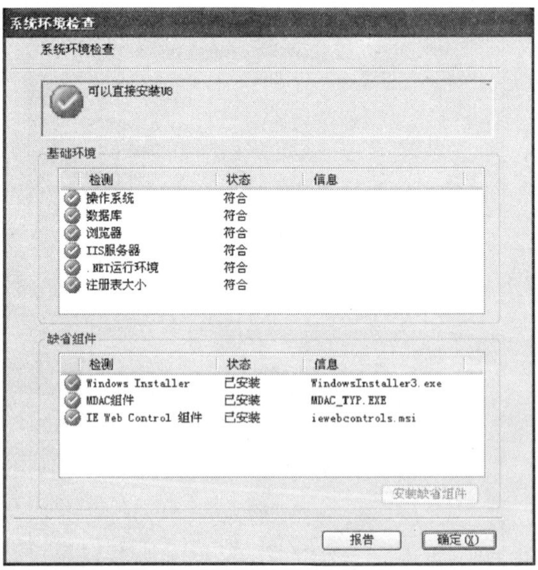

图 1-19

注意：

图中所示为所需环境已经满足。若有未满足的条件，则安装不能向下进行，并在图中给出未满足的项目，此时可单击未满足的项目链接，系统会自动定位到组件所在位置，让用户手动安装(U8 安装盘内都有,无须另外准备)。

③ 全部不满足的条件安装完成后,重新启动 U8 安装包,进行上述步骤至检测全部通过,打开如图 1-20 所示窗口。

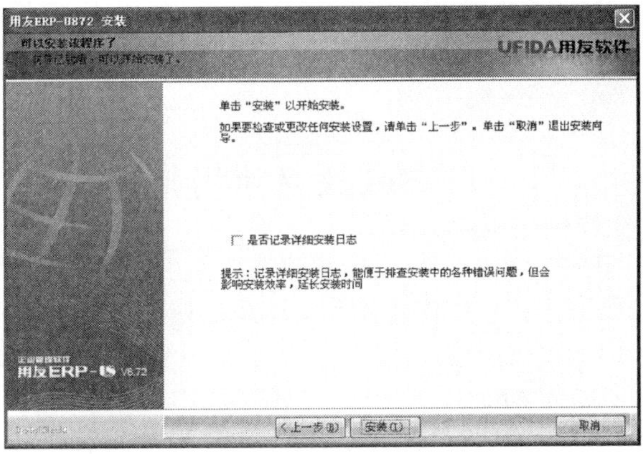

图　1-20

④ 单击【安装】按钮,系统自动进行安装。

⑤ 安装完成后,单击【完成】按钮,重新启动计算机(见图 1-21)。

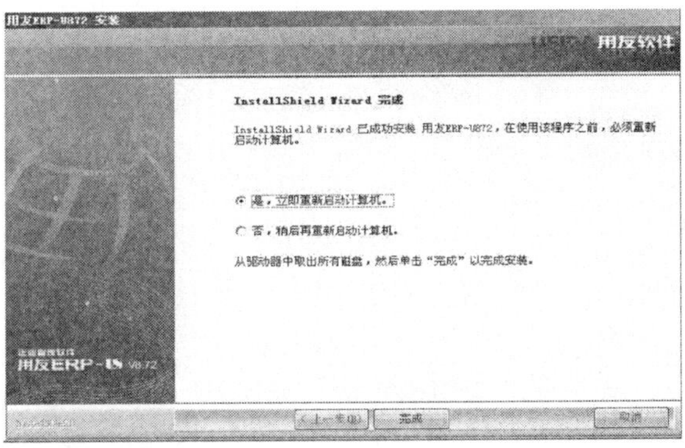

图　1-21

⑥ 系统重启后,出现“正在完成最后的配置”提示信息(见图 1-22)。

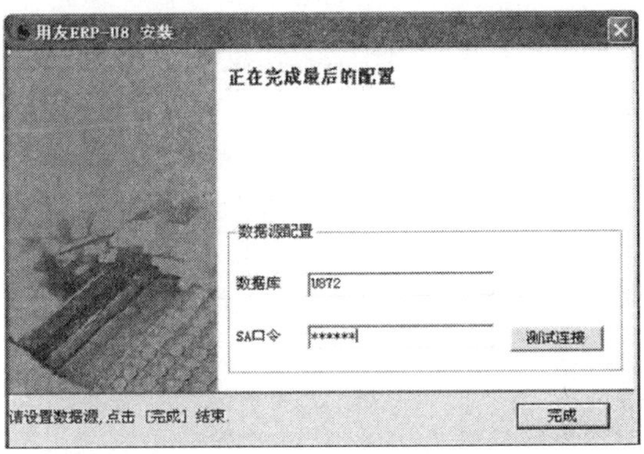

图　1-22

⑦ 稍候,出现“数据源配置”对话框,在数据库处输入数据库名称(即为本地计算机名称,可通过“系统属性”中的计算机名查看),sa 口令为空(安装 SQL Server 时设置为空)。

⑧ 单击【测试连接】按钮,测试数据库连接。若一切正常,则会出现连接成功的提示信息,单击【完成】按钮,表示数据源配置成功。

安装完成后,执行“开始”→“程序”→“用友 ERP-U8”→“系统服务”→“系统管理”命令,启动系统管理,创建系统数据库。

1.3 实验教材使用指南

本实验教材选择了用友 ERP-U8(V8.72)管理软件作为实训平台。用友软件股份有限公司拥有中国和亚太实力最强的企业管理软件研发体系,拥有规模最大的支持、实施、培训服务网络,拥有最大的用户市场,是中国目前最大的企业管理软件及服务提供商。用友 ERP-U8(V8.72)管理软件是其研发的 ERP-U8 系列管理软件的最新升级版,功能齐全,技术先进,具有一定的代表性,能更好地拉近书本知识与实际工作之间的距离,增强学生的实际应用能力。

1.3.1 实验教材指导思想

管理信息系统是高等学校经济管理类学生的专业基础课程,也是一门理论性和实践性较强的课程。在企业信息化的今天,如何通过实践环节的教学,使学生了解我国管理信息系统的应用现状,巩固所学理论知识,掌握管理信息系统的基本操作和使用技能,实现我国财经管理类本科生的培养目标,是摆在广大教育工作者面前的一个重要问题。

本实验教材选择的用友 ERP-U8(V8.72)管理软件提供了企业信息化的全面解决方案,对应了多个本科专业方向,能较好满足经济管理类本科专业的教学要求。

本实验教材首先对 ERP、用友 ERP-U8 管理软件进行了介绍,使学生能对当前我国管理信息系统软件的实际应用状况、先进的管理思想和技术方法、所提供的功能、集成化和信息共享的特点等,能有一个更直观的理解。其次,在各章节的内容安排上均分为两部分,第一部分讲述了用友 ERP-U8(V8.72)各个业务应用模块的功能特点、业务内容、业务流程等内容,融理论知识于具体的软件中,使学生能更好地加深对基本理论知识的理解、加快对基本技能的掌握;第二部分的上机实验是教材的重点,每个实验都按照实验准备、实验目的和要求、实验内容、实验资料和实验指导的内容顺序展开,使学生能了解每个实验的数据环境要求、应掌握的知识和技能,理解和掌握运用用友 ERP-U8(V8.72)软件如何处理实际业务问题及操作内容和步骤。在实验指导部分不仅给出了具体的操作内容和步骤,而且配以丰富的软件图形界面,更能有效指导学生顺利完成各部分的实验,使学生能快速掌握软件的操作使用,提高实验教学效果。通过实验指导,还有助于使学生通过自学掌握实际应用技能。

通过使用本实验教材,既能适应不同专业、不同教学对象的实践教学需求,又能加深学生对管理信息系统理论知识的理解,有效提高学生信息化管理方法、技术与工具的综合运用能力和操作技能,这正是本教材编写的指导思想。

1.3.2 实验教材的特色

本实验教材从实践教学目标和要求出发,从高等教育培养应用型专门人才的本科教学要求出发,在多年的实践教学经验积累和不断完善中形成了本实验教材。

本实验教材具有以下特色：

(1) 设计新颖，独具匠心。本实验教材摒弃了一般教材按照模块分别、孤立展开介绍的设计思路，而是以一个企业的业务活动贯穿始终，以完整的企业实际业务处理流程为导向，按照基础档案设置、系统初始化、日常业务处理和期末处理的顺序安排章节内容，能更好地营造 ERP 软件应用的现实环境，有助于学生更好地理解和掌握将实际业务转化为通过 ERP 软件进行处理的过程，以及运用 ERP 软件实现企业内部信息资源共享、互联互通。

(2) 内容全面，安排合理。本实验教材包含了管理信息系统基本原理、实验准备、目的和要求、实验数据、操作指导等教学内容，涵盖了基本原理、应用操作及具体实施三大部分，使学生更能理论联系实际，较好地掌握 ERP 软件的基本理论和基本技能，提高学生的综合业务处理能力。

(3) 贴近实际，具有较强的实用性。本实验教材以一个制造型企业的实例数据为基础，模拟企业的实际业务处理流程为学习导向，使学生能快速、轻松地学会和掌握各业务系统的实际应用，有助于学生实际应用能力的培养。

(4) 图文并茂，有助于学生快速掌握和实现无师自通。本实验教材的操作指导部分，不仅详细列出了各业务的操作步骤，指出了关键操作环节的注意点，而且配有大量软件操作界面的图片资料，这将使学生能更顺利地完成实验操作内容，快速掌握软件的操作使用，而且便于学生课后在没有老师现场指导的情况下，自主完成实验内容，实现无师自通。

1.3.3　实验内容的学时安排和教学建议

使用本实验教材，最好要求学生具备管理信息系统、会计学、管理学的相关知识背景，具备一定的计算机应用能力，这样能使学生更好地理论联系实际，理解和掌握实验内容，熟练掌握 ERP 管理软件的基本操作技能，提高实验教学效果。

根据本教材的实验内容和要求，表 1-2 列出了教材中各部分的学时安排建议，以供老师在教学中参考。

表 1-2　实验教学课时安排计划一览表

实验内容	上机课时
实验一　系统管理与建账	2
实验二　基础档案设置	3
实验三　模块初始化设置	2
实验四　采购与应付款管理	6
实验五　销售与应收款管理	6
实验六　库存管理	2
实验七　存货核算	2
实验八　薪资管理	2
实验九　固定资产管理	2
实验十　总账系统	3
实验十一　期末处理	2
实验十二　UFO 报表	4
合计	36

第 2 章

系统管理与企业应用平台

2.1 系统管理

在一体化的应用管理模式下，管理信息系统软件所含的各个模块是为同一主体的不同方面服务的，为不同的管理需要服务。模块与模块之间既相互独立，又相互联系、数据共享，软件各模块的环境必须统一，整个软件系统所有模块的公共任务也需要统一管理。系统平台为各模块提供了一个公共平台，实现对整个软件系统公共任务的统一管理，软件中任何产品的独立运行都必须以此为基础。

系统平台主要由两部分组成：系统管理和企业应用平台。

2.1.1 系统管理的功能

系统管理是用友 ERP-U8 软件中一个基础的组成部分。它的主要功能是对用友 U8 软件的各个模块进行统一的操作管理和数据维护，具体包括账套管理、年度账管理、操作员及其权限管理、数据安全管理等方面。

1. 账套管理

账套是用友 ERP-U8 软件进行数据管理的基本形式。一般来说，可以为企业中每一个独立核算的单位建立一个账套，或者在系统中，可以为多个企业（或企业内多个独立核算的部门）分别建账。

账套管理功能一般包括账套的建立、修改、删除、引入和输出等。

2. 年度账管理

年度账与账套是两个不同的概念，一个账套中包含了企业所有的数据。把企业数据按年度划分，称为年度账。用户不仅可以建立多个账套，而且每个账套中还可以存放不同年度的年度账。这样，对不同核算单位、不同时期的数据，就可以方便地进行操作。

年度账管理功能包括年度账的建立、清空、引入、输出和结转上年数据等。

3. 操作员及其权限管理

为了保证系统及数据的安全与保密，系统管理提供了操作员及其操作权限的集中管理功能。通过对系统操作分工和权限的管理，一方面可以避免与业务无关的人员进入系统，另一方面可以对系统所含各个模块的操作进行协调，以保证各负其责，流程顺畅。

操作员管理包括操作员的增加、修改、删除等操作。

操作员权限管理包括操作员权限的增加、修改、删除等操作。

4. 数据安全管理

对企业来说，系统运行安全、数据存储安全是必需的。设立统一的安全机制包括设置系统运行过程中的监控机制、设置数据自动备份、清除系统运行过程中的异常任务等。

2.1.2 操作流程

第一次使用用友 ERP-U8 系统时，需要首先运行系统管理，并按照以下步骤执行操作：

启用系统管理→以系统管理员（Admin）身份注册进入系统管理→设置用户→创建企业账套→设置角色和用户权限→配置数据服务器及相关参数→在企业应用平台启用各模块→进行相关业务处理

2.2　企业应用平台

为了使用友 ERP-U8 软件能够成为公共管理平台，使系统资源能够得到高效、合理的使用，在用友 ERP-U8 软件中设立了企业应用平台。通过企业应用平台，系统使用者能够从单一入口访问其所需的个性化信息，定义自己的业务工作，并设计自己的工作流程。通过企业应用平台，系统使用者可进行基础设置和有关业务处理等工作。

1. 基础设置

基础设置是为了系统的日常业务运行做好基础工作，主要包括基本信息设置、基础档案设置、数据权限设置和单据设置。

2. 业务处理

在用友 ERP-U8 企业应用平台的业务页签中，集成了登录操作员拥有操作权限的所有功能模块，企业各种业务管理需求都是通过这样的业务管理模块来实现的。

3. 工具

用友 ERP-U8 软件提供了常用的系统配置工具。

实验一　系统管理与建账

【实验准备】

安装用友 ERP-U8(V8.72)软件，将系统日期修改为"2012/12/31"。

【实验目的与要求】

1. 熟悉用友 ERP-U8 软件中系统管理的相关内容
2. 理解系统管理在用友 ERP-U8 软件中的重要地位
3. 掌握建立企业账套的过程及方法
4. 掌握用户与权限的含义及设置方法
5. 掌握账套输出及引入的方法

【实验内容】

1. 系统注册
2. 设置操作员
3. 建立单位新账套(不进行系统启用设置)
4. 权限设置
5. 备份账套数据

【实验资料】

1. 账套信息

账套号:999;账套名称:南京市珠江机械有限公司管理信息系统;采用默认账套路径;启用

会计期:2012 年 12 月;会计期间设置:默认。

2. 企业相关信息

南京市珠江机械有限公司位于南京市浦口区珠江镇浦珠路 138 号,法人代表张晓军,固定电话 025-84663210,传真 025-84663211,邮政编码 210002,电子邮件 njzjjx@ sina. com,企业纳税登记号 320100000000018,单位简称珠江机械,机构代码 57305870-1。

珠江机械属于机械加工类的工业企业,主营业务为自行车制造与销售,根据国家财政部要求采用 2007 年新会计制度进行会计核算,记账本位币为人民币(RMB),无外币业务。管理系统于 2012 年 12 月 1 日开始启用。

3. 基础信息

该企业供应商、客户及存货很多,采用分类管理。企业的分类方案如下:

存货分类编码级次:2222

客户分类编码级次:222

供应商分类编码级次:12

收发类别编码级次:11

部门编码级次:12

结算方式编码级次:12

地区分类编码级次:22

会计科目编码级次:4222

4. 数据精度

该企业对数量、单价小数位定为 2。

5. 公司管理信息系统岗位划分

公司岗位分工情况见表 2-1。

表 2-1　公司岗位分工

编号	姓名	口令	所属部门	角色	职责
001	张晓军	001	财务部	账套主管	系统的全部权限
002	王明	002	财务部	总账会计、应收会计、应付会计和资产管理	总账、应收款管理、应付款管理和固定资产管理权限
003	张芳	003	财务部	出纳	现金、银行账管理、总账中凭证的出纳签字、出纳权限
004	李燕	004	财务部	应收会计、应付会计、薪酬经理和存货核算员	应收款管理、应付款管理、薪资管理和存货核算权限
005	朱挺	005	采购部	采购主管	公用单据设置、公用目录设置、应付款管理和采购管理权限
006	姚明	006	销售部	销售主管	公用单据设置、公用目录设置、应收款管理和销售管理权限
007	刘祥	007	仓储部	仓库主管	库存管理和存货核算权限
008	曾晓贤	008	生产部	生产主管	生产计划和生产管理权限

【操作指导】

1. 以系统管理员的身份注册进入系统管理

操作步骤：

（1）执行"开始"→"程序"→"用友 ERP-U872"→"系统服务"→"系统管理"命令，进入"用友 ERP-U8[系统管理]"窗口，如图 2-1 所示。

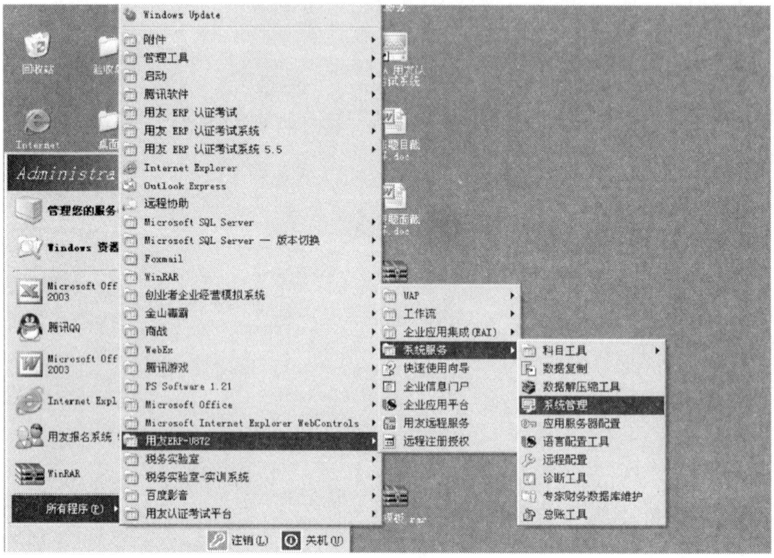

图 2-1

（2）执行"系统"→"注册"命令，打开"登录"对话框，如图 2-2 所示。

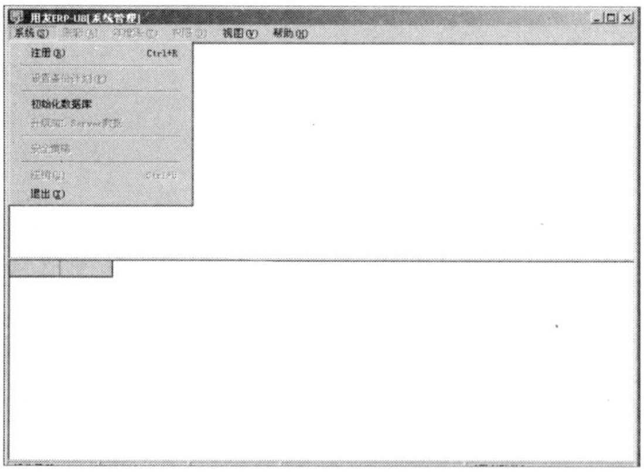

图 2-2

（3）"登录到"文本框中默认为本地计算机名称。

（4）在"操作员"文本框中输入用友软件默认的系统管理员"admin"，系统管理员密码为空，账套选择系统默认账套（default），如图 2-3 所示。

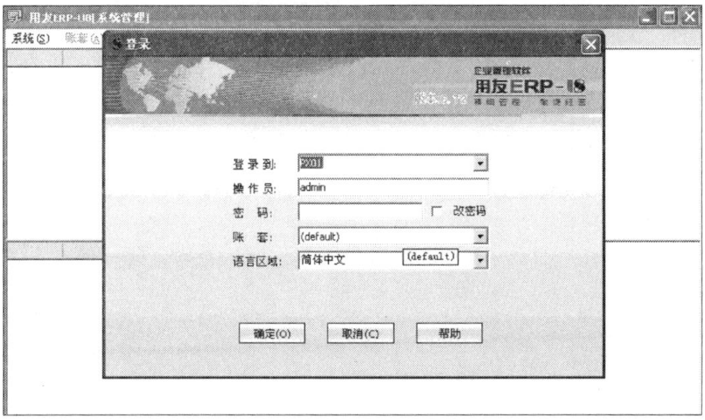

图　2-3

(5) 单击【确定】按钮，以系统管理员身份进入系统管理。

注意：

- 为了保证系统的安全，在"登录"系统管理对话框中，应及时设置或更改系统管理员密码。
- 在本实验教学环境下，建议不要设置系统管理员密码。

2. 增加用户

操作步骤：

(1) 在系统管理中，执行"权限"→"用户"命令，进入"用户管理"窗口，如图 2-4 所示。

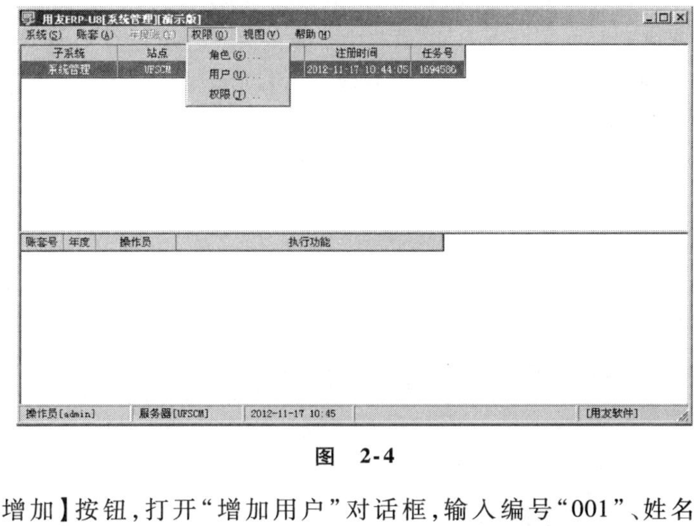

图　2-4

(2) 单击【增加】按钮，打开"增加用户"对话框，输入编号"001"、姓名"张晓军"、口令"001"、所属部门"财务部"，所属角色栏下选中"账套主管"复选框。

(3) 用户"张晓军"的详细信息增加完毕后，再单击【增加】按钮，根据实验资料中给定的操作员资料，增加其他用户信息，如图 2-5 所示。

图 2-5

(4) 全部完成后,单击【退出】按钮返回。

注意:

- 只有系统管理员才有权限设置角色和用户。
- 人员编号允许键入数字、字母,一般在企业的具体应用中遵循方便、便于记忆的原则进行编码。
- 口令可以为空,但一般在企业的具体应用中,为了企业信息的安全,需将口令修改为安全性较高的口令。
- 用户可以在设置角色前设置,也可以在设置角色后设置。
- 由于系统中已经为预设的角色赋予了相应的权限,因此,如果此时在设置操作员时就指定了相应的角色,则其就已经拥有了该角色的所有权限;如果该用户所拥有的权限与该角色的权限不完全相同可以到"权限"功能中进行修改。

3. 建立账套

操作步骤:

(1) 以系统管理员身份登录系统管理,执行"账套"→"建立"命令,打开"创建账套—账套信息"对话框,如图 2-6 所示。

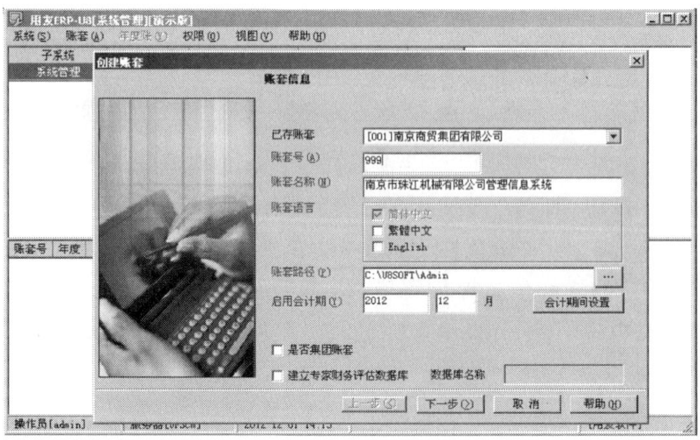

图 2-6

注意：

- 所有蓝色字体都为必填选项，黑色字体为选填选项。
- 账套号用以标识该账套，但不允许与已存账套的账套号重复，账套号设置后将不允许修改。
- 建立账套时系统会将启用会计期自动默认为系统日期，应注意根据所给资料修改，否则将会影响到企业的系统初始化及日常业务处理等内容的操作。

（2）填写账套信息。账套信息包括：

① 已存账套：用户只能查看，不能输入或修改，目的是为了避免重复建账。

② 账套号：本例输入账套号 999。

③ 账套名称：本例输入“南京市珠江机械有限公司管理信息系统”。

④ 账套路径：本例建议使用系统默认的路径“C：\ U8SOFT \ Admin”。账套路径是用来确定新建账套将要被放置的位置，用户可以利用“...”按钮进行参照输入。

⑤ 启用会计期：系统默认为计算机当前的系统日期，本例更改为“2012 年 12 月”。

（3）单击【下一步】按钮，打开“创建账套—单位信息”对话框，如图 2-7 所示。

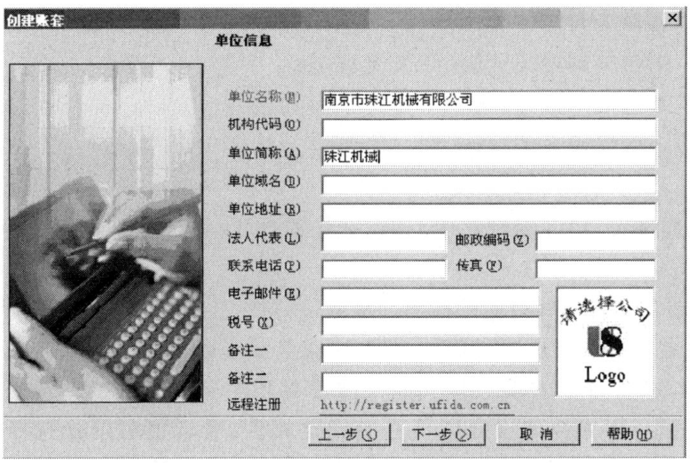

图　2-7

（4）填写单位信息。包括：

① 单位名称：本例输入“南京市珠江机械有限公司”。

② 单位简称：本例输入“珠江机械”。

③ 其他栏目：属于任选项，参照所给资料输入即可。

（5）输入完成后，单击【下一步】按钮，打开“账套信息—核算类型”对话框，如图 2-8 所示。

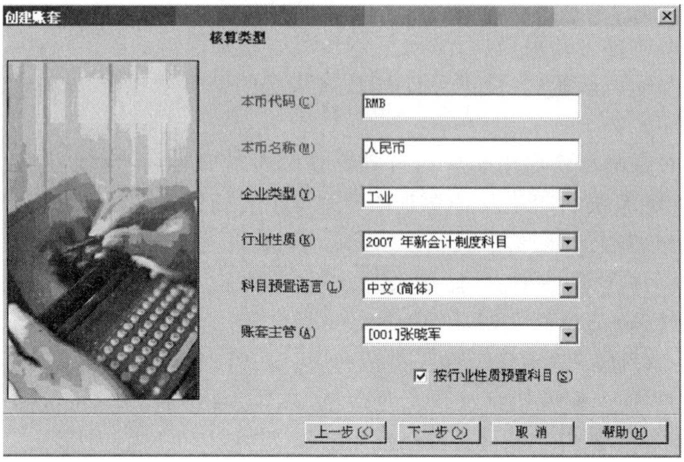

图 2-8

(6) 填写核算类型。包括:

① 本币代码:本例采用系统默认值"RMB"。

② 本币名称:本例采用系统默认值"人民币"。

③ 企业类型:本例采用系统默认"工业"。

④ 行业性质:本例采用系统默认"2007 年新会计制度科目"。

⑤ 账套主管:本例选择"001 张晓军"。

⑥ 按行业性质预置科目:本例选中"按行业性质预置科目"复选框。

注意:

- 如果用户希望预置所属行业的标准一级科目,则应选中"按行业性质预置科目"复选框。
- 行业性质将决定系统预置科目的内容,必须选择正确。
- 账套主管应按企业的情况选择。如果欲设置为账套主管的操作员还未在用户设置中设置,则应在用户设置中先补充设置后再开始建立账套,或者也可以先选择一个操作员作为该账套的主管,待账套建立完成后再到权限功能中修改账套主管的设置。

(7) 输入完成后,单击【下一步】按钮,打开"创建账套—基础信息"对话框,如图 2-9 所示。

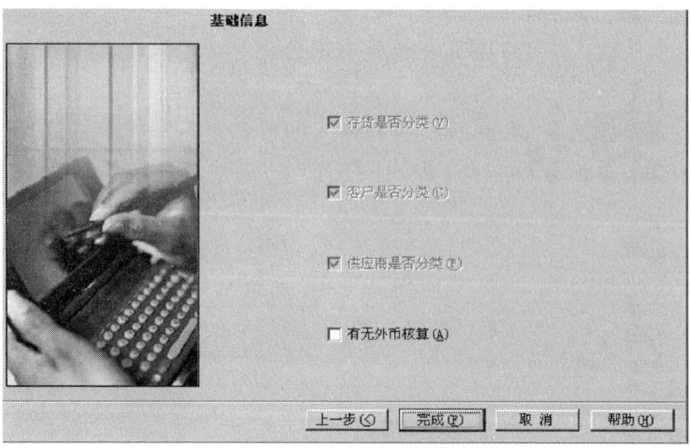

图 2-9

(8) 填写基础信息。

根据实验资料要求,分别选中“存货是否分类”、“客户是否分类”、“供应商是否分类”复选框。

注意:

- 如果此时不能确定是否进行分类核算,也可以建账完成后由账套主管在“修改账套”功能中设置分类核算。
- 是否对存货、客户及供应商进行分类将会影响其档案的设置。有无外币核算则会影响基础信息的设置及日常业务处理的有无外币的核算内容。
- 如果对基础信息设置错误,可以由账套主管在修改账套功能中进行修改。

(9) 单击【完成】按钮,系统弹出“可以创建账套了么?”信息提示,单击【是】按钮。

注意:

该过程中系统按输入信息的要求在后台数据库系统建立相应的基础数据,此过程需要较长的处理时间,建议在此期间不要进行其他操作以免造成系统数据损坏。

(10) 完成后打开“编码方案”对话框,如图 2-10 所示。

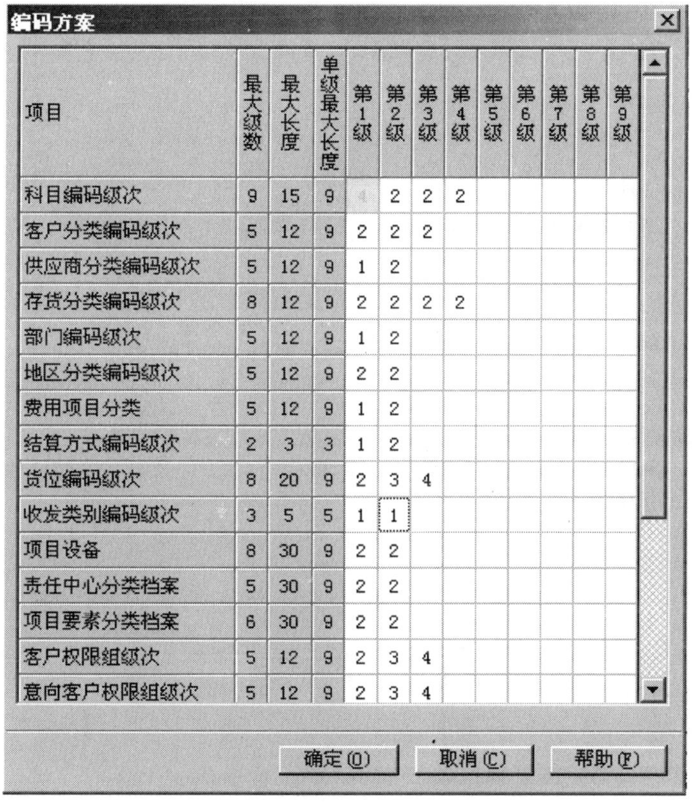

项目	最大级数	最大长度	单级最大长度	第1级	第2级	第3级	第4级	第5级	第6级	第7级	第8级	第9级
科目编码级次	9	15	9	4	2	2	2					
客户分类编码级次	5	12	9	2	2	2						
供应商分类编码级次	5	12	9	1	2							
存货分类编码级次	8	12	9	2	2	2	2					
部门编码级次	5	12	9	1	2							
地区分类编码级次	5	12	9	2	2							
费用项目分类	5	12	9	1	2							
结算方式编码级次	2	3	3	1	2							
货位编码级次	8	20	9	2	3	4						
收发类别编码级次	3	5	5	1	1							
项目设备	8	30	9	2	2							
责任中心分类档案	5	30	9	2	2							
项目要素分类档案	6	30	9	2	2							
客户权限组级次	5	12	9	2	3	4						
意向客户权限组级次	5	12	9	2	3	4						

图　2-10

(11) 根据实验资料给定的编码分类方案要求,修改系统编码方案的默认值,如图 2-10 所示。

注意:

- 为了便于对经济业务数据进行分级核算、统计和管理,系统要求预先设置某些基础档案的编码规则,即规定各种编码的级次及各级的长度。

• 编码方案的设置,将会直接影响基础信息设置中其相应内容的编码级次及每级编码的位长。

(12) 单击【确定】按钮,再单击【取消】按钮,打开“数据精度定义”对话框,如图 2-11 所示。

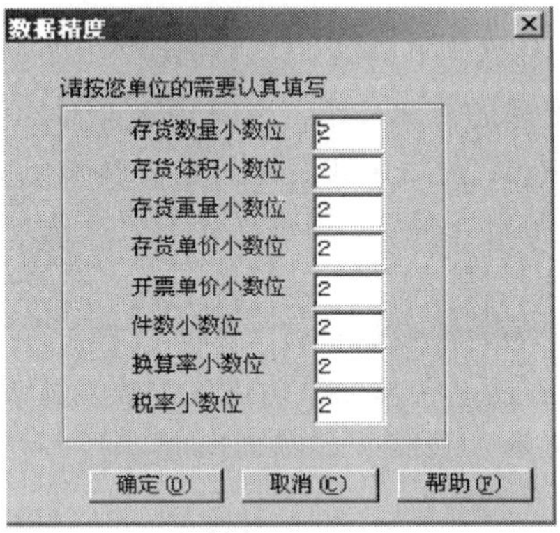

图 2-11

(13) 定义数据精度。本例采用系统默认。

注意:

数据精度涉及核算精度问题。涉及购销存业务环节时,会输入一些原始单据,如发票、出入库单等,需要填写数量及单价,数据精度定义就是用来确定有关数量及单价的小数位位数的。

(14) 单击【确定】按钮,系统弹出“南京市珠江机械有限公司管理信息系统:[999]建立成功您可以现在进行系统启用的设置,或以后从[企业门户—基础信息]进入[系统启用]功能”并提示“现在进行系统启用的设置?”信息提示,如图 2-12 所示。

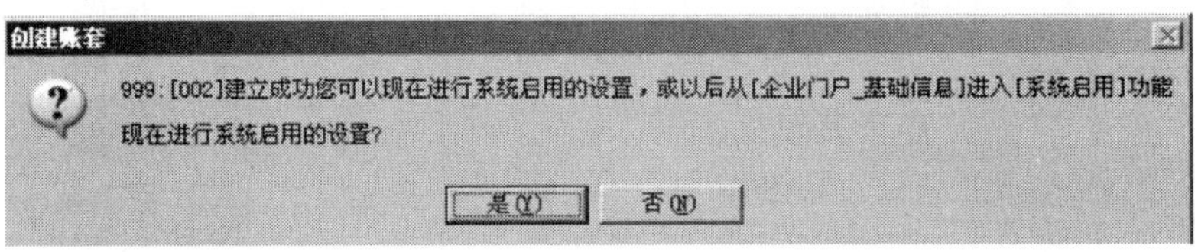

图 2-12

(15) 单击【否】按钮,系统弹出“请进入系统应用平台进行业务操作!”信息提示。

(16) 单击【确定】按钮,返回系统管理。

注意:

• 账套建立以后,如果需要修改账套参数,则需要以账套主管的身份注册进入系统管理进行修改。

• 账套中的很多参数不能修改,若这些参数存在错误,则只能删除此账套,再重新建立。

4. 权限设置

操作步骤:

(1) 打开“操作员权限”窗口。以系统管理员身份注册进入系统管理,执行“权限”→“权限”命令，进入“操作员权限”窗口，如图 2-13 所示。

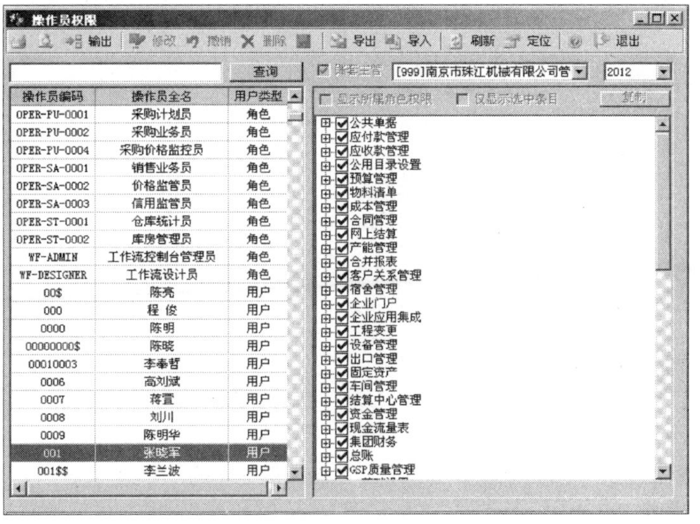

图　2-13

(2) 指定账套主管。

① 在“操作员权限”窗口，选择账套“[999]南京市珠江机械有限公司管理信息系统”、时间“2012”。

② 在窗口左侧操作员列表中选择“001 张晓军”，选中“账套主管”复选框，系统弹出“设置用户[001]账套主管权限么？”信息提示。

③ 单击【是】按钮，则张晓军拥有了账套主管权限，如图 2-13 所示。

注意：

- 指定账套主管可以在两个环节中确定账套的账套主管，一个是在建立账套环节，如图 2-8 所示；一个是在权限设置环节，如图 2-13 所示。只有系统管理员才能够指定账套主管。
- 一个账套可以设定多个账套主管。
- 账套管理自动拥有该账套的所有权限。
- 设置权限时应注意分别选中“用户”及相应的“账套”。

(3) 给其他操作员赋权。以“张芳”为例，在建立用户时，已经赋予了张芳“出纳”的角色，但出纳角色中不含“出纳签字”功能，所以应增加张芳“出纳签字”权限功能。

操作步骤：

① 在操作员权限窗口中，选择账套“[999]南京市珠江机械有限公司管理信息系统”、时间“2012”，再从窗口左侧操作员列表中选择“003 张芳”，单击【修改】按钮。

② 在选择权限“修改”对话框，依次展开“GL(总账)”→“GL02(凭证)”，选中“GL0203(出纳签字)”复选框，如图 2-14 所示。

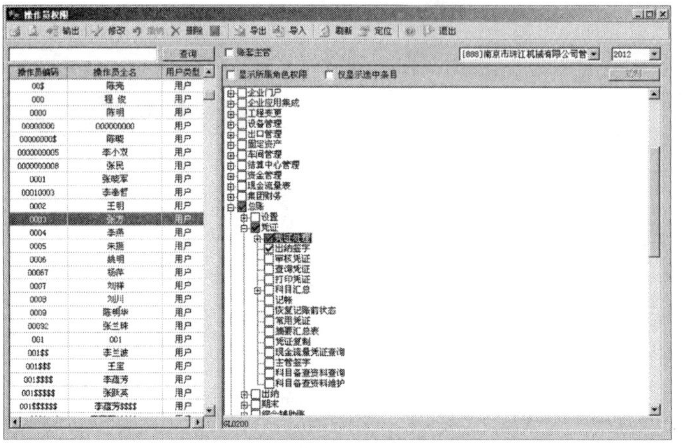

图　2-14

③ 单击【确定】按钮，权限列表中又增加了“003 张芳”的“出纳签字”权限。

④ 同理，根据实验资料给定的要求，依次给其他操作员赋权。

注意：

系统管理员和账套主管都可以给操作员赋权。

5．备份账套数据

（1）账套输出。

① 以系统管理员身份注册进入系统管理，执行“账套”→“输出”命令，打开“账套输出”对话框。

② 从“账套号”下拉列表中选择要输出的账套号“[999]南京市珠江机械有限公司管理信息系统”，如图 2-15 所示。

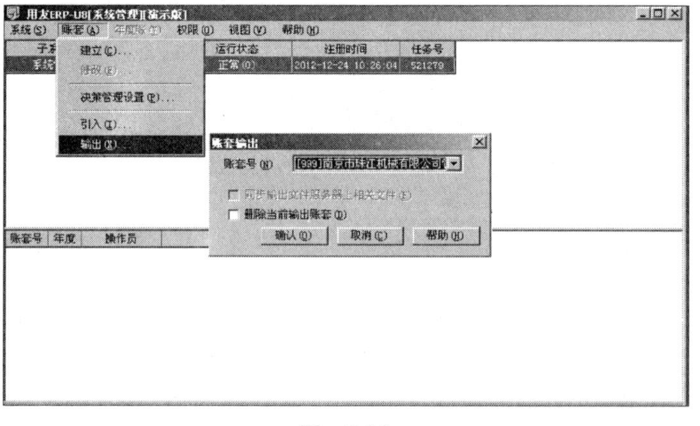

图　2-15

③ 单击【确认】按钮，系统对所要输出的账套数据进行压缩处理，稍候，系统压缩完成，打开“请选择账套备份路径”对话框。

④ 选择存放账套备份数据的文件夹为“C：\ 实验账套 \ 实验一”，如图 2-16 所示。

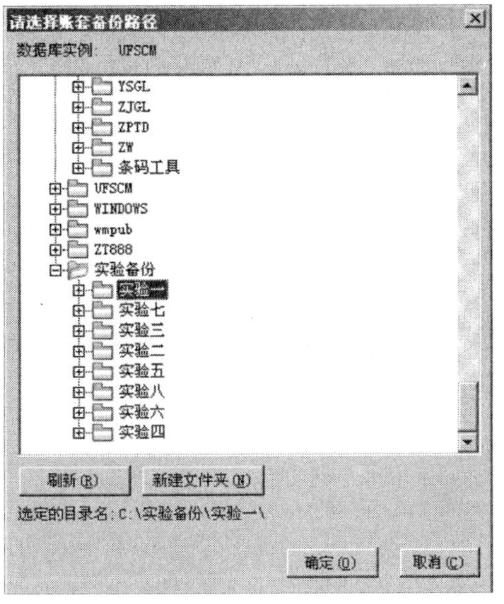

图　2-16

⑤ 单击【确定】按钮,系统弹出"输出成功!"提示信息。

⑥ 单击【确定】按钮,即可完成账套数据的备份。

注意:

- 备份账套时应先建立一个备份账套的文件夹,以便将备份数据存放在目标文件夹中。
- 假设本书所有实验存储于"C:\实验账套"文件夹中,则首先需要在"C:\"中建立"实验账套"文件夹,再在该文件夹中分别建立"实验一"、"实验二"……"实验十二"子文件夹,用于存放本书中各实验的结果。
- 一般在企业实际应用过程中会对管理信息系统的数据进行定期的数据备份,并将数据存储在较为安全的存储介质上,一般至少保存 3 年以上,重要的数据要求保存的时间更长,后面会介绍另外一种数据备份方式"自动备份"。
- 账套输出功能可以分别进行"账套备份"和"删除账套"的操作。
- 只有系统管理员(Admin)有权进行账套输出。

(2) 引入账套。

① 以系统管理员身份注册进入系统管理,执行"账套"→"引入"命令,打开"请选择账套备份文件"对话框,如图 2-17 所示。

② 从存放账套备份数据的文件夹中选择要引入的账套数据备份文件 UfErpAct. Lst。

③ 单击【确定】按钮,系统弹出请求确认的提示信息。

④ 单击【确定】按钮,系统提示正在引入 999 账套,完成后提示"账套[999]引入成功!"。

⑤ 单击【确定】按钮返回。

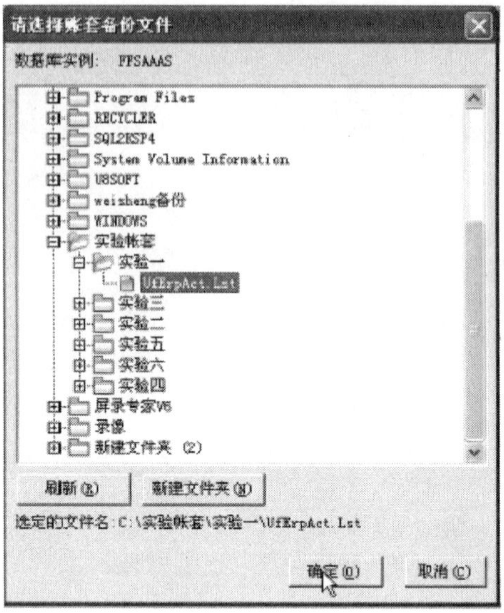

图 2-17

(3) 账套自动备份。

① 以系统管理员身份或者账套主管身份注册进入系统管理,执行“系统”→“设置备份计划”命令,如图 2-18 所示。

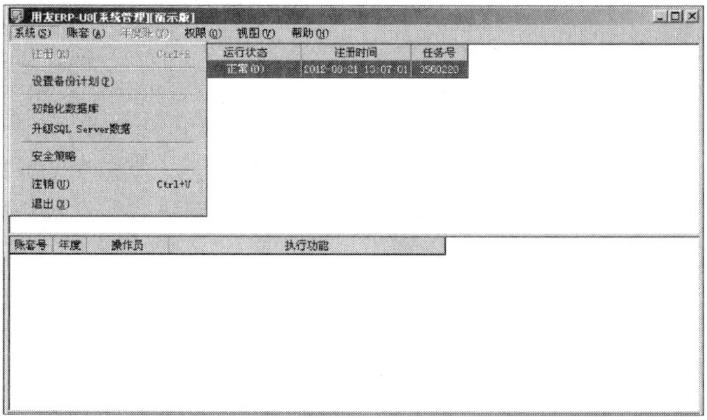

图 2-18

② 打开“设置备份计划”窗口,单击【增加】按钮,进入“备份计划详细情况”对话框,如图 2-19 所示。

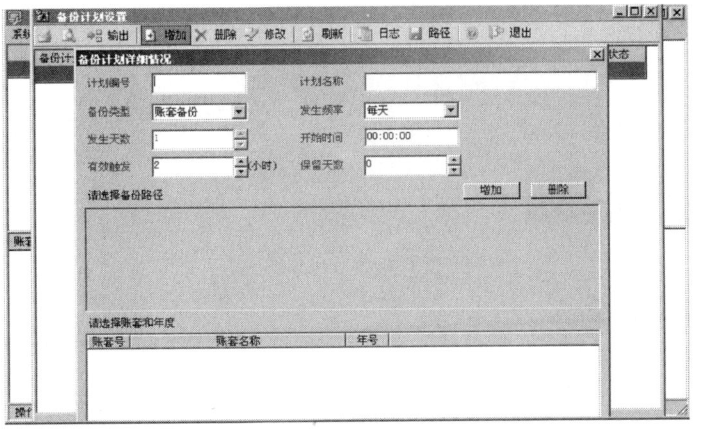

图　2-19

③ 输入计划编号“001”、计划名称“001”、选择备份类型“账套备份”、发生频率“每天”、发生天数“1”、开始时间“00:00:00”、有效触发“2”、保留天数“10”。

注意:

- “备份类型”可以选择对整个账套进行备份,也可以选择对账套的某个年度账进行备份。当发生频率为每天时对应的发生天数为 1 天,当发生频率为每周时对应的发生天数可以在 1—7 之间选择,以此类推。
- 当保留天数为 0 时,表示账套永久保存,一般在企业应用过程中会综合考虑数据的安全性与计算机存储空间的经济性来确定保留天数。

④ 单击【增加】按钮,选择“备份路径”为“C:\001 账套自动备份数据”,单击【确定】按钮。

注意:

- 本例应首先在“C:\”下建立文件夹“C:\001 账套自动备份数据”。
- 备份路径可以选择备份的目的地,但只能选择本地硬盘。

⑤ 在“请选择账套和年度账”中,选择需要备份的账套号“999”。

⑥ 单击【增加】按钮保存设置,再单击【退出】按钮退出设置。

第3章

基础设置

3.1 基础设置概述

基础信息是企业中各部门公用的共享信息，是所有子系统共享公用的模块，也是整个系统的基础。如果一种产品在仓库部门和技术部门中的编码不一致，则系统将会认定这是两种不同的产品，必然无法有效地对企业的业务进行真实的处理。建立信息的标准（如编码规则、名称等），必须得到各部门的认可，各部门应集中在一起，共同制定公认的符合有关标准规范以及企业管理要求的数据规范。

3.2 基础设置内容

基础设置是为系统的日常运行做好基础工作，主要包括基本信息设置、基础档案设置、数据权限设置和单据设置。

1. 基本信息设置

基本信息设置主要包括系统启用、编码方案及数据精度。在基本信息设置中，可以对建账过程确定的编码方案和数据精度进行修改，并进行系统启用设置。

用友 ERP-U8 系统分为财务会计、供应链、生产制造、人力资源、集团应用、决策支持和企业应用集成等产品组，每个产品组中又包含若干模块，它们中大多数既可以独立运行，又可以集成使用，但两种用法的流程是有差异的。一方面企业可以根据自身的管理特点选购不同的模块；另一方面企业也可以采取循序渐进的策略有计划地先启用一些模块，一段时间之后再启用另外一些模块。系统启用为企业提供了选择的便利，它可以表明企业在何时点及启用了哪些模块。只有设置了系统启用的模块才可以登录。

有两种方法可以设置系统启用，一种是在企业建账完成后立即进行系统启用，另一种是在建账结束后由账套主管在企业应用平台中进行系统启用设置。

2. 基础档案设置

基础档案是系统日常业务处理所必需的基础资料，是系统运行的基石。一个账套总是由若干个子系统构成，这些子系统共享公用的基础档案信息。因此，在启用新账套之前，应根据企业的实际业务处理需求，结合系统基础档案设置的要求，事先做好基础数据的准备工作。

基础档案设置主要内容如下：

（1）机构人员信息设置。包括本单位信息设置、部门档案设置、人员档案设置、人员类别设置、职务档案设置及岗位档案设置。

（2）客商信息设置。包括地区分类设置、行业分类设置、供应商分类设置、供应商档案设置、客户分类设置、客户级别设置和客户档案设置。

（3）存货信息设置。包括存货分类设置、计量单位设置和存货档案设置等。

（4）财务信息设置。包括会计科目设置、凭证类别设置、外币设置和项目目录设置。

（5）收付结算信息设置。包括结算方式设置、付款条件设置、银行档案设置和本单位开户银行设置。

（6）业务信息设置。包括仓库档案设置、收发类别设置、采购类型设置、销售类型设置、产品结构设置、成套件设置、费用项目设置、发运方式设置、货位档案设置和非合理损耗类型设置等。

(7) 对照表设置。包括仓库存货对照表、存货货位对照表、供应商存货对照表、客户存货对照表、单据类型与收发类别对照表和存货自由项对照表。

3. 数据权限设置

用友 ERP-U8 软件中,提供了功能权限、数据权限和金额权限。

功能权限在系统管理中进行设置,主要规定了每个操作员对各模块及其细分功能的操作权限。

数据权限是针对业务对象进行的控制,可以选择对特定业务对象的某些项目和某些记录进行查询和录入的权限控制。

金额权限的主要作用体现在两个方面:一是设置用户在填制凭证时,对特定科目允许输入的金额范围;二是设置用户在填制采购订单时,允许输入的采购金额范围。

4. 单据设置

单据设置主要包括单据格式设置、单据编号设置及单据打印控制。

在实际工作中,不同企业各项业务处理中使用的单据可能存在细微的差别,应根据业务的需要,对所需的单据格式、单据编码进行设置。用友 ERP-U8 软件中预置了常用单据模板,而且允许用户对各单据类型的多个显示模板和多个打印模板进行设置,以定义本企业需要的单据格式,以及各种单据需要的显示格式和打印格式。

实验二　基础设置

【实验准备】

引入实验一的账套备份数据,将系统日期修改为“2012/12/31”。

【实验目的和要求】

1. 熟悉基础档案设置的相关内容
2. 理解基础档案设置的目的和重要性
3. 掌握基础档案设置的具体内容和操作方法

【实验内容】

1. 模块的启用
2. 基础档案设置
3. 数据权限设置
4. 单据设置

【实验资料】

1. 在企业应用平台中启用各子系统

2. 基础档案

企业的基础档案如表 3-1 至表 3-20 所示。

表 3-1　部门档案

部门编码	部门名称	负责人
1	财务部	张晓军
2	销售部	姚明
3	仓储部	刘祥
4	采购部	朱挺
5	技术服务部	何军
6	组装车间	曾晓贤
7	人力资源部	章先科

表 3-2　人员类别

人员类别编码	人员类别名称
001	车间管理岗
002	业务管理岗
003	车间技术工人
004	企业综合管理岗

表 3-3　人员档案

人员编号	人员姓名	性别	人员类别	行政部门	是否业务员
101	张晓军	男	企业综合管理岗	财务部	是
102	王明	男	企业综合管理岗	财务部	是
103	张芳	女	企业综合管理岗	财务部	是
104	李燕	女	企业综合管理岗	财务部	是
105	吴涛	男	企业综合管理岗	财务部	是
201	姚明	男	业务管理岗	销售部	是
301	刘祥	男	业务管理岗	仓储部	是
302	张宁	男	业务管理岗	仓储部	是
303	孝陵	男	业务管理岗	仓储部	是
401	朱挺	男	业务管理岗	采购部	是
402	朱民意	男	业务管理岗	采购部	是
403	许乐	男	业务管理岗	采购部	是
404	关严	男	业务管理岗	采购部	是
405	王涛	男	业务管理岗	采购部	是
501	何军	男	车间管理岗	技术服务部	是
502	徐爽	女	车间管理岗	技术服务部	是
601	曾晓贤	男	车间管理岗	组装车间	是
602	华岚	男	车间技术工人	组装车间	是
603	王继伟	男	车间技术工人	组装车间	是
604	李约翰	男	车间技术工人	组装车间	是
605	郭炜	男	车间技术工人	组装车间	是
606	周涛	男	车间技术工人	组装车间	是
701	章先科	男	企业综合管理岗	人力资源部	是

表 3-4 客户分类

客户分类编码	客户分类名称
01	大客户
02	普通客户
03	小客户

表 3-5 客户档案

客户编号	客户名称	所属分类码	税号	开户银行	银行账号	分管部门	专管业务员
001	进香河自行车商贸公司	01	23010289650435612	中行进香河路分理处	3678403	销售部	姚明
002	沃尔玛桥北店	02	2435187621023543	工商行桥北分理处	456135890	销售部	姚明
003	家乐福大桥南路店	02	2563984256981475	招行下关支行	582314765	销售部	姚明
004	江苏省供销总社	01	302007568942135	工商行南京分行	456135890	销售部	姚明
005	江浦珠江镇车行	03				销售部	姚明

表 3-6 供应商分类

供应商分类编码	供应商分类名称
1	材料及半成品供应商
2	服务类供应商

表 3-7 供应商档案

供应商编号	供应商名称	所属分类码	税号	开户银行	账号	分管部门	分管业务员
001	南京钢铁加工公司(自行车主结构)	1	1105006547852485	工商行大厂支行	5557832167	采购部	朱民意
002	江苏天虹律师事务所	2		现付		人力资源部	章先科
003	江苏省现代快报发行有限公司	2		支票		人力资源部	章先科
004	珠江路办公耗材市场	2		支票		采购部	朱民意
005	顺丰快递物流公司	2		支票		采购部	朱民意
006	国家电网公司南京分公司	2		中行南京分行	2342356	财务部	张芳

（续表）

供应商编号	供应商名称	所属分类码	税号	开户银行	账号	分管部门	分管业务员
007	南京塑料制品有限公司	1				采购部	朱民意
008	南京成套包装有限公司	1				采购部	朱民意
009	无锡车轮厂	1				采购部	朱民意

表 3-8　计量单位组及计量单位

计量单位组编号	计量单位组名称	计量单位组类别	计量单位编号	计量单位名称
01	数量组	无换算率	01	套
			02	本
			03	瓶
			04	个
			05	箱
			06	次
			07	辆

表 3-9　存货分类

存货类别编码	存货类别名称
01	原材料
02	产成品
03	办公用品
04	其他

表 3-10　存货档案

存货编码	存货名称	计量单位	所属分类	税率%	存货属性
1001	自行车主结构	套	01	17	外购、生产耗用
1002	车轮	套	01	17	外购、生产耗用
1003	坐垫	个	01	17	外购、生产耗用、内销
1004	棉布工作服	套	01	17	外购、生产耗用
2001	山地自行车	辆	02	17	自制、内销、外销
2002	公路自行车	辆	02	17	自制、内销、外销
3001	原稿纸	本	03	17	外购、生产耗用
3002	蓝黑墨水	瓶	03	17	外购、生产耗用
3003	算盘	个	03	17	外购、生产耗用
3004	A4 打印纸	箱	03	17	外购、生产耗用
3005	16K 打印纸	箱	03	17	外购、生产耗用
3006	B5 打印纸	箱	03	17	外购、生产耗用
4001	运费	次	04		应税劳务

表 3-11　凭证类别

凭证类别	限制类型	限制科目
记账凭证	无	无

表 3-12　开户银行

编号	名称	账号
01	农行南京市浦口区珠江镇分行	800245788210

表 3-13　往来科目

科目编号及名称	辅助核算	方向	币别/计量
应收账款(1122)	客户往来	借	RMB
预付账款(1123)	供应商往来	借	RMB
应付票据(2201)	供应商往来	贷	RMB
应付账款(2202)	供应商往来	贷	RMB
预收账款(2203)	客户往来	贷	RMB

表 3-14　会计科目

科目编号及名称	辅助核算(计量单位)	方向	币别/计量
库存现金(1001)	日记账	借	RMB
银行存款(1002)	银行账、日记账	借	RMB
农行珠江分行(100201)	银行账、日记账	借	RMB
应收票据(1121)	客户往来	借	RMB
应收账款(1122)	客户往来	借	RMB
预付账款(1123)	供应商往来	借	RMB
其他应收款(1221)	个人往来	借	RMB
备用金(122101)	个人往来	借	RMB
应收个人款(122102)	个人往来	借	RMB
物资采购(1401)		借	RMB
库存商品(1405)		借	RMB
山地自行车(140501)	数量(辆)	借	RMB
公路自行车(140502)	数量(辆)	借	RMB
原材料(1403)		借	RMB
自行车主结构(140301)	数量(套)	借	RMB
坐垫(140302)	数量(个)	借	RMB
车轮(140303)	数量(套)	借	RMB
棉布工作服(140304)	数量(套)	借	RMB
周转材料(1411)		借	RMB
打印纸(141101)		借	RMB
A4(14110101)	数量(箱)	借	RMB
16K(14110102)	数量(箱)	借	RMB

（续表）

科目编号及名称	辅助核算（计量单位）	方向	币别/计量
B5（14110103）	数量（箱）	借	RMB
原稿纸（141102）	数量（本）	借	RMB
蓝黑墨水（141103）	数量（瓶）	借	RMB
算盘（141104）	数量（个）	借	RMB
待摊费用（1801）		借	RMB
固定资产（1601）		借	RMB
累计折旧（1602）		贷	RMB
固定资产清理（1606）		借	RMB
短期借款（2001）		贷	RMB
应付票据（2201）	供应商往来	贷	RMB
应付账款（2202）	供应商往来	贷	RMB
预收账款（2203）	客户往来	贷	RMB
应付薪酬（2211）		贷	RMB
应付税费（2221）		贷	RMB
应交增值税（222101）		贷	RMB
进项税额（22210101）		贷	RMB
销项税额（22210102）		贷	RMB
应交所得税（222106）		贷	RMB
应交城乡建设税（222108）		贷	RMB
预提费用（2191）		贷	RMB
长期借款（2501）		贷	RMB
实收资本（4001）		贷	RMB
盈余公积（4101）		贷	RMB
法定盈余公积（410101）		贷	RMB
任意盈余公积（410102）		贷	RMB
本年利润（4103）		贷	RMB
利润分配（4104）		贷	RMB
未分配利润（410401）		贷	RMB
提取法定盈余公积（410403）		贷	RMB
提取任意盈余公积（410404）		贷	RMB
应付现金股利（410406）		贷	RMB
生产成本（5001）	项目核算	借	RMB
直接材料（500101）	项目核算	借	RMB
直接人工（500102）	项目核算	借	RMB
制造费用（5101）	项目核算	借	RMB
生产成本转出（5102）	项目核算	借	RMB

（续表）

科目编号及名称	辅助核算（计量单位）	方向	币别/计量
主营业务收入（6001）	项目核算	贷	RMB
主营业务成本（6401）	项目核算	借	RMB
其他业务成本（6402）		借	RMB
管理费用（6602）	部门核算	借	RMB
工资（660201）	部门核算	借	RMB
福利费（660202）	部门核算	借	RMB
办公费（660203）	部门核算	借	RMB
差旅费（660204）	部门核算	借	RMB
招待费（660205）	部门核算	借	RMB
折旧费（660206）	部门核算	借	RMB
其他（660207）	部门核算	借	RMB
财务费用（6603）		借	RMB
利息支出（660301）		借	RMB
手续费（660302）		借	RMB
销售费用（6601）		借	·RMB
工资（660101）		借	RMB
福利费（660102）		借	RMB
办公费（660103）		借	RMB
差旅费（660104）		借	RMB
招待费（660105）		借	RMB
折旧费（660106）		借	RMB
其他（660107）		借	RMB

说明：

- 将“库存现金（1001）”科目指定为现金总账科目。
- 将“银行存款（1002）”科目指定为银行总账科目。
- 将“库存现金（1001）”、“农行珠江支行（100201）”、“其他货币资金（1012）”科目指定为现金流量科目。

表 3-15　结算方式

结算方式编码	结算方式名称	票据管理
1	现金结算	否
2	支票结算	否
201	现金支票	是
202	转账支票	是
3	银行汇票	否
4	商业汇票	否
401	商业承兑汇票	否
402	银行承兑汇票	否
5	其他	否

表 3-16　项目核算目录

项目大类	产品	
项目分类	产成品自行车	
核算科目 \ 项目	山地自行车	公路自行车
生产成本	是	
直接材料	是	
直接人工	是	
制造费用	是	
生产成本转出	是	
主营业务收入	是	
主营业务成本	是	

表 3-17　仓库档案

仓库编码	仓库名称	所属部门	负责人	计价方式
1	材料库	采购部	朱挺	全月平均法
2	成品库	组装车间	曾晓贤	全月平均法
3	办公用品库	财务部	张晓军	全月平均法

表 3-18　收发类别

收发类别编码	收发类别名称	标志	收发类别编码	收发类别名称	标志
1	入库	收	2	出库	发
11	采购入库	收	21	销售出库	发
12	产成品入库	收	22	材料领用出库	发
13	其他入库	收	23	其他出库	发

表 3-19　销售类型

销售类型编码	销售类型名称	出库类型	是否默认值
1	批发	销售出库	是
2	零售	销售出库	否

表 3-20　采购类型

采购类型编码	采购类型名称	入库类型	是否默认值
1	材料采购	采购入库	是

3．单据设计

单据设计编号设置要求：分别选取“销售普通发票”、“销售专用发票”、“采购普通发票”、“采购专用发票”、“运费发票”，修改为完全手工编号。

4．数据权限设置

将“006 姚明”赋予“记录权限设置”权限；将“销售部”从“禁用”调整为“可用”。

【实验指导】

1. 系统启用

操作步骤：

(1) 以“张晓军”身份进入企业应用平台，执行“开始”→“程序”→“用友 ERP-U8”→“企业应用平台”命令，打开“登录”对话框。输入操作员“001”、密码“001”，在账套下拉列表框中选择“南京市珠江机械有限公司管理信息系统”，更改操作日期为“2012-12-01”，如图 3-1 所示。

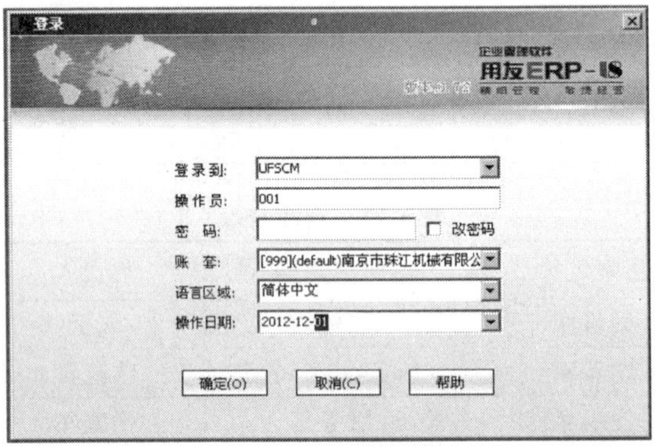

图 3-1

(2) 单击【确定】按钮，进入“UFIDA-ERP[工作中心]”窗口。

(3) 在“基础设置”页签中，执行“基本信息”→“系统启用”命令，打开“系统启用”对话框。

(4) 单击“GL 总账”前的复选框，系统弹出“日历”对话框，选择“2012-12-01”，如图 3-2 所示。

图 3-2

(5) 单击【确定】按钮，系统弹出“确定要启用当前系统吗?”信息提示框。

(6) 单击【是】按钮返回。

(7) 以此类推,分别选择要启用的"薪资管理"、"固定资产管理"、"采购管理"、"销售管理"、"库存管理"、"存货核算"、"应收款管理"、"应付款管理"系统,选择"2012-12-01",进行各模块的启用设置。

(8) 各模块启用完毕后,单击【退出】按钮返回。

注意:

- 只有账套主管才有权在"企业应用平台"中启用系统。
- 一般企业应用为了核算方便以及保证正常的核算周期,启用日期一般都从当月的 1 日开始,在启用各子系统时要注意它们之间的逻辑关系,以免启用时发生错误或系统冲突。
- 各系统的启用时间必须大于或等于账套的启用时间。

2. 部门档案设置

操作步骤:

(1) 在企业应用平台"基础设置"页签中,执行"基础档案"→"机构人员"→"部门档案"命令,进入"部门档案"窗口。

(2) 单击【增加】按钮,根据实验资料给定的部门信息,输入部门编码、部门名称信息,单击【保存】按钮保存,如图 3-3 所示。

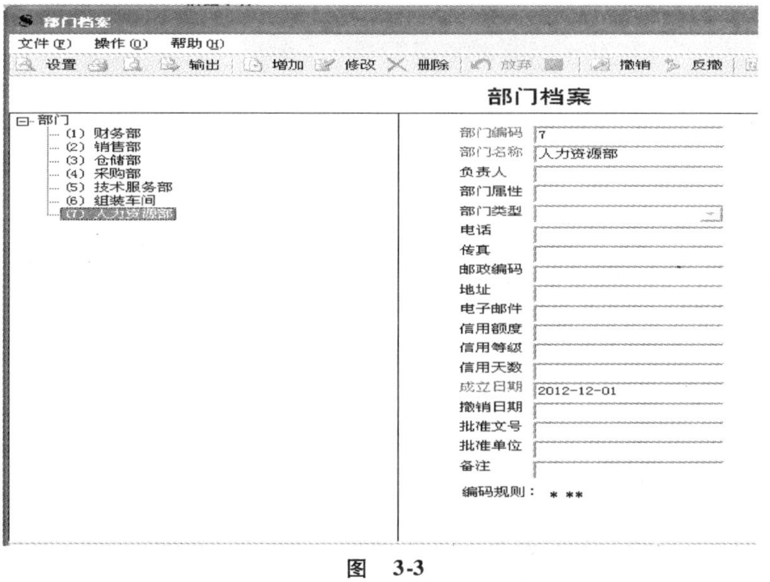

图 3-3

注意:

- 蓝色部门为必须键入部分,编码必须符合该页面下方所显示的编码方案,否则将会报错。
- 正常情况下页面上所有字段都有实质性变量意义,如果不是必输项或必须使用项,建议可以保持默认值。

(3) 输入完毕后,单击【退出】按钮返回。

注意:

- 部门档案既可以在企业门户的基础档案中进行设置,也可以在使用部门档案的其他系统中进行设置,系统中基础档案信息是共享的。

• 部门编码必须符合编码规则。

• 由于此时还未设置“人员档案”,部门中的“负责人”现在不能设置。如果需要设置,则只能在设置完成“人员档案”后,再回到“部门档案”中以修改的方式补充设置“负责人”并保存。

3. 建立人员类别

操作步骤:

(1) 在“基础设置”页签中,执行“基础档案”→“机构人员”→“人员类别”命令,进入“人员类别”窗口。

(2) 在左边窗口选择“在职人员”人员类别,单击【增加】按钮,根据实验资料,在“在职人员”下分别增加各人员类别,如图 3-4 所示。

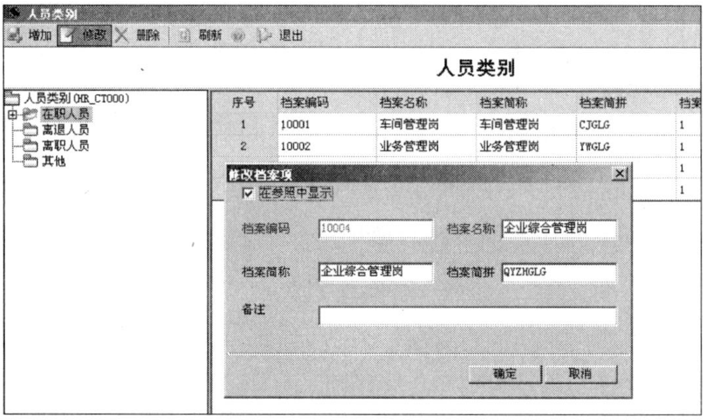

图 3-4

(3) 输入完毕后,单击【退出】按钮返回。

4. 设置人员档案

操作步骤:

(1) 在“基础设置”页签中,执行“基础档案”→“机构人员”→“人员档案”命令,进入“人员列表”窗口。

(2) 单击左边窗口的“部门类别”下的“财务处”,单击【增加】按钮,输入财务处“张晓军”的人员档案信息。

(3) 输入完毕后,单击【保存】按钮。

(4) 同理,根据实验资料要求,依次输入其他人员档案信息,如图 3-5 所示。

注意:

• 如图 3-5 所示,“是否业务员”选项必须都勾选,如果没有勾选此选项,该人员就不能在 U8 系统中发生任何业务。

• 人员编码必须唯一。

• 人员所属部门只能是末级部门。

图　3-5

(5) 全部输入完毕后,单击【退出】按钮返回。

5. 客户分类

操作步骤:

(1) 在"基础设置"页签中,执行"基础档案"→"客商信息"→"客户分类"命令,进入"客户分类"窗口。

(2) 在左边窗口选择"客户分类",单击【增加】按钮,输入分类编码"01"、分类名称"大客户"。

(3) 单击【保存】按钮,保存设置。

(4) 同理,根据实验资料要求,分别在客户分类列表增加各客户类别,如图 3-6 所示。

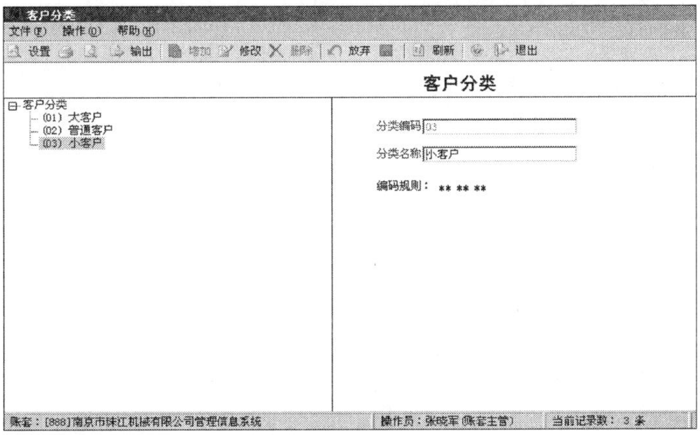

图　3-6

(5) 增加完毕后,单击【退出】按钮返回。

注意:

客户是否需要分类应在建立账套时确定。

6. 建立客户档案

操作步骤：

(1) 在“基础设置”页签中，执行“基础档案”→“客商信息”→“客户档案”命令，进入“客户档案”窗口。

(2) 在左边窗口选择“大客户”，单击【增加】按钮。

(3) 在“增加客户档案”窗口，输入客户编号为“001”的客户档案信息。

(4) 同理，根据实验资料要求，输入其他客户档案信息。

注意：

- 客户所属客户分类只能是末级客户分类。
- 建立客户档案时，客户开户银行及账号需要在增加完客户档案后单击【银行】按钮，打开“客户银行档案”对话框录入，如图3-7、图3-8所示。

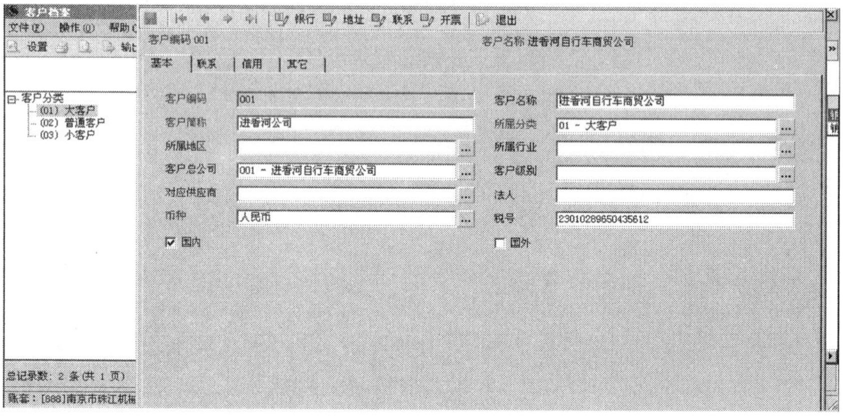

图 3-7

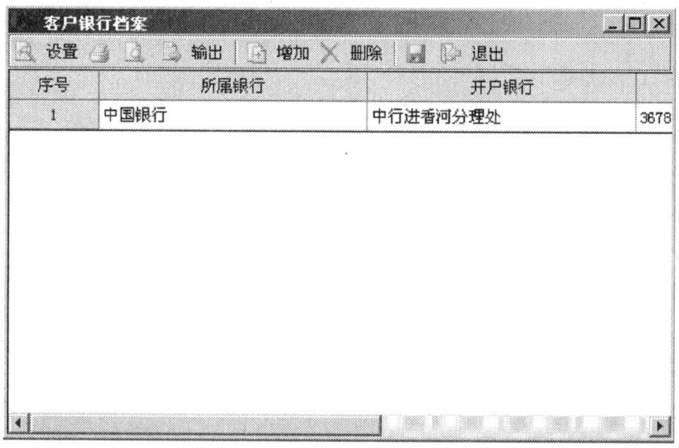

图 3-8

(5) 增加完毕后，单击【退出】按钮返回。

7. 供应商分类

操作步骤：

根据实验资料中给定的供应商分类资料要求，参照客户分类操作步骤，依次完成供应商分类数据的添加。

注意：

供应商是否分类应在建立账套时确定，此时不能修改；如若修改只能在未建立供应商档案的情况下，在系统管理中以修改账套的方式修改。

8. 建立供应商档案

操作步骤：

根据实验资料中给定的供应商档案资料要求，参照客户档案操作步骤，依次完成供应商档案数据的添加。

9. 计量单位组及计量单位设置

操作步骤：

(1) 在“基础设置”页签中，执行“基础档案”→“存货”→“计量单位”命令，打开“计量单位—计量单位组”对话框。

(2) 单击【分组】按钮，打开“计量单位组”对话框，再单击【增加】按钮，输入计量单位组编码“01”、计量单位组名称“数量组”、计量单位组类别“无换算率”，如图 3-9 所示。

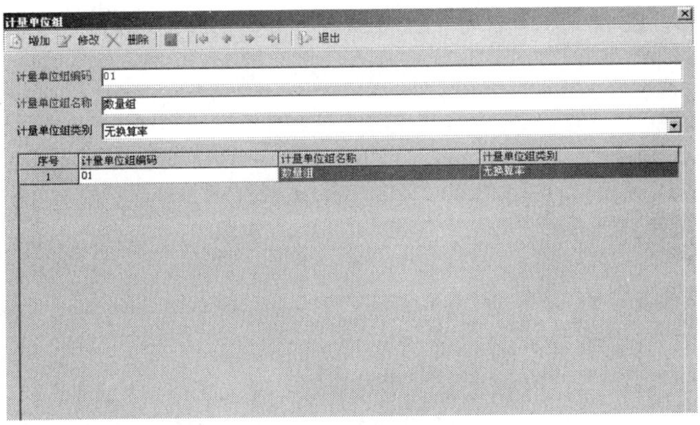

图　3-9

(3) 单击【保存】按钮，再单击【退出】按钮。

(4) 选择“计量单位组—(01)数量组 < 无换算关系 >”，单击【单位】按钮，打开“计量单位”对话框，如图 3-10 所示。

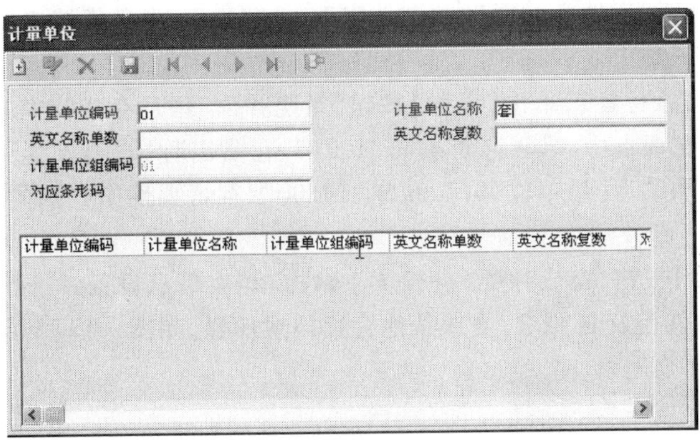

图　3-10

（5）单击【增加】按钮，根据实验资料要求分别增加有关计量单位信息。

（6）增加完毕后，单击【退出】按钮返回。

注意：

在设置计量单位时，应先设置计量单位组，然后在不同的计量单位组下设置相应的计量单位。

10. 存货分类设置

操作步骤：

（1）在"基础设置"页签中，执行"基础档案"→"存货"→"存货分类"命令，打开"存货分类"对话框，如图 3-11 所示。

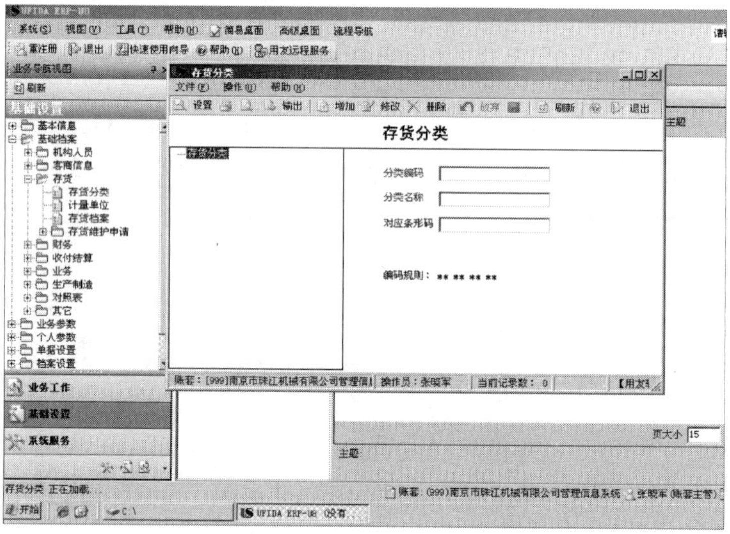

图　3-11

（2）在"存货分类"对话框中，单击【增加】按钮，根据实验资料要求，分别增加各存货类别和名称。

（3）增加完毕后，单击【退出】按钮返回。

11. 存货档案设置

操作步骤：

（1）在"基础设置"页签中，执行"基础档案"→"存货"→"存货档案"命令，打开"存货档案"对话框。

（2）选中"（01）原材料"，单击【增加】按钮，系统弹出"增加存货档案"窗口。

（3）在"基本"选项卡中，录入存货编码"1001"、存货名称"自行车主结构"、所属分类"原材料"、计量单位组"01"、计量单位"01"、税率"17.00"，存货属性中分别勾选"外购"项、"生产耗用"项。

（4）单击【保存】按钮，完成存货"自行车主结构"档案信息设置。

（5）同理，根据实验资料要求，增加其他存货档案信息，如图 3-12 所示。

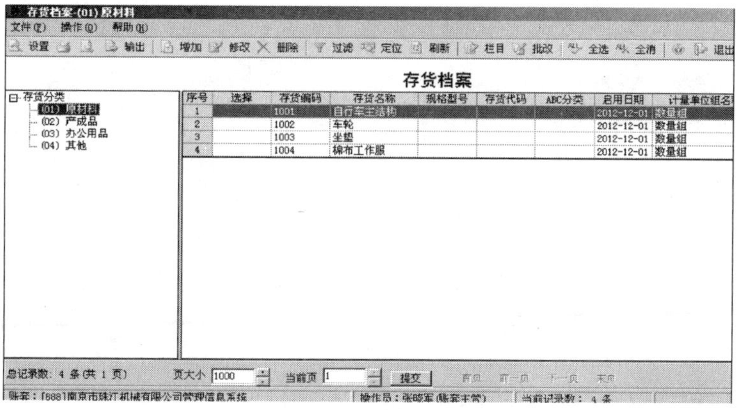

图　3-12

注意：

设置存货档案时，应注意存货属性的合理选择。

（6）增加完毕后，单击【退出】按钮返回。

12．凭证类别设置

操作步骤：

（1）在"基础设置"页签中，执行"基础档案"→"财务"→"凭证类别"命令，打开"凭证类别预置"对话框，如图 3-13 所示。

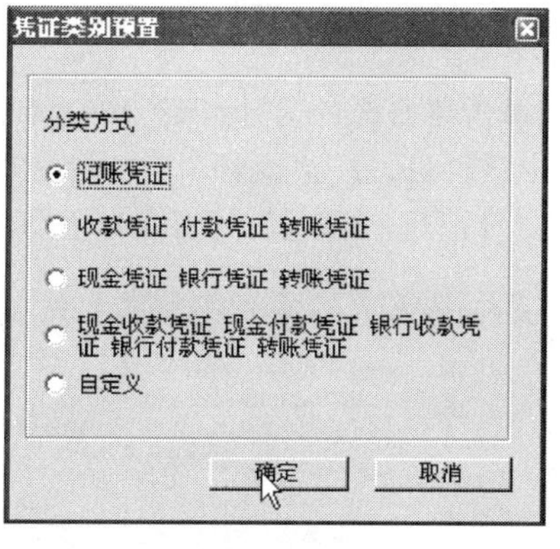

图　3-13

（2）选择"记账凭证"单选按钮，单击【确定】按钮，保存后退出。

13．会计科目设置

操作步骤：

（1）增加会计科目。

① 在"基础设置"页签中，执行"基础档案"→"财务"→"会计科目"命令，进入"会计科目"窗口。

② 单击【增加】按钮，打开"会计科目—新增"窗口，如图 3-14 所示。

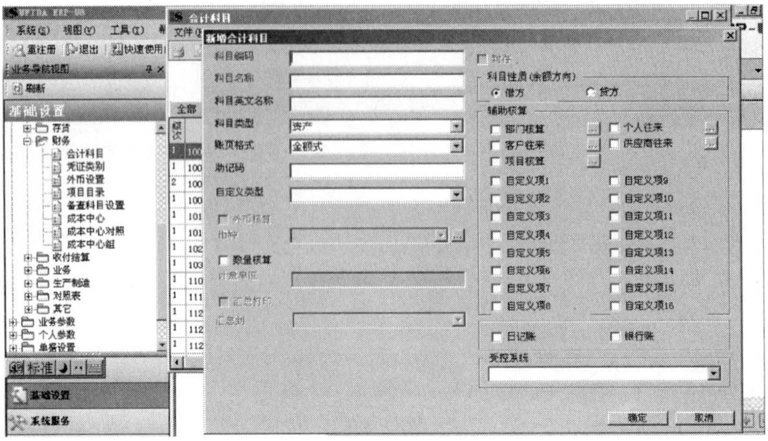

图 3-14

③ 输入科目编码“100201”、科目名称“农行珠江分行”，选中“日记账”、“银行账”复选框。

④ 单击【确定】按钮保存。

⑤ 同理，单击【增加】按钮，继续输入实验资料要求的其他明细科目的相关信息。

⑥ 全部增加完成后，单击【关闭】按钮后退出。

注意：

- 增加的会计科目编码长度及每级位数应符合编码规则。
- 增加会计科目也可以利用“成批复制”功能增加会计科目。

(2) 修改会计科目。

① 在“会计科目”窗口中，单击要修改的会计科目“1001 库存现金”科目。

② 单击【修改】按钮或双击该科目，进入“会计科目—修改”窗口。

③ 单击【修改】按钮，选中“日记账“复选框，如图 3-15 所示。

图 3-15

④ 单击【确定】按钮，保存修改后的“1001 库存现金”科目信息。

⑤ 同理，根据实验资料要求，单击【修改】按钮，依次修改其他会计科目的辅助核算属性。

⑥ 修改完成后，单击【返回】按钮。

注意：

- 通常在以下两种情况下需要修改科目：第一，系统预置的科目中没有指定科目的辅助核算内容，如现金科目未设置日记账核算、应收账款未指定客户往来核算等，因此需要对实验资料中标注了辅助核算的科目进行修改，以补充指定科目的辅助核算内容；第二，系统中预置了生产成本二级科目“基本生产成本”和“辅助生产成本”，按实验资料要求需要修改为“直接材料”和“直接人工”。
- 如果科目已经使用，则不能被修改或删除。

(3) 指定会计科目。

① 在“会计科目”窗口中，执行“编辑”→“指定科目”命令，打开“指定科目”对话框。

② 单击“现金科目”按钮，从“待选科目”列表框中选择“1001 库存现金”科目，单击“ > ”按钮，将库存现金科目添加到“已选科目”列表中，如图 3-16 所示。

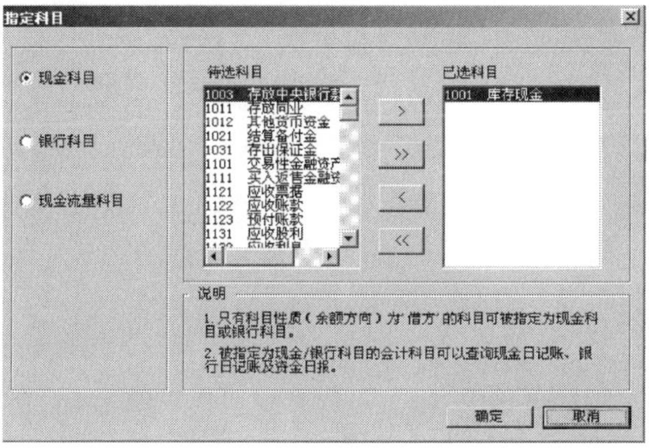

图　3-16

③ 同理，单击“银行科目”按钮，将“1002 银行存款”科目设置为银行科目。

④ 同理，单击“现金流量科目”按钮，将“1001 库存现金”、“100201 农行珠江分行”、“1012 其他货币资金”科目设置为现金流量科目。

⑤ 单击【确定】按钮，保存。

注意：

- 指定会计科目是指定出纳专管科目，只有指定科目后，才能执行出纳签字。
- 只有指定现金及银行总账科目才能查询现金及银行存款日记账。

14. 项目目录设置

操作步骤：

(1) 在“基础设置”页签中，执行“基础档案”→“财务”→“项目目录”命令，打开“项目档案”对话框。

(2) 单击【增加】按钮，打开“项目大类定义—增加”对话框。

(3) 输入新项目大类名称“产品”，选择新增项目大类的属性“普通项目”，如图 3-17 所示。

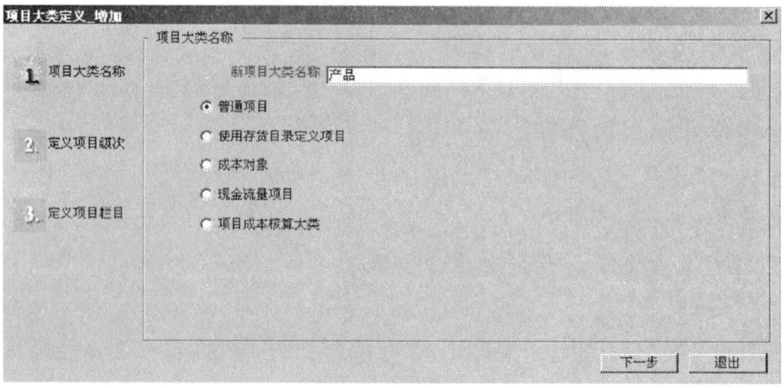

图 3-17

（4）单击【下一步】按钮，打开“定义项目级次”对话框，设定项目级次：一级 1 位，如图 3-18 所示。

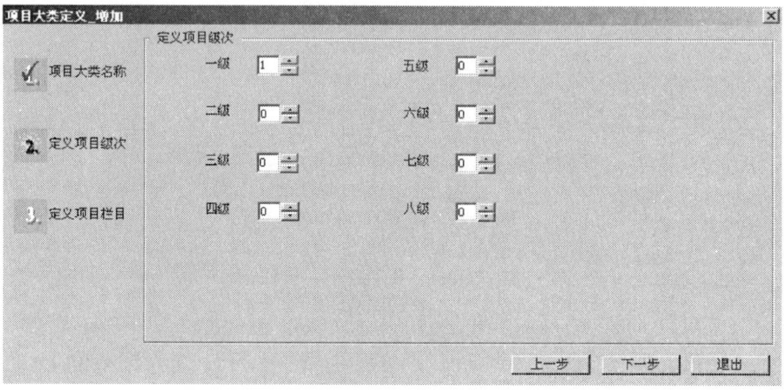

图 3-18

（5）单击【下一步】按钮，打开“定义项目栏目”对话框，取系统默认，不做修改。

（6）单击【完成】按钮，返回“项目档案”窗口。

（7）从“项目大类”下拉列表中选择“产品”，单击“核算科目”卡片，单击“ > > ”添加按钮，将全部待选科目选择为按产品项目大类核算的科目，单击【确定】按钮保存，如图 3-19 所示。

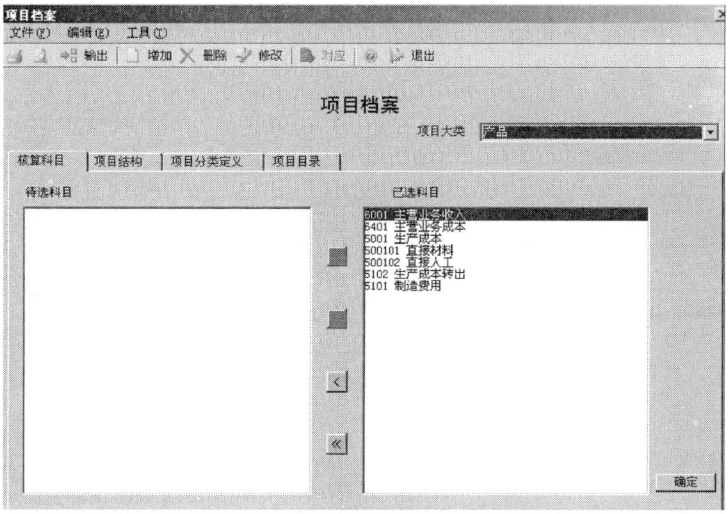

图　3-19

(8) 单击“项目分类定义”卡片,选择项目大类为“产品”,输入分类编码“1”,分类名称“产成品自行车”,如图 3-20 所示,单击【确定】按钮。

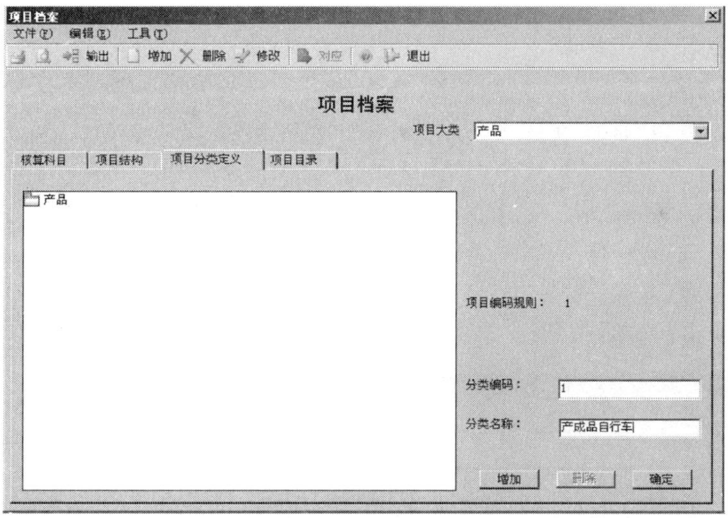

图　3-20

(9) 单击“项目目录”卡片,单击【维护】按钮,进入“项目目录维护”窗口。

(10) 单击【增加】按钮,输入项目编号“01”、项目名称“山地自行车”、所属分类码“1”。

(11) 再单击【增加】按钮,输入项目编号“02”、项目名称“公路自行车”、所属分类码“1”,如图 3-21 所示。

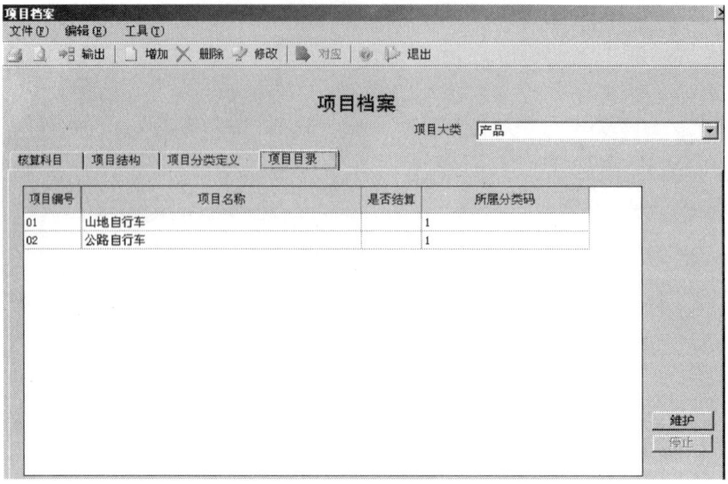

图 3-21

(12) 单击【退出】按钮返回，再单击【退出】按钮退出。

注意：

- 一个项目大类可以指定多个科目，一个科目只能指定一个项目大类。
- 标志结算后的项目将不能再使用。

15. 结算方式设置

操作步骤：

(1) 在"基础设置"页签中，执行"基础档案"→"收付结算"→"结算方式"命令，进入"结算方式"窗口。

(2) 单击【增加】按钮，输入结算方式编码"1"、结算方式名称"现金"，不选中"是否票据管理"复选框。

(3) 单击【保存】按钮。

(4) 同理，单击【增加】按钮，根据实验资料要求依次输入其他结算方式，如图 3-22 所示。

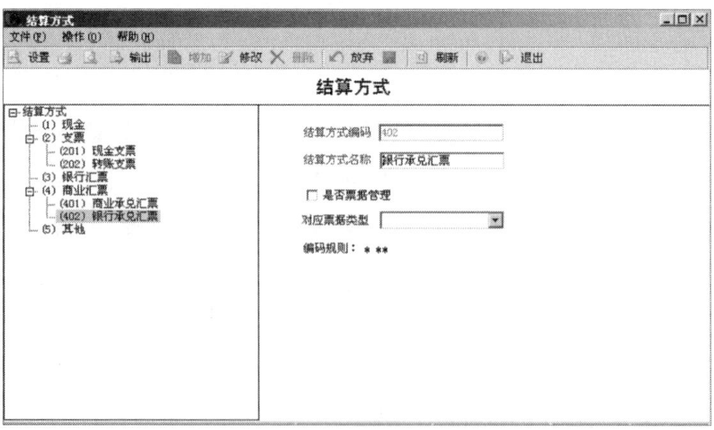

图 3-22

注意：

若需实施票据管理，应选中"是否票据管理"复选框。

16. 开户银行设置

操作步骤：

(1) 在"基础设置"页签中，执行"基础档案"→"收付结算"→"本单位开户银行"命令，进入"本单位开户银行"窗口。

(2) 单击【增加】按钮，进入"增加本单位开户银行"窗口。

(3) 根据实验资料输入银行档案信息，如图 3-23 所示。

图　3-23

(4) 单击【保存】按钮保存。

17. 仓库档案设置

操作步骤：

(1) 在"基础设置"页签中，执行"基础档案"→"业务"→"仓库档案"命令，打开"仓库档案"对话框。

(2) 在"仓库档案"对话框中，单击【增加】按钮，根据给定实验资料，依次添加仓库档案，如图 3-24 所示。

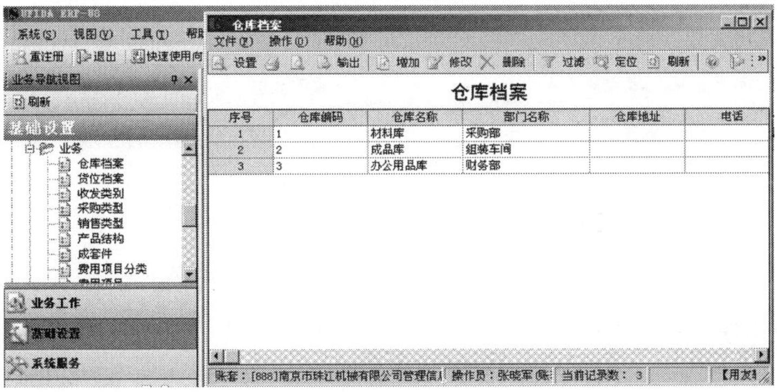

图　3-24

(3) 输入完毕后，单击【退出】按钮。

18. 收发类别设置

操作步骤：

（1）在“基础设置”页签中，执行“基础档案”→“业务”→“收发类别”命令，打开“收发类别”对话框。

（2）在“收发类别”对话框中，单击【增加】按钮，根据实验资料要求，依次添加收发类别，如图3-25所示。

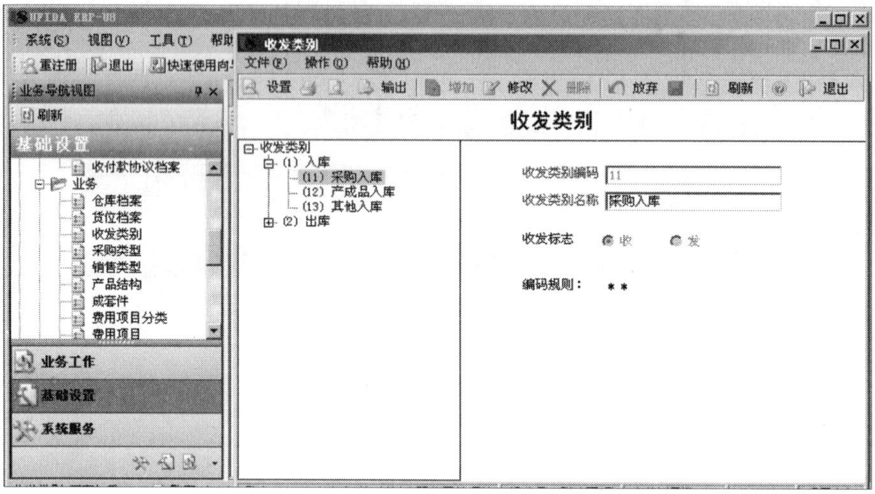

图 3-25

（3）输入完毕后，单击【退出】按钮。

19. 采购类型设置

操作步骤：

（1）在“基础设置”页签中，执行“基础档案”→“业务”→“采购类型”命令，打开“采购类型”对话框。

（2）在“采购类型”对话框中，单击【增加】按钮。

（3）输入采购类型编码“1”、采购类型名称“材料采购”、入库类型“采购入库”，“是否默认值”选择“是”，如图3-26所示。

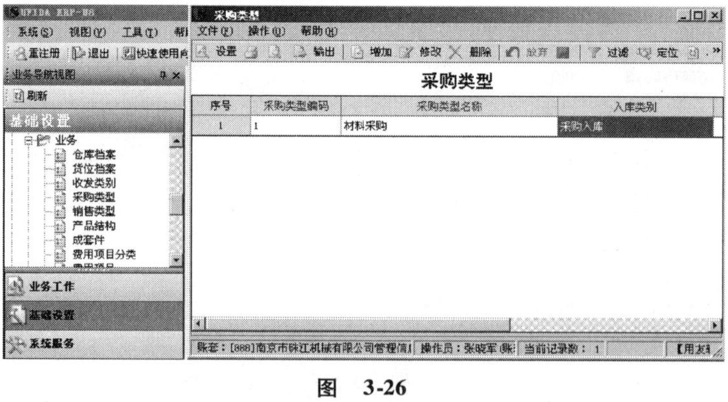

图 3-26

（4）单击【保存】按钮，再单击【退出】按钮。

20. 销售类型设置

操作步骤：

（1）在“基础设置”页签中，执行“基础档案”→“业务”→“销售类型”命令，打开“销售类型”对话框。

（2）在“销售类型”对话框中，单击【增加】按钮。

（3）输入销售类型编码“1”、销售类型名称“批发”、出库类型“销售出库”，“是否默认值”选择“是”，单击【保存】按钮。

（4）同理，根据实验资料要求添加其他销售类型，如图 3-27 所示。

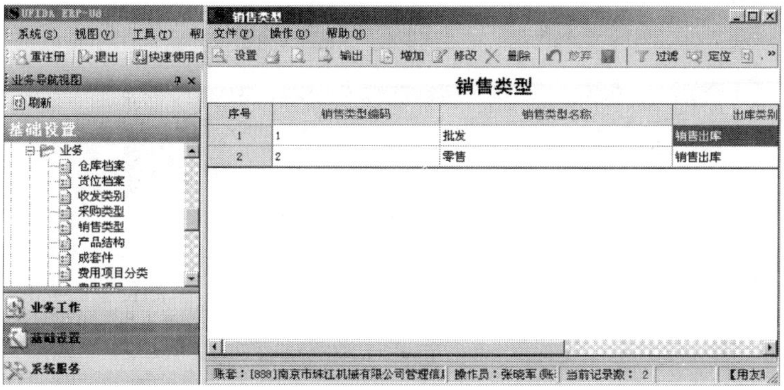

图　3-27

（5）输入完毕后，单击【退出】按钮。

21. 设置单据编号方式

操作步骤：

（1）在“基础设置”页签中，执行“单据设置”→“单据编号设置”命令，打开“单据编号设置”对话框。

（2）选择需要设置编码的单据“销售普通发票”，然后单击【修改】按钮，修改销售普通发票的编码产生方式“完全手工编号”，如图 3-28 所示。

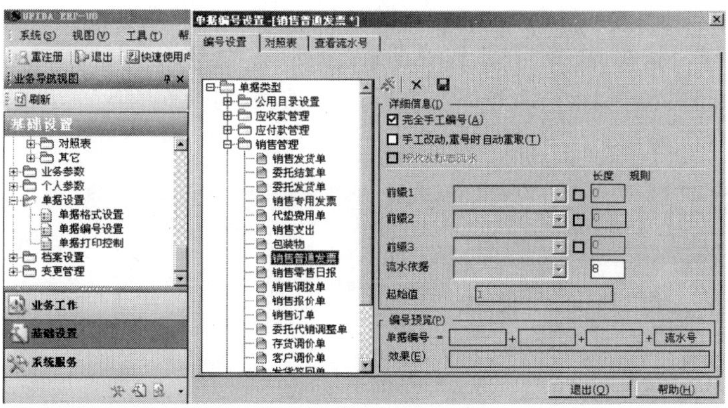

图　3-28

（3）修改完成后，单击【保存】按钮。

（4）同理，根据实验资料要求，依次选择需要设置编号方式的单据，再单击【修改】按钮，修改其他单据的编码产生方式。

（5）全部修改完毕后，单击【退出】按钮。

注意：

如果不在“单据编号设置”中设置“允许手工修改”某一单据的编号，则在填制这一单据时其编号由系统自动生成而不允许手工录入编号。

22. 数据权限设置

操作步骤：

（1）在企业应用平台“系统服务”页签中，执行“权限”→“数据权限控制设置”命令，打开“数据权限控制设置”对话框。

（2）在“记录级”页签中，选择“部门”复选框，如图 3-29 所示。

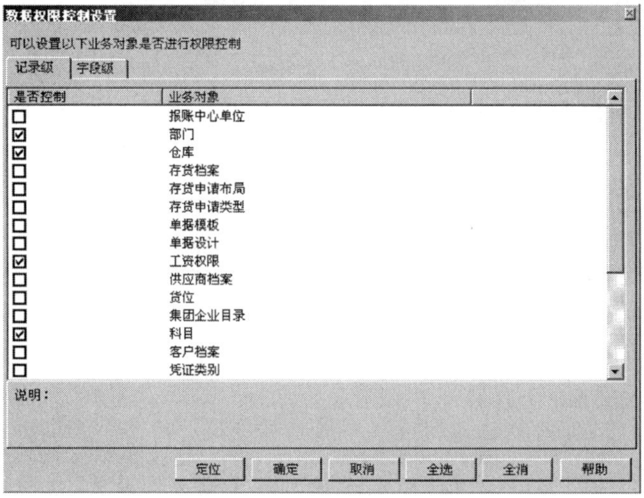

图 3-29

（3）单击【确定】按钮返回。

（4）在“系统服务”页签中，执行“权限”→“数据权限分配”命令，进入“权限浏览”窗口。

（5）从“业务对象”下拉列表中选择“部门”，从“用户及角色”列表中选择“006 姚明”。

（6）单击【授权】按钮，打开“记录权限设置”对话框。

（7）从“禁用”列表中选择“销售部”，单击“ > ”按钮，将“销售部”选入“可用”列表中，如图 3-30 所示。

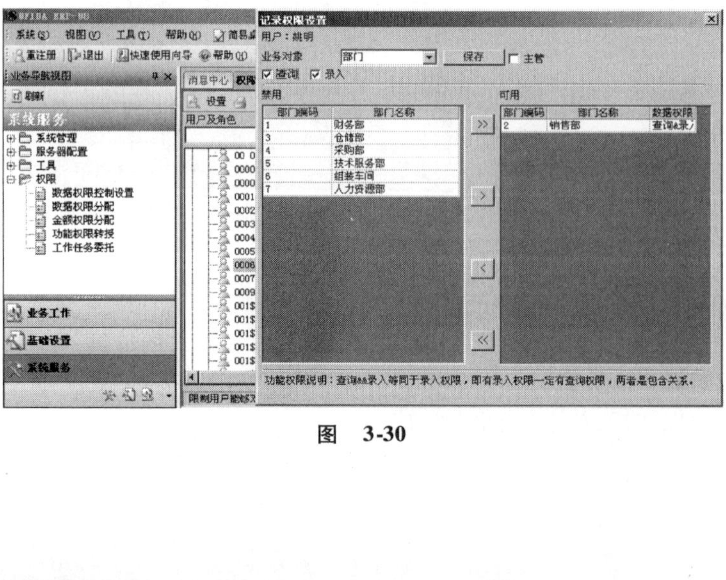

图 3-30

(8) 单击【保存】按钮,系统弹出“保存成功”信息提示框。

(9) 单击【确定】按钮返回。

注意:

必须在系统管理中定义角色或用户,并分配完功能级权限后才能进行数据权限分配。

23. 备份本次实验数据,命名为实验账套二。

第4章

模块初始化设置

4.1　模块初始化设置概述

初始化是为系统日常业务处理工作做准备。第一次使用各业务模块进行日常业务处理前，用户应根据本企业的需要将用友 ERP-U8 系统变成适合本单位实际需要的业务应用环境，将截止到各模块启用时尚未处理完的业务单据和启用日期手工账目的期初数据录入各功能系统中。通过各业务模块的初始化设置，使各模块能适应企业业务处理的需要，保持启用日期前后业务处理的连续性。

模块初始化工作主要包括业务参数设置、基础信息设置及期初数据录入等工作。

4.2　模块初始化设置内容

用友 ERP-U8 系统中各模块的初始化非常重要，直接关系到各业务模块系统的使用、业务点控制和模块启用日期前后业务处理的连续性。

1. 业务参数设置

用友 ERP-U8 软件中各模块的业务参数设置关系到该业务系统的使用和业务点控制，因此非常重要。业务参数设置就像功能开关一样，决定用户使用该系统的业务流程、业务模块和数据流向。例如，在采购管理系统中可以设置是否允许超请购订货。如果设置允许，则参照请购单生成的采购订单的累计订货量可以大于请购单量，否则不允许。再如在库存管理系统中可以设置是否进行安全库存报警、是否有形态转换业务等。

由于有些参数选项在日常业务开始后不允许随意修改，所以用户在进行业务参数设置之前，需要详细了解选项开关对业务处理流程的影响，并结合企业的实际业务需要，在业务开始前进行全盘考虑，再进行相关参数设置，尤其一些对其他系统有影响的选项设置更要考虑清楚。

2. 基础档案信息设置

在使用各模块进行日常业务处理前，应根据企业的实际情况，结合各模块基础档案信息设置的要求，事先做好基础数据的准备工作。在用友 ERP-U8 软件各模块集成使用的环境下，一些系统共享的信息可以在系统应用平台基础档案中设置，另外一些各模块的专用基础信息则需在各模块中设置。

3. 期初数据录入

用友 ERP-U8 软件中各模块的期初数据是各业务系统运行的基础。在使用用友 ERP-U8 软件各业务模块进行日常业务处理前，应将各模块启用时尚未处理完的业务单据和启用日期手工账目的期初数据录入各功能系统中，以便后期业务处理时的引用，从而使启用日期前后业务的处理能保持连续性。如账套从 2012/01/01 开始启用，则需要启用日期各账簿的期初余额数据，以便总账系统能正确计算以后的本期发生额、期末余额等数据。

4.3　各模块初始化设置

本实验主要涉及用友 ERP-U8 系统中的财务管理系统（包括总账系统、应收款管理系统、应付款管理系统、薪资管理系统、固定资产管理系统）和供应链管理系统（包括采购管理系统、销售管理系统、库存管理系统和存货核算系统)两部分。

本章主要介绍财务管理系统的总账系统初始设置、应收款管理系统初始设置、应付款管理系统初始设置,以及供应链管理系统各模块的初始设置,其他模块的初始化设置将在以后各章介绍。

1. 财务管理系统初始化设置

(1) 总账系统初始化设置。

总账系统初始化是总账系统进行日常业务处理的前提和基础工作。总账系统初始化设置包括以下方面:

① 总账系统启用。通过企业应用平台“基本信息”页签中启用总账系统。

② 设置控制参数。设置控制参数是对总账系统的一些系统选项进行设置,以便为总账系统配置相应的功能或设置相应的控制。

③ 设置基础数据。基础数据设置主要包括定义外币及汇率、建立会计科目、设置辅助核算档案、设置凭证类别、设置结算方式、定义常用凭证及常用摘要、设置明细权限。在与其他模块集成使用环境下,一些公用的基础数据通常在企业应用平台“基础档案”页签中设置。

④ 录入期初余额。录入期初余额是将总账系统启用日期手工账目的余额数据输入系统,以保持启用日前后业务处理的连续性。期初余额的录入分为总账期初余额录入、辅助账期初余额录入。

(2) 应收款管理系统初始化设置。

应收款管理系统初始化是使用应收款管理系统的前提条件,直接关系到系统的日后使用和业务点控制。应收款管理系统初始化主要包括以下方面:

① 应收款管理系统启用。通过企业应用平台“基本信息”页签中启用应收款管理系统。

② 设置控制参数。设置控制参数是对应收款管理的一些系统选项进行设置,以便为应收款管理系统配置相应的功能或设置相应的控制。

③ 设置基础数据。基础数据设置主要包括设置科目、设置坏账准备、设置账龄区间、设置报警级别等。其他公共信息(会计科目、部门档案、职员档案、存货分类档案、地区分类档案、客户分类档案、单据类型和单据格式、外币与汇率、结算方式、付款条件)已在企业应用平台“基础设置”页签中和总账系统初始设置中完成。

④ 录入期初余额。录入期初余额时将系统启用日未处理完成的所有客户的应收账款、预收账款、应收票据等数据输入系统,以便于以后的核销处理。

(3) 应付款管理系统初始化设置。

应付款管理系统初始化与应收款管理系统初始化的作用一样,也是使用应付款管理系统的前提条件。应付款管理系统初始化设置主要包括以下方面:

① 应付款管理系统启用。通过企业应用平台“基本信息”页签中启用应付款管理系统。

② 设置控制参数。设置控制参数是对应付款管理的一些系统选项进行设置,以便为应付款管理系统配置相应的功能或设置相应的控制。

③ 设置基础数据。基础数据设置主要包括设置科目、设置账期内账龄区间、设置逾期账龄区间、设置报警级别等。其他公共信息(会计科目、部门档案、职员档案、存货分类档案、地区分类档案、供应商分类及档案、单据类型和单据格式、外币与汇率、结算方式、付款条件)已在企业应用平台“基础设置”页签中和总账系统初始设置中完成。

④ 录入期初余额。应付款管理系统期初余额是将系统启用日未处理完成的所有供应商

的应付账款、预付账款、应付票据等数据输入系统，以便于以后的核销处理。

2. 供应链管理系统初始化设置

供应链管理系统是用友 ERP-U8 软件的重要组成部分，它突破了会计核算软件单一财务管理的局限，实现了从财务管理到企业财务业务一体化全面管理，实现了物流、资金流管理的统一。

供应链管理系统初始化包括供应链管理系统建账、业务参数设置、基础信息设置及期初数据录入等项工作。

(1) 供应链管理系统建账。

企业建账过程在系统管理一章已有描述，在这里只需在企业应用平台"基本信息"页签中启用相关子系统即可。

(2) 业务参数设置。

供应链管理系统业务参数设置主要是设置各个系统公用的及各自特有的基本信息，这些信息的设置将决定用户使用业务系统的流程、模式和数据流向。供应链管理系统各模块提供了丰富的参数开关、个性化参数设置。企业应根据业务处理的需要，考虑参数设置与业务处理需求的关系，选择合适的业务控制参数进行设置。

由于有些参数选项在日常业务处理后不能改变，所以应在业务开始前进行全盘考虑，尤其要考虑清楚一些对其他系统有影响的选项设置。

(3) 基础档案设置。

供应链管理系统各模块的基础档案设置可分为基础档案信息和存货科目设置两部分，各模块公用的基础信息一般是在企业应用平台"基础档案"页签中进行设置的，主要包括机构人员、客商信息、存货、财务及收付结算等。除此以外，供应链管理系统还需要增设与业务处理、查询统计、财务连接相关的基础信息。

① 基础档案信息。使用供应链管理系统之前，应做好手工基础数据的准备工作，如对存货合理分类、准备存货的详细档案、进行库存数据的整理及与账面数据的核对等。供应链管理系统需要增设的基础档案信息包括 BOM 结构、费用类型等。

② 存货科目设置。存货系统是连接业务管理与财务管理的数据接口，各业务模块都要通过存货系统生成凭证并传递给财务管理系统。存货科目是设置生成凭证所需要的各种存货科目以及差异科目，可以按仓库或存货分类进行设置。存货对方科目是设置生成凭证所需要的对方科目，可以按收发类别进行设置。

(4) 供应链管理系统期初余额。

当基础信息录入完毕后，还需要将系统启用日前的数据即期初数据录入供应链管理系统各模块，以保证各业务数据的连续性。

① 采购管理系统期初余额数据。采购管理系统的期初数据主要包括期初暂估入库数据、期初在途存货数据及期初受托代销数据。采购管理系统的这些期初数据必须在期初记账前录入。

② 销售管理系统期初余额数据。销售管理系统的期初数据主要包括期初发货单数据、期初委托代销发货单数据以及期初收款发货单数据。

③ 库存管理系统期初余额数据。库存管理系统的期初数据主要包括库存期初结存数据和期初不合格品期初余额数据。

当库存管理系统与存货核算系统集成使用时，库存期初结存数据的录入方法有两种：一是分仓库逐笔录入，二是通过【取数】按钮从存货核算系统中取得数据。

④ 存货核算系统期初余额数据。存货核算系统的期初数据主要包括存货期初结存数据、期初差异数据以及期初分期收款发出商品数据等内容。录入期初数据后，需要分仓库进行审核，表明该仓库期初数据录入工作的完成。

当存货核算系统与销售管理系统集成使用时，存货核算系统中分期收款发出商品的期初余额数据可以从销售管理系统中取数。

当存货核算系统与库存管理系统集成使用时，存货的期初数据同样可以分仓库逐笔录入或通过【取数】按钮从库存管理系统中取得数据。

实验三　模块初始化设置

【实验准备】

引入实验二的账套备份数据，将系统日期修改为“2012/12/31”。

【实验目的和要求】

1. 熟悉用友 ERP-U8 软件中总账系统、应收款管理系统、应付款管理系统、采购管理系统、销售管理系统、库存管理系统、存货核算系统初始设置的相关内容
2. 理解用友 ERP-U8 软件中总账系统、应收款管理系统、应付款管理系统、采购管理系统、销售管理系统、库存管理系统、存货核算系统初始设置的意义
3. 掌握用友 ERP-U8 软件中总账系统、应收款管理系统、应付款管理系统、采购管理系统、销售管理系统、库存管理系统、存货核算系统初始设置的具体内容和操作方法

【实验内容】

1. 总账系统参数设置、期初数据录入
2. 应收款管理系统参数设置、期初数据录入
3. 应付款管理系统参数设置、期初数据录入
4. 采购管理系统参数设置、期初数据录入
5. 销售管理系统参数设置、期初数据录入
6. 库存管理系统参数设置、期初数据录入
7. 存货核算系统参数设置、期初数据录入

【实验资料】

1. 总账控制参数

总账控制参数如表 4-1 所示。

表 4-1　总账控制参数

选项卡	参数设置
凭证	制单序时控制:否 支票控制:是 赤字控制:资金及往来科目 赤字控制方式:提示 可以使用应收、应付、存货受控科目 现金流量科目必录现金流量项目:否 凭证编号方式采用系统编号
账簿	账簿打印位数按软件的标准设定 明细账打印按年排页
凭证打印	打印凭证页脚姓名
预算控制	超出预算允许保存
权限	出纳凭证必须经由出纳签字 允许修改、作废他人填制的凭证 可查询他人凭证 明细账查询权限控制到科目
会计日历	会计日历为 12 月 1 日—12 月 31 日 数量小数位和单价小数位设为两位
其他	外币核算采用固定利率 部门、个人、项目按编码方式排序

(1) 总账期初明细。

总账期初明细如表 4-2 所示。

表 4-2　期初余额　单位:元

科目编号及名称	期初借方余额	期初贷方余额
库存现金(1001)	28 430	
银行存款(1002)	139 515	
农行珠江支行(100201)	139 515	
应收账款(1122)	9 600	
其他应收款(1221)	7 500	
备用金(122101)	7 500	
应收个人款(122102)		
原材料(1403)	260 250	
自行车主结构(140301)	166 500	
坐垫(140302)	40 500	
车轮(140303)	51 300	
棉布工作服(140304)	1 950	
库存商品(1405)	339 000	
山地自行车(140501)	187 200	
公路自行车(140502)	151 800	

（续表）

科目编号及名称	期初借方余额	期初贷方余额
固定资产(1601)	2 843 100	
累计折旧(1602)		124 917
短期借款(2001)		229 883
应付账款(2202)		16 200
应付职工薪酬(2211)		5 430
应交税费(2221)		882
应交增值税(222101)		
进项税额(22210101)		
销项税额(22210102)		
应交所得税(222106)		
应交城乡建设税(222108)		882
其他应付款(2241)		1 185
长期借款(2501)		384 000
实收资本(4001)		2 720 163
盈余公积(4101)		2 247
法定盈余公积(410101)		2 247
本年利润(4103)		142 488
合计	3 502 478	3 502 478

（2）辅助账期初明细。

辅助账期初明细，如表4-3至表4-7所示。

表4-3　应收账款

发生日期	凭证号	客户	摘要	方向	金额(元)	业务员	票号
2012/10/24	记-518	进香河自行车商贸公司	销售商品	借	7 680	姚明	121024
2012/11/20	记-918	家乐福大桥南路店	销售商品	借	1 920	姚明	121020

表4-4　原材料

科目名称	数量	单价(元)	金额(元)
自行车主结构	150套	1 110	166 500
车轮	114套	450	51 300
坐垫	810个	50	40 500
棉布工作服	5套	390	1 950

表4-5　库存商品

科目名称	数量(辆)	单位成本(元)	金额(元)
山地自行车	80	2 340	187 200
公路自行车	75	2 024	151 800

表 4-6 应付账款

发生日期	凭证号	供应商	摘要	方向	金额(元)	业务员	票号
2012/9/24	记-176	南京成套包装有限公司	购买原材料	贷	2 200	朱挺	22516
2012/10/20	记-388	南京塑料制品有限公司	购买原材料	贷	4 000	朱挺	12356
2012/11/15	记-712	南京钢铁加工公司	购买原材料	贷	10 000	朱挺	75418

表 4-7 其他应收款

发生日期	凭证号	部门	个人	摘要	方向	金额(元)
2012/11/20	记-966	采购部	朱挺	出差借备用金	借	7 500

2. 应收款管理初始化设置

(1) 主要参数控制。

主要参数控制,如表 4-8 所示。

表 4-8 应收款管理系统控制参数设置

选项卡	参数设置
常规	坏账处理方式:应收余额百分比法
权限与预警	启用客户权限 单据报警:按信用方式提前 7 天

(2) 科目设置。

基本科目设置:应收科目 1122

预收科目 2203

销售收入科目 6001

税金科目 22210102

控制科目设置:应收科目 1122

预收科目 2203

(3) 结算方式科目设置。

结算方式科目设置,如表 4-9 所示。

表 4-9 结算方式

结算方式	币种	账号	科目
现金支票	RMB	800245788210	100201
转账支票	RMB	800245788210	100201

(4) 坏账准备。

提取比例为 0.5%,期初余额为 0,坏账准备科目:1231,坏账准备对方科目:管理费用(660207)。

(5) 账龄区间。

账龄区间,如表 4-10、表 4-11 所示。

表 4-10　账期内账龄区间　　单位:天

序号	起止天数	总天数
1	1—60	60
2	61—90	90
3	91 以上	

表 4-11　逾期账龄区间　　单位:天

序号	起止天数	总天数
1	1—60	60
2	61—90	90
3	91 以上	

(6) 应收余额以及明细(尾款)。

应收余额以及明细(尾款),如表 4-12 所示。

表 4-12　应收账款

单据日期	客户	票号	销售部门	科目	存货	数量	金额(元)
2012/10/24	进香河自行车商贸公司	121024	销售部	1122	山地自行车	6	7 680
2012/11/20	家乐福大桥南路店	121120	销售部	1122	公路自行车	4	1 920

4. 应付管理初始化设置

(1) 主要参数控制。

主要参数控制,如表 4-13 所示。

表 4-13　应付款管理系统控制参数设置

选项卡	参数设置
权限与预警	启用供应商权限 单据报警:按信用方式提前 7 天

(2) 科目设置。

基本科目设置:应付科目　2202

预付科目　1123

采购科目　1401

税金科目　22210101

控制科目设置:应付科目　2202

预付科目　1123

(3) 结算方式科目设置。

结算方式科目设置,如表 4-14 所示。

表 4-14　结算方式

结算方式	币种	账号	科目
现金支票	RMB	800245788210	100201
转账支票	RMB	800245788210	100201

(4) 账龄区间。

账龄区间,如表 4-15、表 4-16 所示。

表 4-15　账期内账龄区间　　单位:天

序号	起止天数	总天数
1	1—60	60
2	61—90	90
3	91 以上	

表 4-16　逾期账龄区间　　单位:天

序号	起止天数	总天数
1	1—60	60
2	61—90	90
3	91 以上	

(5) 应付余额以及明细。

应付余额以及明细,如表 4-17 所示。

表 4-17　应付账款余额

单据日期	客户	票号	销售部门	科目	存货	数量	金额(元)
2012/9/24	南京成套包装有限公司	120924	采购部	2202	棉布工作服	20	2 200
2012/10/20	南京塑料制品有限公司	121020	采购部	2202	坐垫	200	4 000
2012/11/15	南京钢铁加工公司	121115	采购部	2202	自行车主结构	100	10 000

5. 供应链基础设置

(1) 销售管理系统初始化设置。

① 销售管理系统主要控制参数,如表 4-18 所示。

表 4-18　销售管理系统业务控制参数

选项卡	参数设置
业务控制	是否允许超订量发货:是 单据按存货编码排序:否 提前预警天数:15 天 普通销售必有订单:否 销售生成出库单:否
其他控制	是否在分页打印时将合计打印在备注栏:否

② 销售管理系统期初余额为零。

(2) 采购管理系统初始化设置。

① 采购管理系统主要控制参数,如表 4-19 所示。

表 4-19 采购管理系统业务控制参数

选项卡	参数设置
业务及权限控制	普通业务必有订单:否 是否允许超订单到货及入库:否
公共及参照控制	单据进入方式:最后一张单据

② 采购管理系统期初余额为零。

(3) 库存管理系统初始化设置。

① 库存管理系统主要控制参数,如表 4-20 所示。

表 4-20 库存管理系统业务控制参数

选项卡	参数设置
通用设置	是否采购入库审核时改现存量:是 是否销售出库审核时改现存量:是
可用量控制	是否允许超可用量出库:否

② 库存管理系统期初余额,如表 4-21、表 4-22 所示。

表 4-21 原材料期初余额

科目名称	数量	单价(元)	金额(元)
自行车主结构	150 套	1 110	166 500
车轮	114 套	450	51 300
坐垫	810 个	50	40 500
棉布工作服	5 套	390	1 950

表 4-22 库存商品期初余额

科目名称	数量(辆)	单位成本(元)	金额(元)
山地自行车	80	2 340	187 200
公路自行车	75	2 024	151 800

(4) 存货核算系统初始化设置。

① 存货核算系统选项控制参数,如表 4-23 所示。

表 4-23 存货核算系统业务控制参数

选项卡	参数设置
核算方式设置	资金占用规划:按存货分类 销售成本核算方式:销售发票

② 存货核算系统科目设置,如表 4-24、表 4-25 所示。

表 4-24　存货科目

仓库编码	仓库名称	存货编码及名称	存货科目编码及名称
1	材料库	1001　自行车主结构	原材料/自行车主结构(140301)
1	材料库	1003　坐垫	原材料/坐垫(140302)
1	材料库	1002　车轮	原材料/车轮(140303)
1	材料库	1004　棉布工作服	原材料/棉布工作服(140304)
2	产成品	2001　山地自行车	库存商品/山地自行车(140501)
2	产成品	2002　公路自行车	库存商品/公路自行车(140502)
3	办公用品	3001　原稿纸	周转材料/原稿纸(141102)
3	办公用品	3002　蓝黑墨水	周转材料/蓝黑墨水(141103)
3	办公用品	3003　算盘	周转材料/算盘(141104)
3	办公用品	3004　A4 打印纸	周转材料/ A4 打印纸(14110101)
3	办公用品	3005　16K 打印纸	周转材料/16K 打印纸(14110102)
3	办公用品	3006　B5 打印纸	周转材料/ B5 打印纸(14110103)

表 4-25　存货对方科目

收发类别	对方科目
采购入库(11)	材料采购(1401)
产成品入库(12)	生产成本/直接材料(500101)
销售出库(21)	主营业务成本(6401)
材料领用出库(22)	生产成本/直接材料(500101)

③ 存货核算系统期初余额与库存管理系统期初余额相同。

【操作指导】

1. 总账系统初始化设置

操作步骤：

(1) 设置总账选项。

① 以“张晓军”身份注册进入企业应用平台，在“业务工作”页签中，执行“财务会计”→“总账”→“设置”→“选项”命令，打开“选项”对话框，如图 4-1 所示。

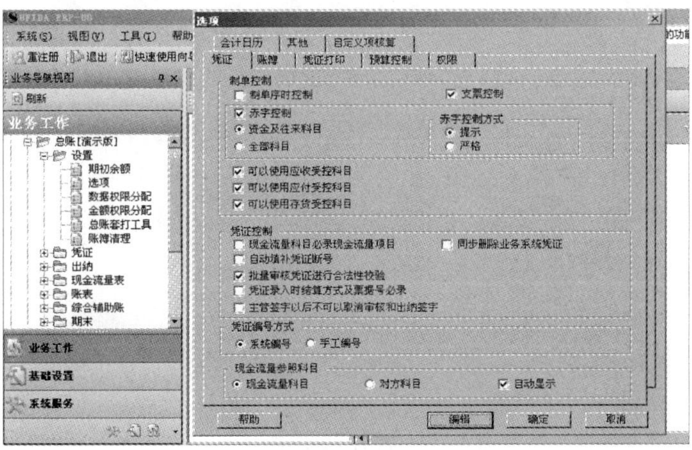

图　4-1

② 单击【编辑】按钮,再单击“凭证”选项卡。

③ 在“凭证”选项卡中,不勾选“制单序时控制”及“现金流量科目必录现金流量项目”复选框,选中“支票控制”、“赤字控制”、“可以使用应收受控科目”、“可以使用应付受控科目”、“可以使用存货受控科目”复选框,点击“支票控制”、赤字控制方式“提示”、凭证编号方式“系统编号”单选按钮,如图 4-2 所示。

④ 同理,分别单击“账簿”、“会计日历”、“其他”等选项卡,根据实验资料的要求进行相应的设置。

⑤ 全部设置完成后,单击【确定】按钮返回。

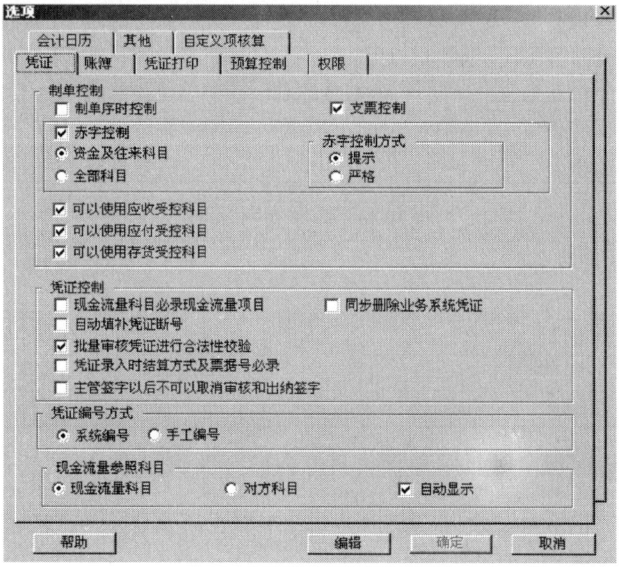

图 4-2

注意:

总账系统的参数将决定总账系统的输入控制、处理方式、数据流向、输出格式等,设定后一般不能随意改变。

(2) 录入期初余额。

① 执行“设置”→“期初余额”命令,进入“期初余额录入”窗口。

② 直接输入末级科目(底色为白色)期初余额,上级科目的余额自动汇总计算,如图 4-3 所示。

图 4-3

③ 设置了辅助核算的科目底色显示为黄色，其累计发生额可直接输入，但期初余额的录入要到相应的辅助账中进行。

以录入“1122 应收账款”期初余额为例，其操作方法是：双击“1122 应收账款”辅助核算科目的期初余额栏，进入相应的“辅助期初余额”窗口，单击【增行】按钮输入每笔业务的金额，如图 4-4 所示。录入完毕后，再单击【往来明细】按钮输入每笔业务的明细项目数据。全部完成后单击【退出】按钮，则辅助账余额自动带入总账。

图　4-4

④ 所有科目余额录入完毕后，单击【试算】按钮，打开“期初试算平衡表”对话框。

⑤ 若期初余额不平衡，则需要修改期初余额。

⑥ 若期初余额试算平衡，单击【确定】按钮退出，如图 4-5 所示。

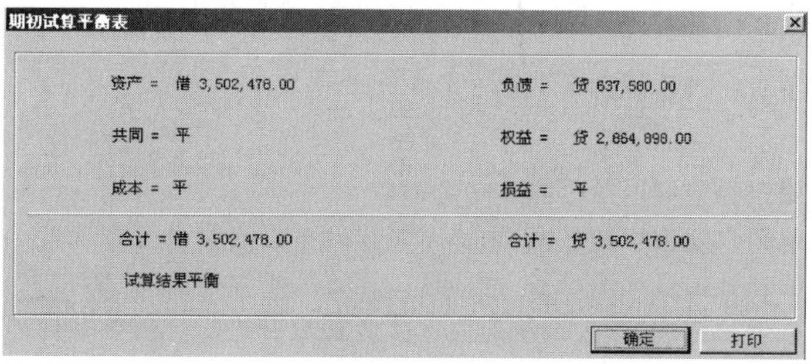

图　4-5

注意：

- 只需输入末级科目的余额，非末级科目的余额由系统自动计算生成。
- 如果录入余额的科目有辅助核算的内容，则在录入余额时必须录入辅助核算的明细内容，而修改时也应修改明细内容。
- 如果某一科目有数量（外币）核算的要求，录入余额时还应输入该余额的数量（外币）。
- 凭证记账后，期初余额变为只读状态，不能再修改。

2．应收款管理系统初始化设置

操作步骤：

（1）控制参数设置。

① 在企业应用平台"业务工作"页签中，执行"财务会计"→"应收款管理"→"设置"→"选项"命令，打开"账套参数设置"对话框。

② 单击【编辑】按钮，进入参数修改状态。

③ 单击"凭证"选项卡，根据实验资料的要求进行相应的设置，如图 4-6 所示。

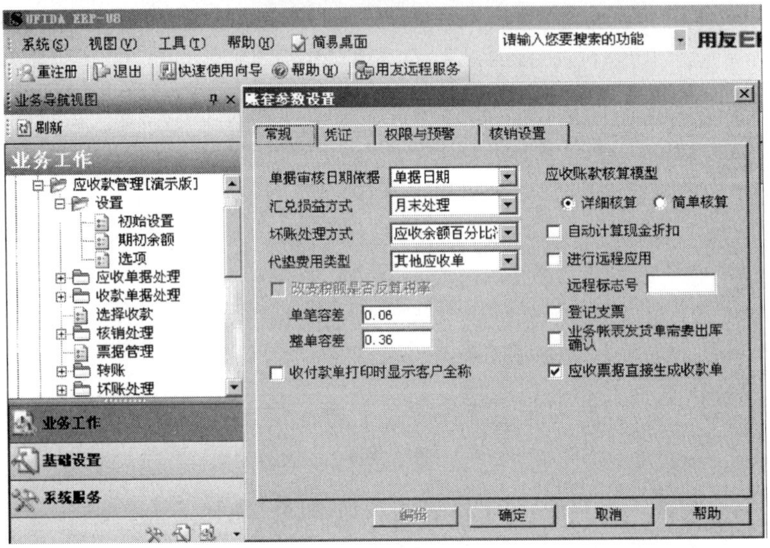

图 4-6

④ 同理，分别单击"常规"、"凭证"、"权限与预警"等选项卡，依据实验资料的要求进行相应的设置。

⑤ 全部设置完成后，单击【确定】按钮返回。

注意：

- 在账套使用过程中可以随时修改账套参数。
- 如果选择单据日期为审核日期，则月末结账时单据必须全部审核。
- 如果当年已经计提过坏账准备，则坏账处理方式不能修改，只能在下一年度修改。
- 关于应收账款核算模型，在系统启用时或者还没有进行任何业务处理的情况下才允许从简单核算改为详细核算，而从详细核算改为简单核算则随时可以进行。

（2）基本科目设置。

① 执行"设置"→"初始设置"命令，打开"初始设置—基本科目设置"窗口。

② 录入或选择应收科目"1122"、预收科目"2203"、销售收入科目"6001"、税金科目"22210102"，进行基本科目设置，如图 4-7 所示。

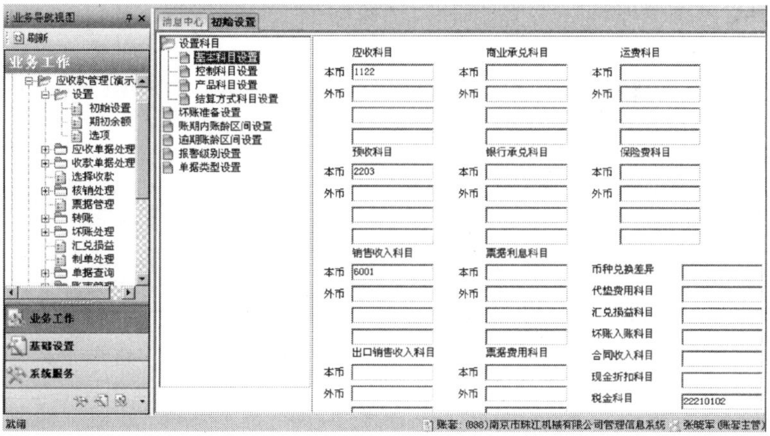

图　4-7

注意：

• 只有在这里设置了基本科目，在生成凭证时才能直接生成凭证中的会计科目，否则凭证中将没有会计科目，相应的会计科目只能手工录入。

• 如果应收科目、预收科目按不同的客户或客户分类分别设置，则可在"控制科目设置"中设置，在此可以不设置。

(3) 控制科目设置。

① 在"初始设置"窗口，执行"设置科目"→"控制科目设置"命令，打开"控制科目设置"窗口。

② 根据实验资料要求，录入或选择应收科目"1122"、预收科目"2203"，进行控制科目设置，如图 4-8 所示。

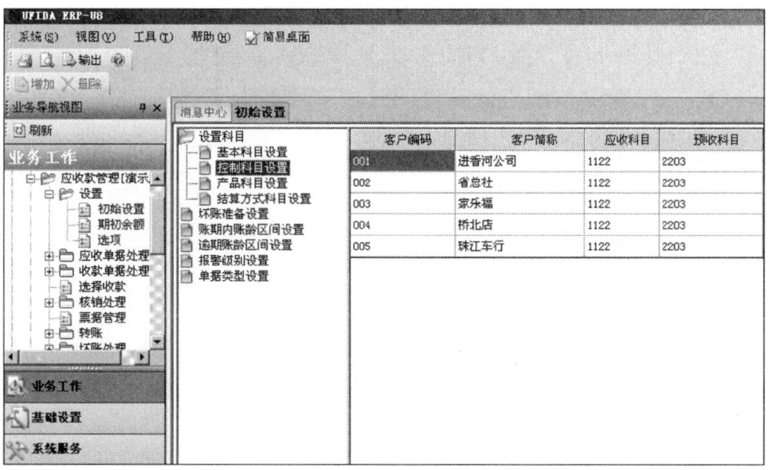

图　4-8

(4) 结算方式科目设置。

① 在"初始设置"窗口，执行"设置科目"→"结算方式科目设置"命令，打开"结算方式科目设置"窗口。

② 选择结算方式"202 转账支票"、币种"人民币"、本单位账号"800245788210"、科目

"100201",完成转账支票的设置。

③ 同理,完成实验资料要求的其他结算方式科目设置,如图 4-9 所示。

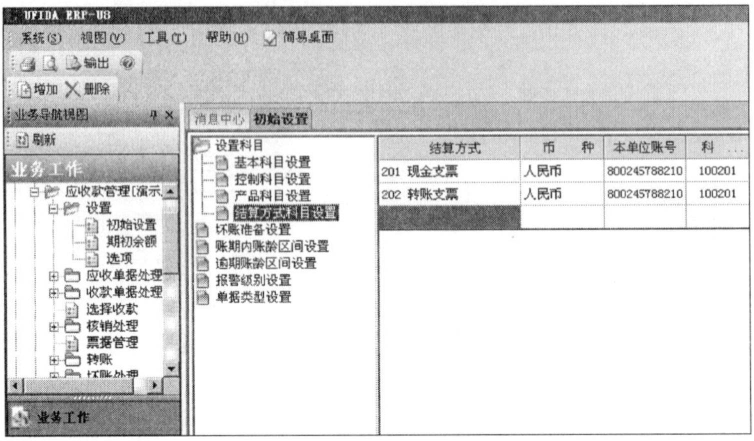

图 4-9

注意:

- 结算方式科目设置是针对已经设置的结算方式设置相应的结算科目。即在收款或付款时只要告诉系统结算时使用的结算方式,就可以由系统自动生成该种结算方式所使用的会计科目。
- 如果在此不设置结算方式科目,则在收款或付款时可以手工输入不同结算方式对应的会计科目。

(5) 坏账准备设置。

① 在"初始设置"窗口,执行"坏账准备设置"命令,打开"坏账准备设置"窗口。

② 根据实验资料,录入提取比率"0.5"、坏账准备期初余额"0"、坏账准备科目"1231"、对方科目"660207",进行坏账准备设置,如图 4-10 所示。

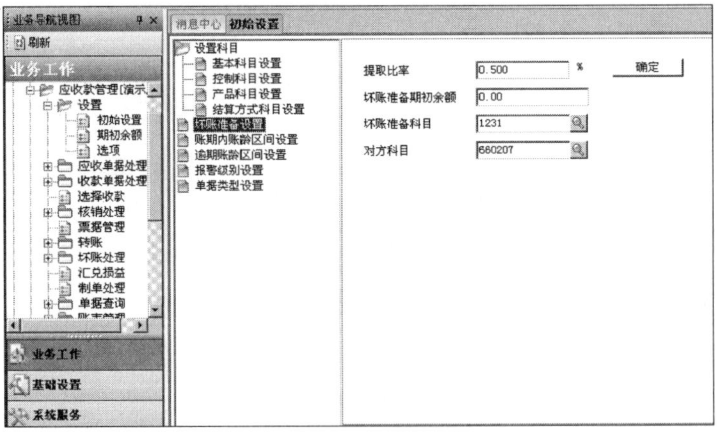

图 4-10

③ 单击【确定】按钮。

注意：

• 如果在选项中并未选中坏账处理的方式为“应收余额百分比法”，则在此处就不能录入“应收余额百分比法”所需要的初始设置。即此处的初始设置是与选项中所选择的坏账处理方式相对应的。

• 坏账准备期初余额被确认后，只要进行了坏账准备的日常业务处理就不允许再修改。下一年度使用本系统时，可以修改提取比率、区间和科目。

• 如果在系统选项中默认坏账处理方式为直接转销，则不用进行坏账准备设置。

(6) 账期内账龄区间设置。

① 在“初始设置”窗口，执行“账期内账龄区间设置”命令，打开“账期内账龄区间设置”窗口。

② 根据实验资料要求，进行账期内账龄区间设置，如图 4-11 所示。

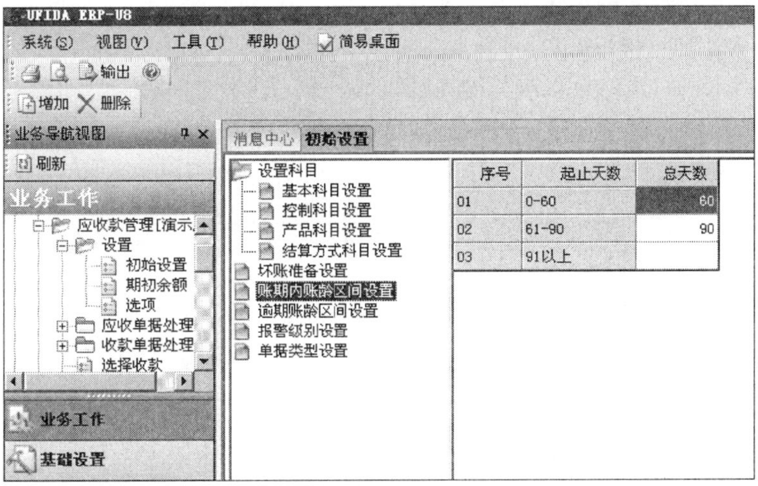

图　4-11

(7) 逾期账龄区间设置。

操作步骤参见“账期内账龄区间设置”。

(8) 录入期初余额。

① 执行“设置”→“期初余额”命令，打开“期初余额—查询”对话框。

② 单击【确定】按钮，进入“期初余额明细表”窗口。

③ 单击【增加】按钮，打开“单据类别”对话框。

④ 选择单据名称“销售发票”、单据类型“销售专用发票”，如图 4-12 所示。

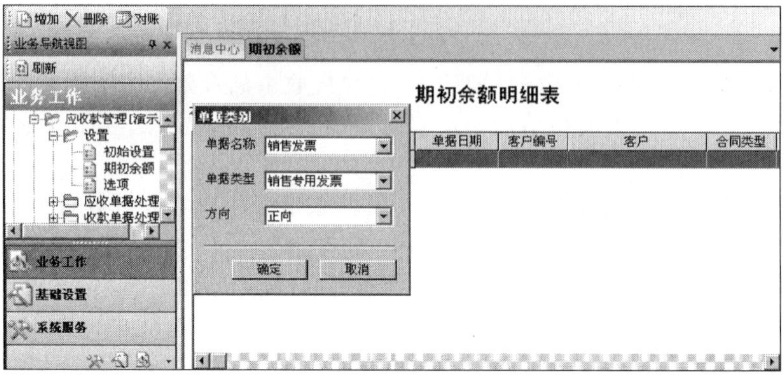

图 4-12

⑤ 单击【确定】按钮,进入“期初销售发票—销售专用发票”窗口。

⑥ 单击【增加】按钮,输入或选择开票日期“2012-10-24”、发票号“121024”、客户名称“进香河自行车商贸公司”、销售部门“销售部”、科目“1122”。

⑦ 选择货物名称“山地自行车”,输入数量“6”,价税合计“7 680”元,如图 4-13 所示。

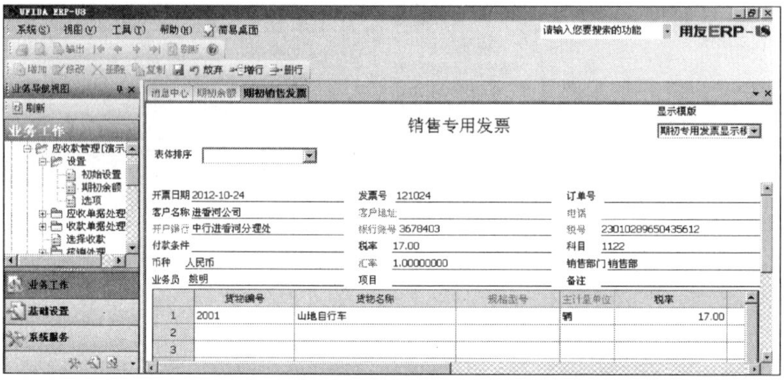

图 4-13

⑧ 单击【保存】按钮。

⑨ 同理,根据实验资料要求,依次录入其他应收账款期初余额。

注意:

- 录入期初销售发票时,要确定科目,以便与总账系统的应收账款对账。
- 在初次使用应收款管理系统时,应将启用应收款系统时未处理完的所有客户的应收账款、预收账款、应收票据等数据录入本系统。
- 如果并未设置允许修改销售专用发票的编号,则在填制销售专用发票时不允许修改销售专用发票的编号。其他单据的编号也一样,系统默认的状态为不允许修改。
- 录入预收款的单据类型仍然是“收款单”,但是款项类型为“预收款”。

3. 应付款管理系统初始化设置

操作步骤:

(1) 控制参数设置。

① 在企业应用平台“业务工作”页签中,执行“财务会计”→“应付款管理”→“设置”→“选项”命令,打开“账套参数设置”对话框。

② 单击【编辑】按钮，进入参数修改状态，如图 4-14 所示。

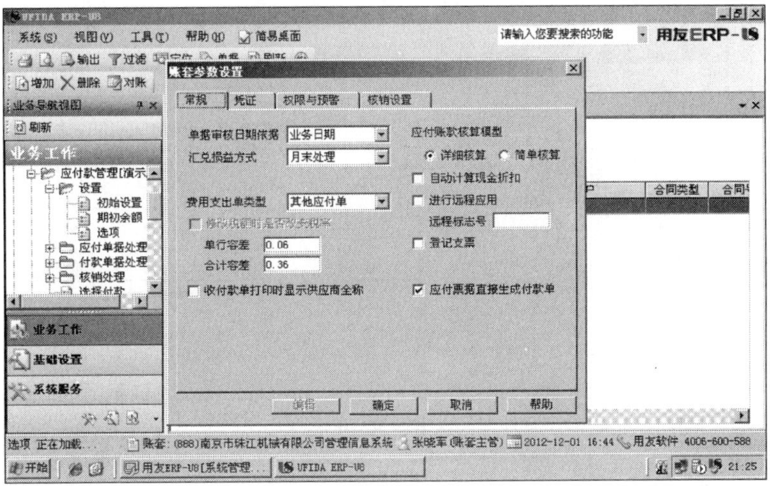

图　4-14

③ 分别单击“常规”、“凭证”、“权限与预警”等选项卡，根据实验资料的要求进行相应的设置。操作步骤参见应收款管理系统的“控制参数设置”。

④ 全部设置完成后，单击【确定】按钮返回。

(2) 基本科目设置。

在企业应用平台“业务工作”页签中，执行“财务会计”→“应付款管理”→“设置”→“初始设置”命令，打开“初始设置”对话框，根据实验资料要求，进行基本科目设置，如图 4-15 所示。操作步骤参见应收款管理系统的“基本科目设置”。

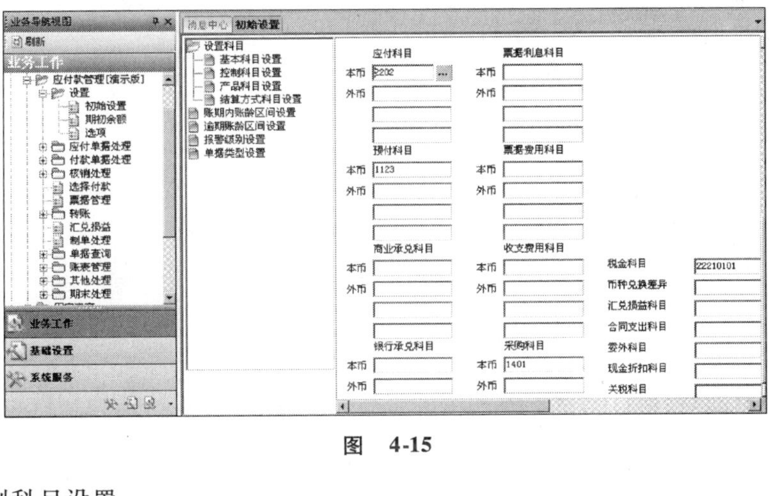

图　4-15

(3) 控制科目设置。

① 在“初始设置”窗口，执行“设置科目”→“控制科目设置”命令，打开“控制科目设置”窗口。

② 根据实验资料要求，进行控制科目设置，如图 4-16 所示。操作步骤参见应收款管理系统的“控制科目设置”。

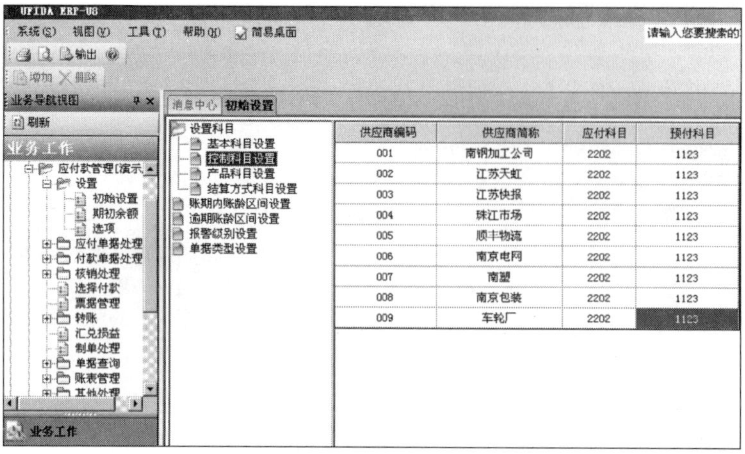

图 4-16

(4) 结算方式科目设置。

① 在"初始设置"窗口,执行"设置科目"→"结算方式科目设置"命令,打开"结算方式科目设置"窗口。

② 根据实验资料要求,进行结算方式科目设置,如图 4-17 所示。操作步骤参见应收款管理系统的"结算方式科目设置"。

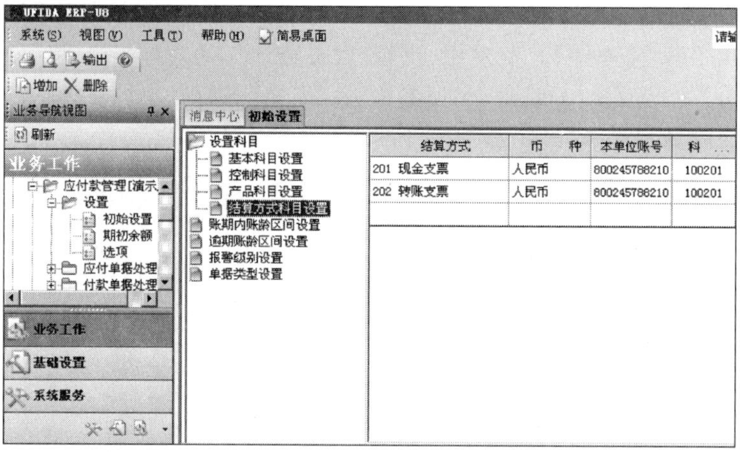

图 4-17

(5) 账期内账龄区间设置。

① 在"初始设置"窗口,执行"账期内账龄区间设置"命令,打开"账期内账龄区间设置"窗口。

② 根据实验资料要求,进行账期内账龄区间设置。操作步骤参见应收款管理系统的"账期内账龄区间设置"。

(6) 逾期账龄区间设置。

操作步骤参见"账期内账龄区间设置"。

(7) 录入期初余额。

① 执行"设置"→"期初余额"命令,打开"期初余额—查询"对话框。

② 单击【确定】按钮,进入“期初余额明细表”窗口。

③ 单击【增加】按钮,打开“单据类别”对话框。

④ 选择单据名称“采购发票”、单据类型“采购专用发票”,如图 4-18 所示。

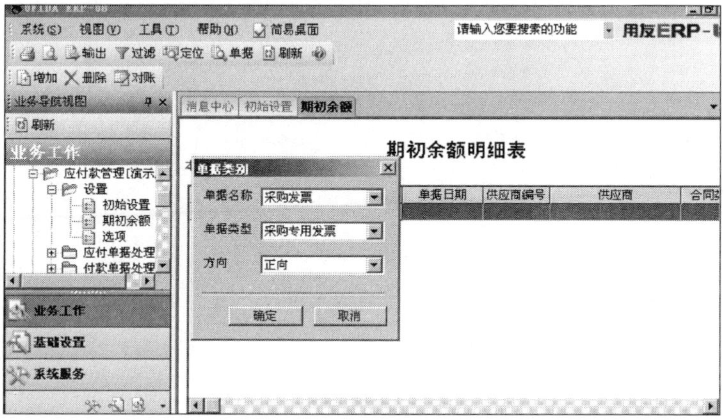

图　4-18

⑤ 单击【确定】按钮,进入“采购发票—采购专用发票”窗口。

⑥ 单击【增加】按钮,根据实验资料要求,依次录入各应付账款期初余额,如图 4-19 所示。操作步骤参见应收款管理系统的“录入期初余额”。

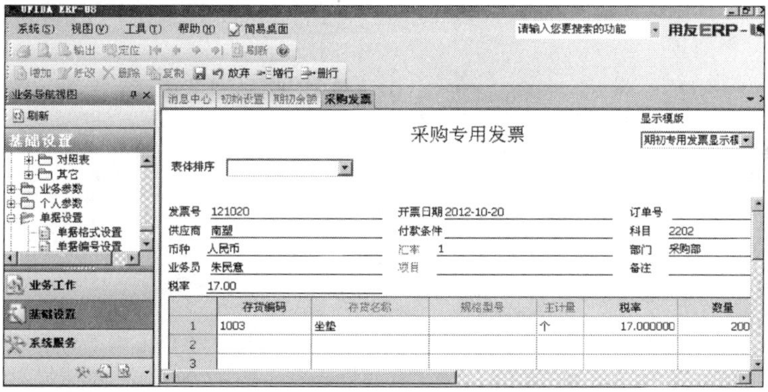

图　4-19

注意:

录入期初采购发票时,要确定科目,以便与总账系统的应付账款对账。

⑦ 录入完毕后,单击【增加】按钮。

4. 销售管理系统初始化设置

操作步骤:

(1) 控制参数设置。

① 在企业应用平台“业务工作”页签中,执行“供应链”→“销售管理”→“设置”→“销售选项”命令,打开“销售选项设置”对话框,如图 4-20 所示。

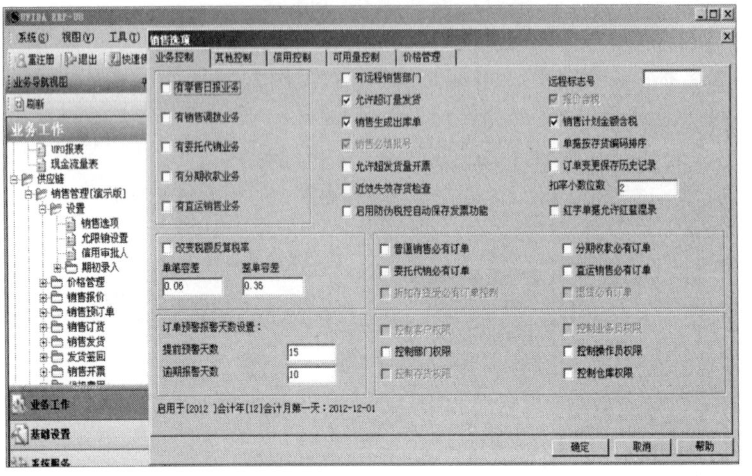

图 4-20

② 分别单击"业务控制"、"其他控制"、"信用控制"、"可用量控制"、"价格管理"等选项卡,根据实验资料的要求进行相应的设置。操作步骤与"总账"等系统相同。

③ 设置完成后,单击【确定】按钮返回。

5. 采购管理系统初始化设置

操作步骤:

(1) 控制参数设置。

① 在企业应用平台"业务工作"页签中,执行"供应链"→"采购管理"→"设置"→"采购选项"命令,打开"采购选项设置"对话框,如图 4-21 所示。

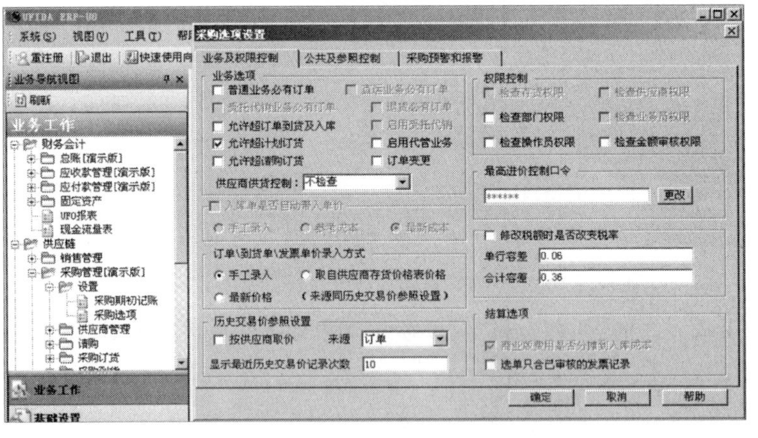

图 4-21

② 分别单击"业务及权限控制"、"公共及参照控制"、"采购预警和报警"等选项卡,根据实验资料的要求进行相应的设置。操作步骤与"总账"等系统相同。

③ 设置完成后,单击【确定】按钮返回。

（2）采购期初记账。

① 执行“设置”→“采购期初记账”命令，打开“采购期初记账”对话框，如图 4-22 所示。

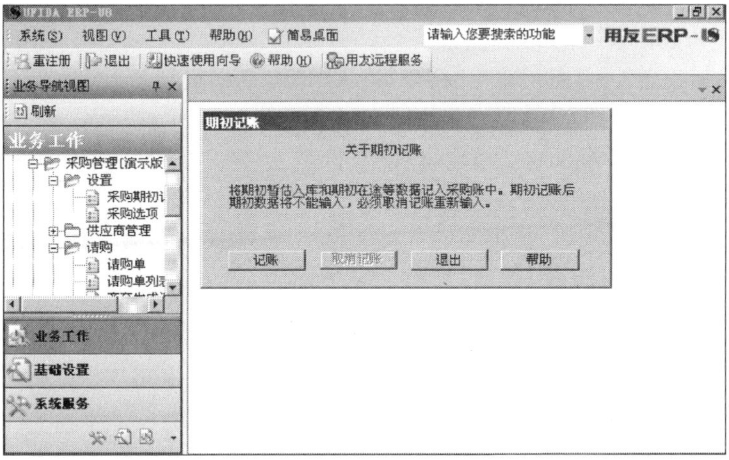

图　4-22

② 单击【记账】按钮，稍候片刻，系统弹出“期初记账完毕！”信息提示框。

③ 单击【确定】按钮返回。

注意：

采购管理期初余额为零，但需要进行期初记账。

6. 库存管理系统初始化设置

操作步骤：

（1）控制参数设置。

① 在企业应用平台“业务工作”页签中，执行“供应链”→“库存管理”→“初始设置”→“选项”命令，打开“库存选项设置”对话框，如图 4-23 所示。

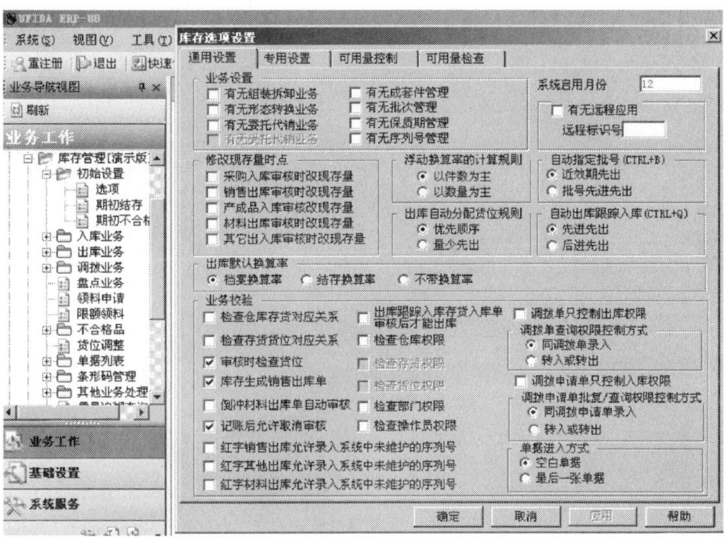

图　4-23

② 分别单击“通用设置”、“专用设置”、“可用量控制”、“可用量检查”等选项卡,根据实验资料的要求进行相应的设置。操作步骤与“总账”等系统相同。

③ 设置完成后,单击【确定】按钮返回。

(2) 库存期初数据录入。

① 执行“初始设置”→“期初结存”命令,进入“库存期初数据录入”窗口。

② 选择对应的仓库“(1)材料库”,单击【修改】按钮。

③ 单击【增行】按钮,输入或选择原材料“自行车主结构”的存货编码“1001”、数量“150”、单价“1 110”。

④ 同理,单击【增行】按钮,根据实验资料的要求,依次录入其他库存原材料期初数据。

⑤ 录入完毕后,单击【保存】按钮,如图 4-24 所示。

图 4-24

⑥ 在“库存期初数据录入”窗口,选择对应的仓库“(2)成品库”,单击【增行】按钮,根据实验资料的要求,依次录入库存商品期初数据,单击【保存】按钮。操作步骤与原材料期初余额的录入相同。

⑦ 分别选择对应的仓库“(1)材料库”、“(2)成品库”,单击【审核】按钮进行审核。

⑧ 单击【对账】按钮,进入“库存与存货期初对账查询条件”信息对话框。

⑨ 在“请选择仓库”栏,单击【全选】按钮,如图 4-25 所示。

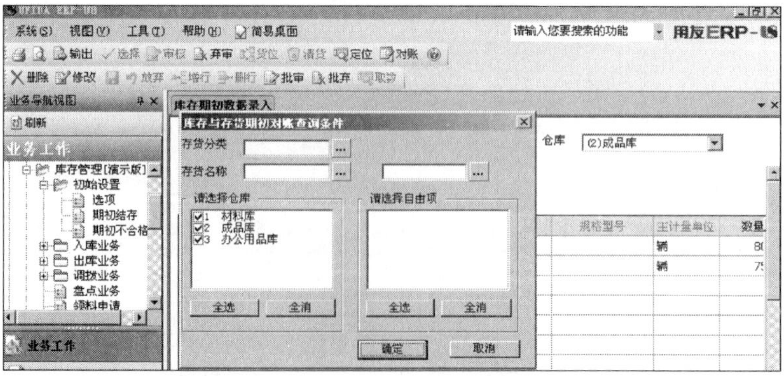

图 4-25

⑩ 单击【确定】按钮,系统显示“库存与存货期初对账表”。

⑪ 单击【退出】按钮返回。

7. 存货核算系统初始化设置

操作步骤:

(1) 控制参数设置。

① 在企业应用平台“业务工作”页签中,执行“供应链”→“存货核算”→“初始设置”→“选项”→“选项录入”命令,打开“选项录入”对话框,如图 4-26 所示。

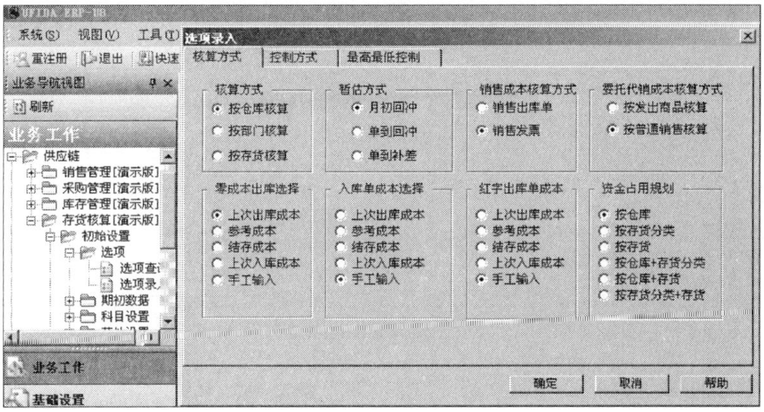

图 4-26

② 分别单击“核算方式”、“控制方式”、“最高最低控制”等选项卡,根据实验资料的要求进行相应的设置。操作步骤与“总账”等系统相同。

③ 设置完成后,单击【确定】按钮,系统弹出信息提示框。

④ 单击【是】按钮返回。

(2) 存货核算科目设置。

① 执行“初始设置”→“科目设置”→“存货科目”,打开“存货科目”窗口。

② 单击【增加】按钮,输入或选择“1001 自行车主结构”的仓库编码“1”、存货编码“1001”、存货科目编码“140301”。

③ 同理,根据实验资料要求,依次增加其他存货科目信息,如图 4-27 所示。

图 4-27

④ 单击【保存】按钮后退出。

⑤ 执行“初始设置”→“科目设置”→“对方科目”命令，根据实验资料要求，输入存货对方科目信息，如图 4-28 所示。操作步骤参见“存货科目”设置。

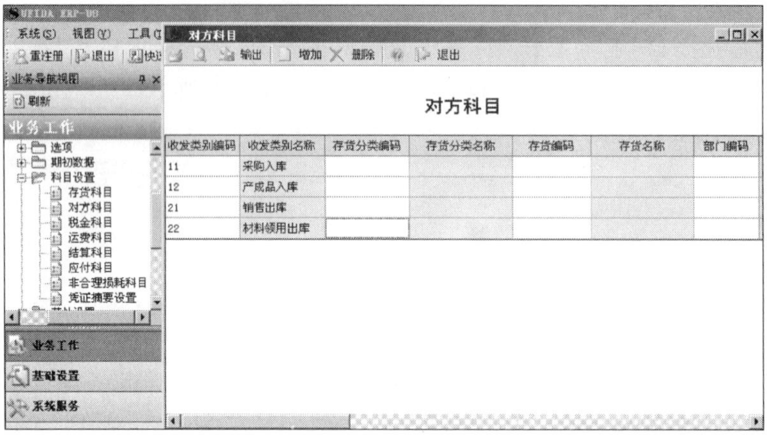

图 4-28

(3) 存货期初余额录入。

① 执行“初始设置”→“期初数据”→“期初余额”命令，打开“期初余额”录入窗口。

② 选择仓库为“材料库”。

③ 单击【取数】按钮，即将库存管理系统中的存货期初数据取入，如图 4-29 所示。

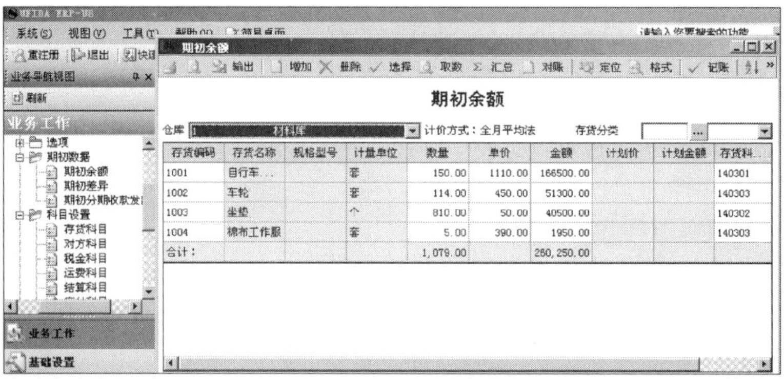

图 4-29

④ 同理，根据实验资料，依次选择其他仓库，单击【取数】按钮，将其他仓库的存货期初数据从库存管理系统中取入。

注意：

如果库存管理系统已有期初数据，则可以单击【取数】按钮将库存管理系统中的期初数据取过来作为存货核算系统的期初数据。

⑤ 单击【记账】按钮，系统对所有仓库进行记账，稍候，系统弹出“期初记账成功！”信息提示框。

⑥ 单击【确定】按钮。

⑦ 单击【对账】按钮，进入“库存与存货期初对账查询条件”信息对话框。

⑧ 在“请选择仓库”栏，单击【全选】按钮，如图 4-30 所示。

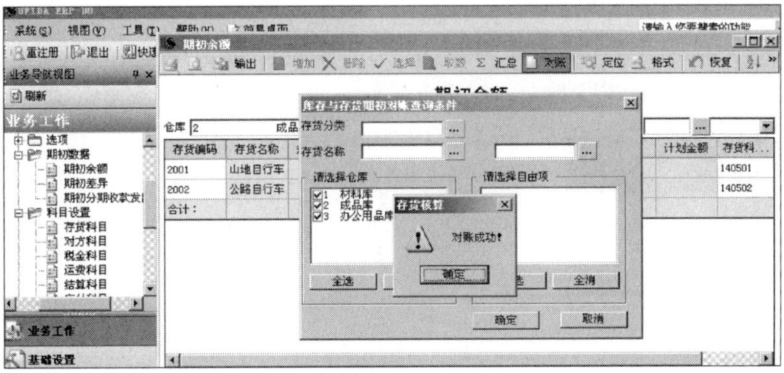

图　4-30

⑨ 单击【确定】按钮，系统弹出“对账成功！”信息提示框。

⑩ 单击【确定】按钮，再单击【退出】按钮返回。

8. 备份本次实验数据，命名为实验账套三

第 5 章

采购与应付款管理

5.1　采购与应付款管理系统概述

采购是企业物资供应部门按已确定的物资供应计划,通过市场采购、加工定制等各种渠道,取得企业生产经营活动所需要的各种物资的经济活动。伴随采购业务的发生,买卖双方在采购活动中由于取得物资与支付货款在时间上不一致而产生负债,即应付款也随之形成。

采购管理系统对采购业务全部业务流程进行管理,提供了请购、采购订货、采购到货、采购入库、采购发票、采购结算等业务流程的整合。采购单据包括采购请购单、采购订单、采购到货单、采购入库单、采购发票、采购结算单。应付款管理模块主要对由企业采购业务引起的应付账款及其他应付账款进行核算和管理。

采购管理子系统、应付款管理子系统结合运用可以提供更加完整、全面的企业物流业务管理和财务管理信息,实现对企业供销链中物资供应的物流、资金流的全过程核算和管理。

在用友 ERP-U8 软件中,采购管理子系统是属于企业供应链的一部分,应付款管理子系统属于财务会计的一个子系统,二者既可以独立运行完成各自功能,又可以结合运用。无论系统如何划分,采购与应付子系统之间都保持密切的联系,这两个子系统作为一个整体运用可以实现企业物资供应的全面管理和核算。

采购与应付款管理子系统一起使用可以追踪采购业务的付款情况,及时交款以取得合理折扣和商业信誉;与存货子系统联合使用可以追踪存货的出库信息,把握存货的畅滞信息,从而减少盲目采购,避免库存积压,并且可以将采购结算成本自动记录到存货成本账中,便于财务部门及时掌握存货采购成本。

采购管理、库存管理、存货核算和应付款管理等系统集成使用,可以完整地处理企业的采购业务与付款业务。本实验将其作为一个整体来看待。

5.2　采购管理系统

5.2.1　采购管理系统概述

1. 采购管理系统功能概述

采购管理系统是用友 ERP-U8 供应链管理系统的一个子系统,它的主要功能包括以下几个方面:

(1) 采购管理系统初始设置。包括采购管理系统业务处理所需要的采购参数、基础信息及采购期初数据。

(2) 采购业务处理。主要包括请购、订货、到货、入库、采购发票、采购结算等采购业务全过程的管理,既可以处理普通采购业务、受托代销业务、直运业务等业务类型,也可以根据实际业务情况,对采购业务处理流程进行可选配置。

(3) 采购账簿及采购分析。采购管理系统提供各种采购明细表、增值税抵扣明细表、各种统计表及采购账簿供用户查询,同时提供采购成本分析、供应商价格对比分析、采购类型结构分析、采购资金比重分析、采购费用分析、采购货龄综合分析。

2. 采购管理系统与其他系统的关系

采购管理系统既可以单独使用,也可以与用友 ERP-U8 软件系统的库存、存货核算、销售管理、应付款管理集成使用。

采购管理系统与其他管理系统的主要关系如图 5-1 所示。

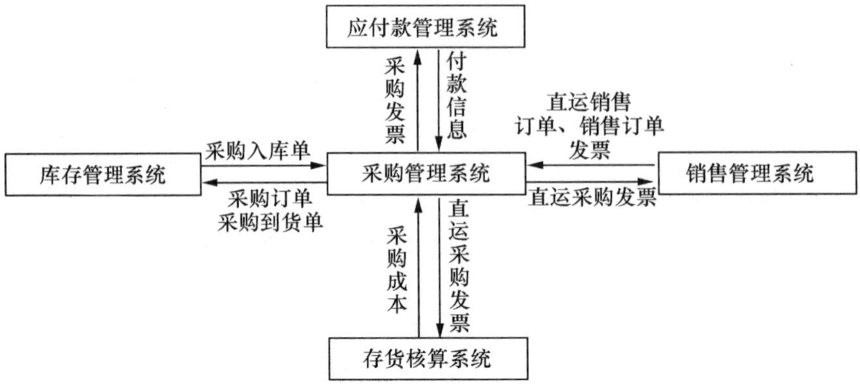

图 5-1　采购管理系统与其他管理系统的关系

采购管理系统可参照销售管理系统的销售订单生成采购订单。在直运业务必有订单模式下,直运采购订单必须参照直运销售订单生成,直运采购发票必须参照直运采购订单生成:如果直运业务费必有订单,那么直运采购发票和直运销售发票可相互参照。

库存管理系统可以参照采购管理系统的采购订单、采购到货单生成采购入库单,并将入库情况反馈到采购管理系统。

采购发票在采购管理系统中录入后,在应付款管理系统中审核登记应付明细账,进行制单时生成凭证,应付款管理系统进行付款并核销相应应付单据后回写付款核销信息。

直运采购发票在存货核算系统中进行记账,登记存货明细表并制单生成凭证。采购结算单在存货核算系统中进行制单生成凭证,存货核算系统为采购管理系统提供采购成本。

5.2.2　采购管理系统日常业务处理

采购业务的日常处理包括资金流和物流两条线索。采购业务的资金流涉及采购管理、应付款管理等。采购业务的物流涉及采购管理、库存管理和存货核算。

1. 普通采购业务处理

普通采购业务适用于大多数企业的日常采购业务,提供了对采购请购、采购订货、采购入库、采购发票、采购成本核算、采购付款全过程的管理。

(1) 请购。请购是指企业内部部门向采购部门提出采购申请,或采购部门汇总企业内部采购需求提出采购申请。企业根据采购申请填制采购请购单,并需要审核后执行。经过审核后的采购请购单,可以生成采购订单。

(2) 订货。订货是企业与供应商之间签订采购合同、购销协议,确定采购需求。企业填制或依据审核后的采购请购单生成采购订单。

(3) 到货。到货是采购订货与采购入库的中间环节。企业接受到货通知后填写采购到货单,并传递到仓库作为验收入库的依据。到货单可以直接填制,也可以依据采购订单生成。

(4) 入库。入库是指将采购的货物验收合格后,放入指定仓库的业务。采购入库单是按采购到货签收的实际数量填写的入库单据,可以参照采购订单或采购到货单填制采购入库单。如果没有启用库存管理子系统,可在采购管理系统中录入采购入库单;如果启用了库存管理系统，则必须在库存管理系统中填制入库单。

（5）采购发票。采购发票是供应商开出的销售货物的凭证。企业根据采购发票进行采购结算、确定采购成本，并据以登记应付账款。采购发票包括采购专用发票、普通采购发票和采购运费发票。采购发票可以直接填制，也可以根据采购订单、采购入库单或其他采购发票复制生成。

（6）采购结算。采购结算是指根据采购入库单和采购发票核算采购货物的入库成本。采购结算的结果是生成采购结算单，它是采购入库单与采购发票对应关系的结算对照表。采购结算分为计算机自动结算和手工结算两种方式。采购结算的内容有：入库单与发票结算、蓝字入库单与红字入库单结算、蓝字发票与红字发票结算、运费发票与红字发票结算等。

2. 采购入库业务

按照货物和发票到达的先后，将采购入库业务划分为单货同行、货到单未到（暂估入库）、单到货未到（在途存货）三种类型，不同的业务类型其相应的处理方式也有所不同。

（1）单货同行。单货同行是指采购发票与货物同时收到。对于单货同行业务，在完成采购入库和发票录入后即可实现结算处理。

单货同行业务处理流程如图 5-2 所示。

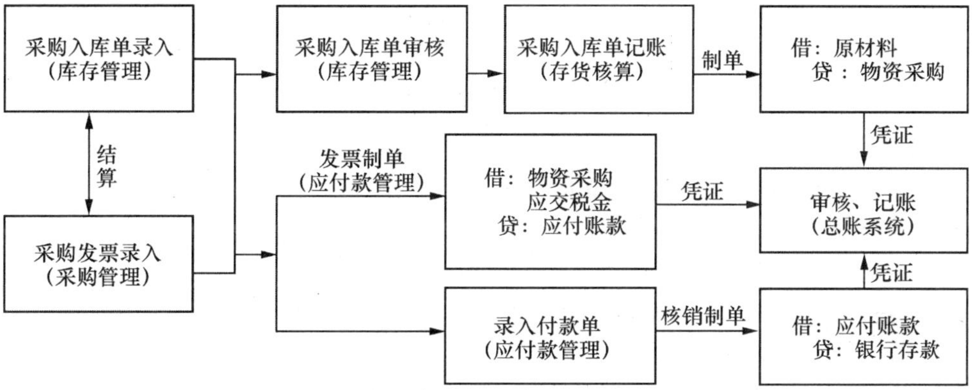

图 5-2　单货同行业务处理流程

（2）货到单未到（暂估入库）。货到单未到指货物已验收入库，但采购发票尚未收到。月底需要将这部分存货暂估入账，形成暂估凭证。

货到单未到（暂估入库）业务处理流程如图 5-3 所示。

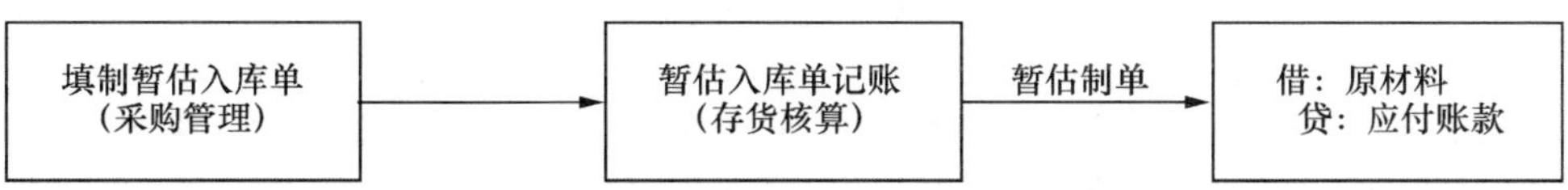

图 5-3　货到单未到（暂估入库）业务处理流程

对于货到单未到（暂估入库）业务，系统提供三种回冲方式：月初回冲、单到回冲、单到补差。

（3）单到货未到。单到货未到指采购发票已收到，但货物尚未收到。可以对发票进行压单处理，待货物到达后，再一并输入计算机做报账结算处理。但如果需要实时统计在途货物的情况，就必须将发票输入计算机，待货物到达后，再填制入库单并做采购结算。

3. 直运采购业务

直运采购业务是指产品无须入库即可完成的购销业务,由供应商直接将商品发给企业的客户,没有实务的入库处理,财务结算由供销双方通过直运销售发票和直运采购发票分别与企业结算。直运采购业务有普通直运业务和必有订单业务两种。

4. 采购退货业务

由于材料质量不合格、价格不正确等因素或与采购订单不相符等原因,企业可能发生退货业务,需要进行退货处理。

无论是否录入"采购发票"、"采购发票"是否结算、结算后的"采购发票"是否付款,都需要录入退货单。退货业务处理流程如图 5-4 所示。

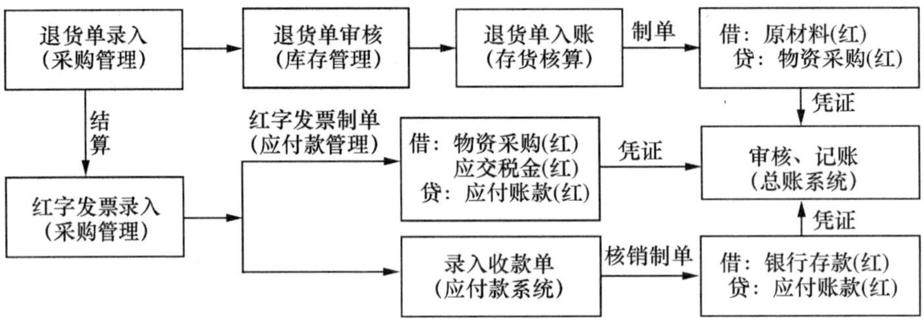

图 5-4 退货业务处理流程

5. 现付业务

现付业务是指采购业务发生时,立即付款,由供货单位开具发票。

现付业务处理流程如图 5-5 所示。

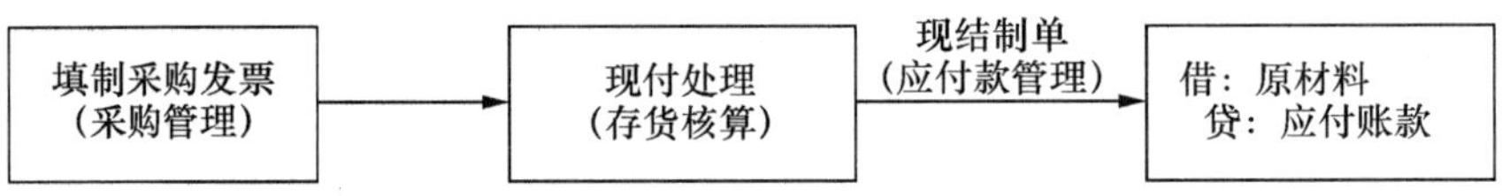

图 5-5 现付业务处理流程

6. 受托代销业务

受托代销业务是指商业企业接受其他企业的委托,为其代销商品,代销商品售出后,本企业与委托方进行结算,开具正式的销售发票,商品的所有权实现转移。它是一种先销售后结算的采购模式。

7. 综合查询

采购管理系统提供了各种单据查询和多种统计分析账表,主要包括入库单明细列表、发票列表、结算单明细列表、凭证列表查询、采购明细表、到货明细表、入库明细表、费用明细表、采购统计表、余额表、采购分析表等。

5.3　应付款管理系统

5.3.1　应付款管理系统概述

1. 应付款管理系统功能概述

在用友 ERP-U8 管理软件中,应付款管理系统主要用于核算和管理供应商往来款项。

应付款管理系统以采购发票、其他应付单等原始单据为依据,记录采购业务及其他业务所形成的往来款项,处理应付款项的支付、转账等情况,同时提供票据处理功能。系统根据对供应商往来款项核算和管理的程度不同,提供了两种应用方案:

(1) 在应付款管理系统中核算供应商往来款项。

如果企业的应付款核算管理内容比较复杂,需要追踪每一笔业务的应付款、付款等情况,或者需要将应付款核算到材料级,那么可以选择该方案。该方案下,所有的供应商往来凭证全部由应付款管理系统生成,其他系统不生成这类凭证。

(2) 在总账管理系统中核算供应商往来款项。

如果企业的应付款业务比较简单,或者现付业务很多,则可以选择在总账系统中通过辅助核算完成供应商往来核算。

2. 应付款管理系统与其他系统的关系

应付款管理系统与其他系统可以集成使用。应付款管理系统与其他系统的主要关系如图 5-6 所示。

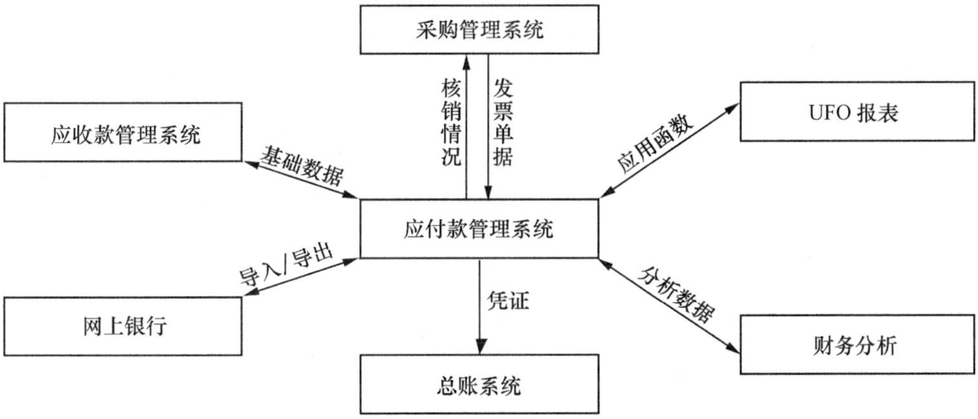

图 5-6　应付款管理系统与其他主要系统的关系

采购管理系统向应付款管理系统传递已复核的采购发票、应付运费等应付单据;在应付款管理系统中对发票进行审核并进行付款结算处理,生成凭证。应付款管理系统为采购管理系统提供各种单据的付款结算情况以及应付运费等的核销情况如下:

(1) 应付款管理系统和应收款管理系统之间可以进行转账处理。

(2) 应付款管理系统向总账管理系统传递凭证。

(3) 应付款管理系统向财务分析系统提供各种分析数据。

(4) 应付款管理系统向 UFO 报表提供应用函数。

(5) 应付款管理系统与网上银行进行收款单的导出和导入。

5.3.2 应付款管理系统的业务流程图

应付款管理系统的业务流程图如图 5-7 所示。

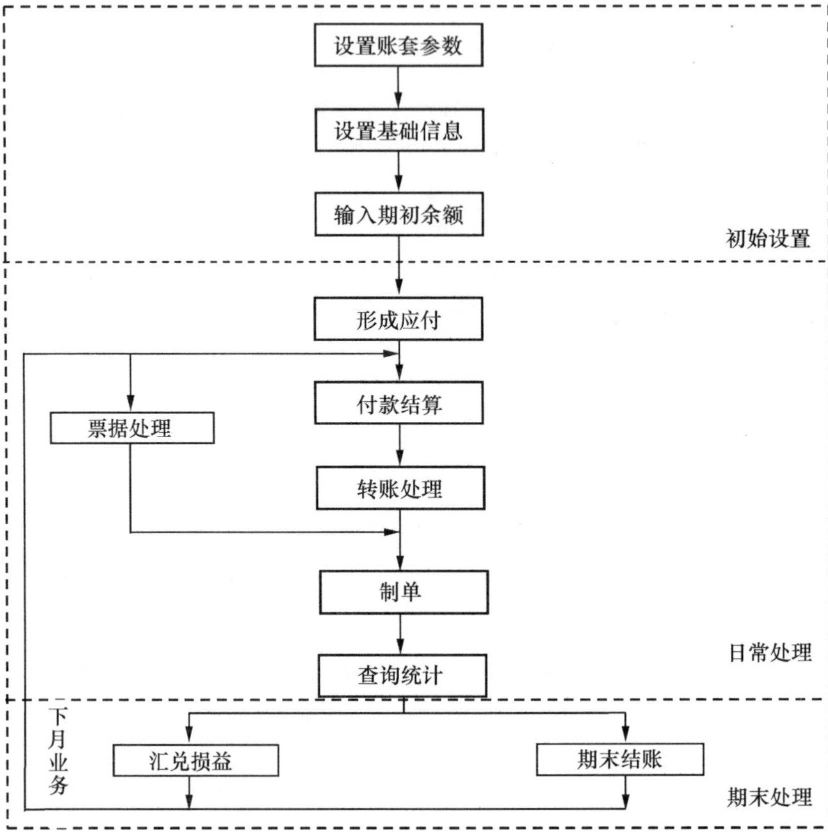

图 5-7 应付款管理系统的业务处理流程图

实验四 采购与应付款管理

【实验准备】

引入实验三的账套备份数据,将系统日期修改为“2012/12/31”。

【实验目的和要求】

1. 熟悉用友 ERP-U8(V8.72)软件中采购管理与应付款管理系统的相关内容
2. 掌握企业日常采购与付款业务处理方法
3. 理解采购管理系统与其他系统之间的数据传递关系
4. 理解应付款管理系统与其他系统之间的数据传递关系

【实验内容】

1. 普通采购业务
2. 采购现结业务
3. 采购运费处理
4. 请购比价业务
5. 暂估入库处理
6. 采购退货业务
7. 月末结账及取消

【实验资料】

业务 1:普通采购业务

(1) 2012 年 12 月 1 日业务员朱挺向南京钢铁加工公司询问自行车主结构的价格(1 110 元/套,无税单价),觉得价格合适,随后向公司上级主管提出请购要求,请购数量为 20 套。业务员据此填制请购单。

(2) 2012 年 12 月 2 日上级主管同意向南京钢铁加工公司订购自行车主结构 20 套,单价为 1 110 元,要求到货日期为 2012/12/03。

(3) 2012 年 12 月 3 日收到所订购的自行车主结构 20 套,填制到货单。

(4) 2012 年 12 月 3 日将所收到的货物验收入原材料仓库,填制采购入库单。

(5) 当天收到该笔货物的专用发票一张,金额 25 974 元,发票号为 20121203。

(6) 业务部门将采购发票交给财务部门,财务部门确认此业务所涉及的应付账款及采购成本,记材料明细账。

(7) 财务部门开出转账支票一张,支票号为 2012120301,付清采购款。

业务 2:采购现结业务

2012 年 12 月 5 日向南京钢铁加工公司购买自行车主结构 5 套,单价为 1 110 元/套,验收入原材料仓库。同时收到专用发票一张,发票号为 85011,立即以转账支票形式支付货款,支票号为 20121205。

业务 3:采购运费业务

2012 年 12 月 6 日向无锡车轮厂购买车轮 80 套,单价为 450 元/套,验收入原材料仓库。同时收到专用发票一张,发票号为 85012。另外,在采购的过程中,发生了一笔运输费 400 元,税率为 7%,收到相应的运费发票一张,发票号为 5678。确定采购成本及应付账款,记材料明细账。

业务 4:请购比价业务

(1) 2012 年 12 月 6 日业务员朱挺想购买 50 个坐垫,提出请购要求,经同意填制并审核请购单。根据以往的资料得知提供坐垫的供应商有两家,分别为南京塑料制品有限公司和南京成套包装有限公司,它们的报价分别为 50 元/个和 60 元/个。通过比价,决定向南京塑料制品有限公司订购,要求到货日期为 2012/12/07。

(2) 假定 2012 年 12 月 7 日尚未收到该货物,向南京塑料制品有限公司发出催货函。

业务 5:暂估入库业务

(1) 2012 年 12 月 9 日收到南京塑料制品有限公司提供的坐垫 20 个,入原材料库(发票尚未收到)。由于到了月底发票仍未收到,故确认该批货物的暂估成本为1 000元,并进行暂估记账处理。

业务6:采购退货业务(采购结算前退货)

(1) 2012年12月10日收到无锡车轮厂提供的车轮,数量10套,单价为450元。验收入原材料仓库。

(2) 2012年12月11日仓库反映有2套有质量问题,要求退回给供应商。

(3) 2012年12月11日,收到无锡车轮厂开具的专用发票一张,发票号为20121211,进行采购结算。

【实验指导】

1. 业务1:普通采购业务

操作步骤:

(1) 在采购管理系统中填制并审核请购单。

① 以"朱挺"身份注册进入企业应用平台,在企业应用平台"业务工作"页签中,执行"供应链"→"采购管理"→"请购"→"请购单"命令,进入"采购请购单"窗口。

② 单击【增加】按钮,选择或输入日期"2012-12-01"、请购部门"采购部"、请购人员"朱挺"。

③ 选择存货编码"1001 自行车主结构",输入数量"20",无税单价"1 110",需求日期为"2012-12-03",供应商为"南京钢铁加工公司"。

④ 单击【保存】按钮,再单击【审核】按钮,如图5-8所示。

图 5-8

⑤ 单击【退出】按钮,退出"采购请购单"窗口。

(2) 在采购管理系统中填制并审核采购订单。

① 执行"采购订货"→"采购订单"命令,进入"采购订单"窗口。

② 单击【增加】按钮,输入订单日期"2012-12-02",在"生单"下拉菜单下选择"请购单",打开"过滤条件选择"对话框。

③ 单击【过滤】按钮,进入"拷贝并执行"窗口,如图5-9所示。

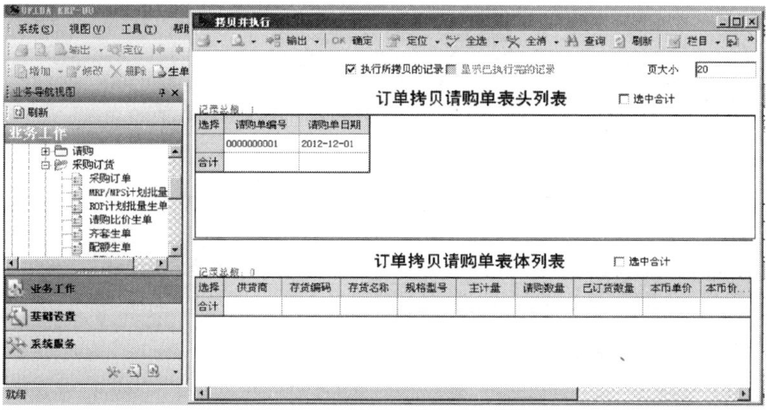

图 5-9

④ 在“订单拷贝请购单表头列表”中，双击需要参照的请购单的“选择”栏。

⑤ 单击【OK 确定】按钮，将采购请购单相关信息带入采购订单。

⑥ 修改订单日期为“2012-12-02”，计划到货日期为“2012-12-03”。

⑦ 单击【保存】按钮，再单击【审核】按钮，订单底部显示审核人名字，如图 5-10 所示。

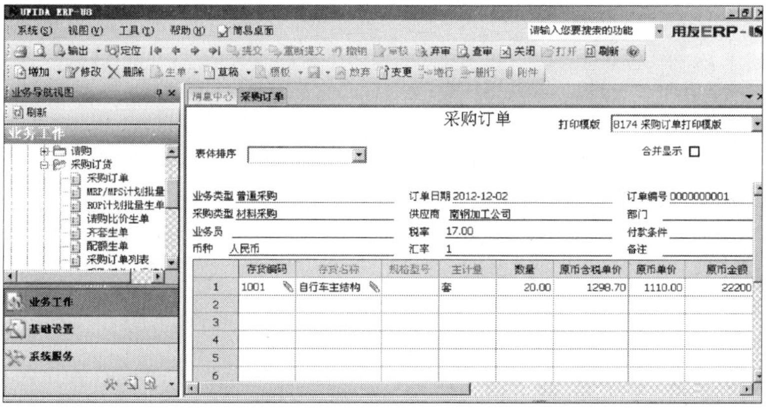

图 5-10

⑧ 单击【退出】按钮，退出“采购订单”窗口。

注意：

- 填制采购订单时，单击鼠标右键可查看存货现存量。
- 如果企业要按部门或业务员进行考核，必须输入相关部门和业务员信息。
- 采购订单审核后，可以在“采购订单执行统计表”中查询。

(3) 在采购管理系统中填制到货单。

① 执行“采购到货”→“到货单”命令，进入“到货单”窗口。

② 单击【增加】按钮，在“生单”下拉菜单下选择“采购订单”，打开“过滤条件选择”对话框。

③ 单击【过滤】按钮，进入“拷贝并执行”窗口，如图 5-11 所示。

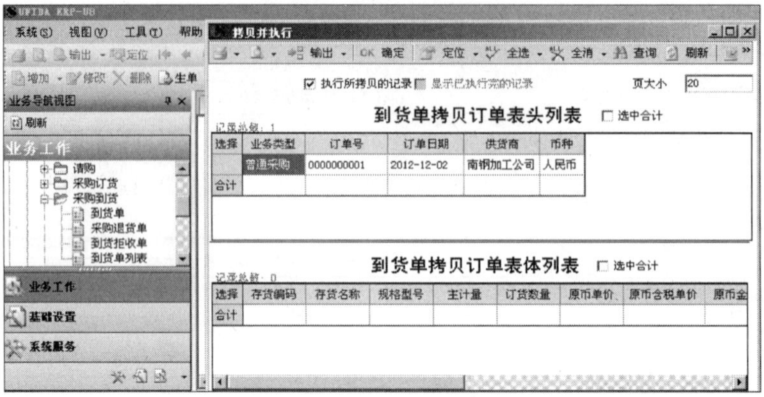

图 5-11

④ 在“到货单拷贝订单表头列表”中,双击需要参照的采购订单的“选择”栏。

⑤ 单击【OK 确定】按钮,将采购订单相关信息带入采购到货单。

⑥ 修改到货单日期为“2012-12-03”,选择部门为“采购部”,如图 5-12 所示。

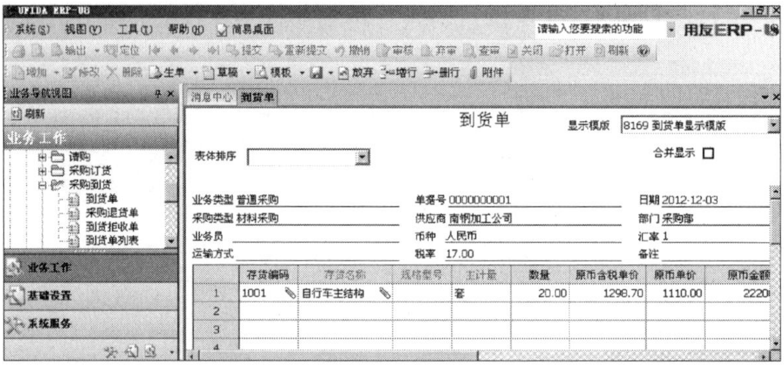

图 5-12

⑦ 单击【保存】按钮,再单击【审核】按钮。

⑧ 单击【退出】按钮,退出“采购到货单”窗口。

(4) 在库存管理系统中填制并审核采购入库单。

① 以“刘祥”身份重新注册进入企业应用平台,在企业应用平台“业务工作”页签中,执行“供应链”→“库存管理”→“入库业务”→“采购入库单”命令,进入“采购入库单”窗口。

② 在“生单”下拉菜单下选择“采购到货单(蓝字)”,打开“过滤条件选择”对话框。

③ 单击【过滤】按钮,进入“到货单生单列表”窗口。

④ 在“到货单生单表头”中,双击需要参照的采购到货单“选择”栏,如图 5-13 所示。

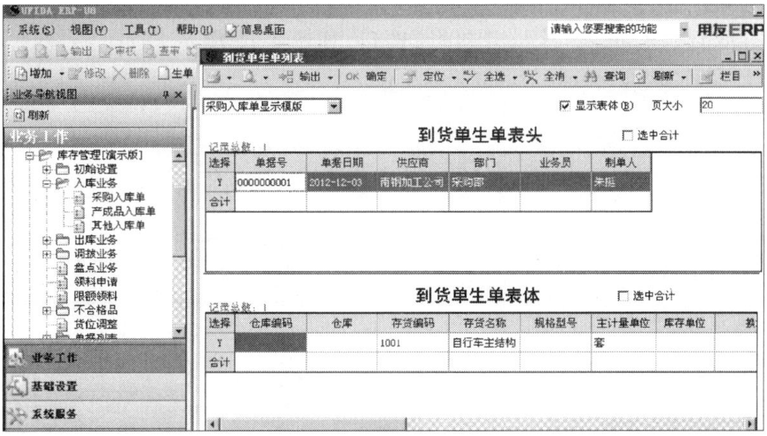

图　5-13

⑤ 单击【OK 确定】按钮,将采购到货单相关信息带入采购入库单。

⑥ 修改采购入库单日期为“2012-12-03”,选择仓库为“材料库”,如图 5-14 所示。

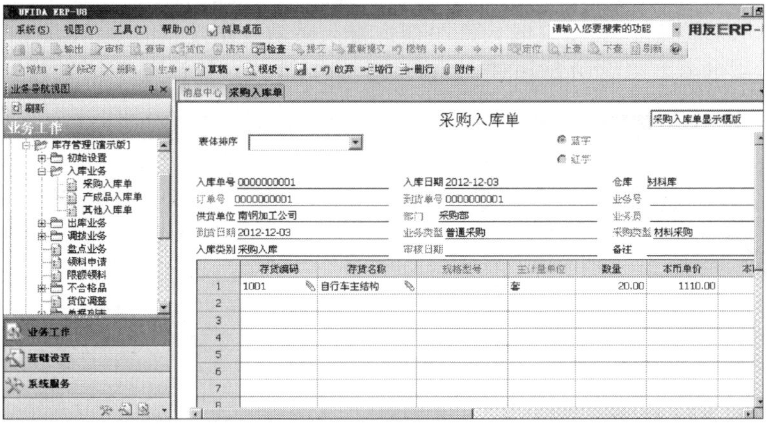

图　5-14

⑦ 单击【保存】按钮,再单击【审核】按钮,系统弹出“该单据审核成功!”信息提示框。

⑧ 单击【确定】返回,再单击【退出】按钮后退出。

注意:

- 只有采购管理系统、库存管理系统集成使用时,库存管理系统才可以通过“生单”功能生成采购入库单。
- 生单时参照的单据是采购管理系统中已审核未关闭的采购订单和到货单。
- 采购管理系统如果设置了“必有订单业务模式”,则不可手工录入采购入库单。
- 当入库数量与订单或到货数量完全相同时,可不显示表体。

(5) 在采购管理系统中填制并审核采购发票。

① 以“朱挺”身份重新注册进入企业应用平台,在企业应用平台“业务工作”页签中,执行“供应链”→“采购管理”→“采购发票”→“专用采购发票”命令,进入“专用发票”窗口。

② 单击【增加】按钮,在“生单”下拉菜单下选择“入库单”,单击【过滤】按钮,打开“过滤

条件选择”对话框。

③ 单击【过滤】按钮,进入“拷贝并执行”窗口,如图 5-15 所示。

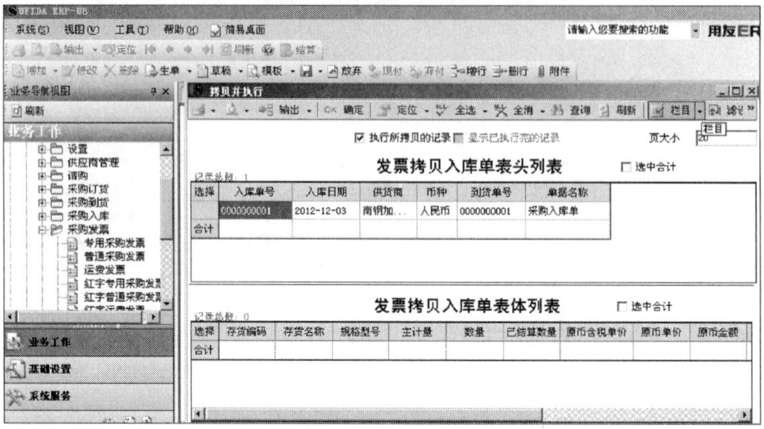

图 5-15

④ 在“发票拷贝入库单表头列表”窗口,双击选择需要参照的采购入库单“选择”栏。

⑤ 单击【OK 确定】按钮,将采购入库单信息带入采购专用发票。

⑥ 输入相应的发票号“20121203”,开票日期“2012-12-03”,如图 5-16 所示。

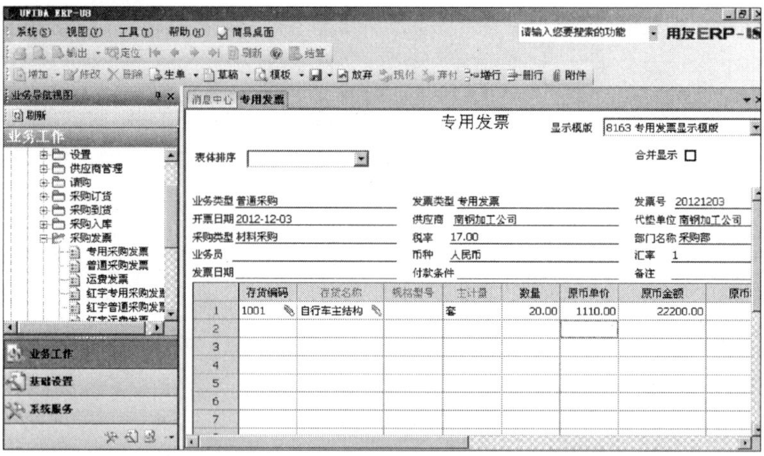

图 5-16

⑦ 单击【保存】按钮,再单击【退出】按钮后退出。

(6) 在采购管理系统中执行采购结算。

① 执行“采购结算”→“自动结算”命令,打开“过滤条件选择”对话框。

② 选择结算模式“入库单和发票”类型。

③ 单击【过滤】按钮,系统弹出结算成功信息提示,如图 5-17 所示。

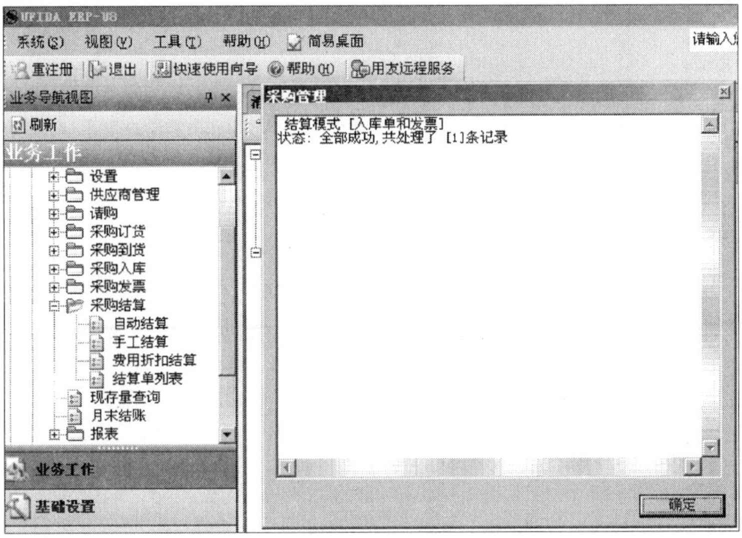

图　5-17

④ 单击【确定】按钮返回。

⑤ 执行“采购结算”→“结算单列表”命令,打开“过滤条件选择”对话框。

⑥ 单击【过滤】按钮,打开“结算单列表”窗口可查看结算结果,如图 5-18 所示。

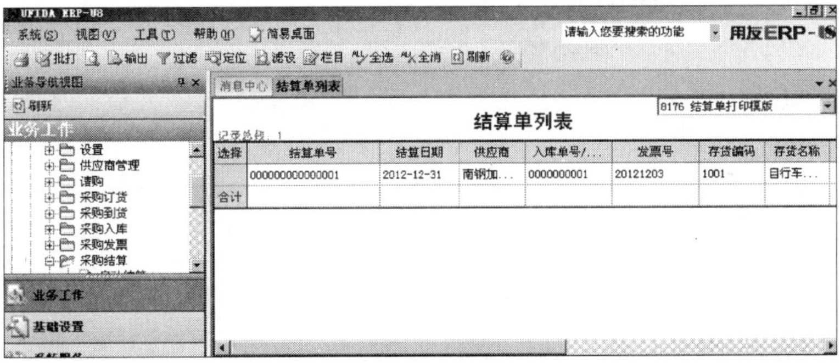

图　5-18

⑦ 查看完毕,单击【退出】按钮后退出。

注意:

- 结算结果可以在“结算单列表”中查询。
- 结算完成后,在“手工结算”窗口将看不到已结算的入库单和发票。
- 由于某种原因需要修改或删除入库单、采购发票时,需要先取消采购结算。

(7) 在存货核算系统中记账并生成入库凭证。

① 以“李燕”身份重新注册进入企业应用平台,在企业应用平台“业务工作”页签中,执行“供应链”→“存货核算”→“业务核算”→“正常单据记账”命令,打开“过滤条件选择”对话框。

② 单击【过滤】按钮,进入“未记账单据一览表”窗口,如图 5-19 所示。

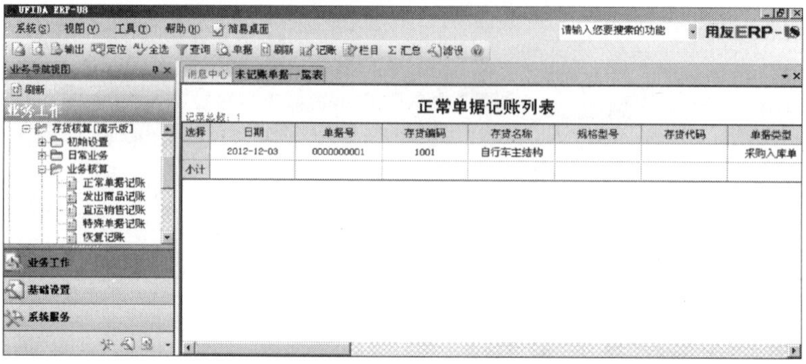

图 5-19

③ 选择要记账的单据。

④ 单击【记账】按钮,显示“记账成功”提示信息。

⑤ 单击【确定】按钮,再单击【退出】按钮。

⑥ 执行“财务核算”→“生成凭证”命令,进入“生成凭证”窗口。

⑦ 单击工具栏上的【选择】按钮,打开“查询条件”对话框。

⑧ 选择“采购入库单(报销记账)”复选框。

⑨ 单击【确定】按钮,进入“未生成凭证一览表”窗口。

⑩ 选择要制单的记录行,单击【确定】按钮,进入“生成凭证”窗口。

⑪ 选择凭证类别为“记账凭证”。

⑫ 单击【生成】按钮,进入“填制凭证”窗口。

⑬ 输入制单日期“2012-12-03”,单击【保存】按钮,凭证左上角出现“已生成”标志,表示凭证已传递到总账,如图 5-20 所示。

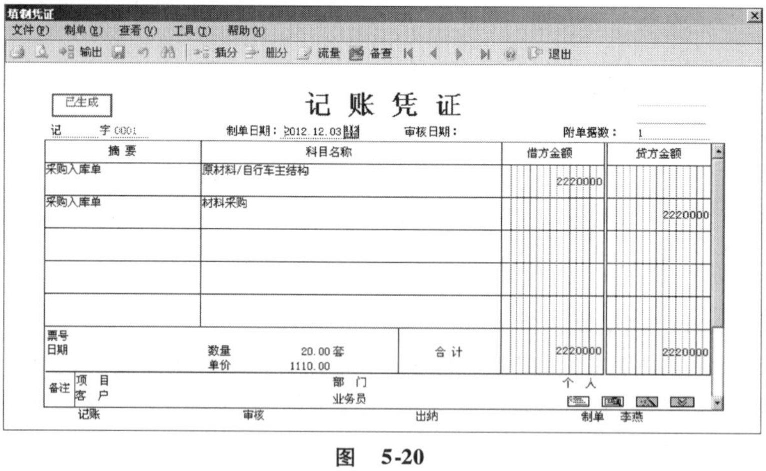

图 5-20

⑭ 单击【退出】按钮。

(8) 在应付款管理系统中审核采购专用发票,并生成应付凭证。

① 以“张晓军”身份重新注册进入企业应用平台,在企业应用平台“业务工作”页签中,执行“财务会计”→“应付款管理”→“应付单据处理”→“应付单据审核”命令,打开“应付单过滤条件”对话框。

② 选择供应商“南京钢铁加工公司”。

③ 单击【确定】按钮，进入“单据处理”窗口。

④ 选择需要审核的单据，单击【审核】按钮，系统弹出审核成功信息提示，如图 5-21 所示。

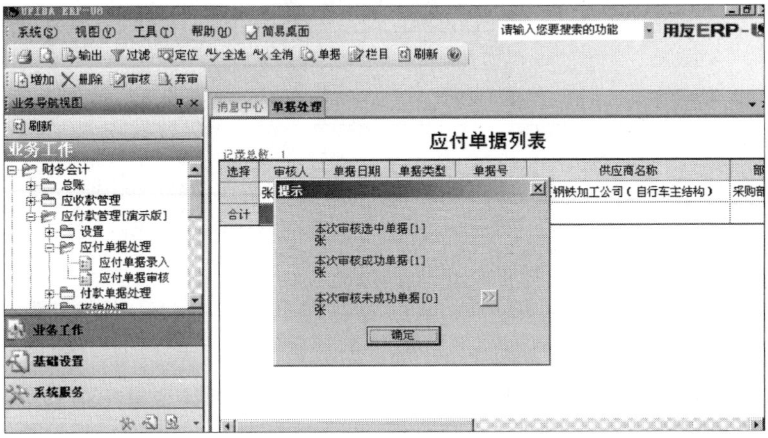

图　5-21

⑤ 单击【确定】按钮后退出。

⑥ 执行“制单处理”命令，打开“制单查询”对话框。

⑦ 选择“发票制单”复选框，选择供应商“南京钢铁加工公司”。

⑧ 单击【确定】按钮，进入“制单”窗口，如图 5-22 所示。

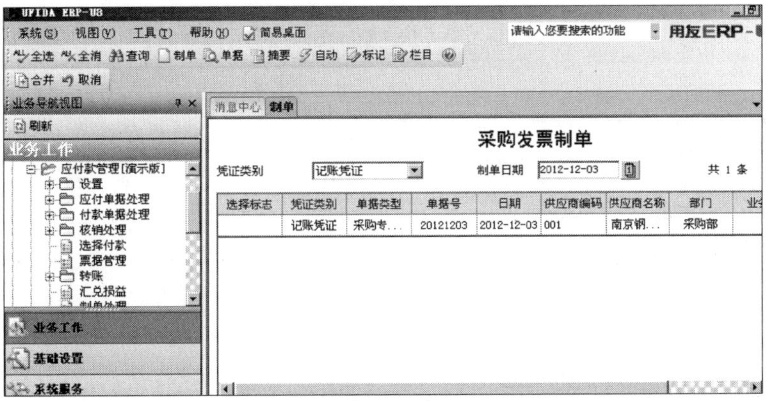

图　5-22

⑨ 单击【全选】按钮，选择凭证类别为“记账凭证”，制单日期为“2012-12-03”。

⑩ 单击【制单】按钮，进入“填制凭证”窗口，如图 5-23 所示。

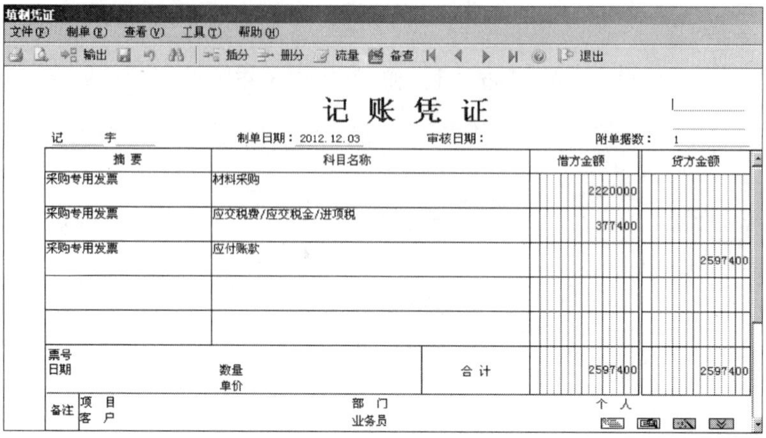

图 5-23

⑪ 单击【保存】按钮，凭证左上角出现“已生成”标志，表示凭证已传递到总账。

⑫ 单击【退出】按钮。

(9) 在应付款管理系统中，进行付款处理并生成付款凭证。

① 执行“付款单据处理”→“付款单据录入”命令，进入“付款单录入”窗口。

② 单击【增加】按钮，选择日期“2012-12-03”、供应商“南京钢铁加工公司”、结算方式“转账支票”，输入金额“25 974”元，如图 5-24 所示。

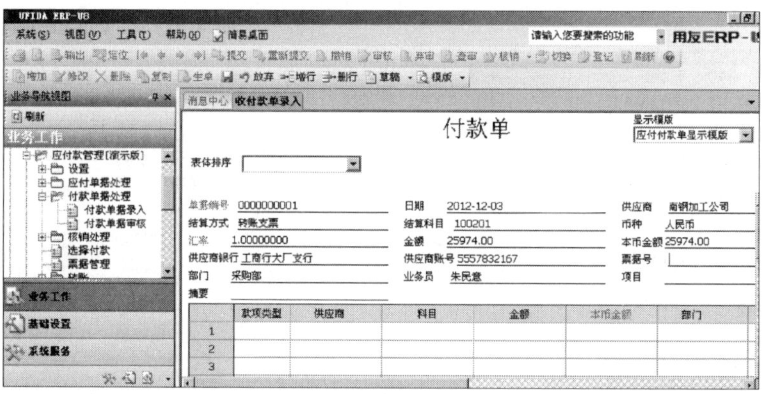

图 5-24

③ 单击【保存】按钮，再单击【审核】按钮，系统弹出“是否立即制单?”信息提示框。

④ 单击【是】按钮，进入填制凭证窗口。

⑤ 选择凭证类别“记账凭证”，单击【保存】按钮，凭证左上角出现“已生成”标志，表示凭证已传递到总账，如图 5-25 所示。

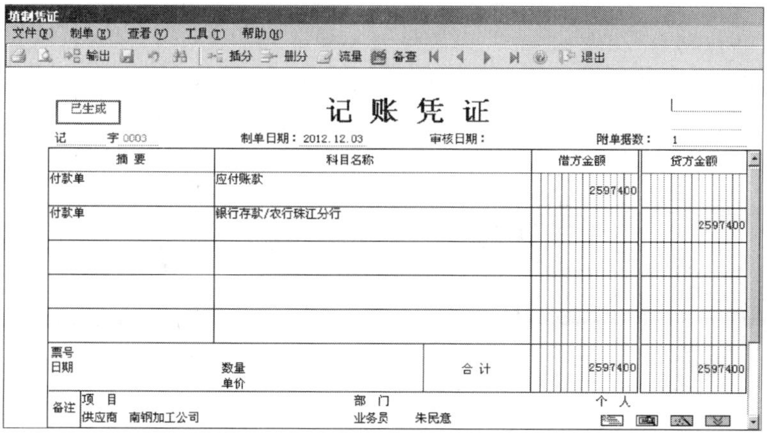

图　5-25

⑥ 单击【退出】按钮。

2. 业务 2:采购现结业务

操作步骤:

(1) 在库存管理系统中直接填制采购入库单并审核。

① 以“刘祥”身份重新注册进入企业应用平台,在企业应用平台“业务工作”页签中,执行“供应链”→“库存管理”→“入库业务”→“采购入库单”命令,进入“采购入库单”窗口。

② 单击【增加】按钮,输入或选择入库日期“2012-12-05”、仓库“材料库”、供货单位“南京钢铁加工有限公司”,输入存货编码“1001”、数量“5”、单价“1 110”元,如图 5-26 所示。

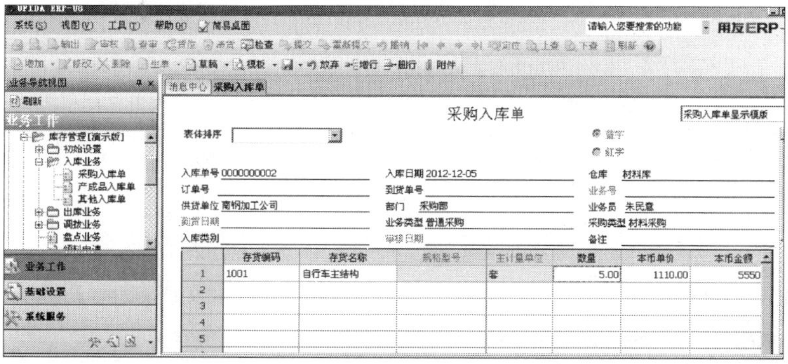

图　5-26

③ 单击【保存】按钮,再单击【审核】按钮,系统弹出“该单据审核成功!”信息提示框。

④ 单击【确定】按钮,再单击【退出】按钮。

(2) 在采购管理系统中录入采购专用发票进行现结处理和采购结算。

① 以“朱挺”身份重新注册进入企业应用平台,在企业应用平台“业务工作”页签中,执行“供应链”→“采购管理”→“采购发票”→“专用采购发票”命令,进入“专用发票”窗口。

② 单击【增加】按钮,选择“生单”下拉菜单下的“入库单”,进入“过滤条件选择”窗口。

③ 单击【过滤】按钮,进入“拷贝并执行”窗口。

④ 在“采购发票拷贝表头列表”中,双击选择需要参照的采购入库单,单击【OK 确定】按

钮，将采购入库单信息带入采购专用发票。

⑤ 修改开票日期为“2012-12-05”、发票号为“85011”。

⑥ 单击【保存】按钮，再单击【现付】按钮，打开“采购现付”对话框。

⑦ 选择结算方式“转账支票”，输入结算金额“5 550”元，支票号“20121205”等信息，如图5-27所示。

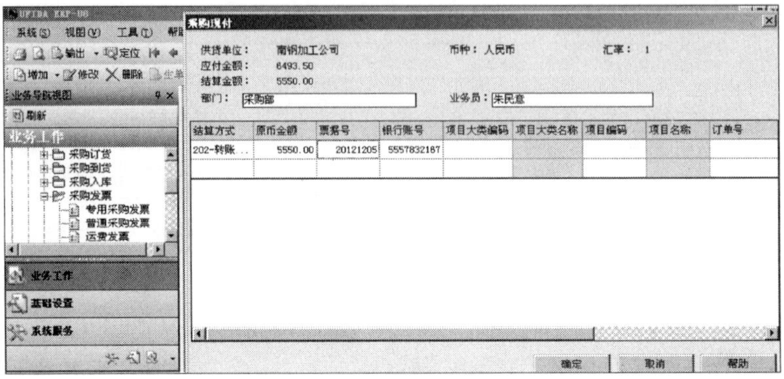

图 5-27

⑧ 单击【确定】按钮，发票左上角显示“已现付”字样，如图5-28所示。

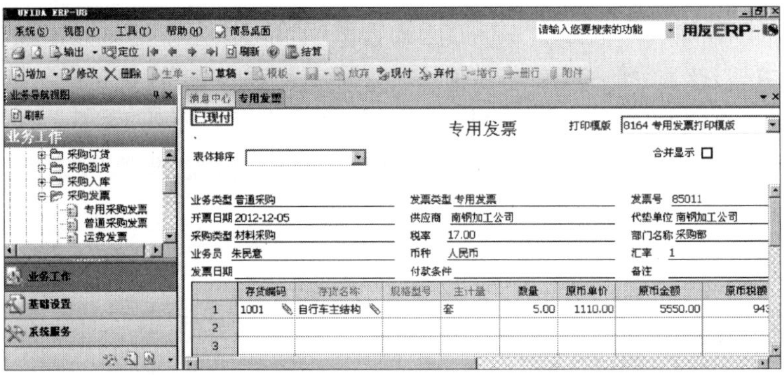

图 5-28

⑨ 执行工具栏上【结算】按钮，自动完成采购结算，如图5-29所示。

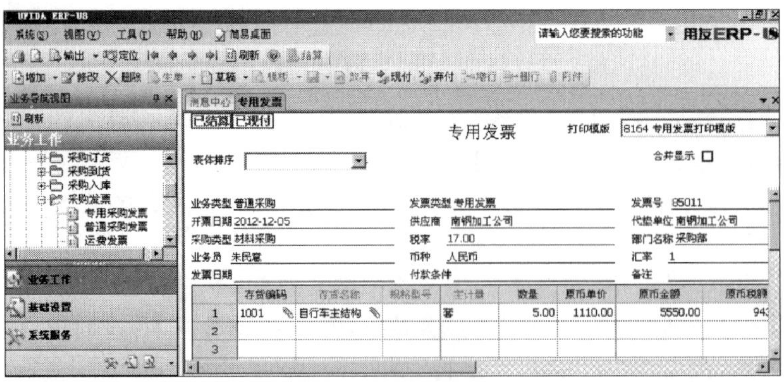

图 5-29

⑩ 单击【退出】按钮。

(3) 在存货核算系统中记账并生成入库凭证。

① 以“李燕”身份重新注册进入企业应用平台，在企业应用平台“业务工作”页签中，执行“供应链”→“存货核算”→“业务核算”→“正常单据记账”命令，打开“过滤条件选择”对话框。

② 单击【过滤】按钮，进入“未记账单据一览表”窗口，如图 5-30 所示。

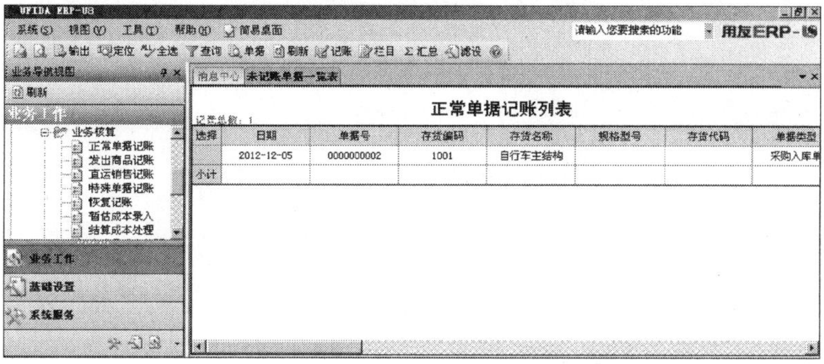

图　5-30

③ 选择要记账的单据，单击【记账】按钮，出现“记账成功”信息提示。

④ 单击【确定】按钮，再单击【退出】按钮。

⑤ 执行“财务核算”→“生成凭证”命令，进入“生成凭证”窗口。

⑥ 单击工具栏上的【选择】按钮，打开“查询条件”对话框。

⑦ 选择“采购入库单（报销记账）”复选框，单击【确定】按钮，进入“选择单据”窗口。

⑧ 单击【全选】按钮，再单击【确定】按钮，进入“生成凭证”窗口。

⑨ 选择凭证类别为“记账凭证”，单击【生成】按钮，进入“填制凭证”窗口，如图 5-31 所示。

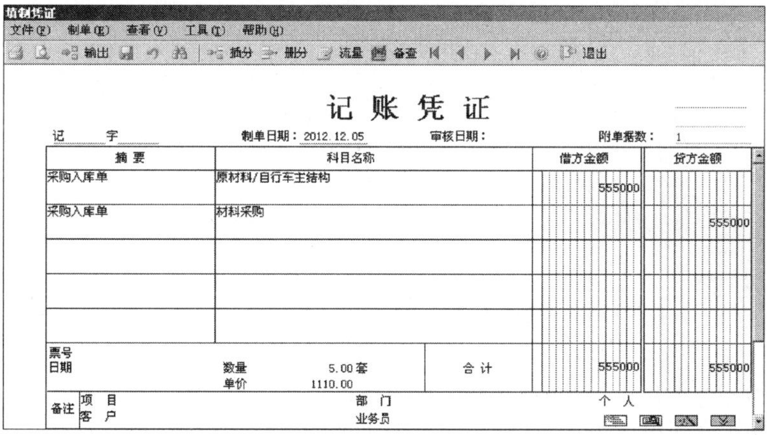

图　5-31

⑩ 选择日期为“2012-12-5”，单击【保存】按钮，凭证左上角出现“已生成”标志，表示凭证已传递到总账。

⑪ 单击【退出】按钮。

(4) 在应付款管理系统中审核发票进行现结制单。

① 以"张晓军"身份重新注册进入企业应用平台，在企业应用平台"业务工作"页签中，执行"供应链"→"财务会计"→"应付款管理"→"应付单据处理"→"应付单据审核"，进入"应付单过滤条件"对话框。

② 选中"包含已现结发票"复选框，如图 5-32 所示。

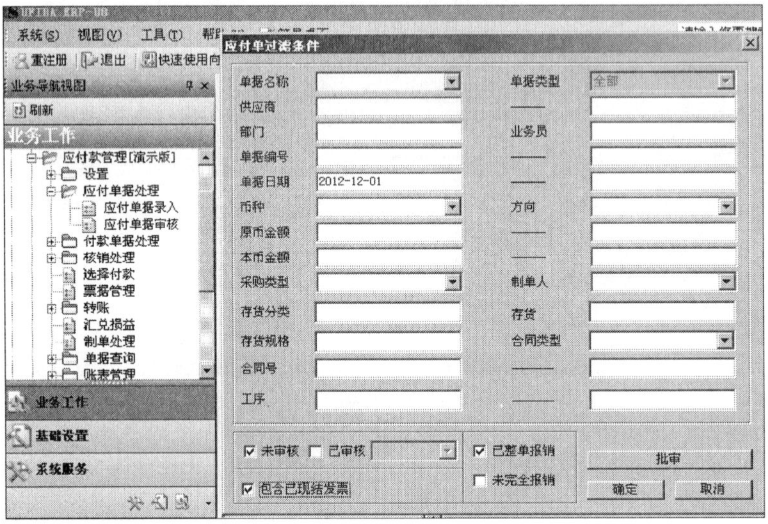

图 5-32

③ 单击【确定】按钮，进入"单据处理"窗口。

④ 选择应审核的单据，如图 5-33 所示。

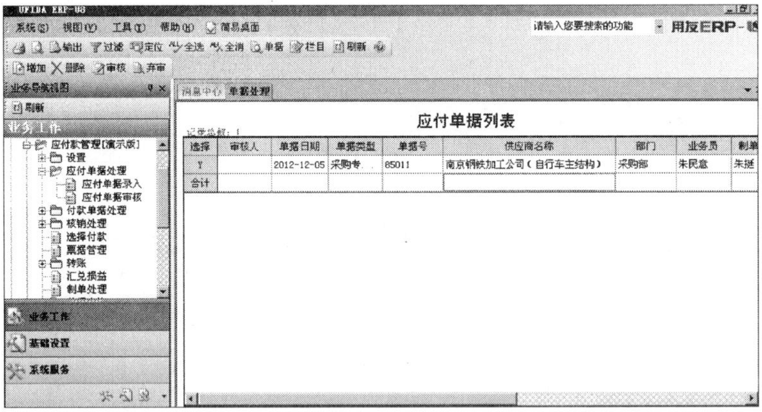

图 5-33

⑤ 单击【审核】按钮，系统弹出审核成功信息提示。

⑥ 单击【确定】按钮退出。

⑦ 执行"应付款管理"→"制单处理"，进入"制单查询"对话框，选择"现结制单"复选框，如图 5-34 所示。

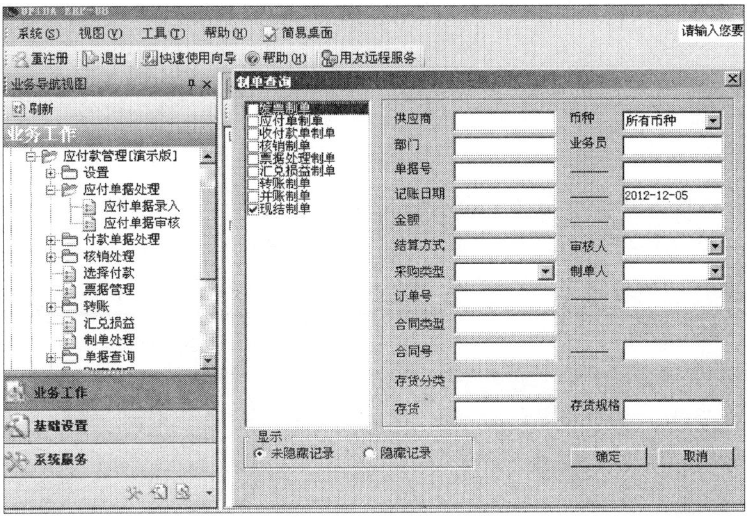

图　5-34

⑧ 单击【确定】按钮，进入“制单”窗口，选择要制单的记录行，如图 5-35 所示。

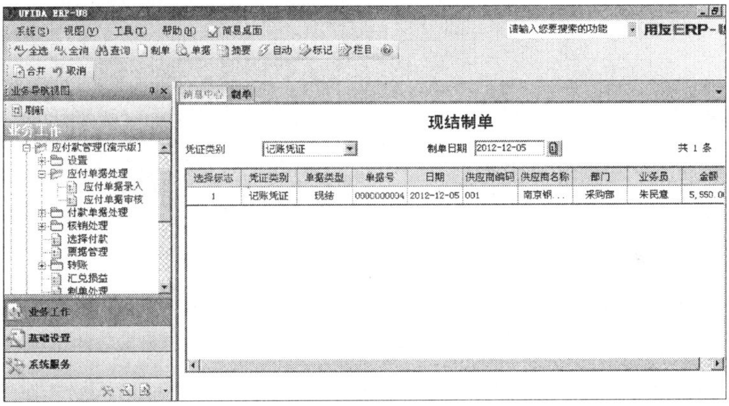

图　5-35

⑨ 单击【制单】按钮，进入“填制凭证”窗口，如图 5-36 所示。

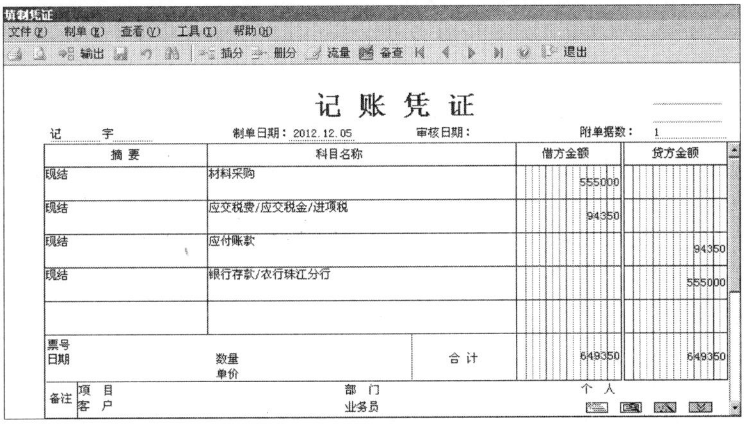

图　5-36

⑩ 选择日期为“2012-12-5”，单击【保存】按钮，凭证左上角出现“已生成”标志，表示凭证已传递到总账。

⑪ 单击【退出】按钮。

3. 业务3：采购运费处理

操作步骤：

(1) 在库存管理系统中填制并审核采购入库单。

以“刘祥”身份注册进入企业应用平台，在企业应用平台“业务工作”页签中，执行“供应链”→“库存管理”→“入库业务”→“采购入库单”命令，填制并审核采购入库单，如图5-37所示。操作步骤参见“采购现结业务”。

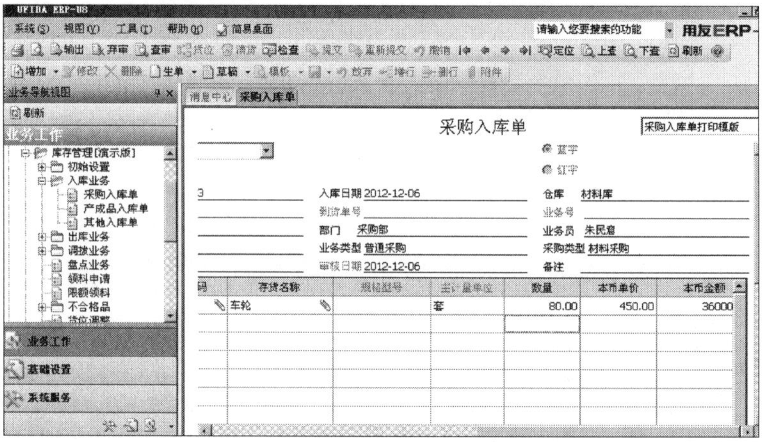

图 5-37

(2) 在采购管理系统中参照采购入库单填制采购专用发票。

① 以“朱挺”身份重新注册进入企业应用平台，在企业应用平台“业务工作”页签中，执行“供应链”→“采购管理”→“采购发票”→“专用采购发票”命令，进入“专用发票”窗口。

② 单击【增加】按钮，选择“生单”下拉菜单下的“入库单”，进入“过滤条件选择”窗口。

③ 单击【过滤】按钮，进入“拷贝并执行”窗口。

④ 在“采购拷贝入库单表头列表”中，双击选择需要参照的采购入库单，单击【OK 确定】按钮，将采购入库单信息带入采购专用发票。

⑤ 修改开票日期为“2012-12-06”、发票号为“85012”，如图5-38所示。

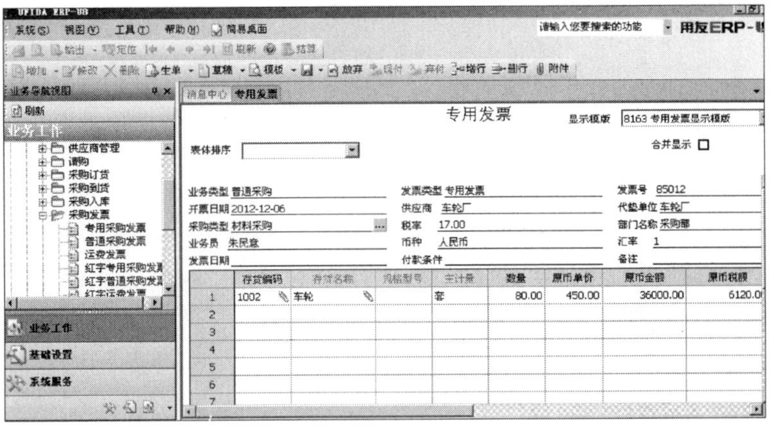

图　5-38

⑥ 单击【保存】按钮，再单击【退出】按钮。

(3) 在采购管理系统中填制运费发票并进行采购结算(手工结算)。

① 执行"采购发票"→"运费发票"命令，进入"运费发票"窗口。

② 单击【增加】按钮，输入或选择发票号"5678"、供应商"无锡车轮厂"、发票日期"2012-12-06"、税率"7%"、存货"运输费"、金额"400"元，如图 5-39 所示。

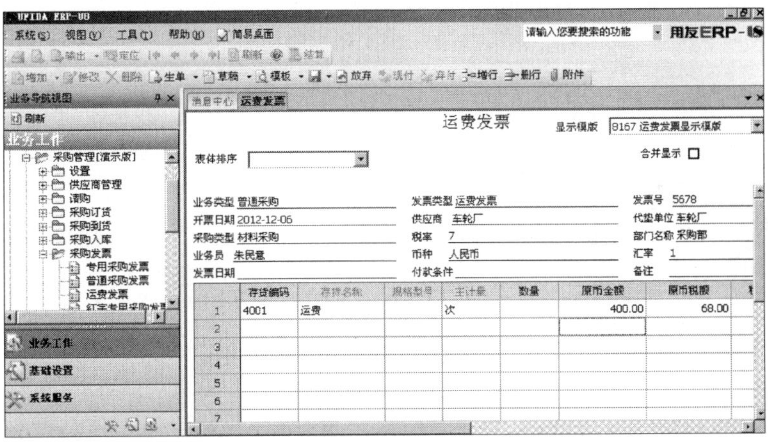

图　5-39

③ 单击【保存】按钮，再单击【退出】按钮。

注意：

费用发票上的存货必须具有"应税劳务"属性。

④ 执行"采购结算"→"手工结算"命令，进入"手工结算"窗口。

⑤ 单击【选单】按钮，打开"结算选单"对话框。

⑥ 单击【过滤】按钮，打开"过滤条件选择"对话框。

⑦ 单击【过滤】按钮，上方显示采购专用发票和运费发票，下方显示未结算的采购入库单，如图 5-40 所示。

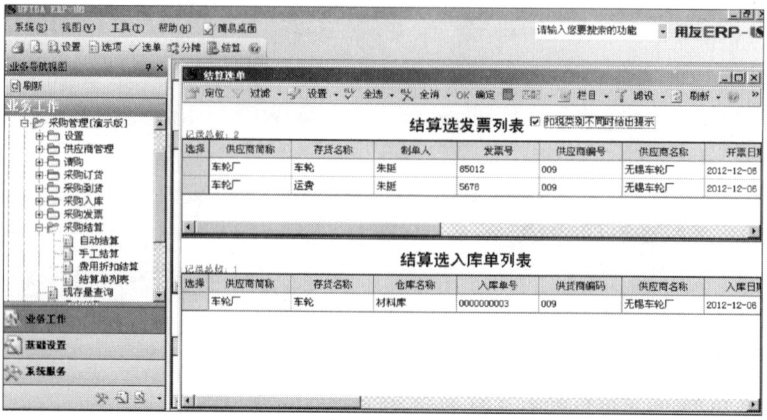

图 5-40

⑧ 根据实验要求，选择要结算的入库单、采购专用发票和运费发票。

⑨ 单击【OK 确定】按钮，系统弹出“所选单据扣税类别不同，是否继续？”提示信息。

⑩ 单击【是】按钮，返回“手工结算”窗口。

⑪ 点击选择费用分配方式【按金额】单选按钮，如图 5-41 所示。

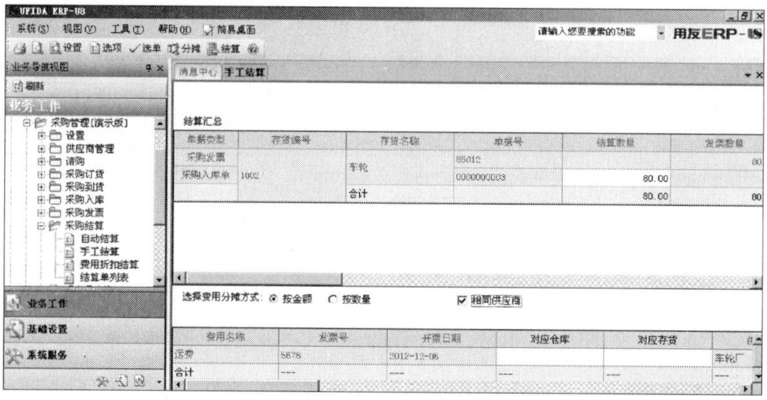

图 5-41

⑫ 单击【分摊】按钮，系统弹出“选择按金额分摊，是否开始计算？”信息提示。

⑬ 单击【是】按钮，系统自动完成分摊，系统显示“费用分摊(按金额)完毕，请检查！”提示信息，单击【确定】按钮返回手工结算窗口。

⑭ 单击【结算】按钮，系统进行结算处理，完成后系统弹出“完成结算！”信息提示。

⑮ 单击【确定】按钮，再单击【退出】按钮。

注意：

不管采购入库单上有无单价，采购结算后，其单价都被自动修改为发票上的存货单价。

(4) 在存货核算系统中记账并生成入库凭证。

① 以“李燕”身份重新注册进入企业应用平台，在企业应用平台“业务工作”页签中，执行“供应链”→“存货核算”→“业务核算”→“正常单据记账”命令，进入“过滤条件选择”对话框。

② 单击【过滤】按钮，打开“未记账单据一览表”窗口，如图 5-42 所示。

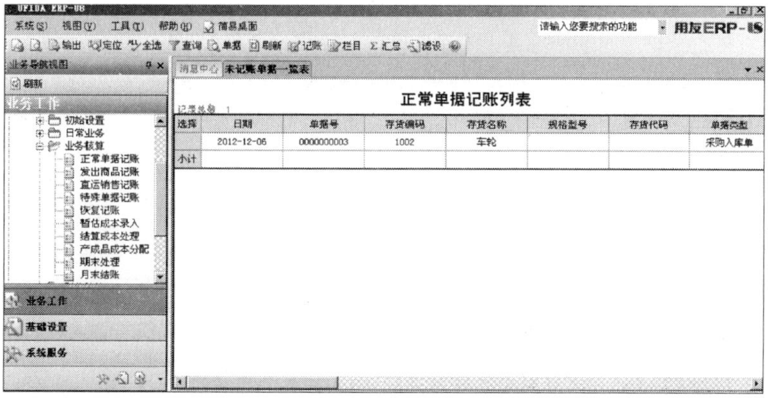

图　5-42

③ 选择要记账的单据，单击【记账】按钮，出现“记账成功！”信息提示框。

④ 单击【确定】按钮后返回。

⑤ 执行“财务核算”→“生成凭证”命令，进入“生成凭证”窗口。

⑥ 单击工具栏上的【选择】按钮，打开“查询条件”对话框。

⑦ 选择“采购入库单（报销记账）”复选框，单击【确定】按钮，进入“选择单据”窗口。

⑧ 单击【全选】按钮，再单击【确定】按钮，进入“生成凭证”窗口。

⑨ 选择凭证类别为“记账凭证”，单击【生成】按钮，进入“填制凭证”窗口。

⑩ 修改制单日期为“2012-12-06”，单击【保存】按钮，凭证左上角出现“已生成”标志，表示凭证已传递到总账，如图 5-43 所示。

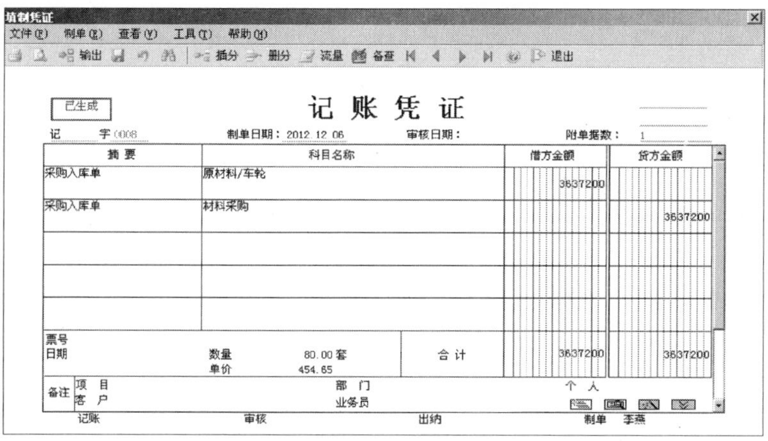

图　5-43

⑪ 单击【退出】按钮。

(5) 在应付款管理系统中审核发票并合并制单。

① 以“张晓军”身份重新注册进入企业应用平台，在企业应用平台“业务工作”页签中，执行“财务会计”→“应付款管理”→“应付单据处理”→“应付单据审核”，进入“应付单过滤条件”对话框。

② 选中"包含已现结发票"复选框,如图 5-44 所示。

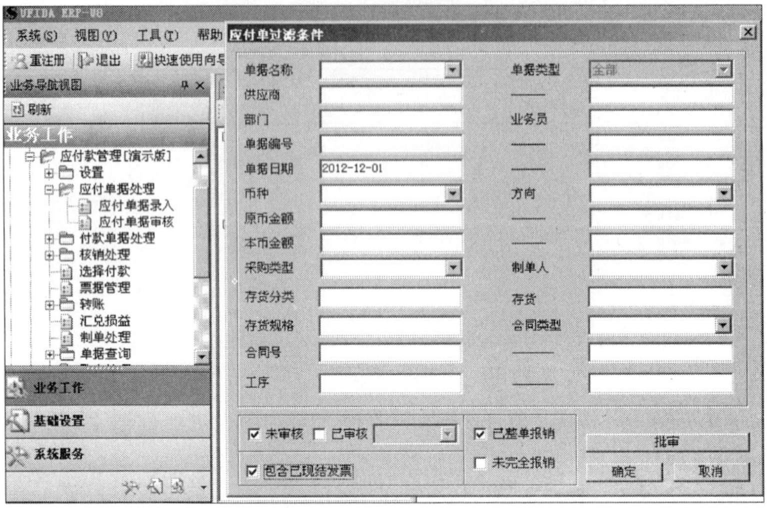

图 5-44

③ 单击【确定】按钮,进入"单据处理"窗口,如图 5-45 所示。

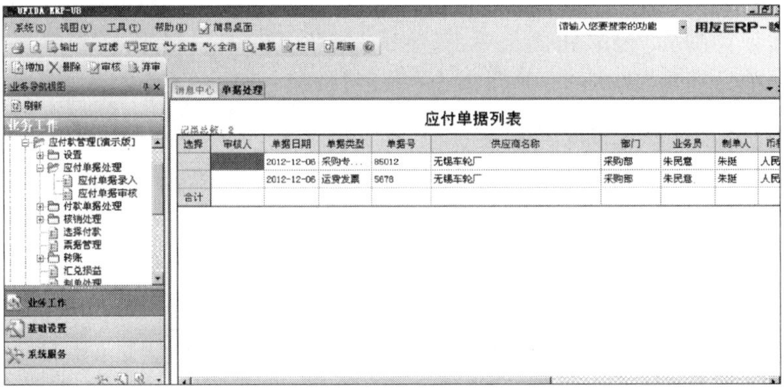

图 5-45

④ 根据实验资料要求,选择相应的采购专用发票、运费发票,单击【审核】按钮,系统显示审核成功信息提示。

⑤ 单击【确定】按钮后返回。

⑥ 执行"应付款管理"→"制单处理",打开"制单查询"对话框。

⑦ 选中"发票制单"复选框,如图 5-46 所示。

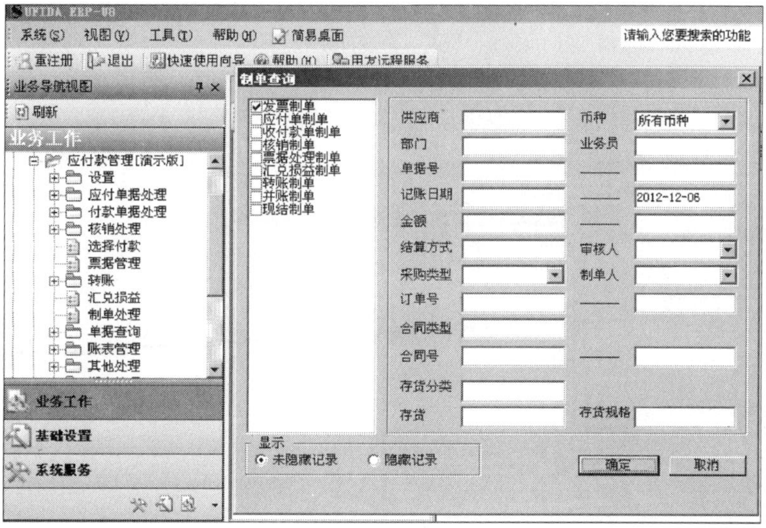

图 5-46

⑧ 单击【确定】按钮,进入“制单“窗口。

⑨ 选择凭证类别为“记账凭证”,单击【合并】按钮。

⑩ 单击【制单】按钮,进入“填制凭证”窗口,如图 5-47 所示。

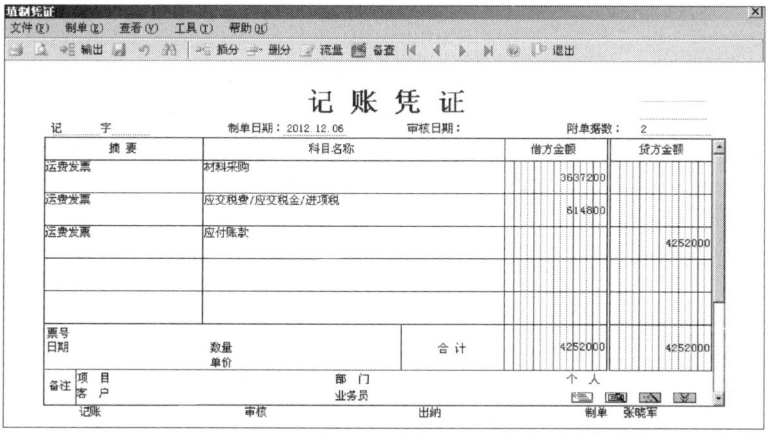

图 5-47

⑪ 修改制单日期为“2012-12-06”,单击【保存】按钮,凭证左上角出现“已生成”标志,表示凭证已传递到总账。

⑫ 单击【退出】按钮。

4. 业务 4:请购比价业务

操作步骤:

(1) 在采购管理系统中定义供应商存货对照表。

① 以“张晓军”身份注册进入企业应用平台,在企业应用平台“业务工作”页签中,执行“供应链”→“采购管理”→“供应商管理”→“供应商供货信息”→“供应商存货对照表”命令,进入“供应商存货对照表”窗口。

② 单击【增加】按钮,打开"增加"对话框。

③ 输入南京塑料制品供应商编码"007"、存货编码"1003"。

④ 单击【保存】按钮,保存"南京塑料制品有限公司"的存货对照信息。

⑤ 同理,根据实验资料,输入其他供应商及存货信息,如图 5-48 所示。

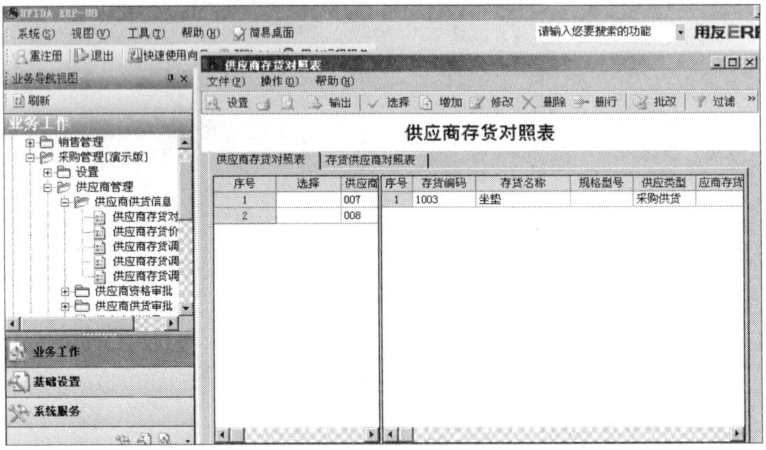

图 5-48

⑥ 增加完毕后,单击【退出】按钮。

⑦ 执行"供应商管理"→"供应商供货信息"→"供应商存货调价单"命令,进入"供应商存货调价单"窗口。

⑧ 单击【增加】按钮,根据实验资料,输入供应商对应存货的报价信息,如图 5-49 所示。

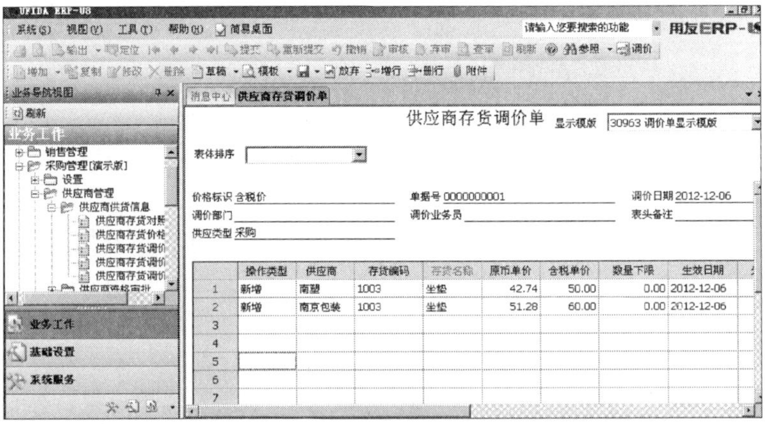

图 5-49

⑨ 单击【保存】按钮,再单击【审核】按钮后退出。

(2) 在采购管理系统中填制并审核请购单。

① 以"朱挺"身份重新注册进入企业应用平台,在企业应用平台"业务工作"页签中,执行"供应链"→"采购管理"→"请购"→"请购单"命令,进入"采购请购单"窗口。

② 单击【增加】按钮,根据实验资料,输入有关请购单信息,如图 5-50 所示。操作步骤参见"普通采购业务"。

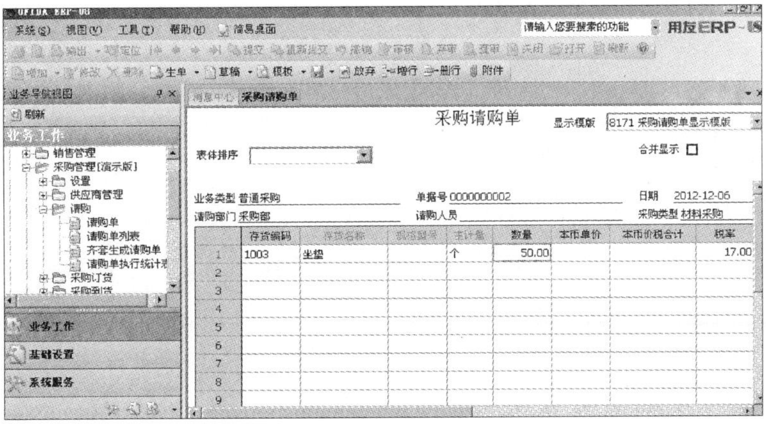

图　5-50

注意：

采购请购单无须填写单价、供应商信息。

③ 单击【保存】按钮，再单击【审核】按钮后退出。

(3) 在采购管理系统中请购比价生成采购订单。

① 执行“采购订货”→“请购比价生单”命令，打开“过滤条件选择”对话框。

② 单击【过滤】按钮，进入“请购比价生单列表”窗口。

③ 单击【全选】按钮，再单击【比价】按钮，系统将供货商存货对照表中该存货价格最低的供应商挑选到当前单据中，如图 5-51 所示。

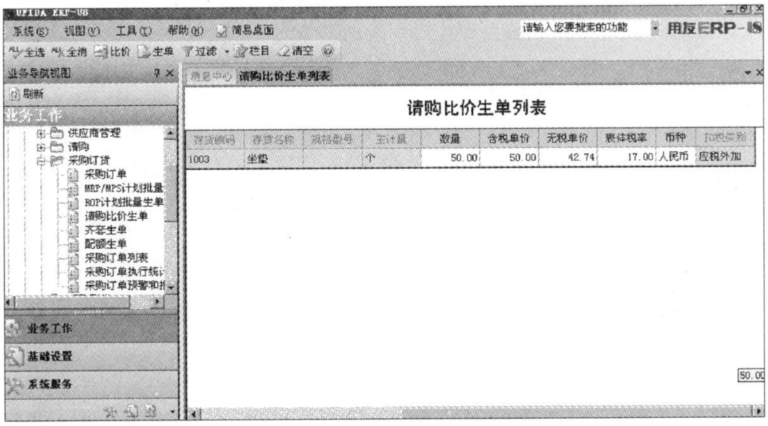

图　5-51

④ 单击【生单】按钮，系统弹出成功生成采购订单信息提示。

⑤ 单击【确定】按钮后退出。

⑥ 执行“采购订货”→“采购订单”命令，打开“采购订单”窗口。

⑦ 查看请购比价生成的采购订单，单击【修改】按钮，填写订单日期“2012-12-06”、计划到货日期“2012-12-07”，如图 5-52 所示。

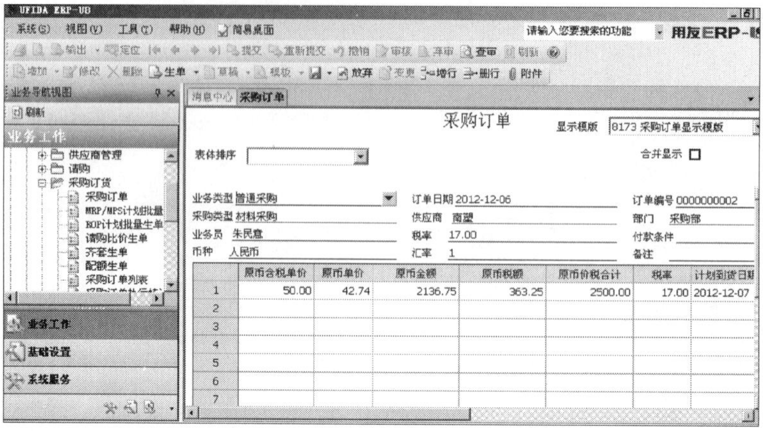

图 5-52

⑧ 单击【保存】按钮，再单击【审核】按钮后退出。

(4) 向供应商催货及查询。

① 执行"供应商管理"→"供应商催货函"命令，进入"过滤条件选择"对话框。

② 输入到货日期"2012-12-07"，选择供应商为"南京塑料制品有限公司"。

③ 单击【过滤】按钮，打开"供应商催货函"对话框，生成"供应商催货函"，如图 5-53 所示。

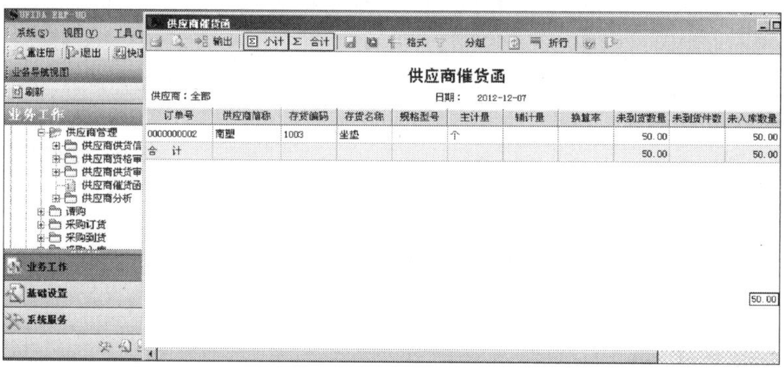

图 5-53

④ 单击【保存】按钮后退出。

5. 业务 5：暂估入库业务

操作步骤：

(1) 在库存管理系统中填制并审核采购入库单。

以"刘祥"身份注册进入企业应用平台，在企业应用平台"业务工作"页签中，执行"供应链"→"库存管理"→"入库业务"→"采购入库单"命令，根据实验资料填制相应的采购入库单，保存并审核，如图 5-54 所示。操作步骤参见"普通采购业务"。

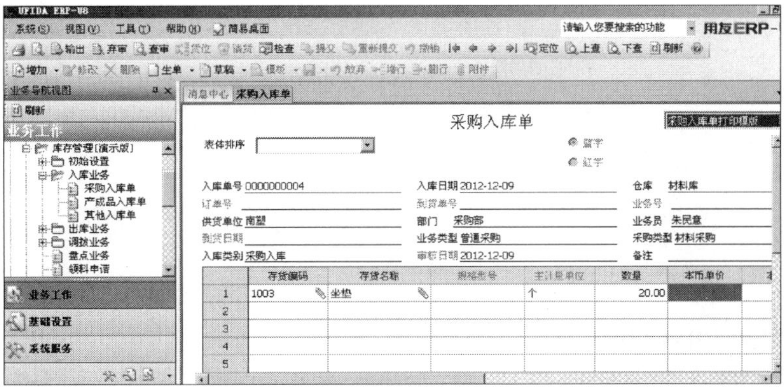

图　5-54

注意：

在暂估业务中，因为没有明确的采购货物的价格，所以采购入库单价格一栏一般为空。

(2)（月末发票未到）在存货核算系统中录入暂估入库成本并记账生成凭证。

① 以“李燕”身份重新注册进入企业应用平台，在企业应用平台“业务工作”页签中，执行“供应链”→“存货核算”→“业务核算”→“暂估成本录入”命令，打开“采购入库单成本成批录入查询”对话框。

② 勾选仓库中的“材料库”，如图 5-55 所示。

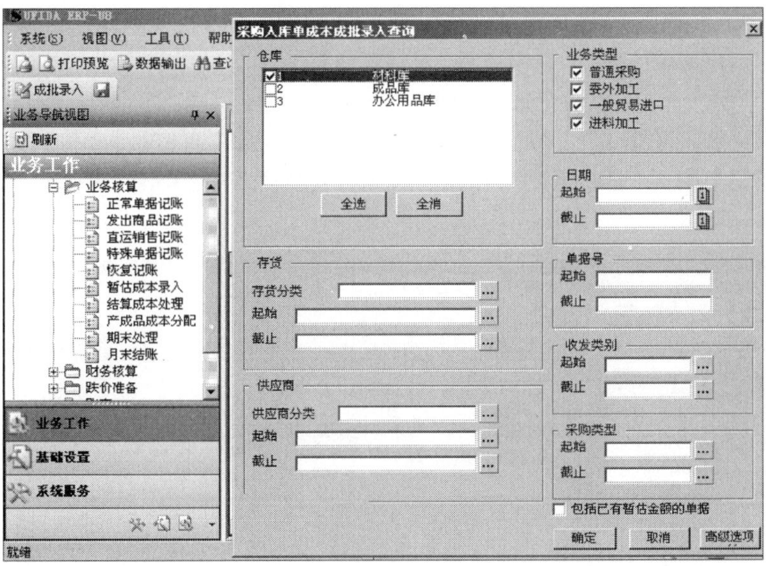

图　5-55

③ 单击【确定】按钮，进入“暂估成本录入”窗口。

④ 根据实验资料，录入金额 1 000 元，单击【保存】按钮，系统弹出“保存成功！”信息提示对话框，如图 5-56 所示。

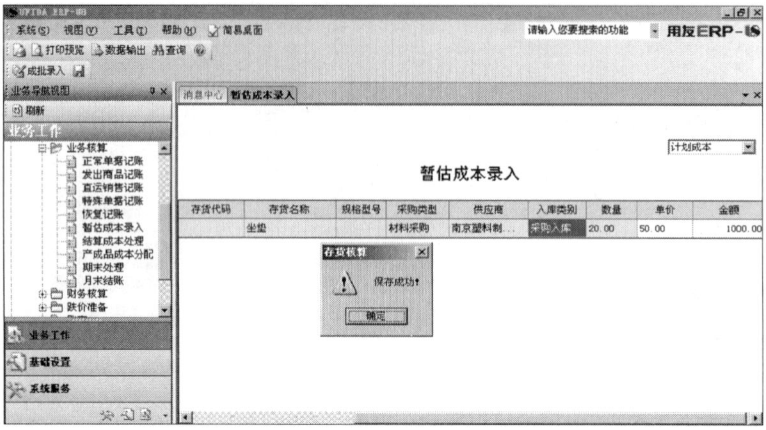

图 5-56

⑤ 单击【确定】按钮返回。

⑥ 执行"业务核算"→"正常单据记账"命令,打开"过滤条件选择"对话框。

⑦ 单击【过滤】按钮,进入"未记账单据一览表"窗口。

⑧ 根据实验资料要求,选择需要记账的采购入库单,单击【记账】按钮,系统弹出"记账成功!"信息提示框。

⑨ 单击【确定】按钮完成记账。

⑩ 执行"财务核算"→"生成凭证"命令,进入"生成凭证"窗口。

⑪ 单击【选择】按钮,打开"查询条件"对话框。

⑫ 选择"采购入库单(暂估记账)",单击【确定】按钮,进入"选择单据"窗口。

⑬ 选择要记账的单据,单击【确定】按钮,进入"生成凭证"窗口。

⑭ 选择凭证类别为"记账凭证",补充输入应付暂估科目"材料采购(1401)",如图 5-57 所示。

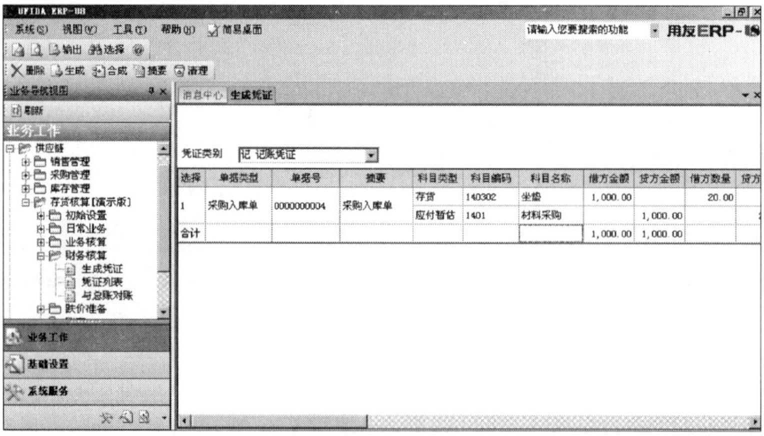

图 5-57

⑮ 单击【生成】按钮,进入"填制凭证"窗口,如图 5-58 所示。

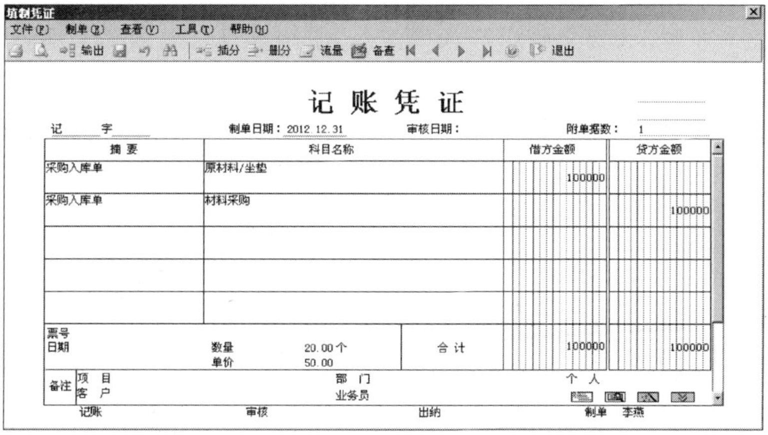

图　5-58

⑯ 修改制单日期“2012-12-09”，单击【保存】按钮，凭证左上角出现“已生成”标志，表示凭证已传递到总账。

⑰ 单击【退出】按钮。

注意：

本实验采用的是月初冲回方式。月初，系统自动生成“红字回冲单”，自动记入存货明细账，回冲上月的暂估业务。

6．业务 6：采购退货业务（采购结算前退货）

操作步骤：

（1）在库存管理系统中填制并审核采购入库单。

以“刘祥”身份注册进入企业应用平台，在企业应用平台“业务工作”页签中，执行“供应链”→“库存管理”→“入库业务”→“采购入库单”命令，根据实验资料要求，填制采购入库单，保存并审核，如图 5-59 所示。操作步骤参见“采购现结业务”。

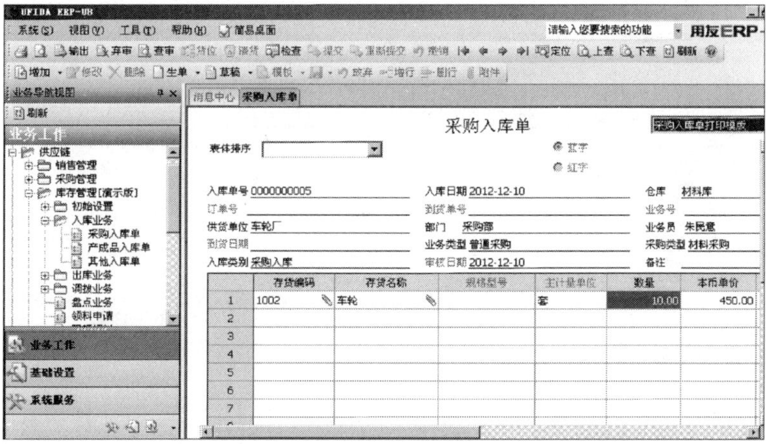

图　5-59

（2）在库存管理系统中填制红字采购入库单。

① 执行“入库业务”→“采购入库单”命令，进入“采购入库单”窗口。

② 单击【增加】按钮，选择窗口右上角“红字”选项，输入或选择入库日期“2012-12-11”、仓库“材料库”、供货单位“无锡车轮厂”、入库类别“采购入库”，输入存货编码“1002”、数量“－2”、单价“450”元，如图 5-60 所示。

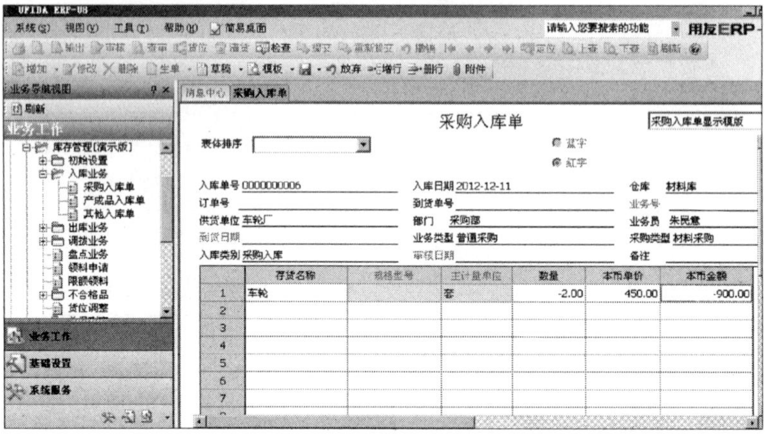

图 5-60

③ 单击【保存】按钮，再单击【审核】按钮，系统弹出“该单据审核成功!”信息提示框。

④ 单击【确定】按钮后退出。

(3) 在采购管理系统中根据采购入库单生成采购专用发票。

① 以“朱挺”身份重新注册进入企业应用平台，在企业应用平台“业务工作”页签中，执行“供应链”→“采购管理”→“采购发票”→“专用采购发票”命令，进入“专用发票”窗口。

② 单击【增加】按钮，选择“生单”下“入库单”命令，打开“过滤条件选择”对话框。

③ 单击【过滤】按钮，进入“拷贝并执行”窗口。

④ 在“发票拷贝入库单表头列表”中，双击选择该业务的“采购入库单”，单击【确定】按钮，将采购入库单相关信息带入专用发票。

⑤ 修改发票号为“20121211”、发票日期“2012-12-11”、数量为“8”，如图 5-61 所示。

图 5-61

⑥ 单击【保存】按钮后退出。

(4) 在采购管理系统中处理采购结算。

① 执行“采购结算”→“手工结算”命令,进入“手工结算”窗口。

② 单击【选单】按钮,打开“结算选单”窗口。

③ 单击【过滤】按钮,系统弹出“过滤条件选择”对话框。

④ 单击【过滤】按钮,返回“结算选单”窗口,上方显示符合条件的发票列表,下方显示符合条件的入库单列表。

⑤ 根据实验资料,在“结算选单”界面上选择该业务对应的发票与采购入库单、红字采购入库单,如图 5-62 所示。

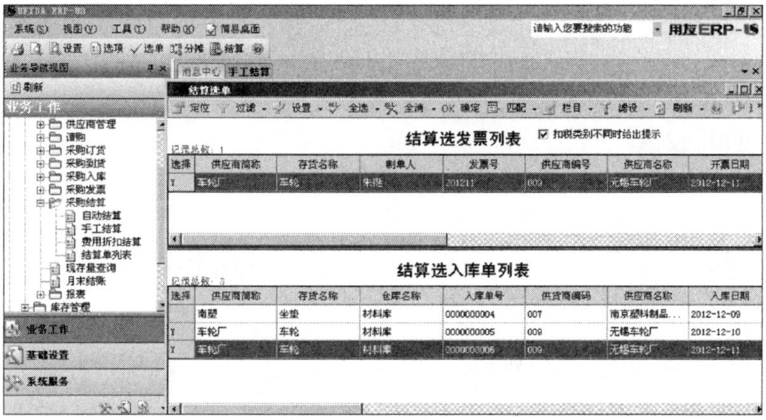

图　5-62

⑥ 单击【OK 确定】按钮,返回“手工结算”窗口。

⑦ 单击【结算】按钮,出现“完成结算”信息提示,再单击【确定】后退出。

(5) 在存货核算系统中记账并生成入库凭证。

① 以“李燕”身份重新注册进入企业应用平台,在企业应用平台“业务工作”页签中,执行“供应链”→“存货核算”→“业务核算”→“正常单据记账”命令,选择本业务需要记账的单据,进行记账。操作步骤参考“采购现结业务”。

② 执行“财务核算”→“生成凭证”命令,生成本业务采购入库业务的记账凭证,并保存。操作步骤参考“采购现结业务”。

(6) 在应付款管理系统中审核应付单并制单。

① 以“张晓军”身份重新注册进入企业应用平台,在企业应用平台“业务工作”页签中,执行“财务会计”→“应付款管理”→“应付单据处理”→“应付单据审核”命令,打开“应付单过滤条件”对话框。

② 单击【确定】按钮,进入“单据处理”窗口。

③ 单击【全选】按钮,选择本业务的专用采购发票,再单击【审核】按钮。

④ 系统显示审核成功提示信息,单击【确定】按钮,如图 5-63 所示。

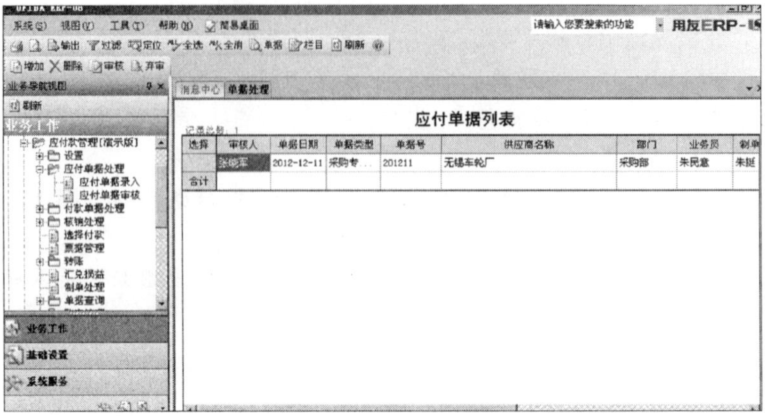

图 5-63

⑤ 单击【退出】按钮。

⑥ 执行"制单处理"命令,打开"制单查询"对话框。

⑦ 选择"发票制单"复选框,单击【确定】按钮,进入"制单"窗口。

⑧ 单击【全选】按钮,选择制单的单据,再单击【制单】按钮,进入"填制凭证"窗口,如图 5-64 所示。

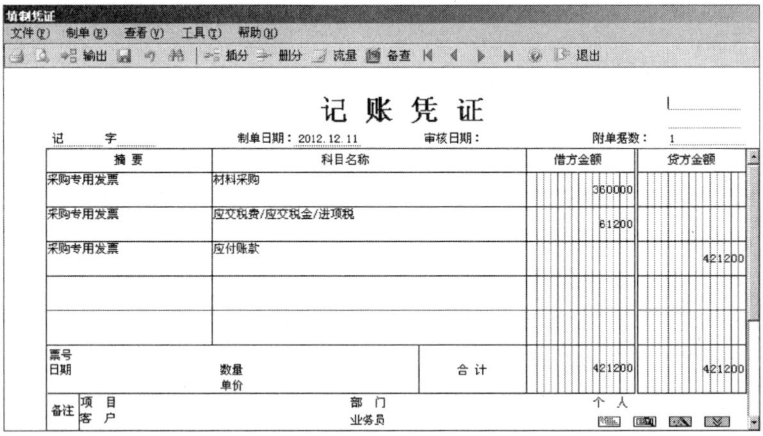

图 5-64

⑨ 输入制单日期"2012-12-11",单击【保存】按钮,凭证左上角出现"已生成"标志,表示凭证已传递到总账。

⑩ 单击【退出】按钮。

7. 账表查询

操作步骤:

(1) 在采购管理系统中查看"订单执行统计表"。

① 以"张晓军"身份注册进入企业应用平台,在企业应用平台"业务工作"页签中,执行"供应链"→"采购管理"→"报表"→"我的报表"命令,进入"报表管理器"窗口。

② 选择"账簿"→"统计表和明细表"→"采购订单执行统计表"命令,系统弹出"过滤条件选择"对话框。

③ 单击【过滤】按钮,进入“采购订单执行统计表”窗口。

④ 在“订单执行统计表”窗口,查询有关订单执行统计信息,如图 5-65 所示。

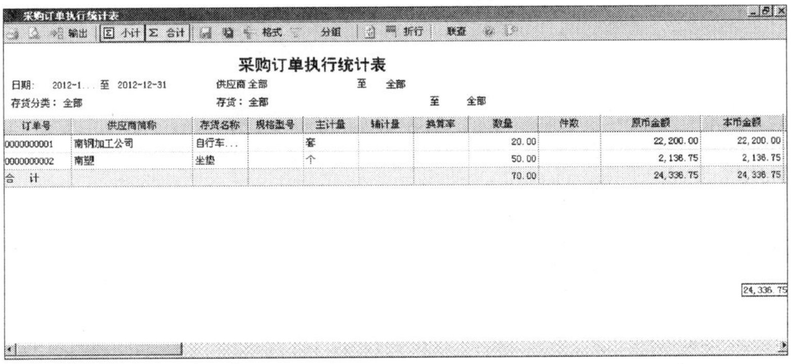

图　5-65

⑤ 查看完毕后,单击【退出】按钮。

(2) 在采购管理系统中查看“采购明细表”。

操作步骤参见“订单执行统计表”查询。

(3) 在采购管理系统中查看“到货明细表”。

操作步骤参见“订单执行统计表”查询。

(4) 在采购管理系统中查看“结算明细表”。

操作步骤参见“订单执行统计表”查询。

(5) 在应付款管理系统中查看“业务余额表”。

① 执行“财务会计”→“应付款管理”→“账表管理”→“业务账表”→“业务余额表”命令,打开“过滤条件选择”对话框。

② 单击【过滤】按钮,进入“应付余额表”窗口。

③ 在“应付余额表”窗口,查询有关应付余额表信息,如图 5-66 所示。

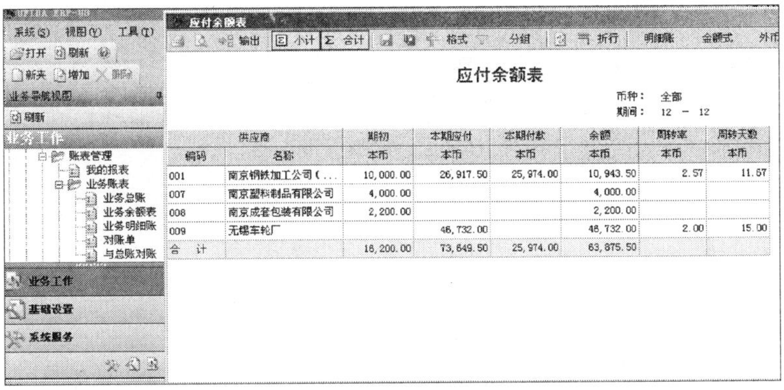

图　5-66

④ 查看完毕后,单击【退出】按钮。

(6) 在应付款管理系统中进行“应付账龄分析”。

① 执行“应付款管理”→“账表管理”→“统计分析”→“应付账龄分析”命令,打开“过滤条件选择”对话框。

② 单击【过滤】按钮，进入“应付账龄分析”窗口。

③ 在“应付账龄分析”窗口，查询有关应付账龄分析信息，如图 5-67 所示。

供应商		账期内		1-60		61-90	
编号	名称	本币金额	%	本币金额	%	本币金额	%
001	南京钢铁加工公司（自行车主结	25,974.00	72.20	10,000.00	27.80		
007	南京塑料制品有限公司					4,000.00	100.00
008	南京成套包装有限公司						
009	无锡车轮厂	400.00	0.86	46,332.00	99.14		
人民币							
数量		2		2		1	
金额		26,374.00	29.67	56,332.00	63.36	4,000.00	4.50

图 5-67

④ 查看完毕后，单击【退出】按钮。

(7) 在应付款管理系统中进行“付款分析”。

操作步骤参见“业务余额表”查询。

(8) 在应付款管理系统中进行“付款预测”。

操作步骤参见“业务余额表”查询。

8. 备份本次实验数据，命名为实验账套四

第 6 章

销售与应收款管理

6.1 销售与应收款管理系统概述

销售是企业生产经营成果的实现过程,是企业经营活动的中心。伴随销售业务的发生,买卖双方在销售活动中由于销售商品与货款的取得在时间上不一致而产生债权,即应收款也随之形成。

销售管理提供了报价、订货、发货、开票的完整销售流程,支持普通销售、委托代销、分期收款、直运、零售、销售调拨等多种类型的销售业务,并可对销售价格和信用进行实时监控。应收款管理系统主要提供发票和应收单据的录入、客户信用控制、客户收款处理、现金折扣处理、单据核销处理、坏账处理、客户利息处理等业务处理功能,完成销售的会计核算和管理。

销售业绩的好坏直接关系到企业的发展和存亡,销售业务需要销售、仓库管理和财务部门协同完成。为了达到对销售与应收账款事前、事中和事后的管理必须建立一个集业务处理与核算为一体的销售与应收子系统。

在用友 ERP-U8(V8.72)软件中,销售管理子系统是属于企业供应链的一部分,应收款管理子系统属于财务会计的一个子系统,二者既可以独立运行完成各自功能,又可以结合运用。无论系统如何划分,销售与应收款管理系统之间都保持密切的联系。

销售管理、库存管理、存货核算、应收款管理等系统若集成使用,可以完整地处理企业的销售与收款业务。本实验将其作为一个整体来看待。

6.2 销售管理系统

6.2.1 销售管理系统概述

1. 销售管理系统功能概述

销售管理系统是用友 ERP-U8 供应链管理系统的一个子系统,它的主要功能包括以下方面:

(1) 销售管理系统初始设置。包括设置销售管理系统业务处理所需要的各种业务选项、基础方案信息及销售期初数据。

(2) 销售业务管理。销售业务管理主要处理销售报价、销售订货、销售发票、销售开票、销售调拨、销售退回、发货折扣、委托代销、零售业务等,并根据审核后的发票或发货单自动生成销售出库单;处理随同货物销售所发生的各种代垫费用,以及在货物销售过程中发生的各种销售支出。在销售管理系统中,可以处理普通销售、委托代销、直运销售、分期收款销售、销售调拨及零售业务等业务类型。

(3) 销售账簿及销售分析。销售管理系统可以提供各种销售明细账、销售明细表及各种统计表,还提供各种销售分析及综合查询统计分析。

2. 销售管理系统与其他系统的关系

销售管理系统既可以单独使用,也可以与用友 ERP-U8 软件系统的库存、存货核算、采购管理、应收款管理系统集成使用。

销售管理系统与其他系统的主要关系如图 6-1 所示。

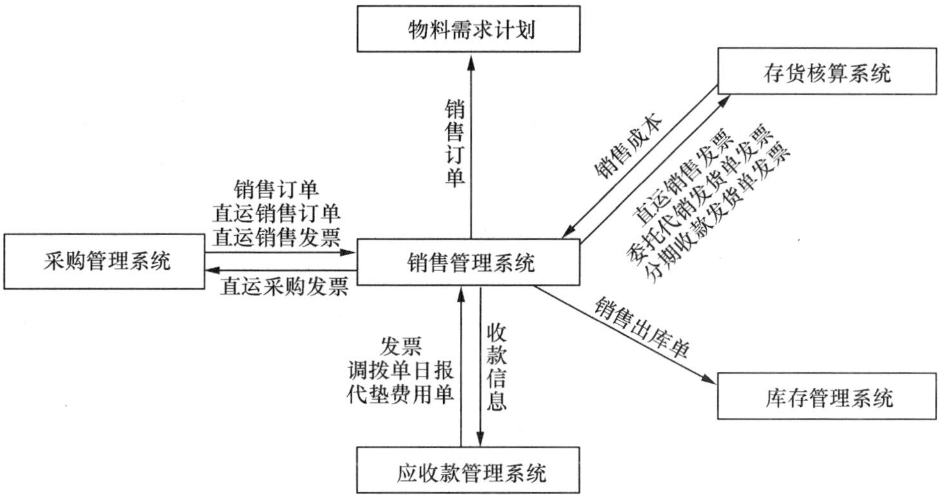

图 6-1　销售管理系统与其他系统的关系

采购管理可参照销售管理的销售订单生成采购订单。在直运业务必有订单模式下,直运采购订单必须参照直运销售订单生成;如果直运业务非必有订单,那么直运采购发票和直运销售发票可相互参照。

根据选项设置,销售出库单既可以在销售管理系统中生成并传递到库存管理系统审核,也可以在库存管理系统中参照销售管理系统的单据生成销售出库单。库存管理系统为销售管理系统提供用于销售的存货的可用量。

销售发票、销售调拨单、零售日报、代垫费用单在应收款管理系统中审核登记应收明细账,进行制单生成凭证;应收款系统进行收款并核销相应应收单据后回写收款核销信息。

直运销售发票、委托代销发货单发票、分期收款发货单发票在存货核算系统中登记存货明细账,并制单生成凭证;存货核算系统为销售管理系统提供销售成本。

6.2.2　销售管理系统日常业务处理

销售业务的日常处理包括物流和资金流两条线索。销售业务的资金流涉及销售管理、应付款管理等。销售业务的物流涉及销售管理、库存管理和存货核算。

1. 普通销售业务

(1) 普通销售业务处理。

普通销售业务适合大多数企业日常销售业务,与其他系统相联系,提供了对销售报价、销售订货、销售发货、销售开票、销售出库、结转销售成本、销售收款结算全过程的管理。

① 销售报价。销售报价是企业向客户提供销售商品、规格、价格、结算方式等信息,双方达成协议后,销售报价单可以转为有效的销售合同或销售订单。

② 销售订货。销售订货是指企业与客户签订销售合同,表现为销售管理系统中的销售订单。销售订单可以直接填制,也可以参照销售报价单生成。已审核未关闭的销售订单可以参

照生成发货单或销售发票。

③ 销售发货。销售发货是企业执行与客户签订的销售合同或销售订单,将货物发往客户的行为,是销售业务的执行阶段。销售发货单是发货的凭据,是发货业务执行的载体。

发货单的填制有两种方式:一是先发货后开票方式,可以参照销售订单生成或手工填制;二是开票直接发货方式,销售发票自动生成发货单和销售出库单。

④ 销售开票。销售开票是在销售过程中企业给客户开具销售发票及其所附清单的过程,是销售收入确认、销售成本计算、应交销售税金确认和应收账款确认的依据,是销售业务的重要环节。销售发票可以直接填制,也可以参照销售订单或销售发货单生成。

⑤ 销售出库。销售出库是销售业务处理的必要环节。销售出库需要填制销售出库单,在库存管理系统用于存货出库数量的核算,在存货核算系统用于存货出库成本的核算。根据参数设置的不同,销售出库单可以在销售管理系统中生成,也可以在库存管理系统中生成。

⑥ 结转销售成本。销售出库(开票)后,需要进行出库成本的确认。对于先进先出、移动平均、个别计价方式的存货,在存货核算系统进行出库成本核算,而全月平均、计划价/售价法计价的存货,则要在期末处理时进行出库成本的核算。

⑦ 应收账款确认及收款处理。及时进行应收账款确认及收款处理是财务核算工作的要求,由应收款管理系统完成。

(2) 普通销售业务模式。

普通销售业务模式有先发货后开票、开票直接发货。

① 先发货后开票(非必有订单业务模式)业务流程如图 6-2 所示。

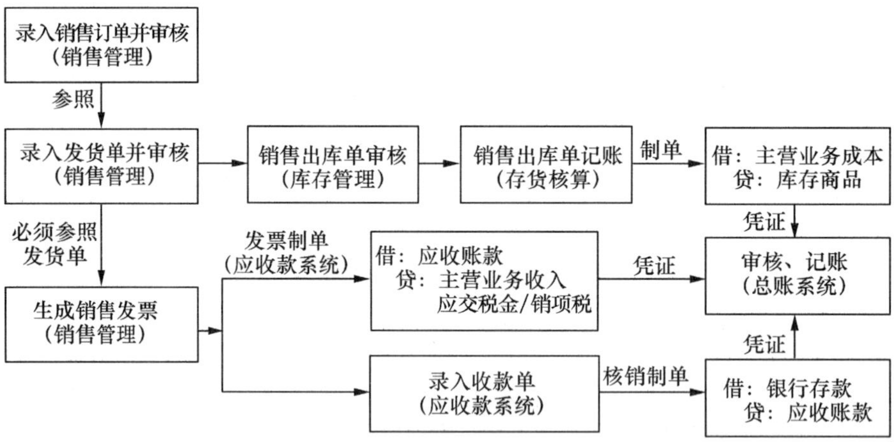

图 6-2 先发货后开票业务流程(非必有订单业务模式)

② 开票直接发货业务流程(先开票后发货)如图 6-3 所示。

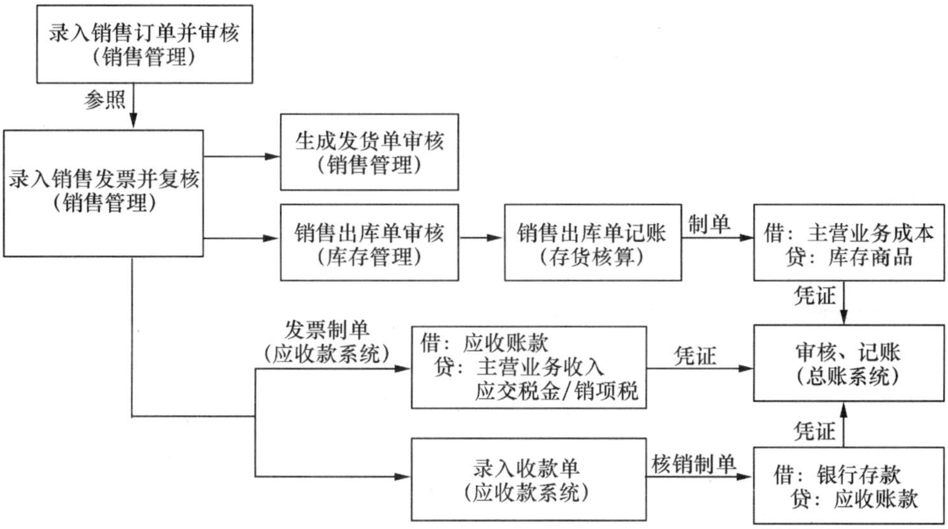

图 6-3　开票直接发货业务流程(先开票后发货)

2. 退货业务

销售退货是指客户由于质量、品种、数量不符合规定要求而将已购货物退回。

销售退货业务流程如图 6-4 所示。

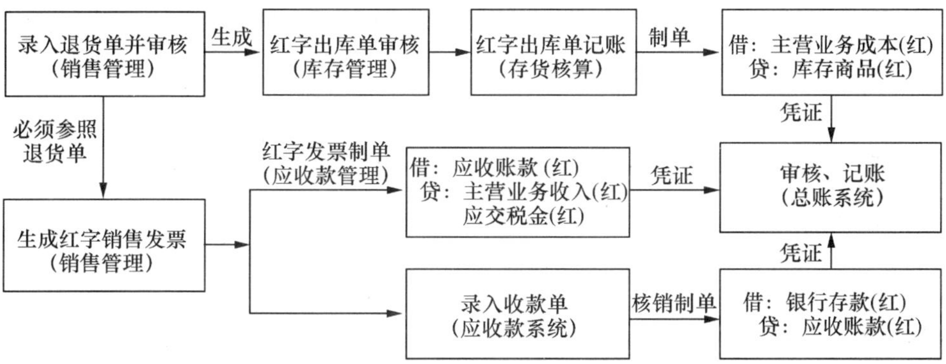

图 6-4　销售退货业务流程

3. 直运业务

直运业务是指产品无需入库即可完成的购销业务，由供应商直接将商品发送给企业的客户。结算时，企业与购销双方分别结算，从而赚取购销差价。直运业务包括直运销售业务和直运采购业务。

直运业务无实物的出入库，分别填制直运销售发票、直运采购发票，并由此进行财务结算。

4. 分期收款销售业务流程

分期收款销售业务是指将货物提前发给客户，分期收回货款，收入与成本按照收款情况分期确认。其特点是一次发货，分次确认收入，并在确认收入时按照配比原则结转销售成本。

只有在销售管理系统设置了分期收款销售业务选项，在存货核算系统中进行分期收款销售业务的科目设置，才能处理分期收款销售业务。

分期收款销售业务流程如图 6-5 所示。

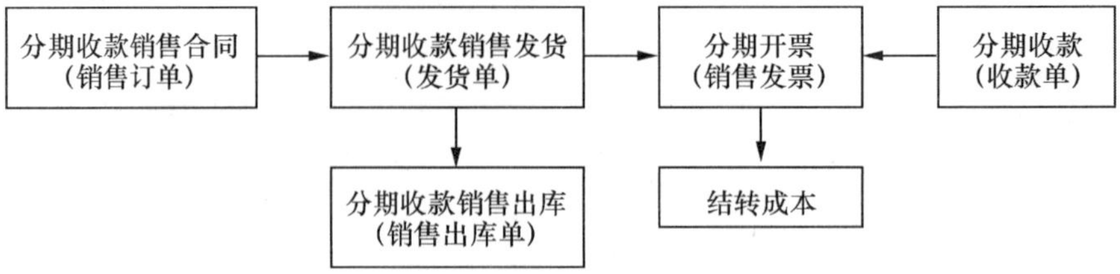

图 6-5 分期收款销售业务流程

5. 现结业务流程

现结业务是指在销售货物的同时向客户收取货币资金的行为。

现结业务流程如图 6-6 所示。

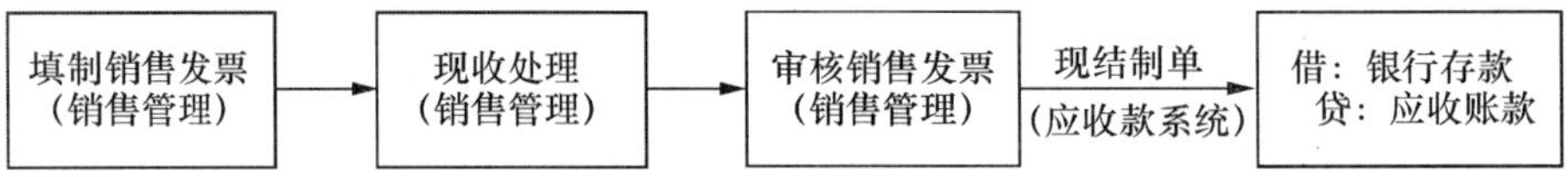

图 6-6 现结业务流程

6. 代垫费用

代垫费用是指在销售业务中,因货物销售而发生的如运杂费、保险费等暂时代垫费用,将来应向客户收取的费用项目。

7. 委托代销业务

委托代销业务是指企业将商品委托他人进行销售但商品所有权仍归本企业的销售方式,委托代销商品销售后,受托方与企业进行结算,并开具正式的销售发票,形成销售收入,商品所有权转移。只有设置了委托代销业务参数后,才能处理委托代销业务。

8. 销售调拨业务

销售调拨业务一般是集团企业内部有销售结算关系的销售部门或分公司之间的销售业务。销售调拨单是销售调拨业务发生开具的原始销售票据。与销售开票相比,销售调拨业务只计收入并不涉及销售税金。调拨业务需在当地税务机关的许可下才可使用。

9. 零售业务

如果用户有零售业务,用户的零售业务数据可以先按日汇总,然后通过零售日报进行处理。零售日报记销售收入账;生成发货单和销售出库单,进行销售出库登账处理。

对于零售业务,仓库指的是最终的出货地点,例如零售商场,仓库指的是将货物交给客户的柜组,货物从仓库到柜组的过程,属于库存的转库处理,由库存管理系统完成。

10. 综合查询

销售管理系统提供了各种单据查询和多种统计分析账表,主要包括销售订单列表、发货单列表、委托代销发货单列表、发票列表、销售调拨单列表、零售日报列表、销售明细表、发票使用明细表、销售成本明细表、销售月报表、销售统计表、发货统计表、余额表、销售分析表等。

6.3　应收款管理系统

6.3.1　应收款管理系统概述

1. 功能概述

在用友 ERP-U8 管理软件中，应收款管理系统主要用于核算和管理客户往来款项。

应收款管理系统以发票、费用单、其他应收单等原始单据为依据，记录销售业务及其他业务所形成的往来款项，处理应收款项的收回、坏账、转账等情况，同时提供票据处理功能。系统根据对客户往来款项核算和管理的程度不同，提供了两种应用方案。

(1) 在应收款管理系统中核算客户往来款项。如果企业的应收款核算管理内容比较复杂，需要追踪每一笔业务的应收款、收款等情况，或者需要将应收款核算到产品级，那么可以选择该方案。该方案下，所有的客户往来凭证全部由应收款管理系统生成，其他系统不生成这类凭证。

(2) 在总账管理系统中核算客户往来款项。如果企业的应收款业务比较简单，或者现销业务很多，则可以选择在总账系统中通过辅助核算完成客户往来核算。

2. 应收款管理系统与其他系统的主要关系

应收款管理系统与其他系统的主要关系如图 6-7 所示。

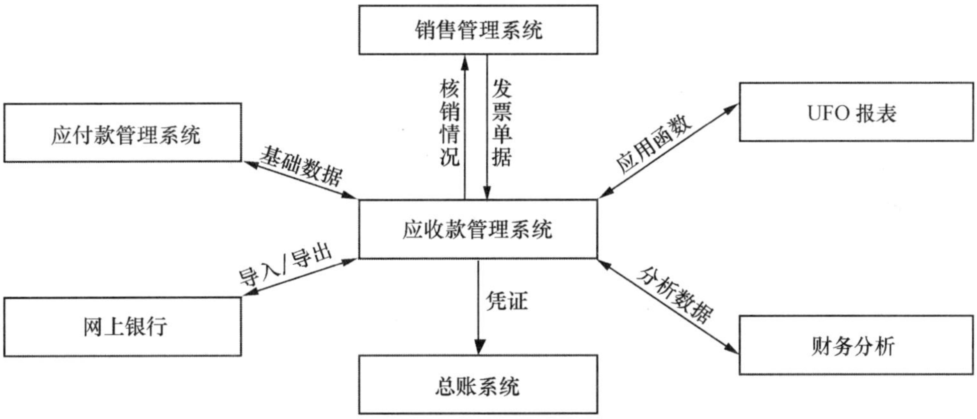

图 6-7　应收款管理系统与其他系统的主要关系

销售管理系统向应收款管理系统传递已复核的销售发票、销售调拨单及代垫费用单；在应收款管理系统中对发票进行审核并进行收款结算处理，生成凭证。应收款管理系统为销售管理系统提供各种单据的收款结算情况以及代垫费用的核销情况如下：

(1) 应收款管理系统和应付款管理系统之间可以进行转账处理。

(2) 应收款管理系统向总账管理系统传递凭证。

(3) 应收款管理系统向财务分析系统提供各种分析数据。

(4) 应收款管理系统向 UFO 报表提供应用函数。

(5) 应收款管理系统与网上银行进行付款单的导入和导出。

6.3.2 应收款管理系统业务流程图

应收款管理系统的业务流程图如图6-8所示。

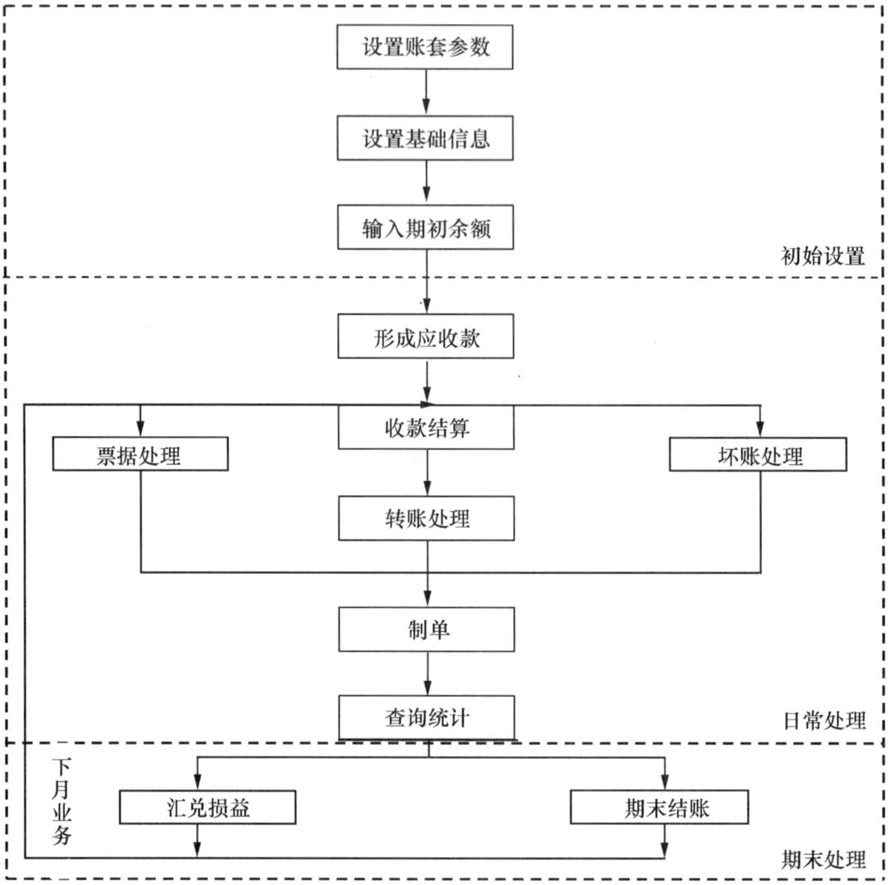

图6-8 应收款管理系统的业务处理流程图

实验五 销售与应收款管理

【实验准备】

引入实验四的账套备份数据,将系统日期修改为"2012/12/31"。

【实验目的和要求】

1. 熟悉用友ERP-U8(V8.72)软件中销售管理与应收款管理系统的相关内容
2. 掌握企业日常销售与收款业务处理方法
3. 理解销售管理系统与其他系统之间的数据传递关系
4. 理解收款管理系统与其他系统之间的数据传递关系

【实验内容】

1. 普通销售业务
2. 商业折扣业务
3. 现结业务
4. 代垫费用处理
5. 销售退货业务
6. 销售账表查询
7. 月末结账及取消

【实验资料】

业务 1:普通销售业务

(1) 2012 年 12 月 14 日,进香河自行车商贸公司想购买 10 辆山地自行车,向销售部了解价格。销售部报价为 3 400 元/辆。填制并审核报价单。

(2) 该客户了解情况后,要求订购 10 辆,要求发货日期为 2012/12/16,填制并审核销售订单。

(3) 2012 年 12 月 16 日,销售部从成品仓库向进香河自行车商贸公司发出其所订货物,并据此开具专用销售发票一张,发票号为 121216。业务部门将销售发票交给财务部门,财务部门结转此业务的收入及成本(参考成本价 2 340 元/辆)。

(4) 2012 年 12 月 17 日,财务部收到进香河自行车商贸公司转账支票一张,金额为 34 000 元,支票号为 004587,据此填制收款单并制单。

业务 2:商业折扣处理

(1) 2012 年 12 月 17 日,销售部向家乐福大桥南路店出售公路自行车 5 辆,报价为 3 000 元,成交价为报价的 90%,货物从产成品仓库发出(参考成本价 2 024 元/辆)。

(2) 2012 年 12 月 17 日,根据上述发货单开具专用发票一张,发票号为 121217。

业务 3:现结业务

(1) 2012 年 12 月 17 日,销售部向沃尔玛桥北店出售山地自行车 5 辆,报价为 3 400 元,货物从成品仓库发出(参考成本价 2 340 元/辆)。

(2) 2012 年 12 月 17 日,根据上述发货单开具专用发票一张,发票号为 12121702。同时收到客户以转账支票所支付的全部货款,支票号为 1217。

(3) 进行现结制单处理。

业务 4:代垫费用处理

2012 年 12 月 19 日,销售部在向江浦珠江镇车行销售商品过程中发生了一笔代垫的安装费 500 元,代垫单号为 2567,以现金支付。

业务 5:退货业务处理

(1) 2012 年 12 月 25 日,销售部售给江苏省供销总社的山地自行车 5 辆,单价为 3 400 元,从成品仓库发出(参考成本价 2 340 元/辆)。

(2) 2012 年 12 月 26 日,销售给江苏省供销总社的山地自行车因质量问题,退回 1 辆,单价为 3 400 元,收回成品仓库(参考成本价 2 340 元/辆)。

(3) 2012 年 12 月 26 日,开具相应的专用发票一张,发票号为 12122601,数量为 4 辆。

【操作指导】

1. 业务1:普通销售业务

操作步骤:

(1) 在销售管理系统中填制并审核报价单。

① 以“姚明”身份注册进入企业应用平台,在企业应用平台“业务工作”页签中,执行“供应链”→“销售管理”→“销售报价”→“销售报价单”命令,进入“销售报价单”窗口。

② 单击【增加】按钮,输入报价日期“2012-12-14”、销售类型“批发”、客户简称“进香河自行车商贸公司”、销售部门“销售部”。

③ 选择存货编码“2001”,输入数量“10”辆,报价“3 400”元,如图6-9所示。

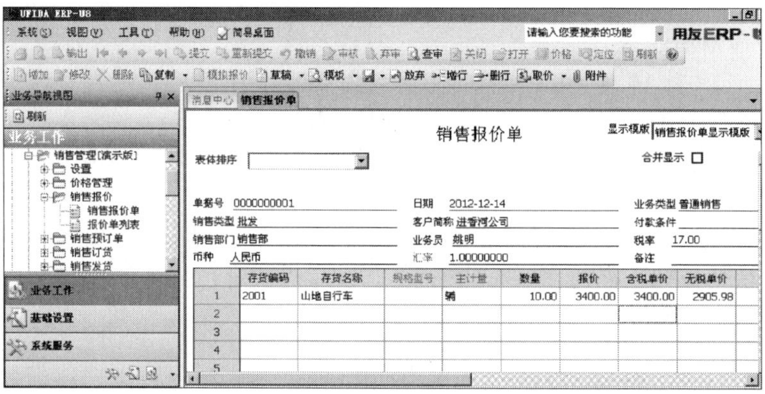

图 6-9

④ 单击【保存】按钮,再单击【审核】按钮后退出。

(2) 在销售管理系统中填制并审核销售订单。

① 执行“销售订货”→“销售订单”命令,进入“销售订单”窗口。

② 单击【增加】按钮,再单击【生单】下拉按钮,选择“报价”,打开“过滤条件选择”对话框。

③ 单击【过滤】按钮,进入“参照生单”窗口。

④ 双击上方表格中前一项业务处理中录入的报价单“选择”栏,如图6-10所示。

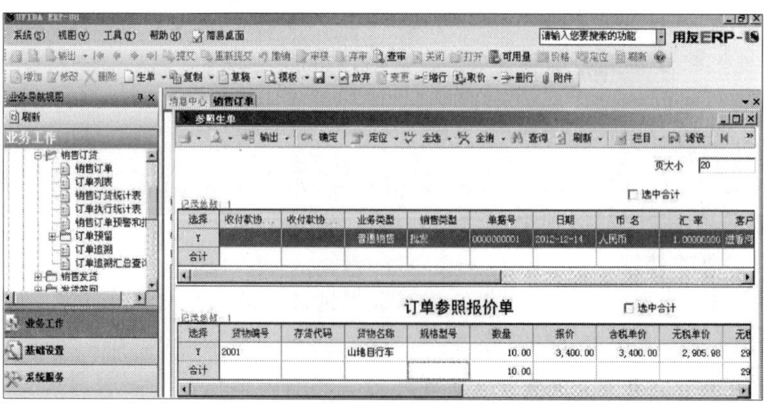

图 6-10

⑤ 单击【OK 确定】按钮，将报价单信息带入销售订单。

⑥ 修改订单日期为“2012-12-14”、预完工日期为“2012-12-15”、预发货日期为“2012-12-16”，如图 6-11 所示。

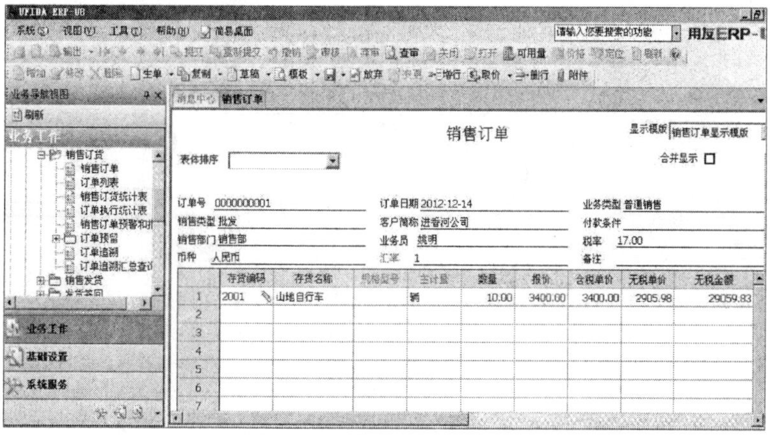

图　6-11

⑦ 单击【保存】按钮，再单击【审核】按钮后退出。

(3) 在销售管理系统中填制并审核销售发货单。

① 执行“销售发货”→“发货单”命令，进入“发货单”窗口。

② 单击【增加】按钮，系统弹出“过滤条件选择”对话框。

③ 单击【过滤】按钮，进入“参照生单”窗口，选择前面已生成的销售订单，如图 6-12 所示。

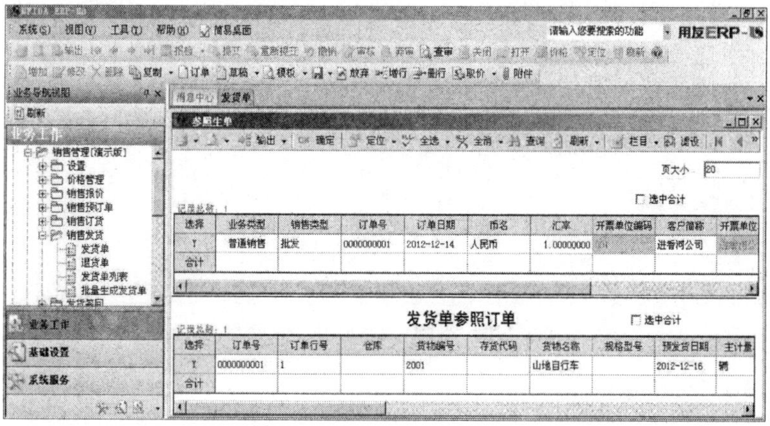

图　6-12

④ 单击【OK 确定】按钮，将销售订单信息带入发货单。

⑤ 输入发货日期“2012-12-16”，选择仓库名称“成品库”，如图 6-13 所示。

图　6-13

⑥ 单击【保存】按钮，再单击【审核】按钮后退出。

(4) 在销售管理系统中根据发货单填制并复核销售发票。

① 执行“设置”→“销售选项”命令，打开“销售选项”对话框。

② 单击“其他控制”页签，选择新增发票默认为【参照发货】单选按钮，如图 6-14 所示。

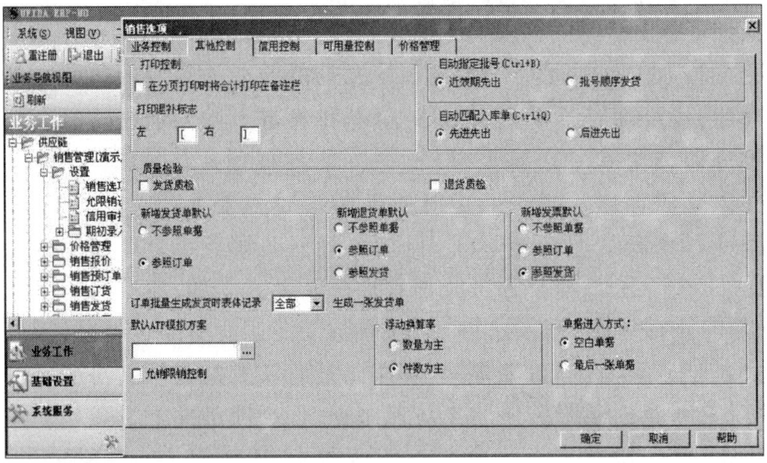

图　6-14

③ 单击【确定】按钮返回。

④ 执行“销售开票”→“销售专用发票”命令，进入“销售专用发票”窗口。

⑤ 单击【增加】按钮，进入“过滤条件选择”对话框。

⑥ 单击【过滤】按钮，进入“参照生单”窗口。

⑦ 选择要参照的发货单，如图 6-15 所示。

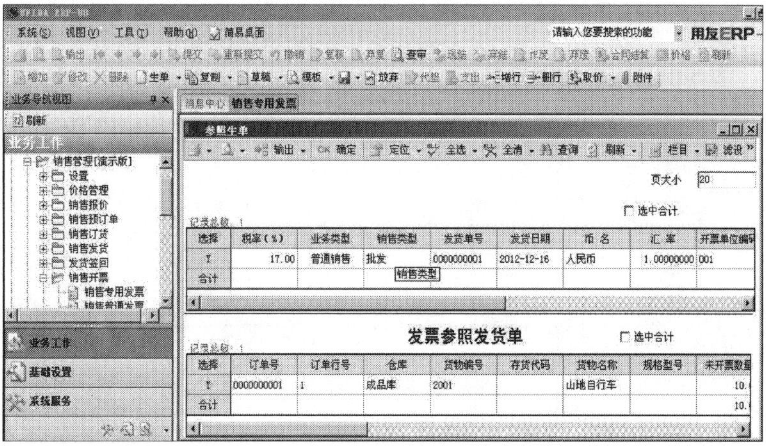

图　6-15

⑧ 单击【OK 确定】按钮,将发货单信息带入销售专用发票。

⑨ 填写发票号“121216”,修改开票日期为“2012-12-16”,选择仓库“成品库”,如图 6-16 所示。

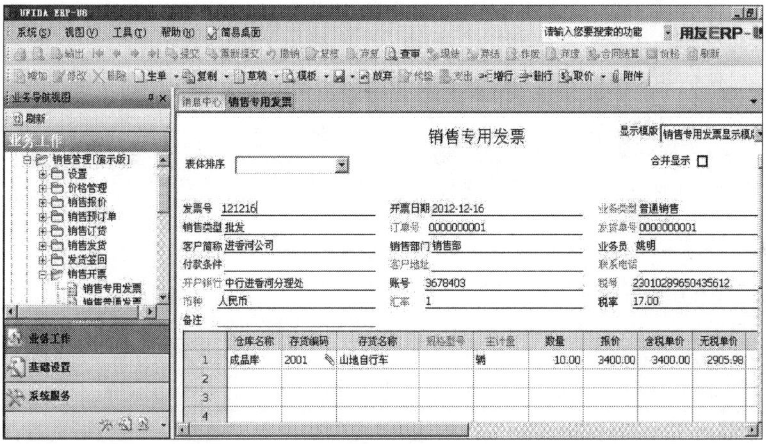

图　6-16

⑩ 单击【保存】按钮,再单击【复核】按钮后退出。

(5) 在应收款管理系统中,审核销售专用发票并生成销售收入凭证。

① 以“张晓军”身份重新注册进入企业应用平台,在企业应用平台“业务工作”页签中,执行“财务会计”→“应收款管理”→“应收单据处理”→“应收单据审核”命令,打开“应收单过滤条件”对话框,如图 6-17 所示。

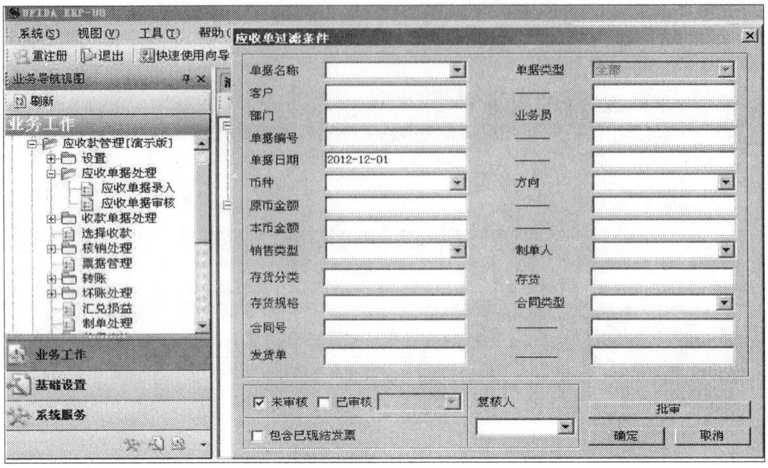

图 6-17

② 单击【确定】按钮,进入“单据处理”窗口。

③ 选择要审核的单据,如图 6-18 所示。

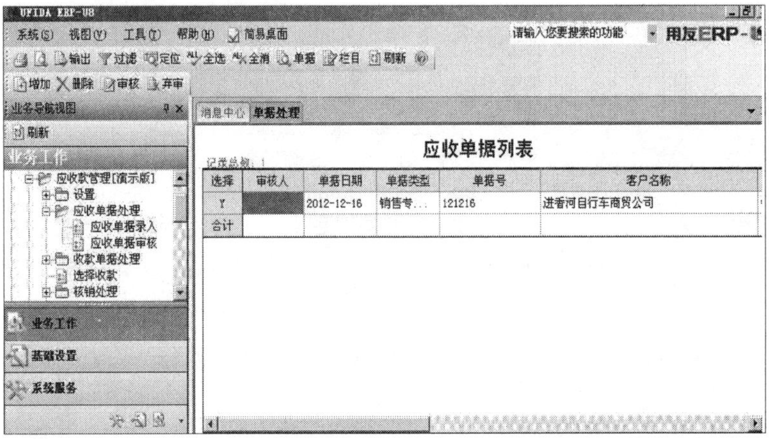

图 6-18

④ 单击【审核】按钮,系统显示审核成功提示信息。

⑤ 单击【确定】返回。

⑥ 执行“制单处理”命令,打开“制单查询”对话框。

⑦ 选中“发票制单”复选框,单击【确定】按钮,进入“制单”窗口。

⑧ 选择凭证类别为“记账凭证”,单击工具栏中的【全选】按钮,选择窗口中的所有单据,如图 6-19 所示。

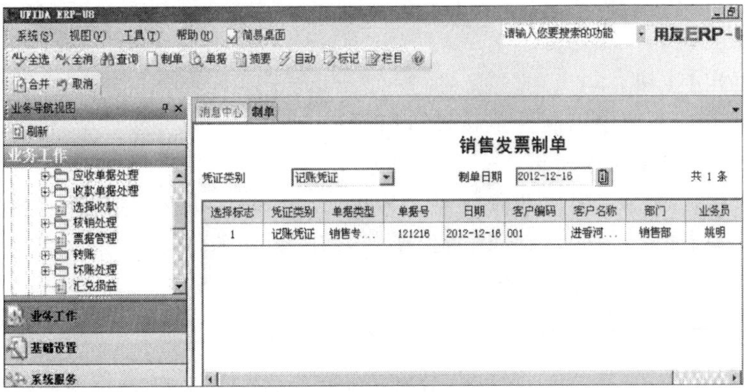

图　6-19

⑨ 单击【制单】按钮，打开“填制凭证”窗口，显示根据发票生成的记账凭证。

⑩ 修改制单日期为“2012-12-16”，单击【保存】按钮，出现“第 2 条分录：项目核算科目的项目不能为空”提示信息框，如图 6-20 所示。

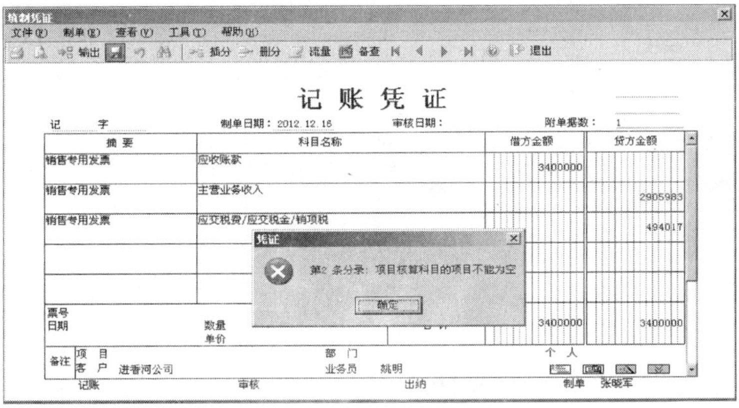

图　6-20

⑪ 单击【确定】按钮后，点击选中第 2 记录行“主营业务收入”科目，双击鼠标左键，系统弹出“辅助项”对话框。

⑫ 选择主营业务收入的项目名称“山地自行车”，如图 6-21 所示。

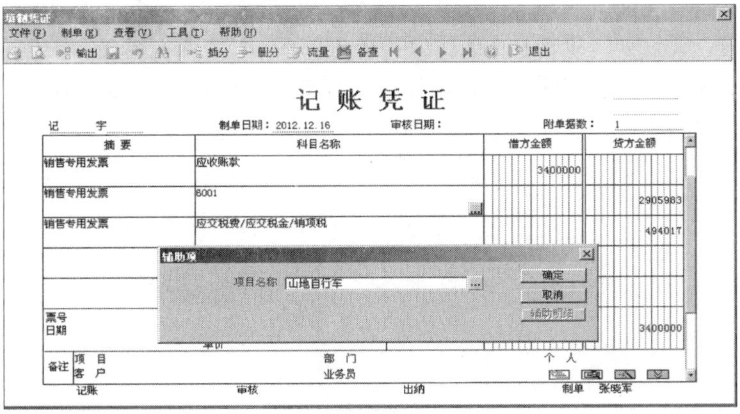

图　6-21

⑬ 单击【确定】按钮，再单击【保存】按钮，凭证左上角显示“已生成”红字标记，表示已将凭证传递到总账系统。

⑭ 单击【退出】按钮。

（6）在库存管理系统中填制并审核销售出库单。

① 以“刘祥”身份重新注册进入企业应用平台，在企业应用平台“业务工作”页签中，执行“供应链”→“库存管理”→“出库业务”→“销售出库单”命令，进入“销售出库单”窗口。

② 单击【生单】下拉按钮，选择“销售生单”，打开“过滤条件选择”对话框。

③ 单击【过滤】按钮，进入“销售生单”窗口。

④ 选择前面已生成的销售发货单，单击【OK 确定】按钮，将销售发货单信息带入出库单。

⑤ 修改出库日期为“2012-12-16”，输入单价“2 340”元，如图 6-22 所示。

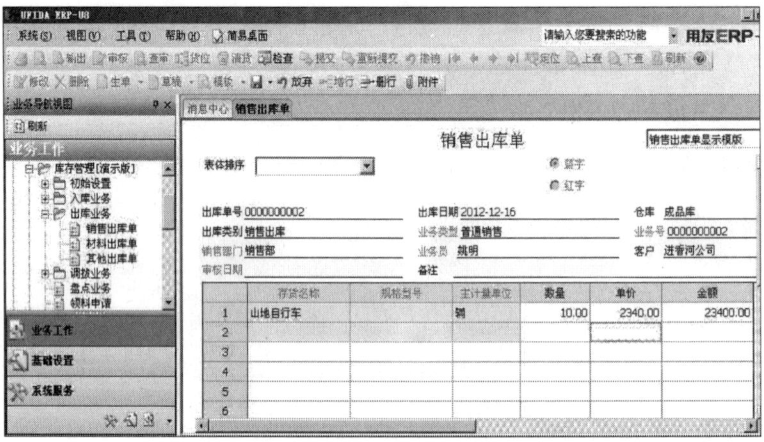

图 6-22

⑥ 单击【保存】按钮，再单击【审核】按钮，系统弹出“该单据审核成功!”信息提示框。

⑦ 单击【确定】按钮后退出。

（7）在存货核算系统中生成销售出库凭证。

① 以“李燕”身份重新注册进入企业应用平台，在企业应用平台“业务工作”页签中，执行“供应链”→“存货核算”→“业务核算”→“正常单据记账”命令，打开“过滤条件选择”对话框。

② 选择仓库“成品库”，单击【过滤】按钮，进入“未记账单据一览表”窗口。

③ 双击选中需要记账的单据前的“选择”栏，单击【记账】按钮，系统弹出“记账成功!”信息提示框，如图 6-23 所示。

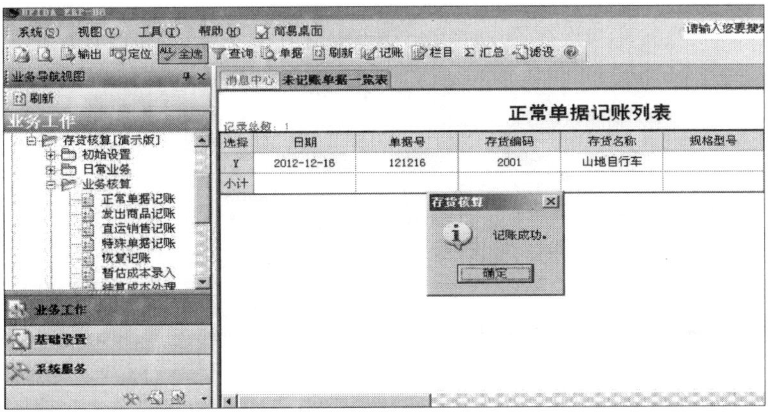

图　6-23

④ 单击【确定】按钮后退出。

⑤ 执行"财务核算"→"生成凭证"命令,进入"记账凭证"窗口。

⑥ 单击【选择】按钮,打开"查询条件"对话框。

⑦ 选择"销售专用发票"复选框,单击【确定】按钮,进入"选择单据"窗口。

⑧ 点击需要生成凭证的单据前"选择"栏,或点击工具栏上的【全选】按钮,然后单击工具栏上的【确定】按钮,进入"生成凭证"窗口。

⑨ 选择凭证类型为"记账凭证",参考产品历史成本(2 340 元/辆)输入借方金额"23 400"元、贷方金额"23 400"元,如图 6-24 所示。

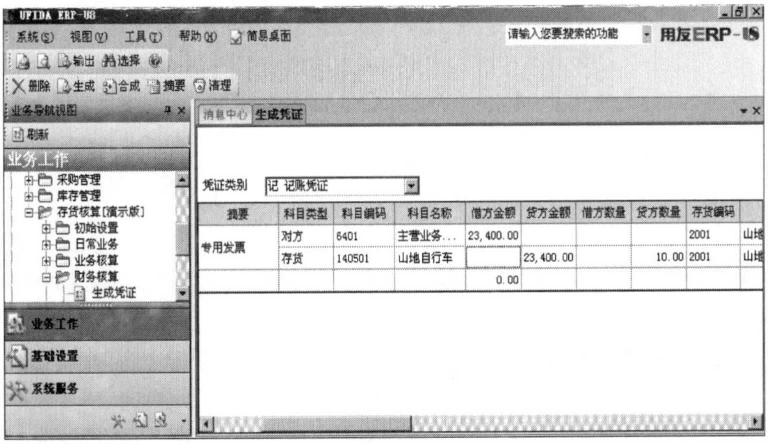

图　6-24

⑩ 单击【生成】按钮,进入"填制凭证"窗口,系统显示生成的记账凭证。

⑪ 单击【保存】按钮,出现"第 1 条分录:项目核算科目的项目不能为空"信息提示框,如图 6-25 所示。

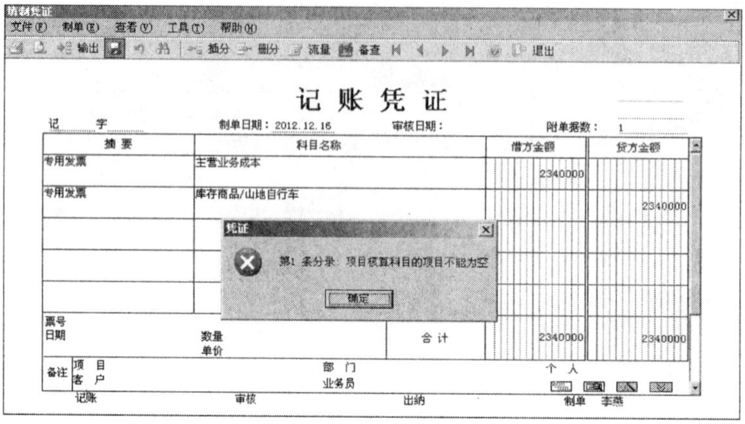

图 6-25

⑫ 单击【确定】按钮，点击选中第1记录行“主营业务成本”科目，双击鼠标左键，系统弹出“辅助项”对话框。

⑬ 选择主营业务成本的项目名称“山地自行车”，如图6-26所示。

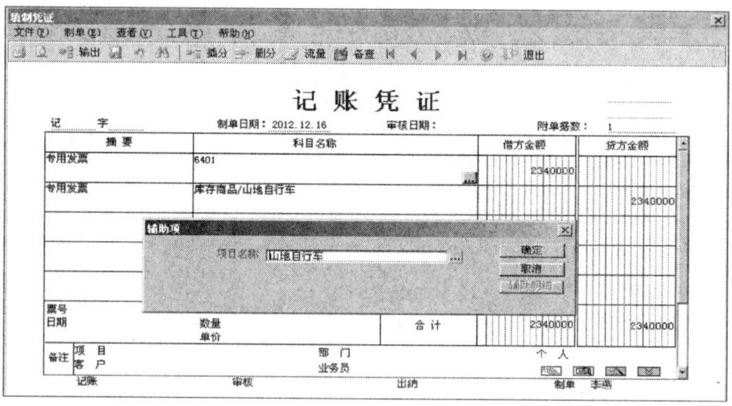

图 6-26

⑭ 单击【确定】按钮，再单击【保存】按钮，凭证左上角显示“已生成”红字字样，表示凭证已传递到总账，如图6-27所示。

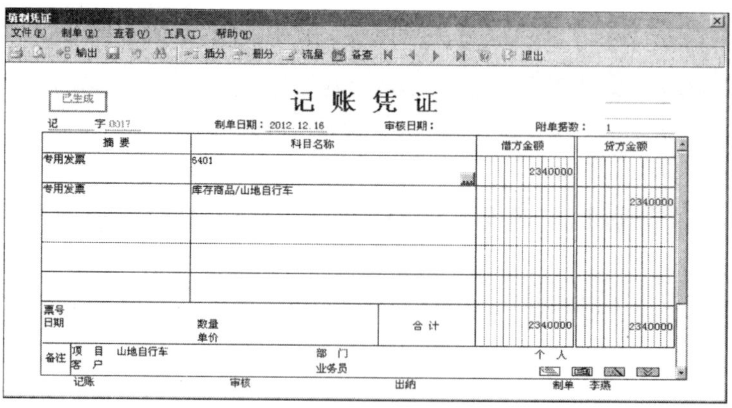

图 6-27

⑮ 单击【退出】按钮。

（8）在应收款管理系统中输入收款单并制单。

① 以“张晓军”身份重新注册进入企业应用平台，在企业应用平台“业务工作”页签中，执行“财务会计”→“应收款管理”→“收款单据处理”→“收款单据录入”命令，进入“收付款单录入”窗口。

② 单击【增加】按钮，输入或选择日期“2012-12-17”、客户“进香河自行车商贸公司”、结算方式“转账支票”、金额“34 000”元、票据号“004587”，如图 6-28 所示。

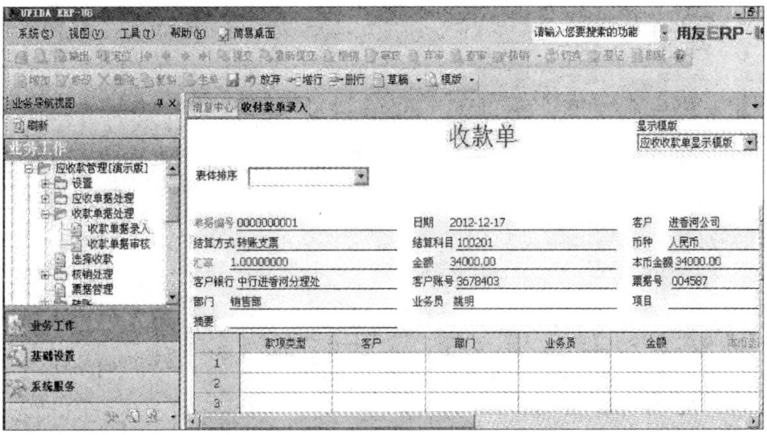

图　6-28

③ 单击【保存】按钮，再单击【审核】按钮，系统提示“是否立即制单?”。

④ 单击【是】按钮，进入填制凭证窗口。

⑤ 单击【保存】按钮，凭证左上角显示“已生成”红字字样，表示凭证已传递到总账，如图 6-29 所示。

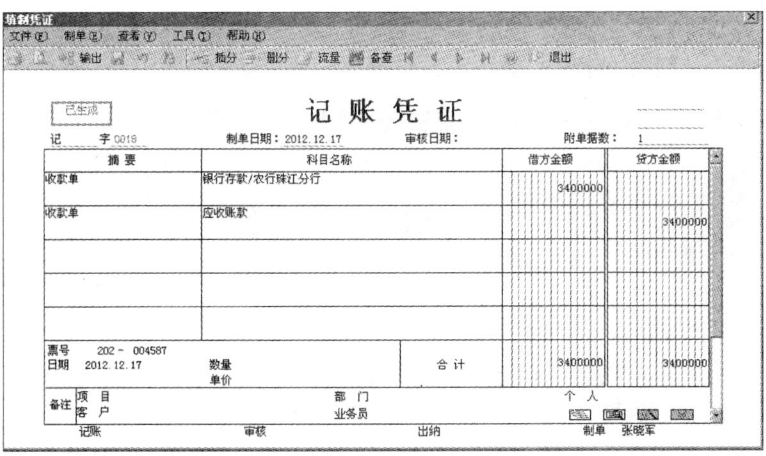

图　6-29

⑥ 单击【退出】按钮。

2. 业务 2:商业折扣处理

操作步骤:

(1) 在销售管理系统中填制并审核发货单。

① 以“姚明”身份注册进入企业应用平台,在企业应用平台“业务工作”页签中,执行“供应链”→“销售管理”→“销售发货”→“发货单”命令,进入“发货单”窗口。

② 单击【增加】按钮,打开“过滤条件选择”对话框。

③ 单击【取消】按钮,返回“发货单”窗口。

④ 输入日期“2012-12-17”、客户简称“家乐福大桥南路店”,选择仓库“成品库”、货物名称“公路自行车”、数量“5”、报价“3 000”元,折扣率“90”,如图 6-30 所示。

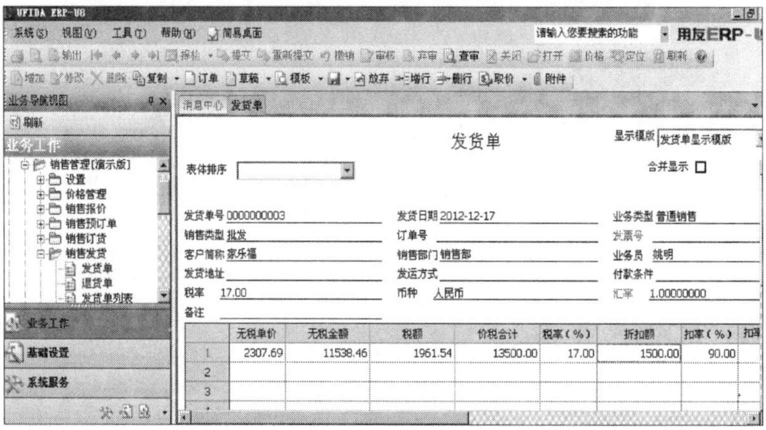

图 6-30

⑤ 单击【保存】按钮,再单击【审核】按钮,保存并审核发货单后退出。

(2) 在销售管理系统根据发货单填制并复核销售发票。

执行“销售管理”→“销售开票”→“销售专用发票”命令,进入“销售专用发票”窗口,根据实验资料的要求,参照上一步所填制的销售发货单,填制销售专用发票,保存并复核,如图 6-31 所示。操作步骤参见“普通销售业务”。

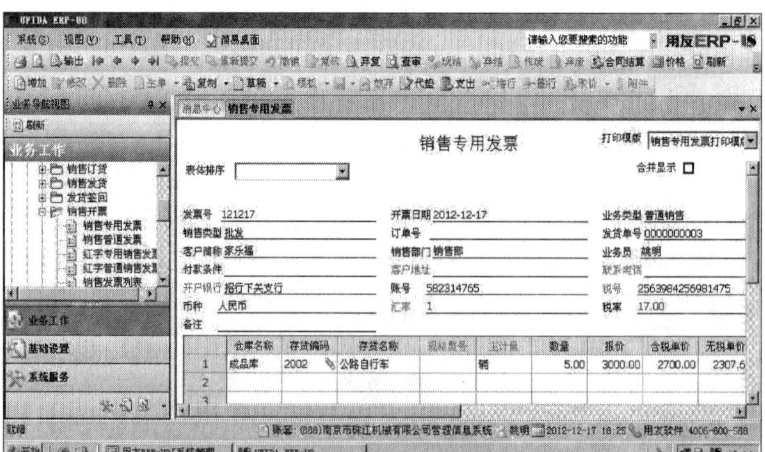

图 6-31

（3）在库存管理系统审核销售出库单。

以“刘祥”身份重新注册进入企业应用平台，在企业应用平台“业务工作”页签中，执行“供应链”→“库存管理”→“出库业务”→“销售出库单”命令，进入“销售出库单”窗口，选择已生成的该笔业务销售出库单，进行审核，如图 6-32 所示。操作步骤参见“普通销售业务”。

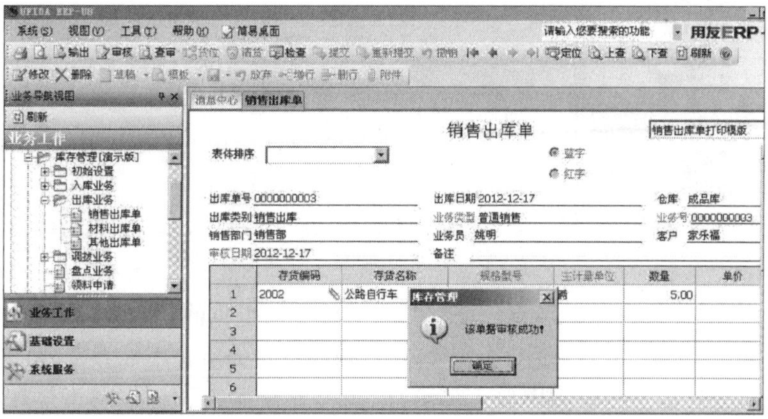

图 6-32

（4）在存货核算系统中生成销售出库凭证。

① 以“李燕”身份重新注册进入企业应用平台，在企业应用平台“业务工作”页签中，执行“供应链”→“存货核算”→“业务核算”→“正常单据记账”命令，打开“过滤条件选择”对话框。

② 选择仓库“成品库”，单击【过滤】按钮，进入“未记账单据一览表”窗口。

③ 双击选中需要记账的单据前的“选择”栏，单击【记账】按钮，系统弹出“记账成功！”信息提示框。

④ 单击【确定】按钮后退出。

⑤ 执行“财务核算”→“生成凭证”命令，进入“记账凭证”窗口。

⑥ 单击【选择】按钮，打开“查询条件”对话框。

⑦ 选择“销售专用发票”复选框，单击【确定】按钮，进入“选择单据”窗口。

⑧ 点击需要生成凭证的单据前的“选择”栏，或点击工具栏上的【全选】按钮，然后单击工具栏上的【确定】按钮，进入“生成凭证”窗口。

⑨ 选择凭证类型为“记账凭证”，参考产品历史成本（2 024 元/辆）输入借方金额“10 120”元、贷方金额“10 120”元，如图 6-33 所示。

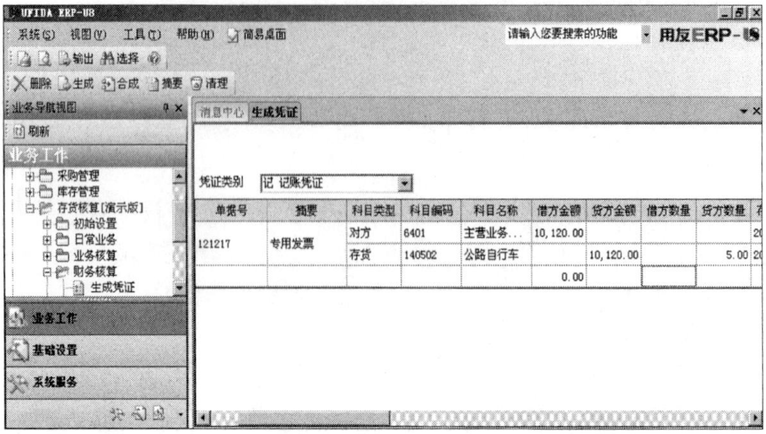

图 6-33

⑩ 单击【生成】按钮，进入“填制凭证”窗口，系统显示生成的记账凭证。

⑪ 单击【保存】按钮，出现“第 1 条分录：项目核算科目的项目不能为空”信息提示框。

⑫ 单击【确定】按钮，点击选中第 1 记录行“主营业务成本”科目，双击鼠标左键，系统弹出“辅助项”对话框。

⑬ 选择主营业务成本的项目名称“公路自行车”，如图 6-34 所示。

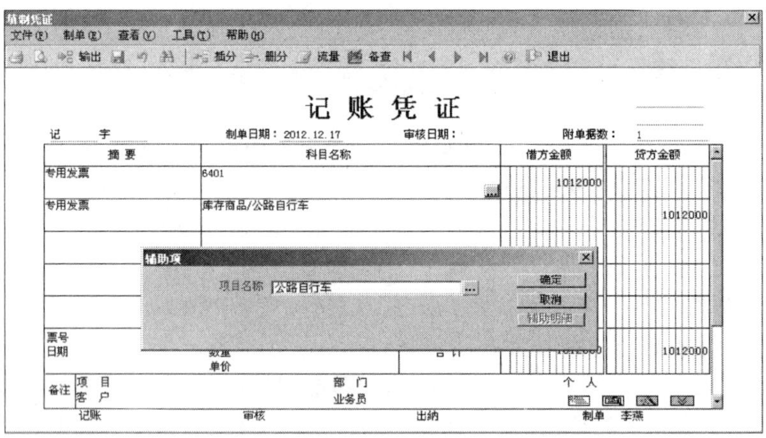

图 6-34

⑭ 单击【确定】按钮，再单击【保存】按钮，凭证左上角显示“已生成”红字字样，表示凭证已传递到总账，如图 6-35 所示。

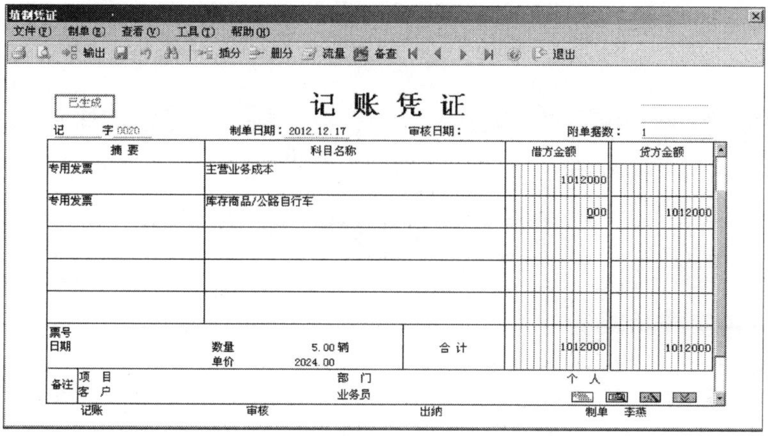

图　6-35

⑮ 单击【退出】按钮。

(5) 在应收款管理系统中,审核销售发票并生成销售收入凭证。

① 以“张晓军”身份重新注册进入企业应用平台,在企业应用平台“业务工作”页签中,执行“财务会计”→“应收款管理”→“应收单据处理”→“应收单据审核”命令,进入“单据处理”窗口,审核前面已生成的该业务销售专用发票,如图 6-36 所示。操作步骤参见“普通销售业务”。

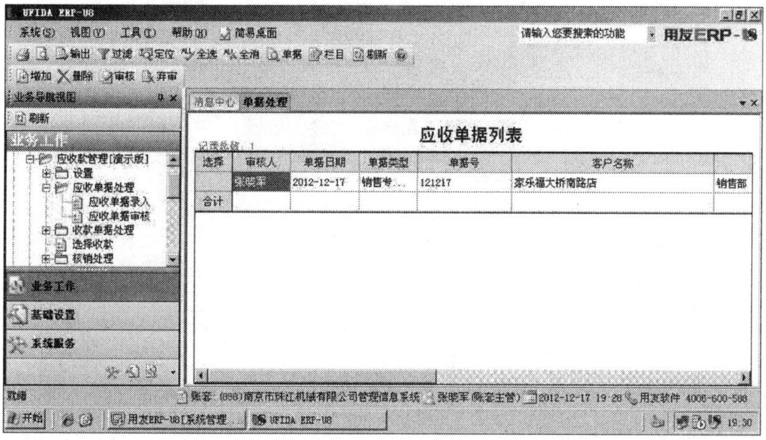

图　6-36

② 执行“制单处理”命令,打开“制单查询”对话框。

③ 选中“发票制单”复选框,单击【确定】按钮,进入“制单”窗口。

④ 选择凭证类别为“记账凭证”,单击工具栏中的【全选】按钮,选择窗口中的所有单据,如图 6-37 所示。

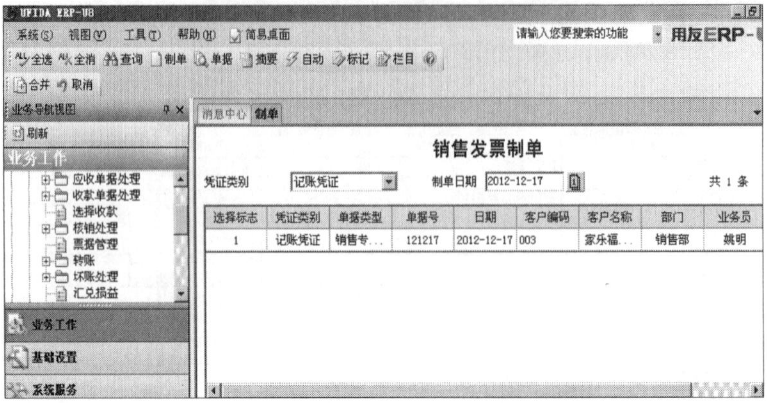

图 6-37

⑤ 单击【制单】按钮，打开“填制凭证”窗口，显示根据发票生成的记账凭证。

⑥ 修改制单日期为“2012-12-17”，单击【保存】按钮，出现“第 2 条分录：项目核算科目的项目不能为空”信息提示框，如图 6-38 所示。

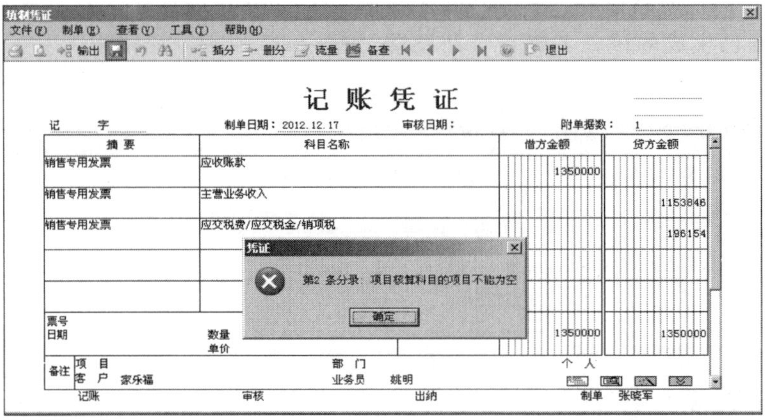

图 6-38

⑦ 单击【确定】按钮后，点击选中第 2 记录行“主营业务收入”科目，双击鼠标左键，系统弹出“辅助项”对话框。

⑧ 选择主营业务收入的项目名称“公路自行车”，如图 6-39 所示。

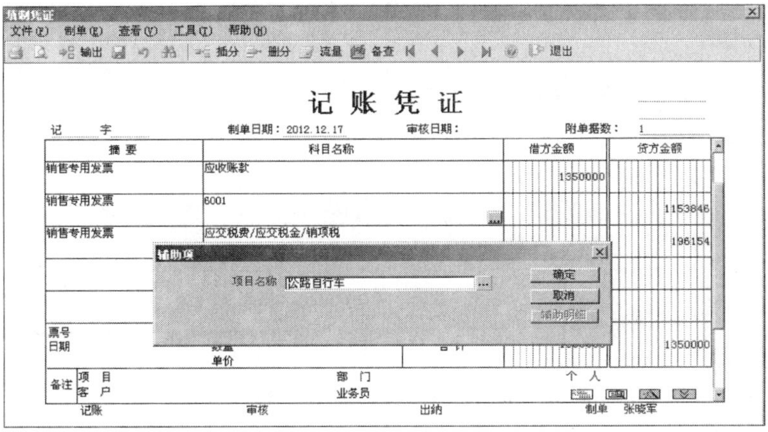

图　6-39

⑨ 单击【确定】按钮，再单击【保存】按钮，凭证左上角显示“已生成”红字标记，表示已将凭证传递到总账系统。

⑩ 单击【退出】按钮。

3. 业务 3：现结业务

操作步骤：

（1）在销售管理系统中填制并审核发货单。

执行“销售管理”→“销售发货”→“销售发货单”命令，进入“销售发货单”窗口，根据实验资料的要求，填制销售发货单，保存并审核，如图 6-40 所示。操作步骤参见“商业折扣处理”业务。

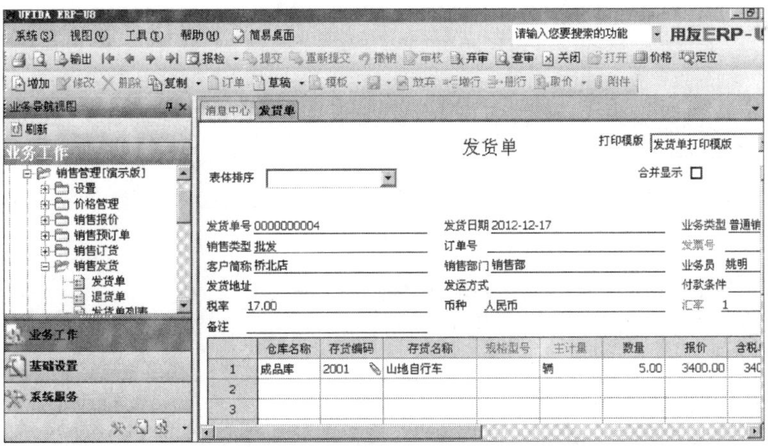

图　6-40

（2）在销售管理系统中根据发货单生成销售专用发票并执行现结。

① 执行“销售管理”→“销售开票”→“销售专用发票”命令，进入“销售专用发票”窗口，根据实验资料所提供的数据，参照上一步所填制的销售发货单，填制销售专用发票并保存。操作步骤参见“商业折扣处理”业务。

② 在“销售专用发票”窗口，单击【现结】按钮，打开“现结”对话框。

③ 选择结算方式为"转账支票",输入结算金额"17 000"元、支票号"1217",选择银行账号,如图 6-41 所示。

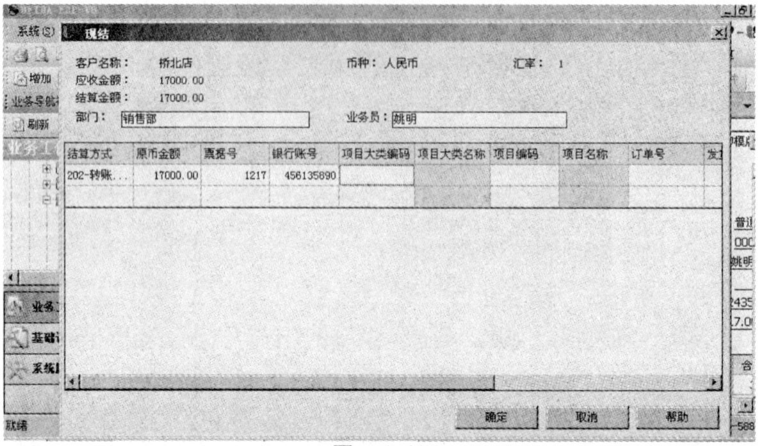

图　6-41

④ 单击【确定】按钮,销售专用发票左上角显示"现结"标志,如图 6-42 所示。

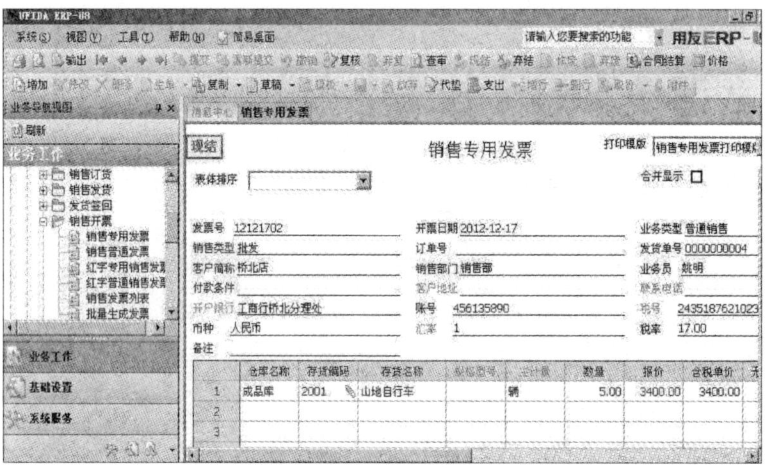

图　6-42

⑤ 单击【复核】按钮,对现结发票进行复核。

⑥ 单击【退出】后退出。

注意:

- 应在销售发票复核前进行现结处理。
- 销售发票复核后才能在应收款管理系统中进行"现结"制单。

(3) 在库存管理系统审核销售出库单。

以"刘祥"身份重新注册进入企业应用平台,在企业应用平台"业务工作"页签中,执行"供应链"→"库存管理"→"出库业务"→"销售出库单"命令,进入"销售出库单"窗口,选择已生成的该笔业务销售出库单,进行审核,如图 6-43 所示。操作步骤参见"商业折扣处理"业务。

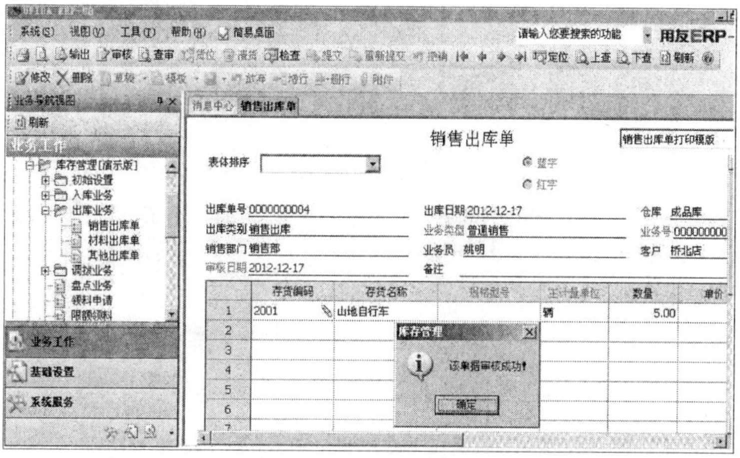

图　6-43

(4) 在存货核算系统中生成销售出库凭证。

① 以“李燕”身份重新注册进入企业应用平台,在企业应用平台“业务工作”页签中,执行“供应链”→“存货核算”→“业务核算”→“正常单据记账”命令,打开“过滤条件选择”对话框。

② 选择仓库“成品库”,单击【过滤】按钮,进入“未记账单据一览表”窗口。

③ 双击选中需要记账的单据前的“选择”栏,单击【记账】按钮,系统弹出“记账成功!”信息提示框。

④ 单击【确定】按钮后退出。

⑤ 执行“财务核算”→“生成凭证”命令,进入“记账凭证”窗口。

⑥ 单击【选择】按钮,打开“查询条件”对话框。

⑦ 选择“销售专用发票”复选框,单击【确定】按钮,进入“选择单据”窗口。

⑧ 点击需要生成凭证的单据前的“选择”栏,或点击工具栏上的【全选】按钮,然后单击工具栏上的【确定】按钮,进入“生成凭证”窗口。

⑨ 选择凭证类型为“记账凭证”,参考产品历史成本(2 340 元/辆)输入借方金额“11 700”元、贷方金额“11 700”元,如图 6-44 所示。

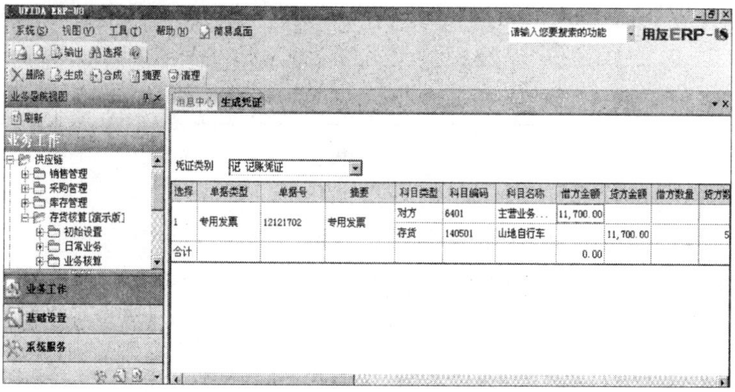

图　6-44

⑩ 单击【生成】按钮，进入“填制凭证”窗口，系统显示生成的记账凭证。

⑪ 单击【保存】按钮，出现“第 1 条分录：项目核算科目的项目不能为空”信息提示框。

⑫ 单击【确定】按钮，点击选中第 1 记录行“主营业务成本”科目，双击鼠标左键，系统弹出“辅助项”对话框。

⑬ 选择主营业务成本的项目名称“山地自行车”，如图 6-45 所示。

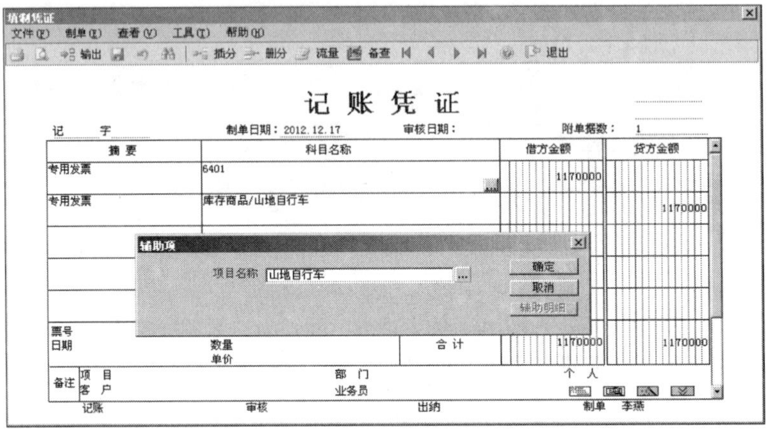

图 6-45

⑭ 单击【确定】按钮，再单击【保存】按钮，凭证左上角显示“已生成”红字字样，表示凭证已传递到总账，如图 6-46 所示。

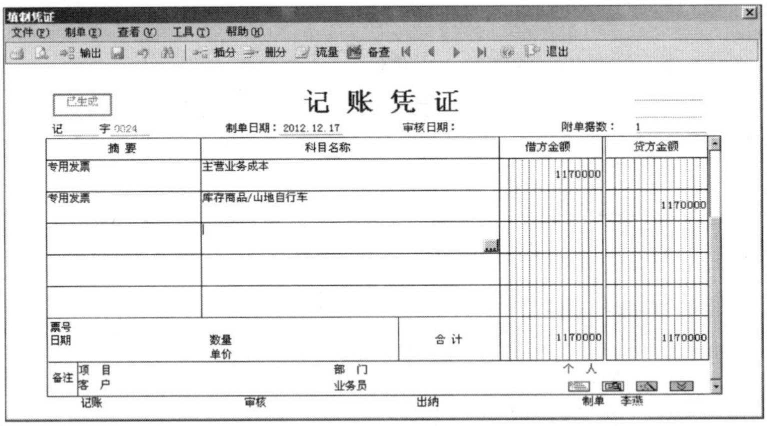

图 6-46

⑮ 单击【退出】按钮。

(5) 在应收款管理系统中审核应收单据和现结制单。

① 以“张晓军”身份重新注册进入企业应用平台，在企业应用平台“业务工作”页签中，执行“财务会计”→“应收款管理”→“应收单据处理”→“应收单据审核”命令，打开“应收单过滤条件”对话框。

② 选中“包含已现结发票”复选框，单击【确定】按钮，进入“单据处理”窗口，显示“应收单据列表”，如图 6-47 所示。

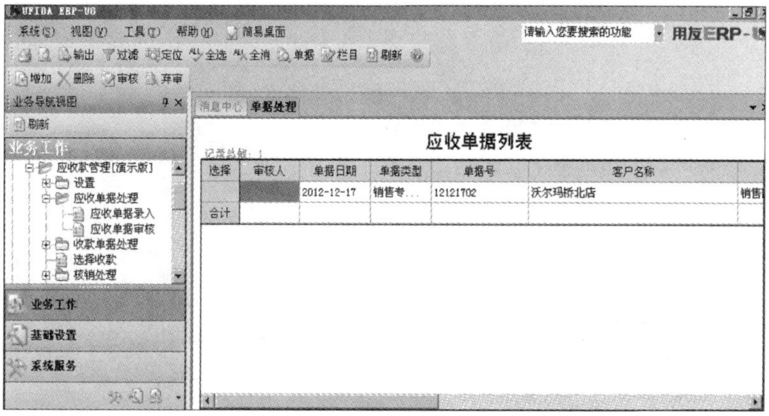

图　6-47

③ 在"选择"栏,选中前面根据发货单生成的销售专用发票。

④ 单击【审核】按钮,系统弹出"审核成功!"信息提示框。

⑤ 单击【确定】按钮后退出。

⑥ 执行"制单处理"命令,打开"制单查询"对话框。

⑦ 选中"现结制单"复选框,单击【确定】按钮,进入"制单"窗口。

⑧ 单击需要制单的单据行的"选择标志"栏,选中该单据,选择凭证类别"记账凭证",选择制单日期为"2012-12-17"。

⑨ 单击【制单】按钮,生成记账凭证,单击【保存】按钮,出现"第 3 条分录:项目核算科目的项目不能为空"信息提示框,如图 6-48 所示。

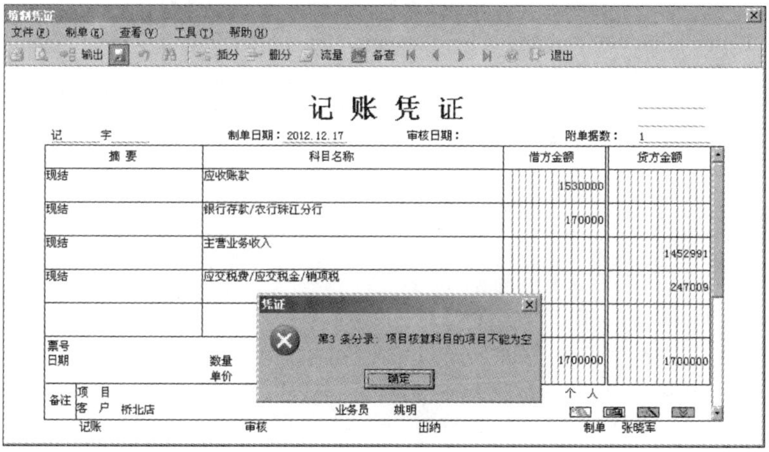

图　6-48

⑩ 点击选中第 3 记录行"主营业务收入"科目,双击鼠标左键,系统弹出"辅助项"对话框。

⑪ 选择主营业务收入的项目名称"山地自行车",如图 6-49 所示。

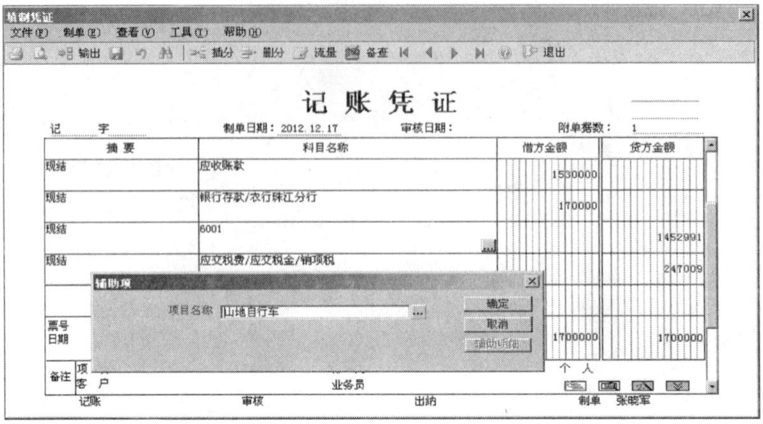

图 6-49

⑫ 单击【确定】按钮，再单击【保存】按钮，凭证左上角出现“已生成”红色字样，表示凭证已传递到总账，如图 6-50 所示。

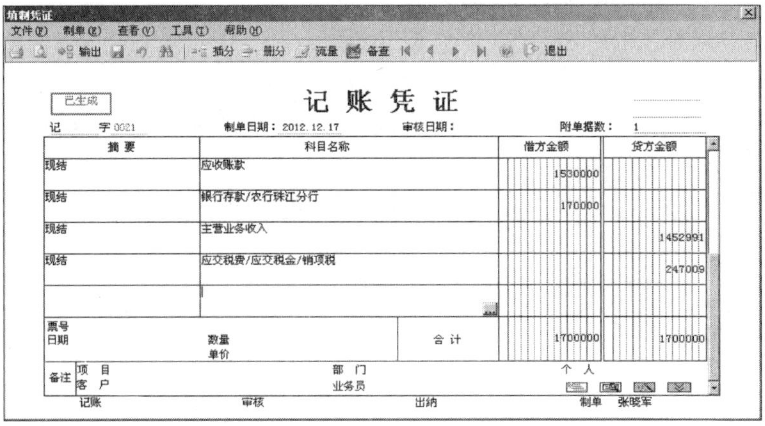

图 6-50

⑬ 单击【退出】按钮。

4. 业务 4：代垫费用处理

操作步骤：

(1) 在企业应用平台中设置费用项目。

① 以“张晓军”身份注册进入企业应用平台，在企业应用平台“基础设置”页签中，执行“基础档案”→“业务”→“费用项目分类”命令，进入“费用项目分类”窗口。

② 单击【增加】按钮，增加费用项目分类编码“1”、分类名称“代垫费用”，如图 6-51 所示。

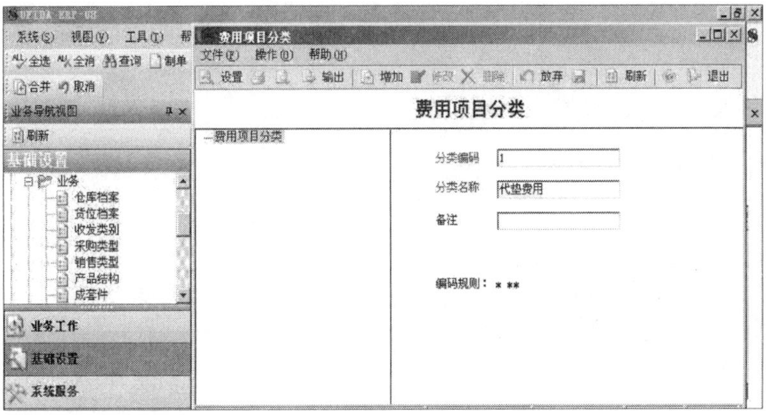

图　6-51

③ 单击【保存】按钮，再单击【退出】按钮。

④ 执行“基础档案”→“业务”→“费用项目”命令，进入“费用项目”窗口。

⑤ 单击【增加】按钮，在“代垫费用”分类下增加费用项目编码“01”、费用项目名称“安装费”，如图 6-52 所示。

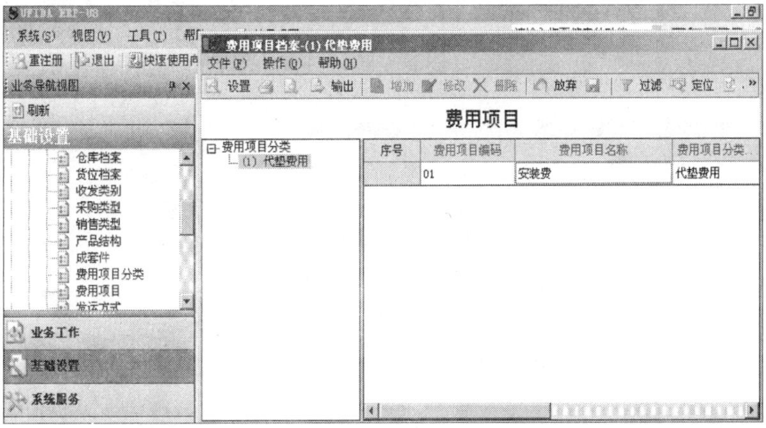

图　6-52

⑥ 单击【保存】按钮，再单击【退出】按钮。

(2) 在销售管理系统中填制并审核代垫费用单。

① 以“姚明”身份重新注册企业应用平台，在企业应用平台“业务工作”页签中，执行“供应链”→“销售管理”→“代垫费用”→“代垫费用单”命令，进入“代垫费用单”窗口。

② 单击【增加】按钮，输入或选择代垫单号“2567”、代垫日期“2012-12-19”、客户“江浦珠江镇车行”，选择费用项目“安装费”，输入代垫金额“500”元，如图 6-53 所示。

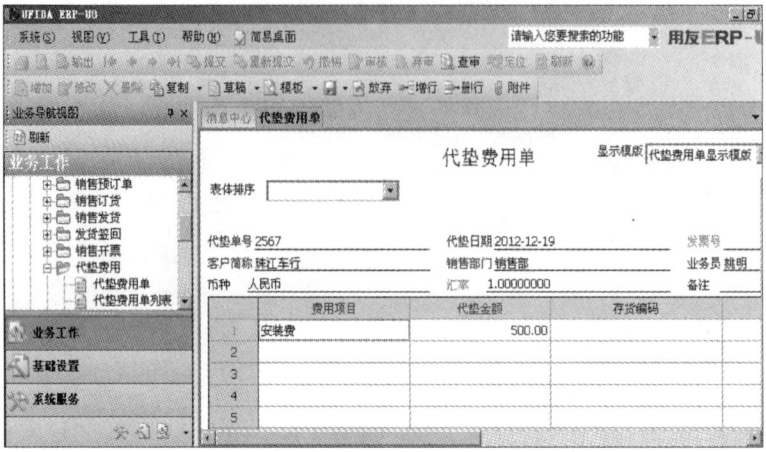

图　6-53

③ 单击【保存】按钮,再单击【审核】按钮后退出。

(3) 在应收款管理系统中对代垫费用审核并确认应收账款。

① 以“张晓军”身份重新注册进入企业应用平台,在企业应用平台“业务工作”页签中,执行“财务会计”→“应收款管理”→“应收单据处理”→“应收单据审核”命令,打开“应收单过滤”对话框。

② 单击【确定】按钮,进入“单据处理”窗口,选中对应的代垫费用单据,如图 6-54 所示。

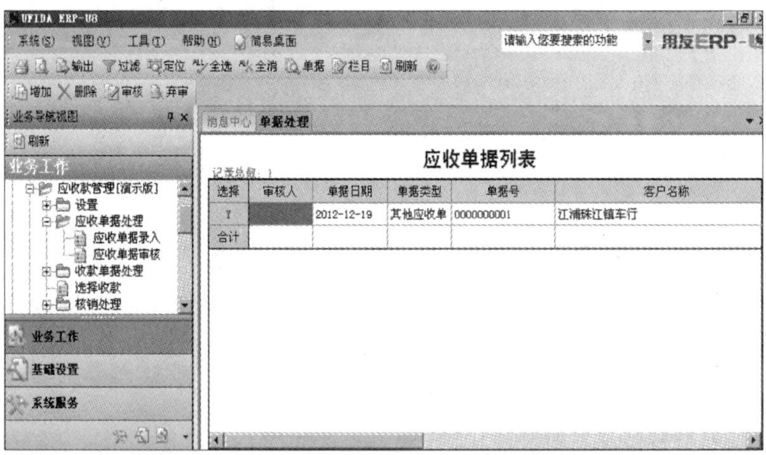

图　6-54

③ 单击【审核】按钮,系统弹出“审核成功!”信息提示框,再单击【确定】按钮后退出。

④ 执行“制单处理”,打开“制单查询”对话框。

⑤ 选择“应收单制单”复选框,单击【确定】按钮,进入“制单”窗口。

⑥ 选择要制单的单据,选择凭证类型“记账凭证”、制单日期为“2012-12-19”,单击【制单】按钮,进入“填制凭证”窗口。

⑦ 输入贷方科目“6051 其他业务收入”,如图 6-55 所示。

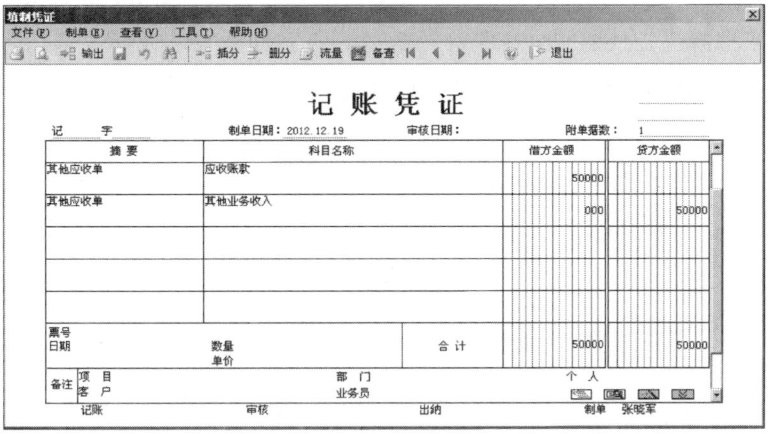

图　6-55

⑧ 单击【保存】按钮，凭证左上角出现“已生成”红色字样，表示凭证已传递到总账。

⑨ 单击【退出】按钮。

5. 业务 5.销售退货业务处理(开票前退货业务)

操作步骤：

(1) 在销售管理系统中填制并审核发货单。

以“姚明”身份注册进入企业应用平台，在企业应用平台“业务工作”页签中，执行“供应链”→“销售管理”→“销售发货”→“销售发货单”命令，进入“销售发货单”窗口，根据实验资料的要求，填制销售发货单，保存并审核，如图 6-56 所示。操作步骤参见“普通销售业务”。

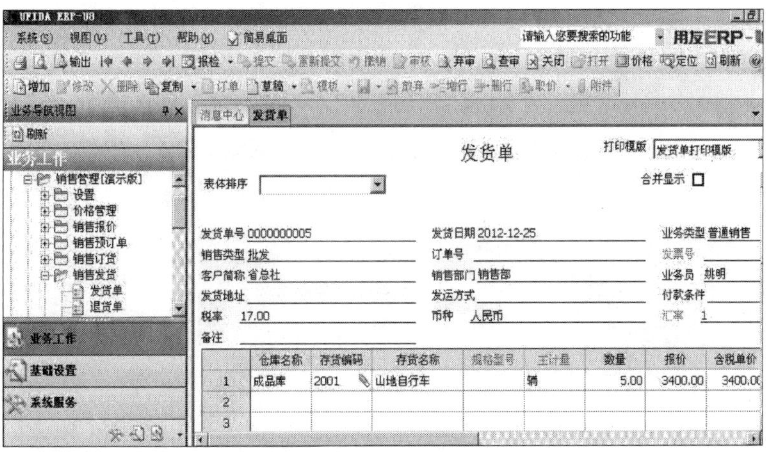

图　6-56

(2) 在销售管理系统中填制并审核退货单。

① 执行“销售发货”→“退货单”命令，进入“退货单”窗口。

② 单击【增加】按钮，打开“过滤条件选择”对话框。

③ 单击【取消】按钮，进入“退货单”窗口。

④ 选择【生单】按钮下拉列表中的“参照发货单”，进入“过滤条件选择”对话框。

⑤ 单击【过滤】按钮，进入“参照生单”窗口。

⑥ 双击选中上一步生成的销售发货单,单击【OK 确定】按钮,将发货单信息带入退货单。

⑦ 输入或选择退货日期“2012-12-26”、数量“-1”,如图 6-57 所示。

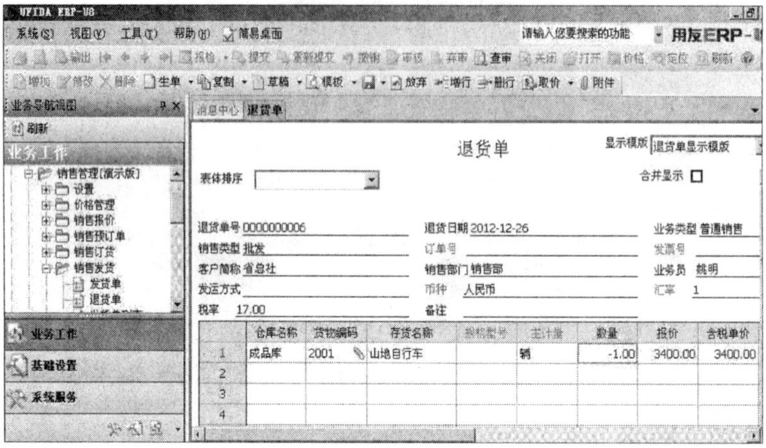

图 6-57

⑧ 单击【保存】按钮,再单击【审核】按钮后退出。

注意:

填制退货单时可参照订单、发货单。

(3) 在销售管理系统中填制并复核销售发票。

① 执行“销售开票”→“销售专用发票”命令,进入“销售专用发票”窗口。

② 单击【增加】按钮,进入“过滤条件选择”对话框。

③ 选择发货单类型为“全部”,单击【过滤】按钮,进入“参照生单”窗口。

④ 选中前面生成的发货单据,单击【OK 确定】按钮,将发货单信息带入销售专用发票。

⑤ 填写发票号“12122601”,修改开票日期为“2012-12-26”,如图 6-58 所示。

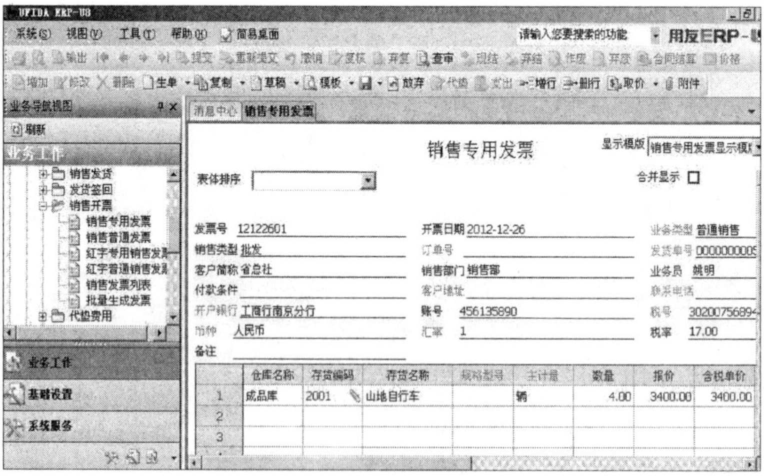

图 6-58

⑥ 单击【保存】按钮，再单击【复核】按钮后退出。

注意：

- 参照发货单生成销售发票时，需要同时选中“蓝字记录”和“红字记录”复选框。
- 如果生成退货单时已参照发货单，则“选择发货单”窗口中不再出现退货单，而参照的结果是发货单与退货单的数量差。

(4) 在库存管理系统审核销售出库单。

以“刘祥”身份重新注册进入企业应用平台，在企业应用平台“业务工作”页签中，执行“供应链”→“库存管理”→“出库业务”→“销售出库单”命令，进入“销售出库单”窗口，选择已生成的该笔业务的蓝字销售出库单、红字销售出库单，进行审核。操作步骤参见“商业折扣处理”业务。

(5) 在存货核算系统中生成销售出库凭证。

① 以“李燕”身份重新注册进入企业应用平台，在企业应用平台“业务工作”页签中，执行“供应链”→“存货核算”→“业务核算”→“正常单据记账”命令，打开“过滤条件选择”对话框。

② 选择仓库“成品库”，单击【过滤】按钮，进入“未记账单据一览表”窗口。

③ 双击选中需要记账的单据前的“选择”栏，单击【记账】按钮，系统弹出“记账成功!”信息提示框。

④ 单击【确定】按钮后退出。

⑤ 执行“财务核算”→“生成凭证”命令，进入“记账凭证”窗口。

⑥ 单击【选择】按钮，打开“查询条件”对话框。

⑦ 选择“销售专用发票”复选框，单击【确定】按钮，进入“选择单据”窗口。

⑧ 点击需要生成凭证的单据前的“选择”栏，或点击工具栏上的【全选】按钮，然后单击工具栏上的【确定】按钮，进入“生成凭证”窗口。

⑨ 选择凭证类型为“记账凭证”，参考产品历史成本(2 340 元/辆)输入借方金额“9 360”元、贷方金额“9 360”元，如图 6-59 所示。

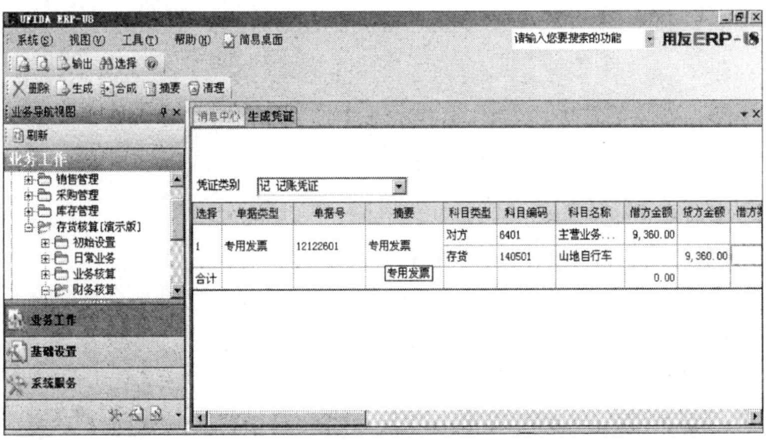

图　6-59

⑩ 单击【生成】按钮，进入“填制凭证”窗口，系统显示生成的记账凭证。

⑪ 单击【保存】按钮，出现“第 1 条分录：项目核算科目的项目不能为空”信息提示框。

⑫ 单击【确定】按钮，点击选中第 1 记录行“主营业务成本”科目，双击鼠标左键，系统弹

出"辅助项"对话框。

⑬ 选择主营业务成本的项目名称"山地自行车",如图 6-60 所示。

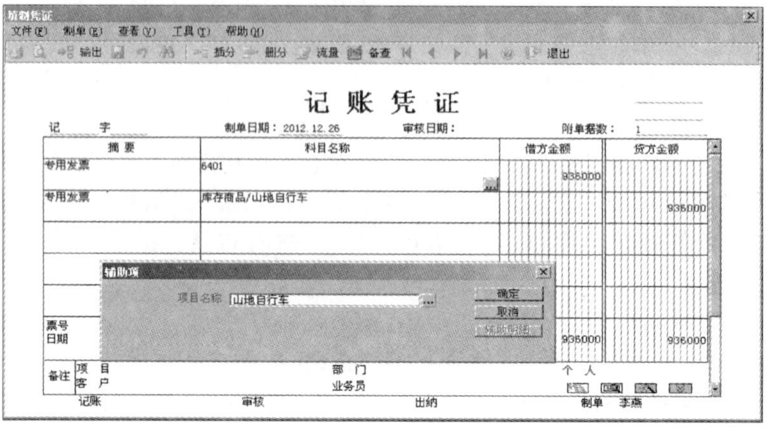

图 6-60

⑭ 单击【确定】按钮,再单击【保存】按钮,凭证左上角显示"已生成"红字字样,表示凭证已传递到总账,如图 6-61 所示。

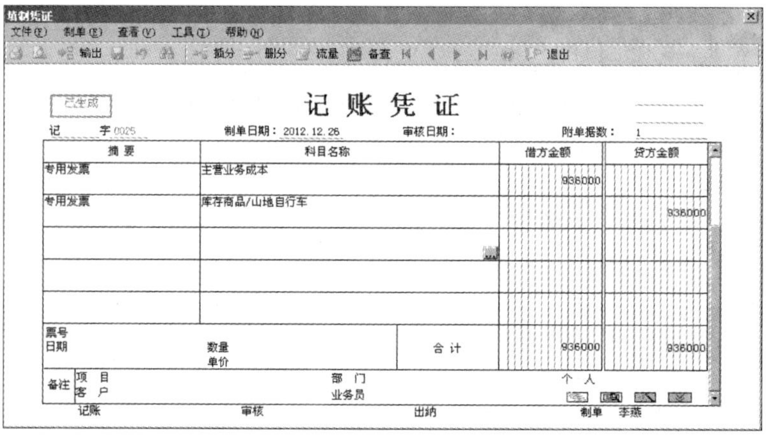

图 6-61

⑮ 单击【退出】按钮。

(6) 在应收款管理系统中审核销售专用发票并制单。

① 以"张晓军"身份重新注册进入企业应用平台,在企业应用平台"业务工作"页签中,执行"财务会计"→"应收款管理"→"应收单据处理"→"应收单据审核"命令,审核前面生成的专用发票。操作步骤参见"普通销售业务"。

② 执行"应收款管理"→"制单处理"命令,进入"制单"窗口,选择前面的专用发票,生成记账凭证并保存,如图 6-62 所示。操作步骤参见"普通销售业务"。

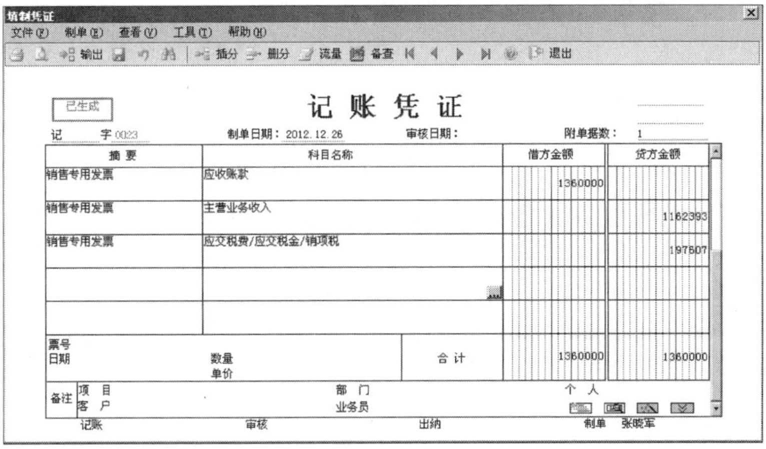

图　6-62

6. 账表查询

操作步骤：

(1) 在销售系统中查看“发货明细表”。

① 以“张晓军”身份注册进入企业应用平台，在企业应用平台“业务工作”页签中，执行“供应链”→“销售管理”→“报表”→“我的报表”命令，进入“账表”窗口。

② 在“账表”窗口，执行“销售报表”→“发货明细表”，打开“过滤条件选择”对话框。

③ 单击【过滤】按钮，进入“发货明细表”窗口。

④ 在“发货明细表”窗口，查询有关发货明细表信息，如图 6-63 所示。

图　6-63

⑤ 查看完毕后，单击【退出】按钮。

(2) 在销售管理系统中查看“销售订单列表”。

操作步骤参考“发货明细表”查询。

(3) 在销售管理系统中查看“销售统计表”。

操作步骤参考“发货明细表”查询。

(4) 在销售管理系统中查看“销售结构分析表”。

操作步骤参考“发货明细表”查询。

(5) 在应收款管理系统中查看“业务余额表”。

① 执行“应收款管理”→“账表管理”→“业务账表”→“业务余额表”命令,打开“过滤条件选择”对话框。

② 单击【过滤】按钮,进入“应收余额表”窗口。

③ 在“应收余额表”窗口,查询有关应收余额表信息,如图 6-64 所示。

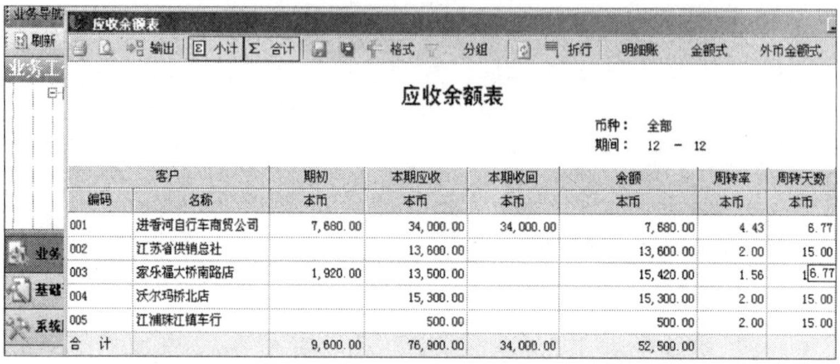
应收余额表

币种: 全部
期间: 12 - 12

客户		期初	本期应收	本期收回	余额	周转率	周转天数
编码	名称	本币	本币	本币	本币	本币	本币
001	进香河自行车商贸公司	7,680.00	34,000.00	34,000.00	7,680.00	4.43	6.77
002	江苏省供销总社		13,600.00		13,600.00	2.00	15.00
003	家乐福大桥南路店	1,920.00	13,500.00		15,420.00	1.56	16.77
004	沃尔玛桥北店		15,300.00		15,300.00	2.00	15.00
005	江浦珠江镇车行		500.00		500.00	2.00	15.00
合 计		9,600.00	76,900.00	34,000.00	52,500.00		

图 6-64

④ 查看完毕后,单击【退出】按钮。

(6) 在应收款管理系统中查看“应收账龄分析”。

① 执行“应收款管理”→“账表管理”→“统计分析”→“应收账龄分析”命令,打开“过滤条件选择”对话框。

② 单击【过滤】按钮,进入“应收账龄分析”窗口。

③ 在“应收账龄分析”窗口,查询有关应收账龄分析信息,如图 6-65 所示。

应收账龄分析

客户 全部　　币种: 全部　　截止日期: 2012-12-30

客户		本币余额	账期内		1-60		61-90		91
编号	名称		本币金额	%	本币金额	%	本币金额	%	本币金额
001	进香河自行车	41,680.00			34,000.00	81.57	7,680.00	18.43	
002	江苏省供销总	13,600.00			13,600.00	100.00			
003	家乐福大桥南	15,420.00			15,420.00	100.00			
004	沃尔玛桥北店	15,300.00			15,300.00	100.00			
005	江浦珠江镇车	500.00			500.00	100.00			
人民币									
数量					5		1		
金额		86,500.00			78,820.00	91.12	7,680.00	8.88	

图 6-65

④ 查看完毕后,单击【退出】按钮。

(7) 在应收款管理系统中进行“收款预测”。

操作步骤参考“应收余额表”查询。

(8) 在应收款管理系统中查看“科目明细账”。

操作步骤参考“应收余额表”查询。

7. 备份本次实验数据,命名为实验账套五

第7章

库 存 管 理

7.1 库存管理系统概述

在企业的日常业务中,库存管理是指对企业的存货物品进行管理,每项存货的收发都必须经过库存管理人员的监督、管理和确认,随时提供有关存货结存数量,是仓库或成本核算的重要数据来源之一,进而保证企业的正常运营。

库存管理系统是供应链管理的重要子系统,能够满足采购入库、产成品入库、销售出库、材料出库、其他出入库、盘点管理、形态转换等业务需要,提供仓库货位管理、批次管理、保质期管理、出库跟踪入库管理、可用量管理等全面业务应用,提供各种丰富的账表分析功能。

在用友 ERP-U8(V8.72)软件中,库存管理子系统属于企业供应链的一部分,可以单独使用,也可以与采购管理、销售管理、存货核算等系统集成使用,从而发挥更强大的功能。

1. 功能概述

库存管理系统是用友 ERP-U8 供应链管理系统的一个子系统,它的主要功能包括以下几个方面:

(1) 日常收发存业务处理。库存管理系统的主要功能是对采购管理系统、销售管理系统及库存管理系统填制的各种出入库单据进行审核,并对存货的出入库数量进行管理。除管理采购业务、销售业务形成的入库和出库业务外,还可以处理仓库间的调拨业务、盘点业务、组装拆卸业务、形态转换业务等。

(2) 库存控制。库存管理系统支持批次跟踪、保质期管理、委托代销商品管理、不合格管理、现存量(可用量管理)、安全库存管理,对超储、短缺、呆滞积压、超额领料等情况进行报警。

(3) 库存账簿及统计分析。库存管理系统可以提供出入库流水账、库存台账、受托代销商品备查簿、委托代销商品备查簿、呆滞积压存货备查簿供用户查询,同时提供各种统计汇总表。

2. 库存管理系统与其他系统的主要关系

库存管理系统既可以和采购管理、销售管理、存货核算等系统集成使用,也可以单独使用。在集成应用模式下,库存管理系统与其他系统的主要关系如图 7-1 所示。

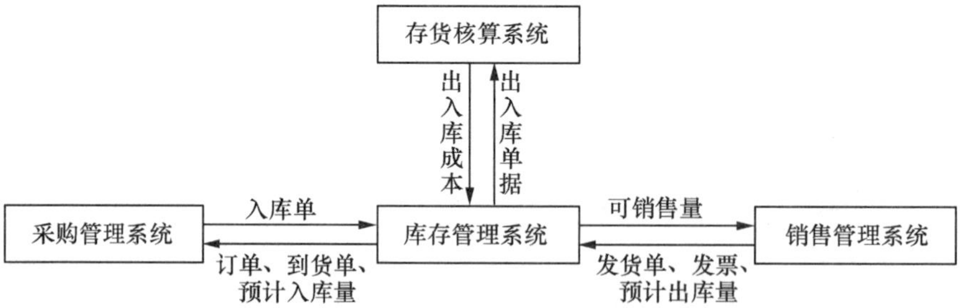

图 7-1　库存管理系统与其他系统的主要关系

库存管理系统可以参照采购管理系统的采购订单、采购到货单生成采购入库单,库存管理系统将入库情况反馈到采购管理系统。采购管理系统向库存管理系统提供预计入库量。根据选项设置,销售出库单可以在库存管理系统中填制、生成,也可以在销售管理系统中生成后传递到库存管理系统,库存管理系统再进行审核。如果在库存管理系统中生成,则需要参照销售管理系统的发货单、销售发票。销售管理系统为库存管理系统提供预计出库量,库存管理系统为销售管理系统提供可用于销售的存货的可用量。库存管理系统为存货核算系统提供出入库单据。所有出入库单均由库存管理系统填制,存货核算系统只能填写出入库单的单价、金额,并可对出入库单进行记账操作,核算出入库的成本。

7.2 库存管理系统日常业务处理

库存管理系统的日常业务处理主要包括入库业务处理、出库业务处理、其他业务处理及账表查询与分析等。

1. 入库业务处理

入库业务处理是对各种入库业务进行单据的填制和审核。入库单据主要包括采购入库单、产成品入库单和其他入库单(如调拨入库、盘盈入库、组装拆卸入库、形态转换入库等业务形成的入库单)。

材料入库业务的处理流程如图 7-2 所示。

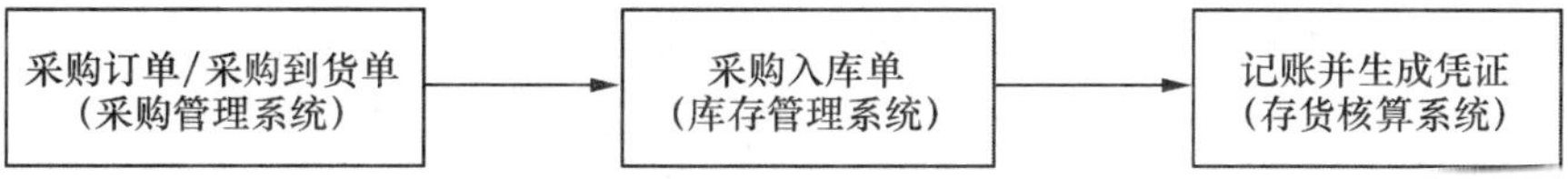

图 7-2 材料入库的业务处理流程

2. 出库业务处理

出库业务处理是对各种出库业务进行单据的填制和审核。出库业务主要包括销售出库、材料出库和其他出库。

(1) 销售出库业务。如果启用了销售管理系统,则在销售管理系统中填制的销售发票、发货单、销售调拨单等,经复核后均可以参照生成出库单。如果没有启用销售管理系统,销售出库单则需要手工填制。

(2) 材料出库业务。材料出库单是工业企业领用材料时所填制的出库单据。

(3) 其他出库业务。其他出库是指除销售出库、材料出库之外的其他出库业务,如维修、办公耗用、调拨出库、盘盈出库、组装拆卸出库、形态转换出库等。

产成品一次发货一次全部出库业务的处理流程如图 7-3 所示。

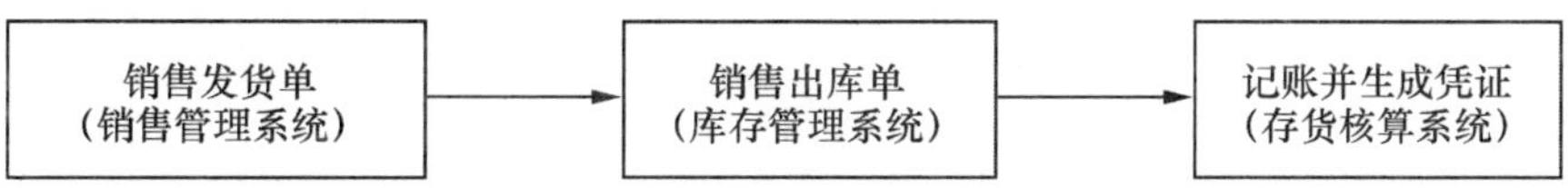

图 7-3 产成品一次发货一次全部出库的业务处理流程

3. 其他业务处理

其他业务是指出入库、出库业务之外的业务,主要包括库存调拨、盘点、组装与拆卸、形态转换。

(1) 库存调拨。调拨业务是指存货在仓库之间或部门之间变迁的业务。库存管理系统提供了调拨单,用于处理部门间的调拨业务和仓库间的转库业务。

(2) 盘点业务。盘点是将仓库中存货的实物数量与账面数据进行核对的工作。盘点单是用来定期对仓库中的存货进行盘点。存货盘点报告表是记录企业存货盘盈、盘亏和毁损,据以调整存货实存数量的凭证。

盘点业务的处理流程如图 7-4 所示。

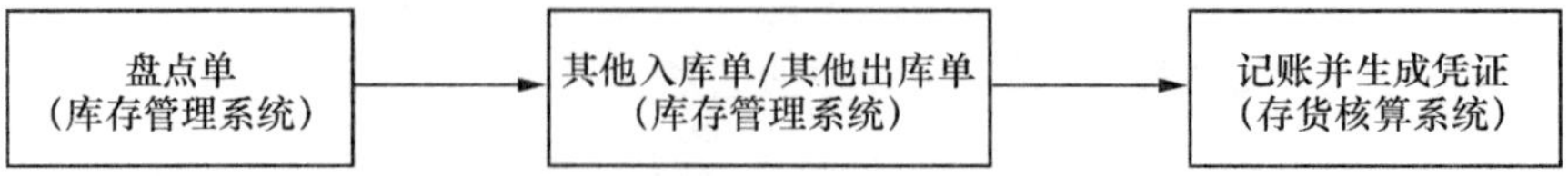

图 7-4　盘点业务的处理流程

(3) 组装与拆卸。组装与拆卸分别是指将多个存货散件组装成一个成套配件与将一个配套件拆分成多个散件的过程。组装单相当于两张单据,一是散件出库单,一是成套配件入库单。拆卸单则相当于配套件出库单和散件入库单两张单据。用户在组装与拆卸之前都应先进行产品结构定义。

(4) 形态转换。形态转换是指由于风吹、雨淋、日晒或时间长久等原因所引起的存货由一种形态转换为另一种形态,从而引起存货规格和成本的变化。形态转换单或规格调整单用于对形态转换进行调账处理。

4. 综合查询

库存管理系统提供了多种统计分析账表,主要包括库存台账、出入库流水账、收发存汇总表、存货分布表、存货现存量查询、安全库存预警、超储存货查询、短缺存货查询、呆滞积压分析、库龄分析等。

实验六　库存管理

【实验准备】

引入实验五的账套备份数据,将系统日期修改为“2012/12/31”。

【实验目的和要求】

1. 熟悉用友 ERP-U8(V8.72)软件中库存管理的相关内容。
2. 掌握企业库存日常业务处理方法。
3. 理解库存管理系统与其他系统之间的数据传递关系。

【实验内容】

1. 入库业务处理
2. 出库业务处理
3. 其他业务处理
4. 库存账簿查询
5. 月末结账

【实验资料】

业务 1:产成品入库业务

(1) 2012 年 12 月 26 日,成品仓库收到当月加工的 20 辆山地自行车,做产成品入库。

(2) 2012 年 12 月 26 日,成品仓库收到当月加工的 15 辆公路自行车,做产成品入库。

(3) 随后收到财务部门提供的完工产品成本,其中山地自行车总成本为 46 800 元、公路自行车总成本为 30 360 元,立即做成本分配,记账生成凭证。

业务 2:材料领用业务

2012 年 12 月 26 日,车间向原料仓库领用车轮 20 套、坐垫 20 个,用于生产山地自行车,记材料明细账,生成领料凭证。

业务 3:调拨业务

2012 年 12 月 27 日,将原料仓库中的 10 套自行车主结构调拨到成品仓库。

业务 4:盘点预警

2012 年 12 月 27 日,企业决定对山地自行车每周一盘点一次,如果周一未进行盘点需提示。

业务 5:盘点业务

(1) 2012 年 12 月 28 日,对原料仓库的所有存货进行盘点。盘点后,车轮多出 1 套,经确认,成本为 450 元/套。

(2) 2012 年 12 月 28 日,对原料仓库的所有存货进行盘点。盘点后,坐垫少出 2 个,经确认,成本为 50 元/只。

【操作指导】

1. 业务 1:产成品入库业务

操作步骤:

(1) 在库存管理系统中录入产成品入库单并审核。

① 以"刘祥"身份注册进入企业应用平台,在企业应用平台"业务工作"页签中,执行"供应链"→"库存管理"→"入库业务"→"产成品入库单"命令,进入"产成品入库单"窗口。

② 单击【增加】按钮,输入或选择入库日期"2012-12-26"、仓库"成品库"、入库类别"产成品入库"、部门"组装车间"、产品编码"2001"、数量"20",如图 7-5 所示。

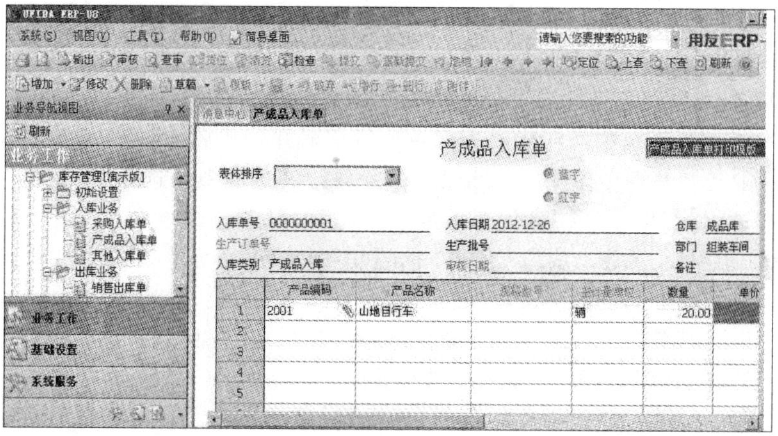

图　7-5

③ 单击【保存】按钮,再单击【审核】按钮,系统弹出"该单据审核成功!"信息提示。

④ 单击【确定】按钮完成对该单据的审核。

⑤ 同理,根据实验资料的要求,输入第二张产成品入库单。

注意：

产成品入库单上无须填写单价，待产品成本分配后会自动写入。

(2) 在存货核算系统中录入生产总成本并进行产成品成本分配。

① 以“李燕”身份重新注册进入企业应用平台，在企业应用平台“业务工作”页签中，执行“供应链”→“存货核算”→“业务核算”→“产成品成本分配”命令，进入“产成品成本分配表”窗口。

② 单击【查询】按钮，打开“产成品成本分配表查询”对话框，选择“成品库”复选框。

③ 单击【确定】按钮，系统将符合条件的记录带入“产成品成本分配表”窗口。

④ 在“山地自行车”记录行“金额”栏输入“46 800”元，“公路自行车”记录行“金额”栏输入“30 360”元，如图 7-6 所示。

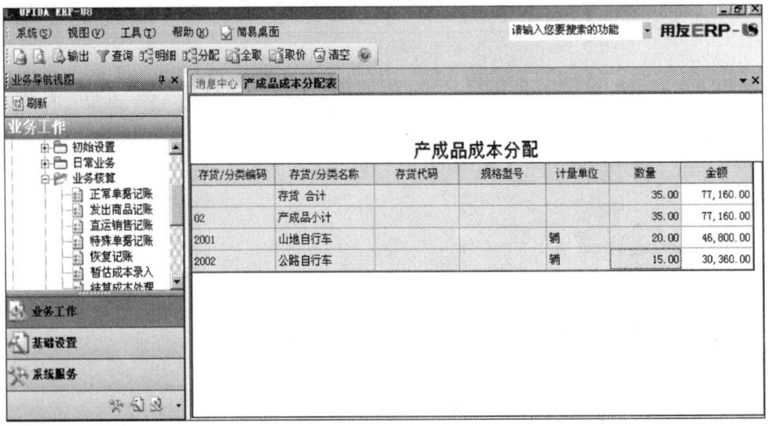

图 7-6

⑤ 单击【分配】按钮，系统弹出“分配操作顺利完成！”信息提示。

⑥ 单击【确定】按钮返回。

⑦ 执行“日常业务”→“产成品入库单”命令，进入“产成品入库单”窗口，可查看成本分配后的入库存货单价。

(3) 在存货核算系统中对产成品入库单进行记账并生成凭证。

① 执行“业务核算”→“正常单据记账”命令，打开“过滤条件选择”对话框。

② 单击【过滤】按钮，进入“未记账单据一览表”窗口。

③ 选择前面生成的两张产成品入库单，单击【记账】按钮，系统弹出“记账成功！”信息提示框。

④ 单击【确定】按钮后退出。

⑤ 执行“财务核算”→“生产凭证”命令，进入“生成凭证”窗口。

⑥ 单击【选择】按钮，打开“查询条件”对话框。

⑦ 选择查询条件“产成品入库单”，单击【确定】按钮，进入“选择单据”窗口。

⑧ 在选择栏选中前面生成的两笔入库单据，单击【确定】按钮，进入“生成凭证”窗口，如图 7-7 所示。

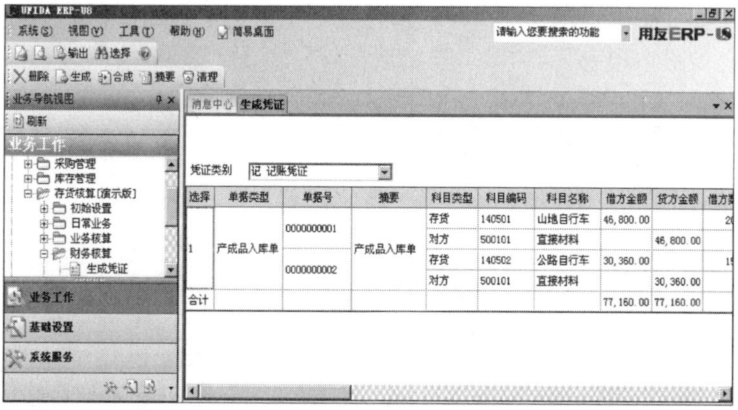

图　7-7

⑨ 选择凭证类别为“记账凭证”，单击【生成】按钮，进入“填制凭证”窗口。

⑩ 选择制单日期为“2012-12-26”，单击【保存】按钮，出现“第 2 条分录：项目核算科目的项目不能为空”信息提示，如图 7-8 所示。

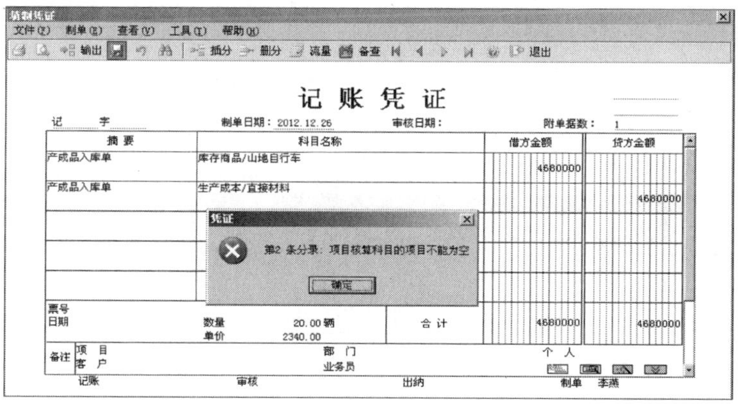

图　7-8

⑪ 点击选中第 2 记录行“500101 生产成本/直接材料”科目，双击鼠标左键，系统弹出“辅助项”对话框。

⑫ 选择“生产成本/直接材料”的项目名称“山地自行车”，如图 7-9 所示。

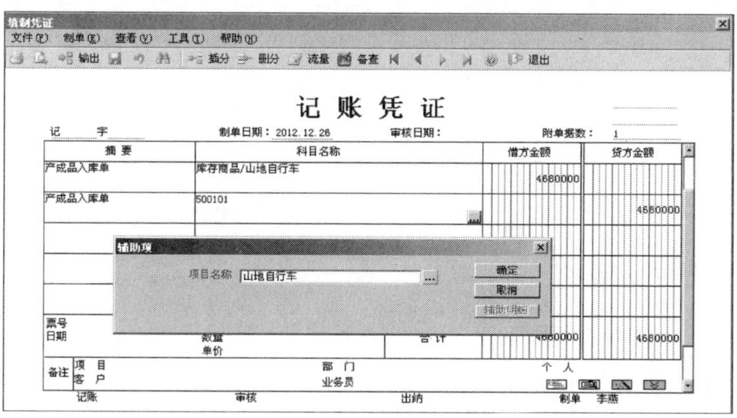

图　7-9

⑬ 单击【确定】按钮,再单击【保存】按钮,凭证左上角出现“已生成”红色字样,表示凭证已传递到总账,如图 7-10 所示。

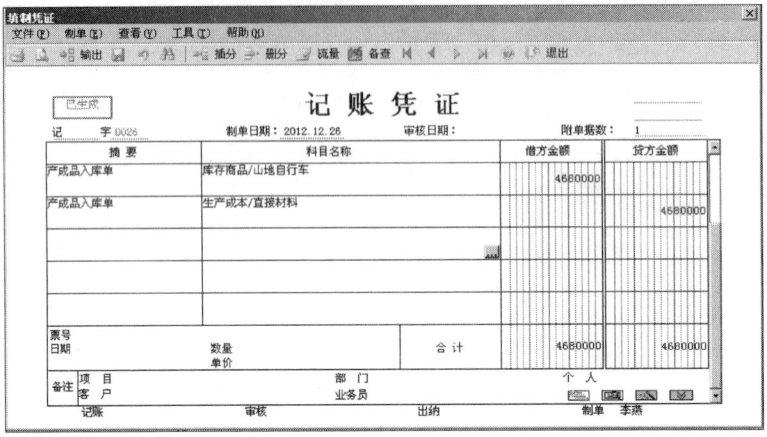

图 7-10

⑭ 在“填制凭证窗口”,单击【下一张】按钮,显示第 2 张凭证。

⑮ 选择制单日期为“2012-12-26”,输入“生产成本/直接材料”的项目名称“公路自行车”,单击【保存】按钮,凭证左上角出现“已生成”红色字样,表示凭证已传递到总账,如图 7-11 所示。操作步骤参考前一张凭证。

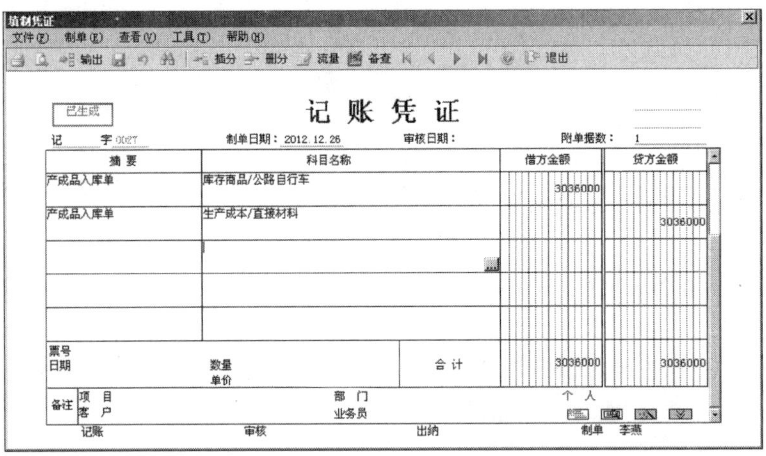

图 7-11

⑯ 凭证全部生成后,单击【退出】按钮退出。

注意:

生产成本/直接材料为项目核算科目。

2. 业务 2:材料领用业务

操作步骤:

(1) 设置相关选项。

① 以“张晓军”身份注册进入企业应用平台,在企业应用平台“业务工作”页签中,执行“供应链”→“库存管理”→“初始设置”→“选项”命令,打开“库存选项设置”对话框。

② 选择“可用量控制”选项卡，选中“是否允许超可用量出库”复选框。

③ 单击【确定】按钮后退出。

(2) 在库存管理系统中填制材料出库单。

① 以“刘祥”身份重新注册进入企业应用平台，在企业应用平台“业务工作”页签中，执行“供应链”→“库存管理”→“出库业务”→“材料出库单”命令，进入“材料出库单”窗口。

② 单击【增加】按钮，输入或选择出库日期“2012-12-26”、仓库“材料库”、出库类别“材料领用出库”、部门“组装车间”。

③ 单击【增行】按钮，选择车轮“20”套，输入成本“450”元。

④ 单击【增行】按钮，选择坐垫“20”个，输入“50”元，如图 7-12 所示。

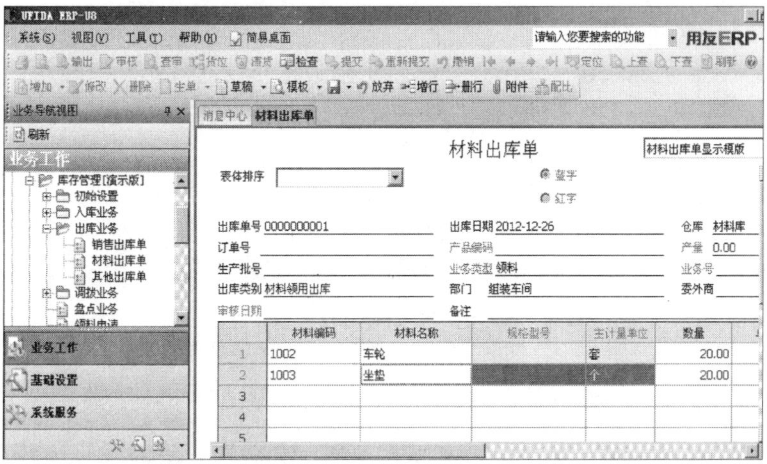

图　7-12

⑤ 单击【保存】按钮，再单击【审核】按钮，系统弹出“该单据审核成功！”信息提示。

⑥ 单击【确定】按钮后返回。

(3) 在存货核算系统中对材料出库单记账并生成凭证。

① 以“李燕”身份重新注册进入企业应用平台，在企业应用平台“业务工作”页签中，执行“供应链”→“存货核算”→“业务核算”→“正常单据记账”命令，打开“过滤条件选择”对话框。

② 单击【过滤】按钮，进入“未记账单据一览表”窗口。

③ 选中该业务的 2 笔材料出库单，单击【记账】按钮，系统出现“记账成功！”信息提示。

④ 单击【确定】按钮后返回。

⑤ 执行“财务核算”→“生成凭证”命令，进入“生成凭证”窗口。

⑥ 单击【选择】按钮，打开“查询条件”对话框。

⑦ 选择“材料出库单”复选框，单击【确定】按钮，进入“选择单据”窗口。

⑧ 选中前面需要制单的材料出库单，单击【确定】按钮，返回“生成凭证”窗口。

⑨ 选择凭证类别“记账凭证”，分别输入第 1 行科目“500101”的借方金额“9 000”元、第 2 行科目“140303”的贷方金额“9 000”元、第 3 行科目“500101”的借方金额“1 000”元、第 4 行科目“140302”的贷方金额“1 000”元，如图 7-13 所示。

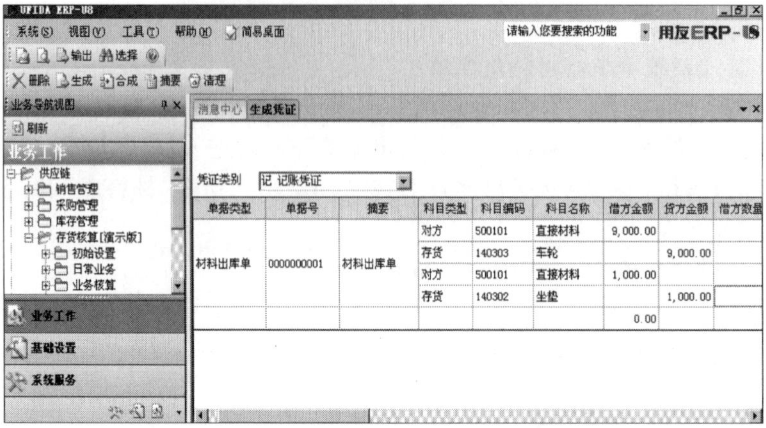

图 7-13

⑩ 单击【生成】按钮,进入"填制凭证"窗口,如图 7-14 所示。

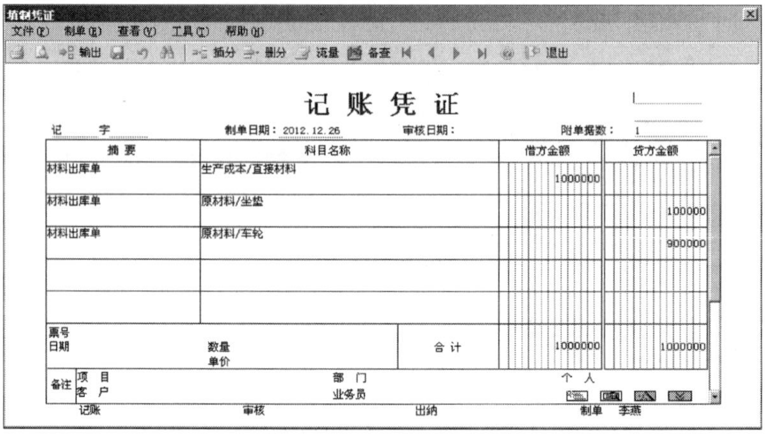

图 7-14

⑪ 选择制单日期为"2012-12-26",单击【保存】按钮,出现"第 1 条分录:项目核算科目的项目不能为空"信息提示。

⑫ 点击选中第 1 记录行"500101 生产成本/直接材料"科目,双击鼠标左键,系统弹出"辅助项"对话框。

⑬ 选择"生产成本/直接材料"的项目名称"山地自行车",如图 7-15 所示。

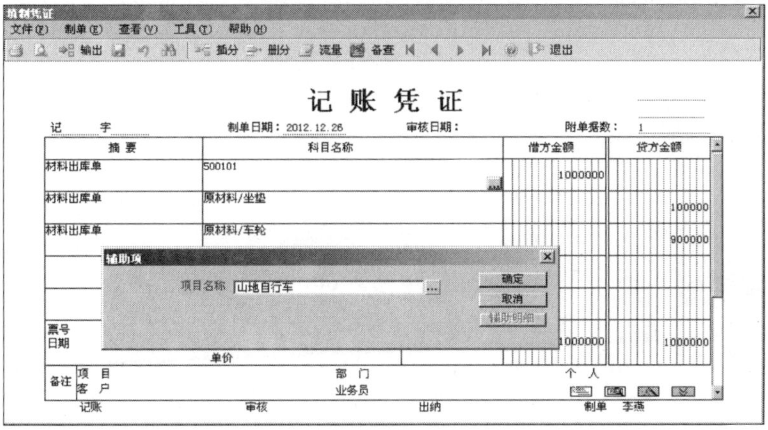

图　7-15

⑭ 单击【确定】按钮,再单击【保存】按钮,凭证左上角出现“已生成”红色字样,表示凭证已传递到总账,如图7-16所示。

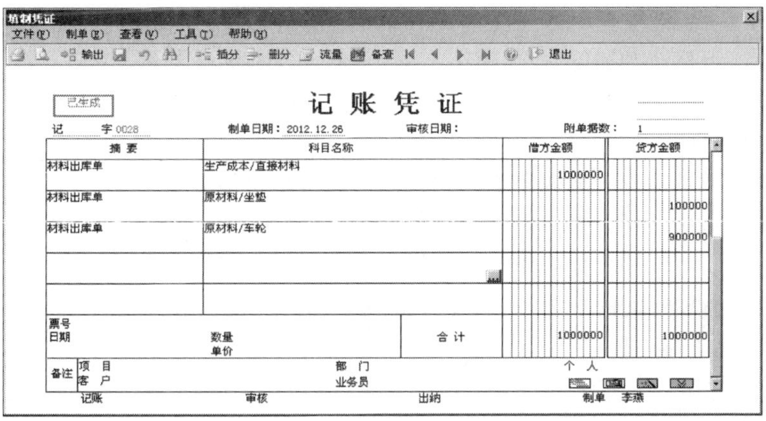

图　7-16

⑮ 单击【退出】按钮。

注意:

产成本/直接材料为项目核算科目。

3. 业务3:调拨业务

操作步骤:

(1) 在库存管理系统中填制调拨单。

① 以“刘祥”身份注册进入企业应用平台,在企业应用平台“业务工作”页签中,执行“供应链”→“库存管理”→“调拨业务”→“调拨单”命令,进入“调拨单”窗口。

② 单击【增加】按钮,输入或选择日期“2012-12-27”、转出仓库“材料库”、转入仓库“成品库”、出库类别“其他出库”、入库类别“其他入库”。

③ 选择存货编码“1001 自行车主结构”,输入数量“10”,如图7-17所示。

图 7-17

④ 单击【保存】按钮，再单击【审核】按钮，系统出现“该单据审核成功！”信息提示。

⑤ 单击【确定】按钮后退出。

注意：

• 调拨单保存后，系统自动生成其他入库单和其他出库单，且由调拨单生成的其他入库单和其他出库单不得修改和删除。

• 当转出仓库的计价方式采用的是移动平均法、先进先出法、后进先出法时，调拨单的单价可以为空，系统根据计价方式自动计算填入。

(2) 在库存管理系统中对调拨单生成的其他出入库单审核。

① 执行“入库业务”→“其他入库单”命令，进入“其他入库单”窗口。

② 点击“选择”按钮，选择前面生成的调拨入库单，如图 7-18 所示。

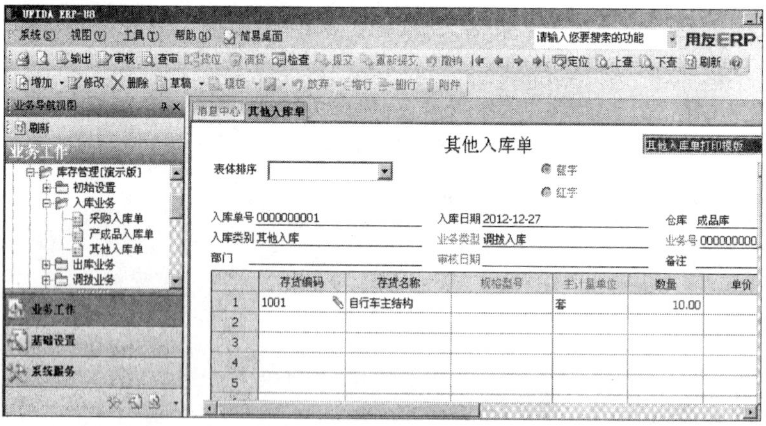

图 7-18

③ 单击【审核】按钮，系统出现“该单据审核成功！”信息提示。

④ 单击【确定】按钮后返回。

⑤ 执行“库存管理”→“出库业务”→“其他出库单”命令，进入“其他出库单”窗口。

⑥ 同理，选择前面生成的调拨出库单进行审核，如图 7-19 所示。

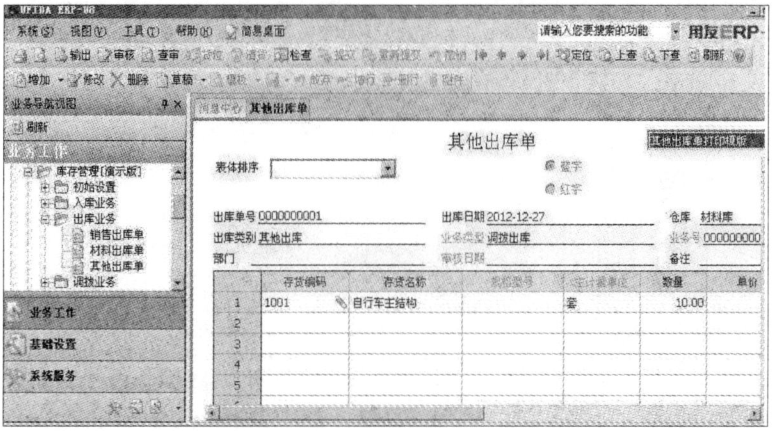

图　7-19

⑦ 审核完毕后，单击【退出】按钮后退出。

(3) 在存货核算系统中对其他出入库单记账。

① 以“李燕”身份重新注册进入企业应用平台，在企业应用平台“业务工作”页签中，执行“供应链”→“存货核算”→“业务核算”→“特殊单据记账”命令，打开“特殊单据记账条件”对话框。

② 选择单据类型为“调拨单”，如图 7-20 所示。

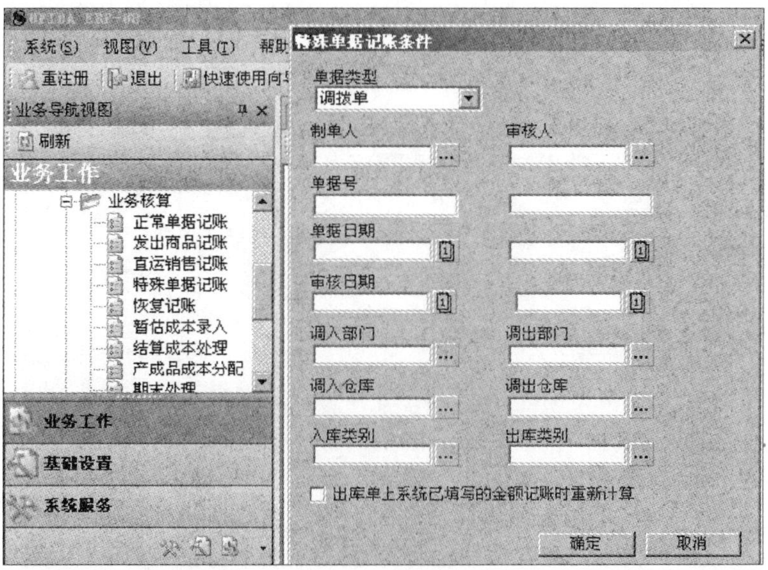

图　7-20

③ 单击【确定】按钮，进入“未记账单据一览表”窗口。

④ 选中要记账的调拨单，单击【记账】按钮，系统出现“记账成功!”信息提示，如图 7-21 所示。

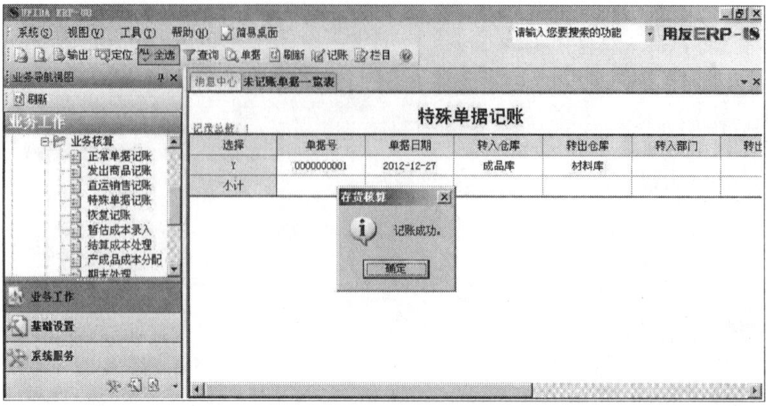

图 7-21

⑤ 单击【确定】按钮后退出。

注意：

在“库存商品”科目不分明细的情况下，库存调拨业务不会涉及账务处理，因此，对库存调拨业务生成的其他出入库单暂不进行制单。

4. 业务 4：盘点预警

操作步骤：

（1）在库存管理系统中设置相关选项。

① 以“张晓军”身份注册进入企业应用平台，在企业应用平台“业务工作”页签中，执行“供应链”→“库存管理”→“初始设置”→“选项”命令，打开“库存选项设置”对话框。

② 选择“专用设置”选项卡，选择“按仓库控制盘点参数”，如图 7-22 所示。

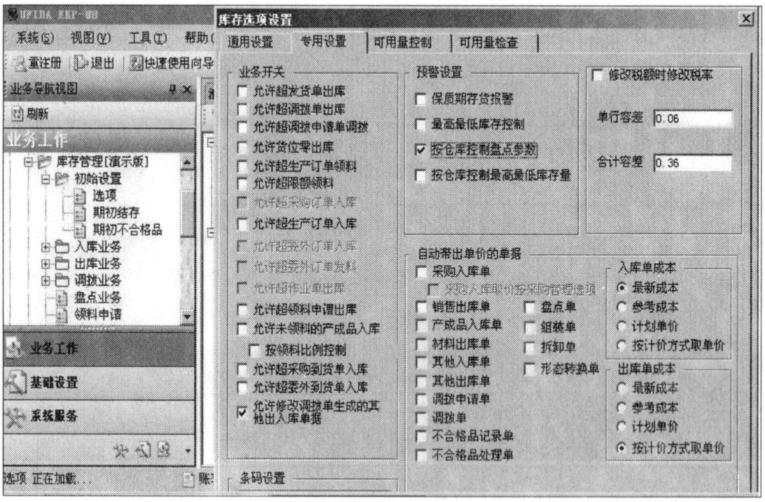

图 7-22

③ 单击【确定】按钮后退出。

（2）在企业应用平台的“设置”选项卡中修改存货档案。

① 在企业应用平台中的“基础设置”页签中，执行“基础设置”→“基础档案”→“存货”→“存货档案”命令，进入“存货档案”窗口。

② 点击选中“山地自行车”所在行，单击【修改】按钮，系统弹出“修改存货档案”对话框。

③ 选择“控制”选项卡，将盘点周期单位改为“周”，改每周第 2 天为盘点日期，如图 7-23 所示。

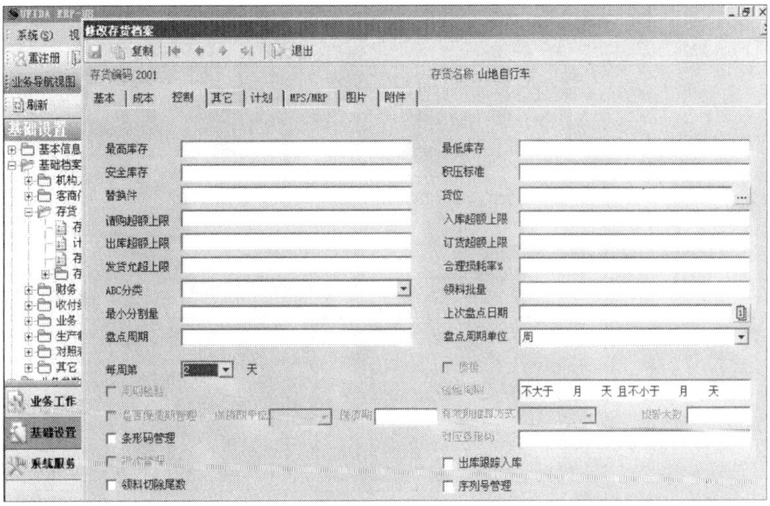

图　7-23

④ 单击【保存】按钮后退出。

5. 业务 5：盘点业务

操作步骤：

(1) 在库存管理系统中增加盘点单。

① 以“刘祥”身份重新注册进入企业应用平台，在企业应用平台“业务工作”页签中，执行“供应链”→“库存管理”→“盘点业务”命令，进入“盘点单”窗口。

② 单击【增加】按钮，输入盘点日期“2012-12-28”、账面日期“2012-12-28”、盘点仓库“材料库”、出库类别“其他出库”、入库类别“其他入库”，如图 7-24 所示。

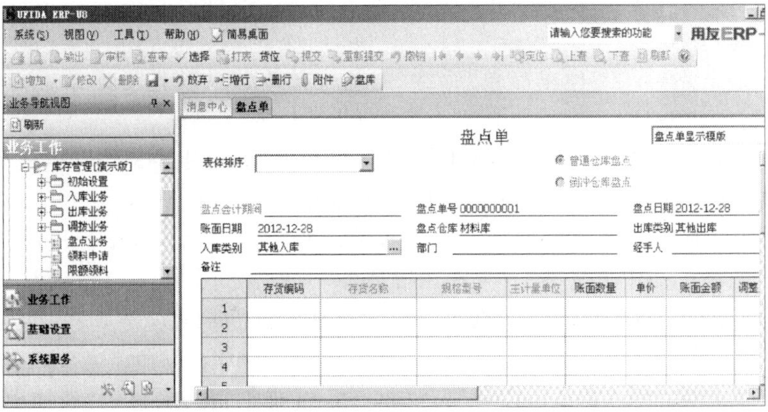

图　7-24

③ 单击【盘库】按钮，系统弹出“盘库将删除未保存的所有记录，是否继续?”信息提示对话框。

④ 单击【是】按钮，系统弹出“盘点处理”对话框。

⑤ 选中盘点方式“按仓库盘点”单选按钮，再单击【确认】按钮，稍候，系统将账面结果带

回盘点单。

⑥ 根据实验资料的要求，输入存货车轮、坐垫的盘点数量分别为183、808，并输入车轮、坐垫的参考单价450元、50元，如图7-25所示。

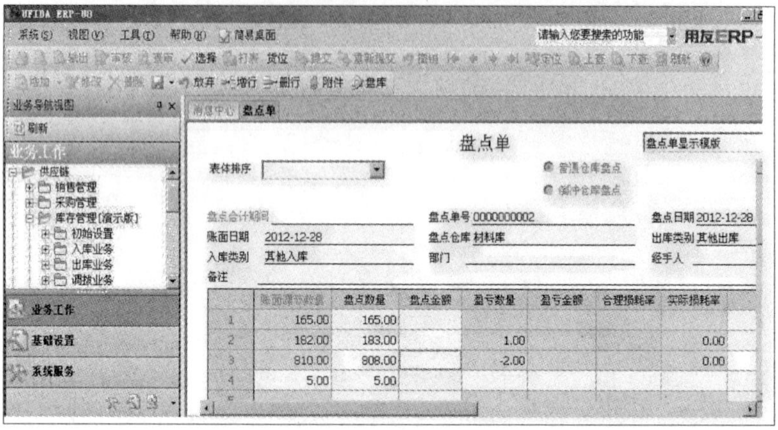

图 7-25

⑦ 单击【保存】按钮，再单击【审核】按钮，系统弹出“该单据审核成功!”信息提示。

⑧ 单击【确定】按钮后返回。

注意：

- 盘点单审核后，系统自动生成相应的其他入库单和其他出库单。
- 单击【盘库】按钮，表示选择盘点仓库中所有的存货进行盘点；单击【选择】按钮，表示按存货分类批量选择存货进行盘点。
- 盘点单中输入的盘点数量是实际库存盘点的结果。
- 盘点单记账后，不能再取消记账。

（2）在库存管理系统对盘点单生成的其他入库单、其他出库单审核。

① 执行“入库业务”→“其他入库单”命令，对盘点单生成的其他入库单进行审核。操作步骤参见“库存调拨业务”。

② 执行“出库业务”→“其他出库单”命令，对盘点单生成的其他出库单进行审核。操作步骤参见“库存调拨业务”。

（3）在存货核算系统中对盘点单生成的其他入库单、其他出库单记账并生成凭证。

① 以“李燕”身份重新注册进入企业应用平台，在企业应用平台“业务工作”页签中，执行“供应链”→“存货核算”→“业务核算”→“正常单据记账”命令，对盘点单生成的其他入库单、其他出库单进行记账。操作步骤参见“库存调拨业务”。

② 执行“财务核算”→“生成凭证”命令，进入“生成凭证”窗口。

③ 单击【选择】按钮，打开“查询条件”对话框。

④ 选择“其他入库单”、“其他出库单”复选框，单击【确定】按钮，进入“选择单据”窗口。

⑤ 选择盘点单生成的其他入库单、其他出库单，点击选中单据前“选择”栏，然后单击工具栏上的【确定】按钮，进入“生成凭证”窗口。

⑥ 选择凭证类型为“记账凭证”，在“其他出库单”、“其他入库单”生成的记账凭证“对方科目编码”栏分别输入科目代码“1901”，如图7-26所示。

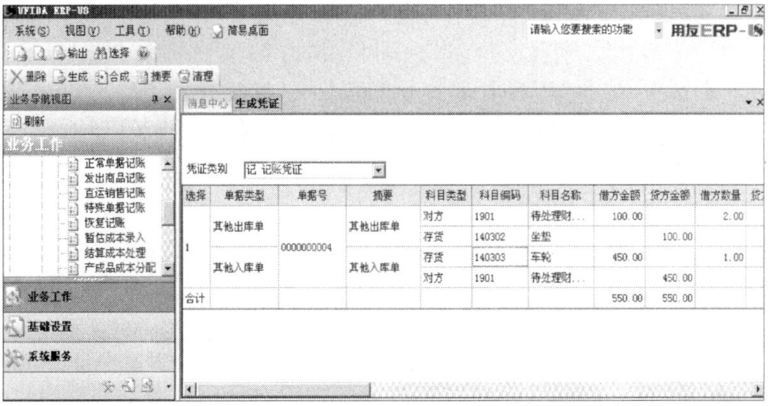

图　7-26

⑦ 单击【生成】按钮，进入“填制凭证”窗口，系统显示生成的两张记账凭证。

⑧ 分别单击【保存】按钮，两张凭证左上角显示“已生成”红字字样，表示凭证已传递到总账，如图 7-27、图 7-28 所示。

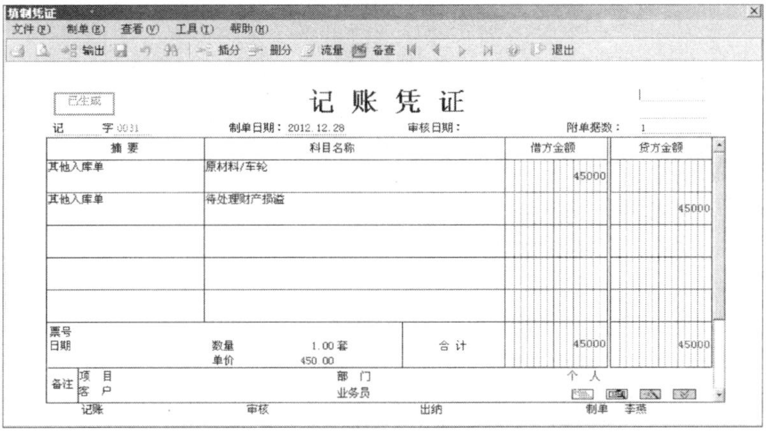

图　7-27

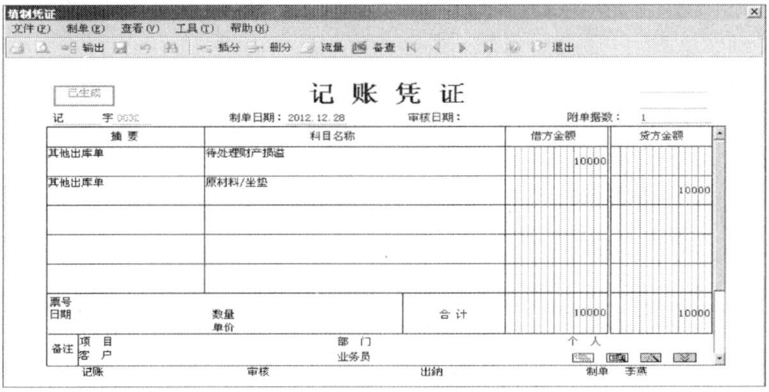

图　7-28

⑨ 单击【退出】按钮。

6. 账表查询

在库存管理系统中，执行“库存管理”→“报表”→“我的报表”命令，进入“报表管理器”窗口，可进行有关账表的查询。操作步骤参考“采购管理系统账簿查询”。

操作步骤：

（1）在库存管理系统中查看“库存台账”。

① 以“刘祥”身份注册进入企业应用平台，在企业应用平台“业务工作”页签中，执行“供应链”→“库存管理”→“报表”→“我的报表”命令，进入“报表管理器”窗口。

② 在“账表”查询窗口，执行“库存账”→“库存台账”命令，打开“输入查询条件”对话框。

③ 单击【确定】按钮，进入“库存台账备查簿”窗口。

④ 在“库存台账备查簿”窗口，查询有关库存台账明细信息，如图 7-29 所示。

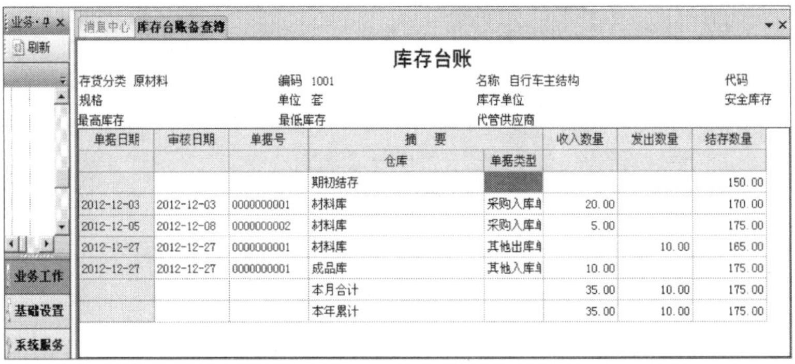

图 7-29

⑤ 查看完毕后，单击【退出】按钮。

（2）在库存管理系统中查看“出入库流水账”。

操作步骤参考“库存台账”查询。

（3）在库存管理系统中进行“现存量查询”。

操作步骤参考“库存台账”查询。

（4）在库存管理系统中查看“收发存汇总表”。

操作步骤参考“库存台账”查询。

（5）在库存管理系统中查看“存货分布表”。

操作步骤参考“库存台账”查询。

7. 备份本次实验数据，命名为实验账套六

21世纪经济与管理规划教材

工商管理系列

第8章

存货核算

8.1 存货核算系统概述

存货是指企业在生产经营过程中为销售或耗用而储存的各种资产,包括商品、产成品、半成品、在产品及各种材料、燃料、包装物、低值易耗品等。存货是企业的一项重要流动资产,是保证企业生产经营活动顺利进行的必要条件。

存货核算用于核算和分析所有业务中的存货耗用情况,正确计算存货的采购入库成本,暂估采购入库成本及销售出库成本等,动态掌握存货资金的变动,减少库存资金的积压,加速资金周转,促进企业提高资金的使用效果。

在用友 ERP-U8(V8.72)软件中,存货核算子系统可以单独使用,也可以与采购管理、销售管理、库存管理等系统集成使用,真正实现供应链中物流、资金流的全程动态管理。

1. 功能概述

存货核算系统是用友 ERP-U8 供应链管理系统的一个子系统。存货核算系统主要针对企业存货的收发存业务进行核算,掌握存货的使用情况,及时准确地把各类存货成本归集到各个成本项目和成本对象上,为企业的成本核算提供基础数据。

存货核算主要从资金的角度管理存货的出入库业务,主要用于核算企业的入库成本、出库成本和结余成本,反映和监督存货的收发、领退和保管情况,反映和监督存货资金的占用情况,存货核算系统的主要功能包括存货出入库成本的核算、暂估入库业务的处理、出入库成本的调整、存货跌价准备的处理等。

2. 存货核算系统与其他系统的主要关系

存货核算系统既可以和采购管理、销售管理、库存管理集成使用,也可以只与库存管理联合使用,还可以单独使用。

(1) 集成应用模式。当存货核算系统与采购管理、销售管理、库存管理集成使用时,在库存管理系统中录入采购入库单,在销售管理系统中录入发货单,审核后自动生成销售出库单或者在库存管理系统中参照销售订单或发货单生成销售出库单,传递到存货核算系统,在存货核算系统中,对各种出入库单据记账,并生成出入库凭证。

(2) 与库存管理联合使用。当存货核算系统与库存管理联合使用时,在库存管理系统中录入各种出入库单据并审核,在存货核算系统中对各种出入库单据记账,生成凭证。

(3) 独立应用模式。如果存货核算系统单独使用,那么所有的出入库单据均由存货核算系统填制。

在集成应用模式下,存货核算系统与其他系统的主要关系如图 8-1 所示。

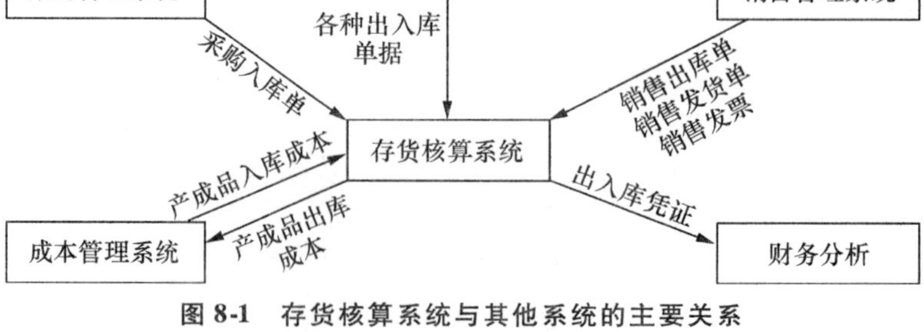

图 8-1 存货核算系统与其他系统的主要关系

存货核算系统可对采购管理系统生成的采购入库单记账、对采购暂估入库单进行暂估报销处理;存货核算系统还可对库存管理系统生成的各种出入库单据记账核算。企业发生的正常销售业务的销售成本可以在存货核算系统中根据所选的计价方法自动计算;企业发生分期收款业务和委托代销业务时,存货核算系统可以对销售管理系统生成的发货单和发票记账并确认成本。在存货核算系统中,进行了出入库成本记账的单据可以生成一系列的物流凭证并传入总账管理系统,实现财务和业务的一体化。成本管理可以将存货核算系统中材料出库单的出库成本自动读取出来,作为成本核算时的材料成本;成本管理完成成本计算后,存货核算系统可以从成本管理系统中读取其计算的产成品成本,并且分配到未记账的产成品入库单中,作为产成品入库单的入库成本。

8.2 存货核算系统的日常业务处理

存货核算系统根据出入库单,需要时核对有关发票,核算入库成本、出库成本并填制记账凭证,记入存货明细账的同时传递给总账,提供存货成本和有关账表的查询分析信息。

1. 入库业务处理

入库业务主要包括采购入库、产成品入库和其他入库。在存货核算系统中可以修改采购入库单金额、自动计算产成品单价、输入或修改其他入库单的单价等。

(1) 采购入库。存货核算系统取得库存管理系统中的采购入库单,确认采购成本,分配采购费用。

(2) 产成品入库。存货核算系统通过产成品入库单填入单价与金额,或由产成品成本分配功能自动填入,以核算产成品成本。

(3) 其他入库。存货核算系统依据相关业务生成的其他入库单以及输入或修改其他入库单单价核算其他入库成本。

2. 出库业务处理

出库单据主要包括销售出库、材料出库和其他出库。在存货核算系统中可以修改出库单据的单价或金额。

(1) 销售出库。存货核算系统取得销售出库单或发票,确认销售成本。

(2) 材料出库。存货核算系统通过材料出库单填入单价与金额或自动分配填入,以核算材料成本。

(3) 其他出库。存货核算系统依据相关业务生成的其他出库单以及输入或修改其他出库单单价核算其他出库成本。

3. 单据记账

单据记账是将各种出入库单据计入各种存货账,包括存货明细账、差异明细账、受托代销商品明细账等。

4. 调整业务

出入库单据记账后,发现单据金额错误,如果是录入错误,可采用修改方式进行调整。但有时遇到由于暂估入库后发生零出库业务等原因所造成的出库成本不准确或库存数量为零而仍有库存金额的情况时,只能使用入库调整单或出库调整单进行调整。

入库调整单或出库调整单都只针对当月存货的出入库成本进行调整,并且只调整存货的金额,不调整存货的数量。

5. 暂估处理

在存货核算系统中，对于没有成本的采购入库单，进行暂估成本（单价、金额）录入，已有成本的也可以修正。存货核算系统中对采购暂估入库业务提供了月初回冲、单到回冲、单到补差三种方式，暂估处理方式一旦选择不可修改。

无论采用哪一种暂估方式，都需要遵循以下步骤：待采购发票到达后，在采购管理系统中填制发票并进行采购结算，然后在存货核算系统中完成暂估入库业务成本处理。

6. 生成凭证

存货核算系统可以将各种出入库单据中涉及存货增减和价值变动的单据生成凭证，并传递到总账。

7. 综合查询

存货核算系统提供了多种统计分析账表，主要包括存货流水账、存货明细账、发出商品明细账、总账、个别计价明细表、入库汇总表、出库汇总表、差异分摊表、收发存汇总表、暂估材料余额表、存货周转率分析表、ABC 成本分析、库存资金占用表、入库成本分析表等。

存货核算系统业务处理流程如图 8-2 所示。

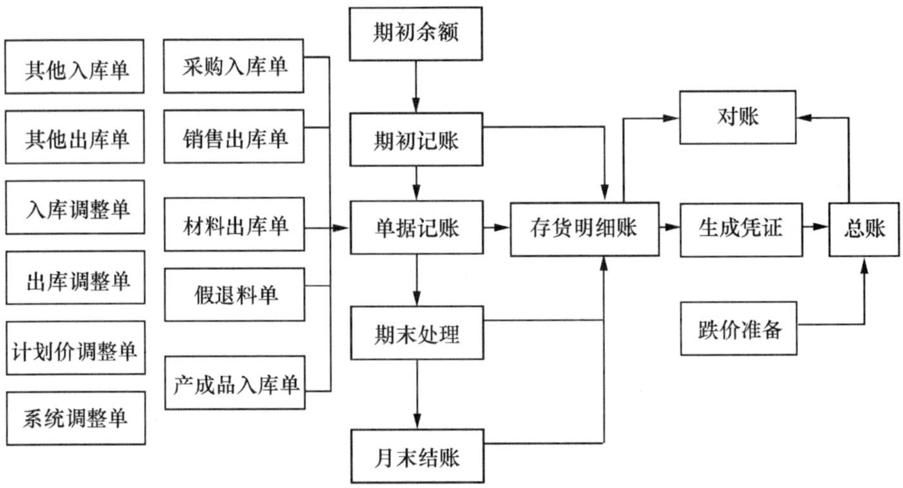

图 8-2　存货核算系统业务流程

实验七　存货核算

【实验准备】

引入实验六的账套备份数据，将系统日期修改为“2012/12/31”。

【实验目的和要求】

1. 熟悉用友 ERP-U8（V8.72）软件中存货核算系统的相关内容
2. 掌握存货核算日常业务处理方法
3. 理解存货核算系统与其他系统之间的数据传递关系

【实验内容】

1. 入出库单据处理
2. 暂估业务处理
3. 生成凭证
4. 存货账簿查询
5. 月末处理

【实验资料】

业务 1:入库业务

2012 年 12 月 28 日,向江苏省供销总社出售 5 辆山地自行车,报价为 3 400 元,货物已发出,开出销售专用销售,票号为 12122801。产品成本参考历史成本 2 340 元/辆。

业务 2:暂估业务

2012 年 12 月 28 日,向无锡车轮厂订购车轮 10 套,发票未到,历史单价为 450 元,验收入库,并填制入库单。

业务 3:调整入库成本

2012 年 12 月 29 日,将 12 月 28 日发生的采购车轮的入库成本增加 100 元。

业务 4:调整出库成本

2012 年 12 月 30 日,将 12 月 28 日出售给江苏省供销总社的山地自行车的出库成本增加 200 元。

【操作指导】

1. 业务 1

操作步骤:

(1) 在销售管理系统中输入销售发货单并审核。

以"姚明"身份重新注册进入企业应用平台,在企业应用平台"业务工作"页签中,执行"供应链"→"销售管理"→"销售发货"→"发货单"命令,进入"发货单"窗口,根据实验资料的要求,填制销售发货单,保存并审核,如图 8-3 所示。操作步骤参见"普通销售业务"。

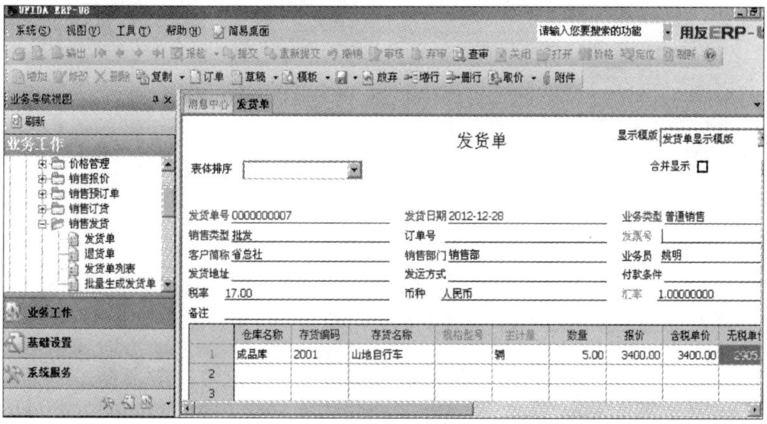

图　8-3

（2）在库存管理系统中审核销售出库单。

以“刘祥”身份重新注册进入企业应用平台，在企业应用平台“业务工作”页签中，执行“供应链”→“库存管理”→“出库业务”→“销售出库单”命令，进入“销售出库单”窗口，根据上一步销售发货单的要求，审核销售出库单，如图 8-4 所示。操作步骤参见“普通销售业务”。

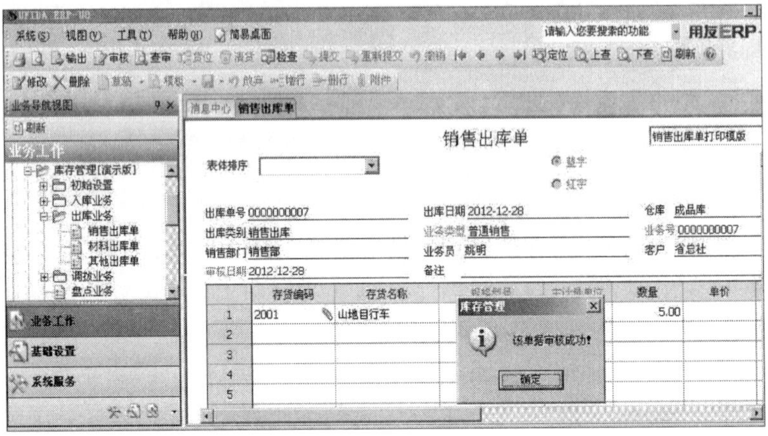

图 8-4

（3）在销售管理系统中审核销售发票。

以“姚明”身份注册进入企业应用平台，在企业应用平台“业务工作”页签中，执行“供应链”→“销售管理”→“销售开票”→“销售专用发票”命令，进入“销售专用发票”窗口，根据上一步销售发货单的要求，填制销售专用发票，保存并复核，如图 8-5 所示。操作步骤参见“普通销售业务”。

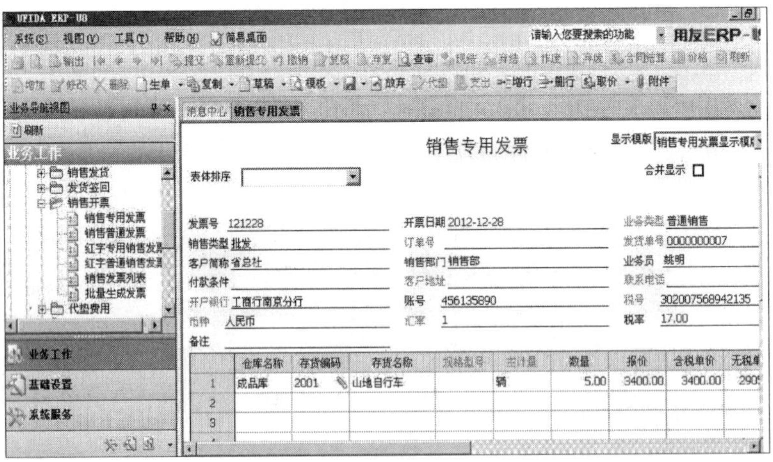

图 8-5

（4）在存货核算系统中记账并生成凭证。

① 以“李燕”身份注册进入企业应用平台，在企业应用平台“业务工作”页签中，执行“供应链”→“存货核算”→“业务核算”→“正常单据记账”命令，打开“过滤条件选择”对话框。

② 单击【过滤】按钮，进入“未记账单据一览表”窗口。

③ 点击本业务需要记账的单据前的“选择”栏，或单击工具栏的【全选】按钮，然后单击工

具栏中的【记账】按钮,系统弹出“记账成功!”信息提示,如图 8-6 所示。

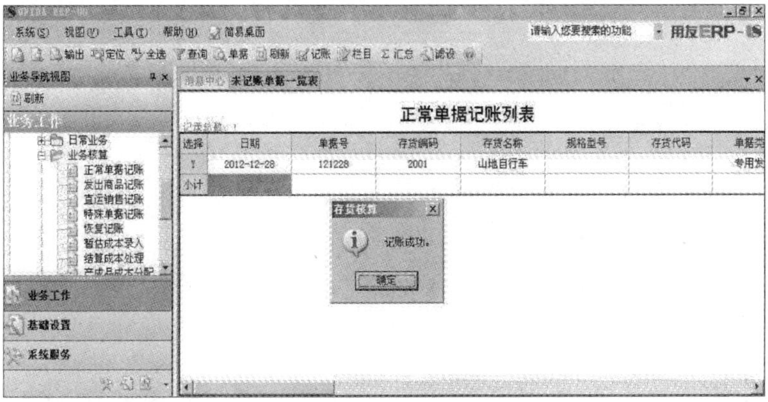

图　8-6

④ 单击【确定】按钮后完成记账。

⑤ 执行“财务核算”→“生成凭证”命令,进入“生成凭证”窗口。

⑥ 单击【选择】按钮,打开“查询条件”对话框。

⑦ 选择“销售专用发票”复选框,单击【确定】按钮,进入“选择单据”窗口。

⑧ 选中前面需要制单的销售专用发票,单击【确定】按钮,返回“生成凭证”窗口。

⑨ 选择凭证类别“记账凭证”,分别输入第 1 行科目“6401”的借方金额“11 700”元、第 2 行科目“140501”的贷方金额“11 700”元,如图 8-7 所示。

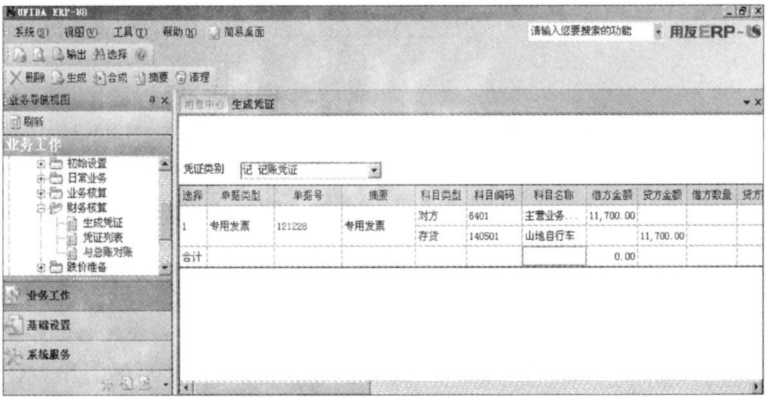

图　8-7

⑩ 单击【生成】按钮,进入“填制凭证”窗口。

⑪ 选择制单日期为“2012-12-28”,点击选中第 1 记录行“6401 主营业务成本”科目,在“辅助项”对话框中选择项目名称“山地自行车”,如图 8-8 所示。

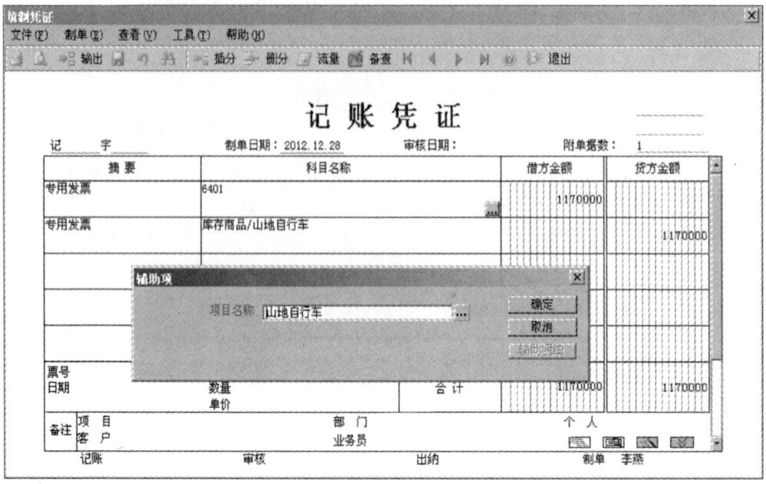

图 8-8

⑫ 单击【确定】按钮,再单击【保存】按钮,凭证左上角出现"已生成"红色字样,表示凭证已传递到总账,如图 8-9 所示。

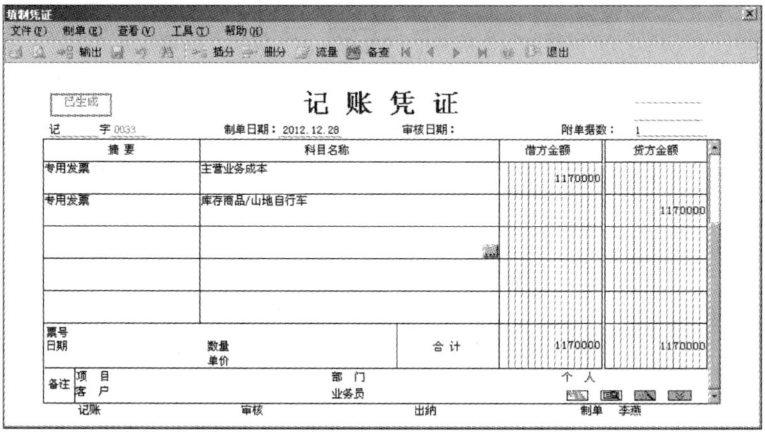

图 8-9

⑬ 单击【退出】按钮。

注意:

主营业务成本为辅助核算项目。

(5) 在应收款管理系统中审核销售专用发票并制单。

① 以"张晓军"身份重新注册进入企业应用平台,在企业应用平台"业务工作"页签中,执行"财务会计"→"应收款管理"→"应收单据处理"→"应收单据审核"命令,审核前面生成的专用发票。操作步骤参见"普通销售业务"。

② 执行"应收款管理"→"制单处理"命令,进入"制单"窗口,选择前面的专用发票,生成记账凭证并保存,如图 8-10 所示。操作步骤参见"普通销售业务"。

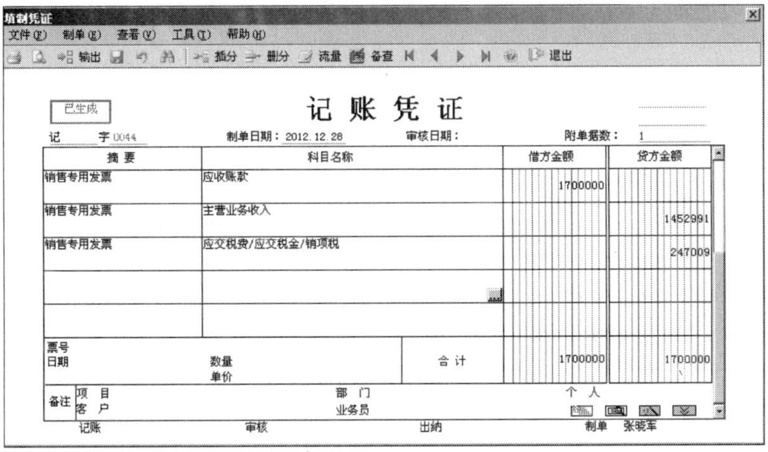

图　8-10

2. 业务 2

操作步骤：

(1) 在库存管理系统中输入采购入库单并审核。

以“刘祥”身份注册进入企业应用平台，在企业应用平台“业务工作”页签中，执行“供应链”→“库存管理”→“入库业务”→“采购入库单”命令，根据实验资料的要求，填制采购入库单(由于发票未到，所以价格不填)，保存并审核，如图 8-11 所示。操作步骤参见“普通采购业务”。

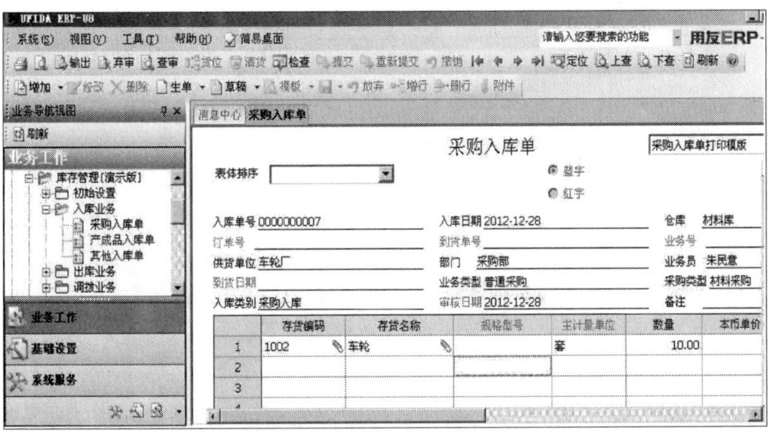

图　8-11

(2) 在存货核算系统中记账及生成凭证。

① 以“李燕”身份重新注册进入企业应用平台，在企业应用平台“业务工作”页签中，执行“供应链”→“存货核算”→“业务核算”→“暂估成本录入”命令，打开“采购入库成本成批录入查询”对话框。

② 选择“材料库”复选框，单击【确定】按钮，进入“暂估成本录入”窗口。

③ 录入该笔业务的参考历史单价“450”元，如图 8-12 所示。

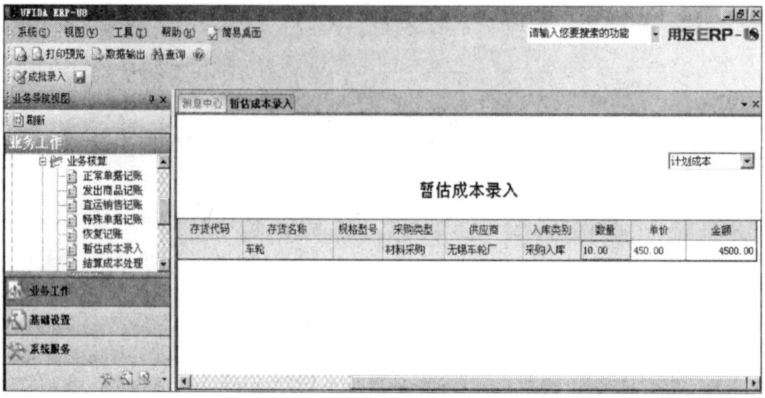

图 8-12

④ 单击【保存】按钮,系统显示"保存成功!"信息提示,再单击【确定】按钮返回。

⑤ 执行"存货核算"→"业务核算"→"正常单据记账"命令,打开"过滤条件选择"对话框。

⑥ 单击【过滤】按钮,进入"未记账单据一览表"窗口。

⑦ 根据实验资料要求,选中要记账的暂估入库单,单击【记账】按钮,显示"记账成功"信息提示,如图 8-13 所示。

图 8-13

⑧ 单击【确定】按钮后退出。

⑨ 执行"财务核算"→"生成凭证"命令,打开"查询条件"对话框。

⑩ 选中条件"采购入库单(暂估记账)"复选框,单击【确定】按钮,进入"选择单据"窗口,选中前面生成的暂估采购入库单。

⑪ 单击【确定】按钮,进入"生成凭证"窗口,在第 2 行输入科目编码"1401",如图 8-14 所示。

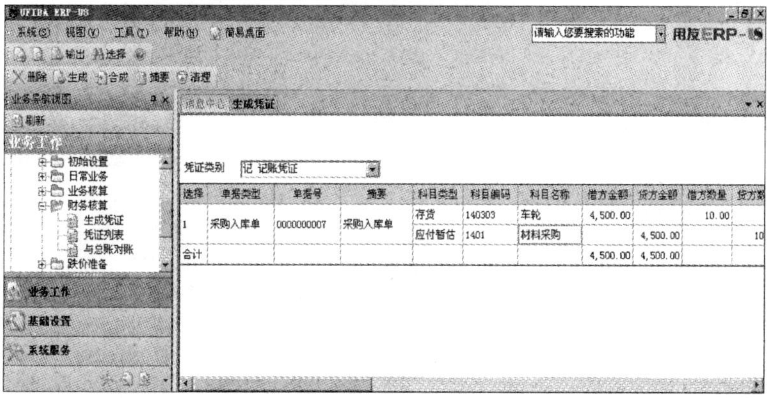

图　8-14

⑫ 单击【生成】按钮，进入“填制凭证”窗口，选择制单日期为“2012-12-16”，再单击【保存】按钮，凭证左上角出现“已生成”红色字样，表示凭证已传递到总账，如图 8-15 所示。

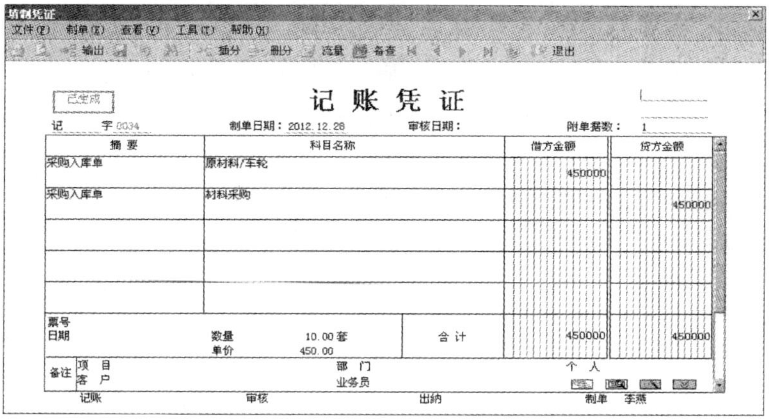

图　8-15

⑬ 单击【退出】按钮。

3. 业务 3

操作步骤：

(1) 在存货核算系统中录入入库调整单据。

① 以“李燕”身份重新注册进入企业应用平台，在企业应用平台“业务工作”页签中，执行“供应链”→“存货核算”→“日常业务”→“入库调整单”命令，进入“入库调整单”窗口。

② 单击【增加】按钮，输入或选择仓库“材料库”、日期“2012-12-29”、收发类别“采购入库”、供应商“无锡车轮厂”、业务员“朱民意”。

③ 选择存货编码“1002”，输入调整金额“100”元，如图 8-16 所示。

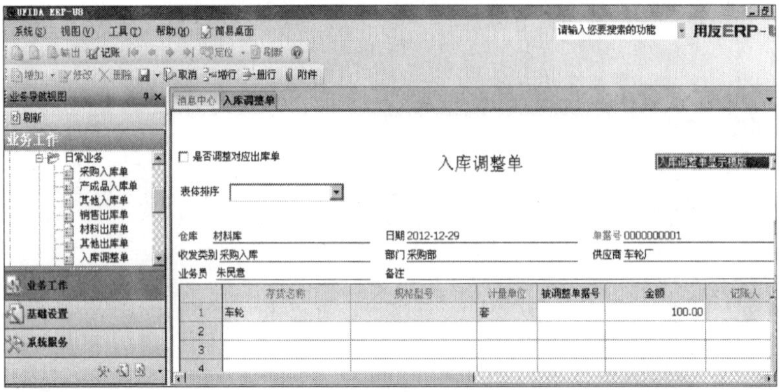

图 8-16

④ 单击【保存】按钮,再单击【记账】按钮后退出。

(2) 存货核算系统中生成入库调整凭证。

① 执行“财务核算”→“生成凭证”命令,进入“生成凭证”窗口。

② 单击【选择】按钮,打开“查询条件”对话框。

③ 选中条件“入库调整单”复选框,单击【确定】按钮,进入“选择单据”窗口。

④ 选中前面生成的入库调整单,单击【确定】按钮,进入“生成凭证”窗口。

⑤ 选择凭证类别“记账凭证”,单击【生成】按钮,进入“填制凭证”窗口,如图 8-17 所示。

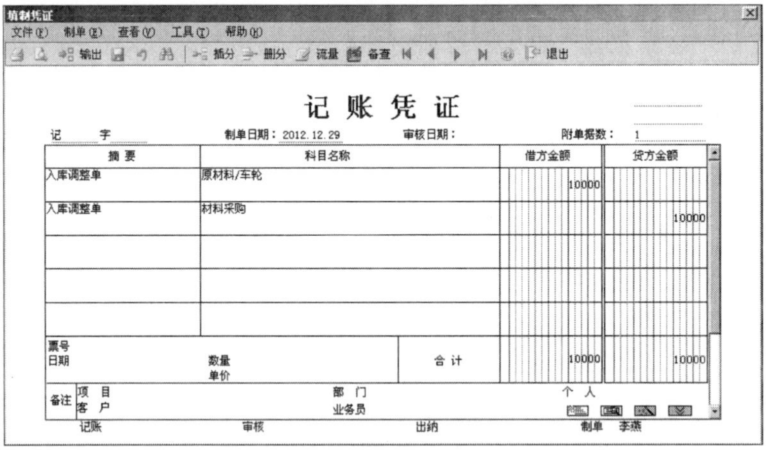

图 8-17

⑥ 修改日期为“2012-12-29”,单击【保存】按钮,凭证左上角出现“已生成”红色字样,表示凭证已传递到总账。

⑦ 单击【退出】按钮。

4. 业务 4

操作步骤:

(1) 在存货核算系统中录入出库调整单据。

执行“日常业务”→“出库调整单”命令,根据实验资料的要求,填制出库调整单并记账,如图 8-18 所示。操作步骤参见“存货业务 3”。

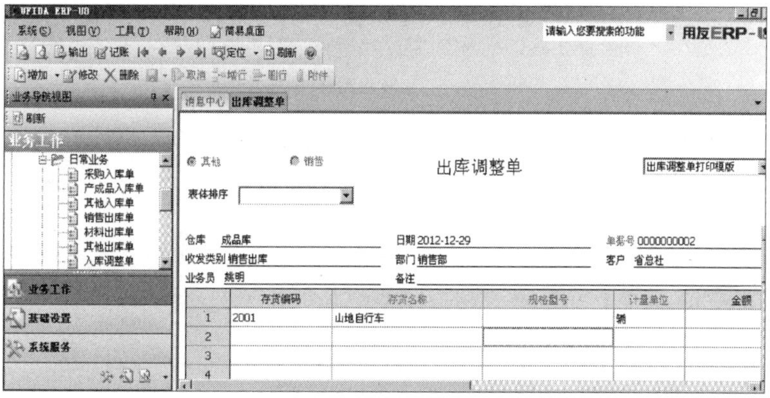

图 8-18

（2）在存货核算系统中生成出库调整凭证。

执行“财务核算”→“生成凭证”命令，根据实验资料的要求，选择相对应的出库调整单记录，生成记账凭证，如图 8-19 所示。操作步骤参见“存货业务 3”。

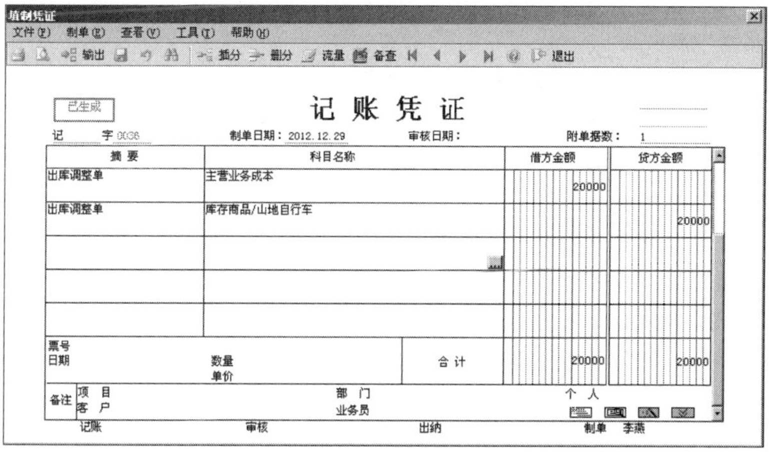

图 8-19

注意：

主营业务成本为项目核算科目。

5. 账表查询

操作步骤：

（1）在存货核算系统中查看“流水账”。

① 以“张晓军”身份注册进入企业应用平台，在企业应用平台“业务工作”页签中，执行“供应链”→“存货核算”→“账表”→“账簿”→“流水账”命令，打开“过滤条件选择”对话框。

② 选择“包含单据”下拉按钮下的“已记账单据”和“未记账单据”复选框，单击【过滤】按钮，进入“流水账”窗口。

③ 在“流水账”窗口，查询有关流水账信息，如图 8-20 所示。

单据日期	单据号	记账日期	记账人	凭证号	凭证摘要	业务类型	仓库编码	仓库	客户	供应商
2012-12-03	0000000001	2012-12-03	张晓军	5	采购入库单	普通采购	1	材料库		南京钢...
2012-12-05	0000000002	2012-12-05	张晓军	6	采购入库单	普通采购	1	材料库		南京钢...
2012-12-06	0000000003	2012-12-06	李燕	8	采购入库单	普通采购	1	材料库		无锡车轮厂
2012-12-09	0000000004	2012-12-09	李燕	14	采购入库单	普通采购	1	材料库		南京塑...
2012-12-10	0000000005	2012-12-11	李燕	15	采购入库单	普通采购	1	材料库		无锡车轮厂
2012-12-11	0000000006	2012-12-11	李燕	16	采购入库单	普通采购	1	材料库		无锡车轮厂
2012-12-16	121216	2012-12-16	李燕	17	专用发票	普通销售	2	成品库	进香河...	
2012-12-17	121217	2012-12-17	李燕	20	专用发票	普通销售	2	成品库	家乐福...	
2012-12-17	12121702	2012-12-17	李燕	24	专用发票	普通销售	2	成品库	沃尔玛...	
2012-12-26	12122601	2012-12-26	李燕	25	专用发票	普通销售	2	成品库	江苏省...	
2012-12-26	0000000001	2012-12-26	李燕	26	产成品...	成品入库	2	成品库		
2012-12-26	0000000002	2012-12-26	李燕	27	产成品...	成品入库	2	成品库		
2012-12-26	0000000001	2012-12-26	李燕	28	材料出库单	领料	1	材料库		

图 8-20

④ 查看完毕后,单击【退出】按钮。

(2) 在存货核算系统中查看“明细账”。

操作步骤参考“流水账”查询。

(3) 在存货核算系统中查看“收发存汇总表”。

操作步骤参考“流水账”查询。

(4) 在存货核算系统中查看“暂估材料/商品余额表”。

操作步骤参考“流水账”查询。

(5) 在存货核算系统中进行“入库成本分析”。

操作步骤参考“流水账”查询。

6. 备份本次实验数据,命名为实验账套七

第9章

薪资管理

9.1 薪资管理系统概述

薪资是企业依据职工付出劳动的数量和质量,以货币形式支付给职工的劳动报酬,也是产品成本的组成要素之一。薪资管理软件是各单位使用率最高的软件,薪资核算也是企业会计核算中最基本的业务之一。

目前的管理信息系统软件中,通常将人力资源管理和薪资管理结合在一起形成人力资源管理子系统。人力资源的核算和管理是企业管理的重要组成部分,其中对于企业职工的业绩考评和薪酬的确定正确与否更是关系到企业每一位职工的切身利益,对于调动每一位职工的工作积极性、正确处理企业与职工之间的经济关系具有重要意义。

1. 功能概述

薪资管理是各企事业单位最经常使用的功能之一。在用友 ERP-U8 管理软件中,薪资管理是作为人力资源管理系统的一个子系统存在。

薪资管理的主要功能如下:

(1) 用户根据自己的需要建立适合本单位的工资应用环境;

(2) 工资系统的管理提供了安全保密机制和必要的维护功能;

(3) 进行多层次的部门管理,实现工资管理多级化;

(4) 提供灵活方便的项目设置和公式定义,以及多种形式的数据录入功能;

(5) 提供工资表、发放条、工资卡及各种汇总表、明细表等;

(6) 提供按查询条件得到的各种分析、统计表,如按部门工资项目的分析、按月员工工资汇总表、工资增长情况、按项目分类统计表等;

(7) 提供个人所得税扣缴申请表;

(8) 提供工资分钱清单、银行代发功能;

(9) 提供自动完成工资分摊、计提、转账业务的功能;

(10) 提供通用的数据接口,导入文本文件、ACCESS 文件、DBASE 文件等多种外部数据文件;

(11) 提供不同的工资计算方式、不同的工资项目、不同的地区人员工资汇总的功能,以完成统一核算的功能;

(12) 提供月末处理、年末处理的功能。

2. 薪资管理系统与其他系统的主要关系

薪资管理系统日常业务的处理结果最终要在总账子系统中反映,通过凭证形式将数据传递到总账,同时还要传递给成本管理子系统,作为成本核算的基础数据之一。

薪资管理系统与其他系统的主要关系如图 9-1 所示。

薪资管理系统与企业应用平台共享数据。薪资管理系统依据人力资源管理系统的工资标准、人员数据,以及生产制造系统的产品、工序数据以便进行有关人员工资数据的计算;将工资分摊的结果生成转账凭证传递到总账,向成本管理系统、项目管理系统提供相关工资费用数据,向人力资源管理系统提供工资发放数据,以及为 UFO 报表系统提供工资分析数据。

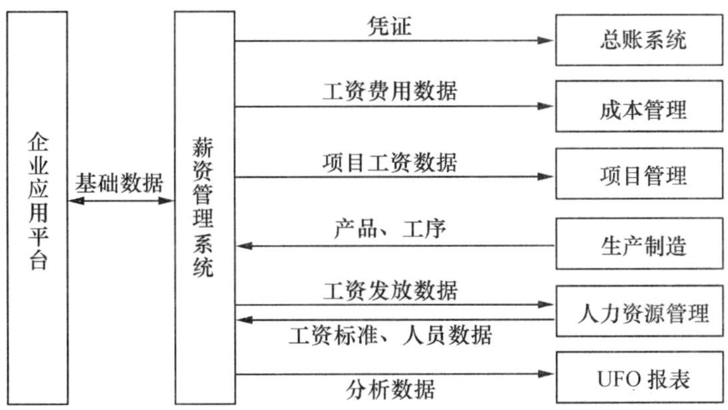

图 9-1 薪资管理系统与其他系统的主要关系

9.2 薪资管理系统日常业务处理

1. 初始设置

用户第一次使用薪资管理系统，首先要做一次性初始设置。薪资管理系统初始设置主要包括建立工资账套和基础信息设置两部分。

工资账套与系统管理中的账套是两个不同的概念。工资账套是针对薪资子系统设置的。要建立工资账套，前提是首先必须在系统管理中建立本单位账套。建立工资账套可依据建账向导依次进行参数设置、扣税设置、扣零设置、人员编码。

基础信息设置是针对薪资系统正常运行所需的一些基础信息进行设置。主要包括部门设置、人员类别设置、人员附加信息设置、工资项目设置和银行名称设置等。

2. 日常处理

主要包括：

(1) 工资类别管理。薪资管理系统是按照工资类别来进行管理的，以满足工资分类管理的需要。对工资类别的维护包括建立工资类别、打开工资类别、删除工资类别、关闭工资类别和汇总工资类别。每个工资类别下需建立人员档案、设置工资项目和计算公式等。

(2) 工资数据管理。第一次使用薪资管理系统时需要将所有人员的基本工资数据录入系统中，平时如每月发生工资数据的变动也在此进行调整。系统提供了对工资数据的筛选和定位、页编辑、替换和过滤器等功能，以快速、准确地录入工资数据。

(3) 工资分钱清单。工资分钱清单是按单位计算的工资发放分钱票面额清单，会计人员据此清单从银行取款并发给各部门。

(4) 个人所得税的计算与申报。薪资管理系统提供了个人所得税自动计算功能，用户只需要自定义所得税税率，系统可自动计算个人所得税。

(5) 银行代发。银行代发处理是指每月末单位应向银行提供给定格式的数据，以便职工凭工资信用卡去银行取款。

(6) 工资分摊。工资分摊用于对工资费用进行工资总额的计提计算、分配及各种经费的计提，并编制会计凭证。

(7) 工资数据统计查询。薪资管理系统提供了主要的工资报表,如工资表、工资分析表等,也可以通过"修改表"和"新建表"功能自行设计。

3. 期末处理

期末处理主要包括月末结转、年末结转功能。

月末处理是将当月工资数据经过处理后结转至下月,每月工资数据处理完毕后一般均要进行月末结转。年末结转是将工资数据经过处理后结转至下年。年末结转后,新年度账将自动建立。

薪资管理系统的基本业务处理流程如图 9-2 所示。

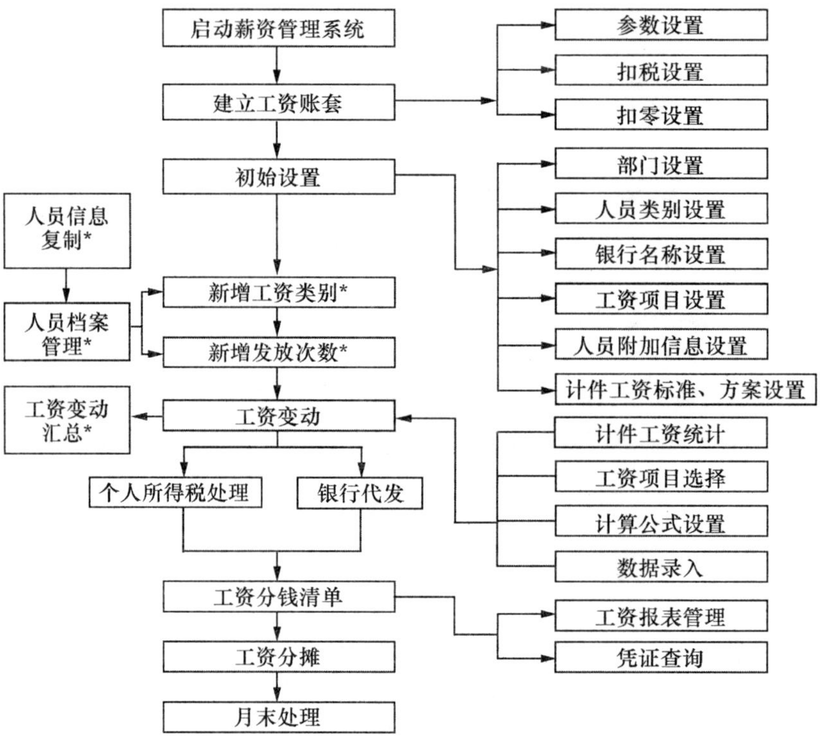

图 9-2 薪资管理系统业务流程图

实验八 薪资管理

【实验准备】

引入实验七的账套备份数据,将系统日期修改为"2012/12/31"。

【实验目的和要求】

1. 熟悉用友 ERP-U8(V8.72)软件中薪资管理系统的相关内容
2. 掌握薪资管理系统初始化、日常业务处理、工资分摊及月末处理的主要内容和操作方法
3. 理解薪资管理系统与其他系统之间的数据传递关系

【实验内容】

1. 薪资管理系统初始设置
2. 薪资管理系统日常业务处理
3. 工资分摊及凭证生成
4. 月末处理
5. 薪资管理系统数据查询

【实验资料】

1. 建立工资账套

工资类别个数:多个;不核算计件工资;核算币种:人民币(RMB);要求代扣个人所得税;不进行扣零处理;人员编码长度:3 位;启用日期:2012 年 12 月。

2. 基础信息设置

(1) 工资项目设置,见表 9-1。

表 9-1　工资项目

项目名称	类型	长度	小数位数	增减项
基本工资	数字	8	2	增项
岗位津贴	数字	8	2	增项
加班费	数字	8	2	增项
物价补贴	数字	8	2	增项
奖金	数字	8	2	增项
养老保险金	数字	8	2	减项
请假扣款	数字	8	2	减项
请假天数	数字	4	0	其他
工资代扣税	数字	10	2	减项
应发合计	数字	10	2	增项
扣款合计	数字	8	2	减项
实发合计	数字	10	2	增项

(2) 人员档案。

工资类别 1:在岗人员; 工资类别 2:退休人员。

在岗人员部门选择:所有部门。

在岗人员工资项目:基本工资、岗位津贴、加班费、物价补贴、奖金、养老保险金、应发合计、

代扣税、请假扣款、扣款合计、实发合计、请假天数。

计算公式：　　请假扣款 = 请假天数 ×22

养老保险金 =（基本工资 + 岗位津贴）×0.05

在岗人员档案见表 9-2 至表 9-4。

表 9-2　在岗人员档案(1)

人员编号	人员姓名	人员类别	是否计税
102	王明	企业综合管理岗	是
103	张方	企业综合管理岗	是
104	李燕	企业综合管理岗	是
105	吴涛	企业综合管理岗	是
302	张宁	业务管理岗	是
303	孝陵	业务管理岗	是
402	朱民意	业务管理岗	是
403	许乐	业务管理岗	是
404	关严	业务管理岗	是
405	王涛	仓库保管	是
502	徐爽	车间人员	是
602	华岚	车间技术工人	是
604	李约翰	车间技术工人	是
605	郭炜	车间技术工人	是
606	周涛	车间技术工人	是

表 9-3　在岗人员档案(2)

人员编号	人员姓名	人员类别	是否计税
501	何军	车间管理岗	是
601	曾晓贤	车间管理岗	是
603	王继伟	车间主任	是

表 9-4　在岗人员档案(3)

人员编号	人员姓名	人员类别	是否计税
101	张晓军	企业综合管理岗	是
201	姚明	业务管理岗	是
301	刘祥	业务管理岗	是
401	朱挺	业务管理岗	是
701	章先科	企业综合管理岗	是

（3）银行名称。银行名称“中国工商银行浦口支行”，银行编码“01528”，默认个人账号“定长”，长度为“11”，自动带出个人账号长度为“7”。

个人银行账号为“3201 + 人员编号”。

（4）工资数据。12 月初人员工资情况，见表 9-5 至表 9-7。

表 9-5 工资数据 单位：元

人员编号	人员姓名	基本工资	加班费	岗位津贴	物价补贴	奖金
102	王明	2 600	65	1 200	516	360
103	张方	2 100	65	1 065	516	360
104	李燕	2 200	65	1 065	516	360
105	吴涛	2 000	65	1 000	516	360
302	张宁	2 000	80	1 065	516	300
303	孝陵	1 800	90	1 065	516	300
402	朱民意	2 000	200	1 100	516	450
403	许乐	1 900	150	1 065	516	400
404	关严	2 000	65	1 065	516	360
405	王涛	1 900	70	1 065	516	360
502	徐爽	2 000	65	1 065	516	360
602	华岚	2 000	200	900	516	400
604	李约翰	2 000	350	850	516	400
605	郭炜	2 000	300	850	516	360
606	周涛	2 000	65	800	516	360

表 9-6 工资数据 单位：元

人员编号	人员姓名	基本工资	加班工资	岗位津贴	物价补贴	奖金
501	何军	2 400	60	1 200	400	265
601	曾晓贤	1 900	65	1 100	400	350
603	王继伟	1 800	70	1 000	400	350
701	章先科	1 400	75	850	400	100

表 9-7 工资数据 单位：元

人员编号	人员姓名	基本工资	加班工资	岗位津贴	物价补贴	奖金
101	张晓军	3 200	100	1 400	450	500
201	姚明	2 600	80	1 200	450	450
301	刘祥	2 800	80	1 200	450	450
401	朱挺	2 700	60	1 300	450	450

（5）代扣个人所得税。计税基数 2 000 元。

（6）工资分摊。应付工资总额等于工资项目“实发合计”，应付福利费也以此为计提基数（福利费计提比例为 10%）。

工资费用分配的转账分录如表 9-8 所示。

表 9-8　工资费用分配转账分录

部门 \ 工资分摊	应付工资		应付福利费	
	借方(项目)	贷方	借方(项目)	贷方
车间管理岗	500102(山地自行车)	2211	500102(山地自行车)	2211
业务管理岗	660101	2211	660102	2211
车间技术工人	500102(山地自行车)	2211	500102(山地自行车)	2211
企业综合管理岗	660201	2211	660202	2211

说明:工资分摊涉及成本项目核算,故实验假设工资费用分配给“山地自行车”项目。

【操作指导】

1. 在企业应用平台中启用薪资管理系统

操作步骤:

(1) 执行“开始”→“程序”→“用友 ERP-U8”→“企业应用平台”命令,打开“登录”对话框。

(2) 输入操作员“001”,密码“001”,在“账套”下拉列表框中选择“[999]南京市珠江机械有限公司管理信息系统”,更改“操作日期”为“2012-12-01”,如图 9-3 所示。

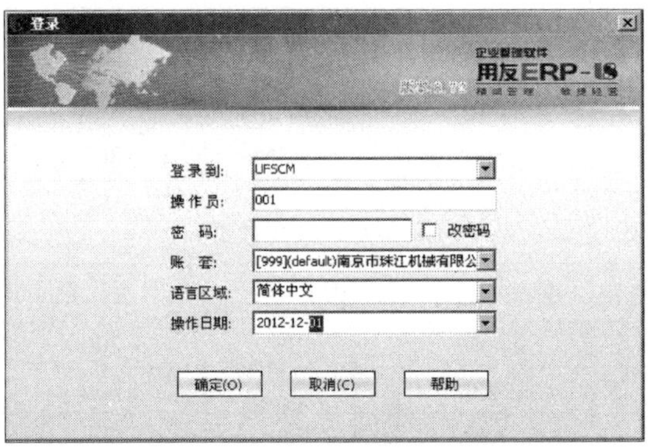

图　9-3

(3) 单击【确定】按钮,进入企业应用平台。

(4) 在企业应用平台“基础设置”页签中,执行“基础设置”→“基本信息”→“系统启用”命令,打开“系统启用”对话框。

(5) 单击选中“WA 薪资管理”复选框,弹出“日历”对话框,选择工资系统启用日期为“2012-12-01”,如图 9-4 所示。

图　9-4

(6) 单击【确定】按钮,系统弹出“确实要启用当前系统吗?”信息提示框,再单击【是】按钮后退出。

2. 建立工资账套

操作步骤:

(1) 在企业应用平台“业务”页签中,执行“人力资源”→“薪资管理” 命令,打开“建立工资账套”对话框。

(2) 在建账第一步“参数设置”中,选择本账套所需处理的工资类别个数为“多个”单选框,默认币别名称为“人民币”,不选择“是否核算计件工资”,如图 9-5 所示。

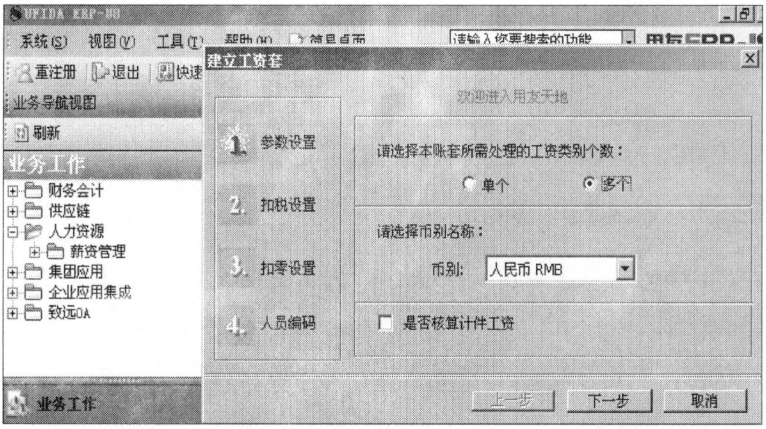

图　9-5

注意:

本实验对在岗人员和退休人员分别进行核算,所以工资类别应选择“多个”。

(3) 单击【下一步】按钮,在建账第二步“扣税设置”中,选中“是否从工资中代扣个人所得税”复选框,如图 9-6 所示。

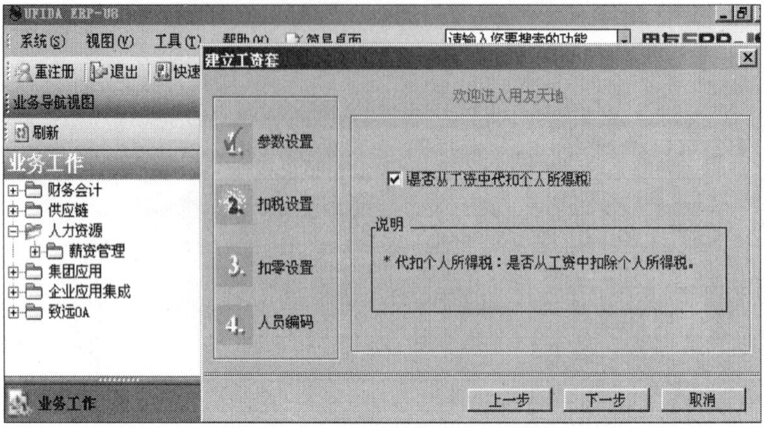

图 9-6

注意：

选择代扣个人所得税后，系统将自动生成工资项目“代扣税”，并自动进行代扣税金的计算。

(4) 单击【下一步】按钮，在建账第三步“扣零设置”中，不做选择。

注意：

- 扣零设置是指每次发放工资时零头扣下，积累取整，于下次工资发放时补上。
- 一旦选择了“扣零处理”，系统自动在固定工资项目增加“本月扣零”和“上月扣零”两个项目，扣零的计算公式将由系统自动定义，无须设置。

(5) 单击【下一步】按钮，在建账第四步“人员编码”中，系统要求和公共平台中的人员编码保持一致，如图 9-7 所示。

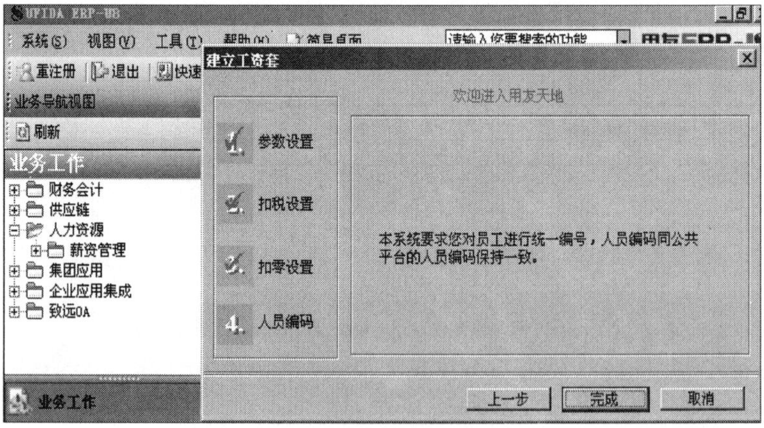

图 9-7

(6) 单击【完成】按钮，系统弹出“未建立工资类别！”信息提示框。

(7) 单击【确定】按钮，打开“打开工资类别”对话框。

(8) 单击【取消】按钮后退出。

注意：

建账完毕后，部分建账参数可以在“设置”→“选项”中进行修改。

3. 基础信息设置

操作步骤：

(1) 工资项目设置。

① 在薪资管理系统中，执行“设置”→“工资项目设置”命令，打开“工资项目设置”对话框。

② 单击【增加】按钮，工资项目列表中增加一行空行，再单击“名称参照”下拉列表框，从下拉列表中选择“基本工资”选项，如图 9-8 所示。

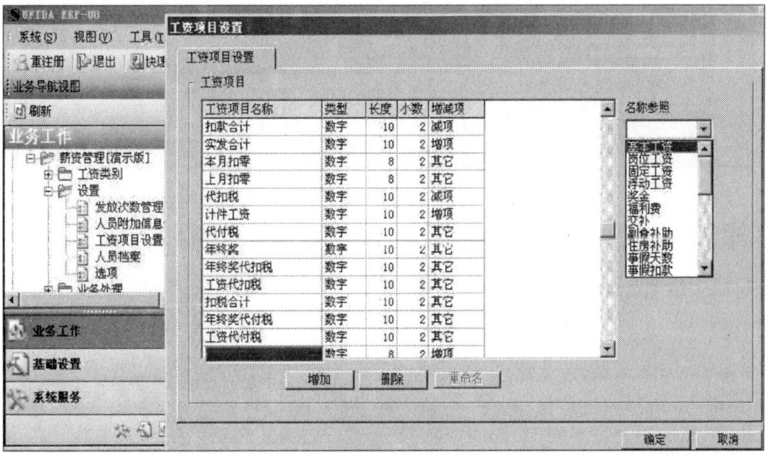

图　9-8

③ 将基本工资选入左边“工资项目”栏。

④ 双击基本工资的“类型”栏，单击下拉列表，从中选择“数字”类型选项，“长度”采用系统默认值“8”。

⑤ 双击基本工资的“小数”栏，调整小数位为“2”。

⑥ 双击基本工资的“增减项”栏，单击下拉列表，从中选择“增项”选项。

⑦ 同理，单击【增加】按钮，增加“加班费”、“岗位津贴”、“奖金”工资项目。

注意：

如果需要修改某栏目，只需要双击该栏目，按需要进行修改即可。

⑧ 单击【增加】按钮，工资项目列表中增加一行空行，输入或选择工资项目名称“物价补贴”、类型“数字”、长度“8”、小数“2”，增减项选择“增项”。

⑨ 同理，单击【确定】按钮，输入“物价补贴”、“请假扣款”、“请假天数”、“养老保险金”工资项目。

⑩ 增加完毕后，单击【确定】按钮，系统弹出“工资项目已经改变，请确认各工资类别的公式是否正确?”信息提示。

⑪ 单击【确定】按钮后退出。

(2) 新建工资类别。

① 执行“工资类别”→“新建工资类别” 命令，打开“新建工资类别”对话框。

② 在文本框中输入第一个工资类别“在岗人员”，如图 9-9 所示。

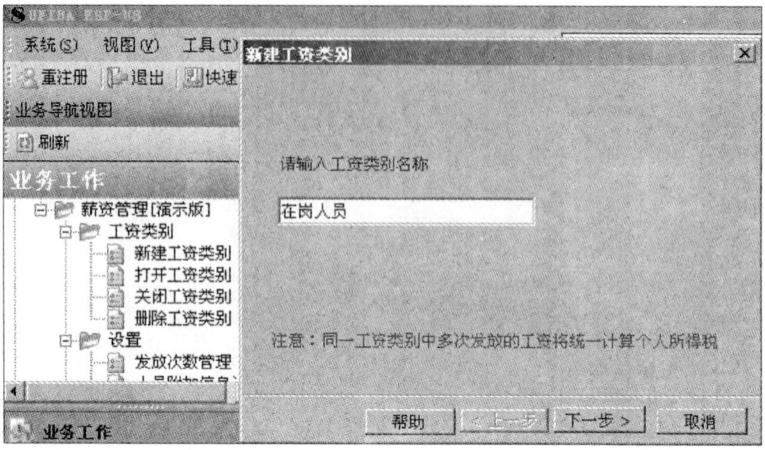

图 9-9

③ 单击【下一步】按钮，再单击【选定全部部门】按钮，选中所有部门。

④ 单击【完成】按钮，系统弹出"是否以 2012-12-01 为当前工资类别的启用日期?"对话框，如图 9-10 所示。

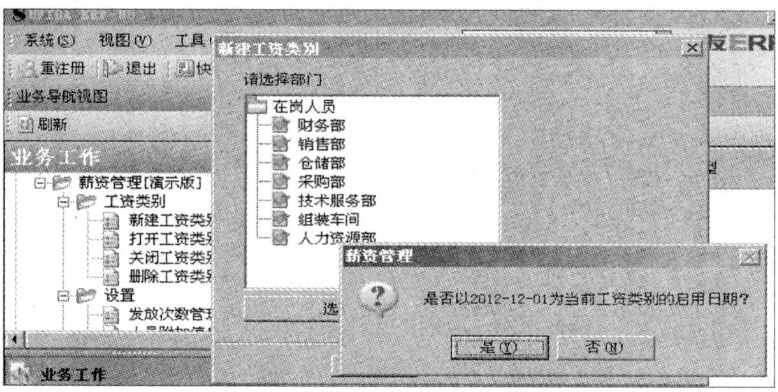

图 9-10

⑤ 单击【是】按钮返回。

⑥ 执行"工资类别"→"关闭工资类别" 命令，系统弹出"已关闭工资类别"信息提示框。

⑦ 单击【确定】按钮，关闭"在岗人员"工资类别。

⑧ 执行"工资类别"→"新建工资类别"，打开"新建工资类别"对话框，在文本框中输入第二个工资类别"退休人员"，单击"下一步"按钮。

⑨ 重复③—⑤步骤，完成退休人员工资类别的新建。

(3) 银行设置。

① 在企业应用平台的"基础设置"页签中，执行"基础档案"→"收付结算"→"银行档案"命令，打开"增加银行档案"对话框。

② 输入银行编码"01528"、银行名称"中国工商银行浦口支行"，选择个人账户规则"定长"、账号长度"11"、自动带出个人账号长度"7"，如图 9-11 所示。

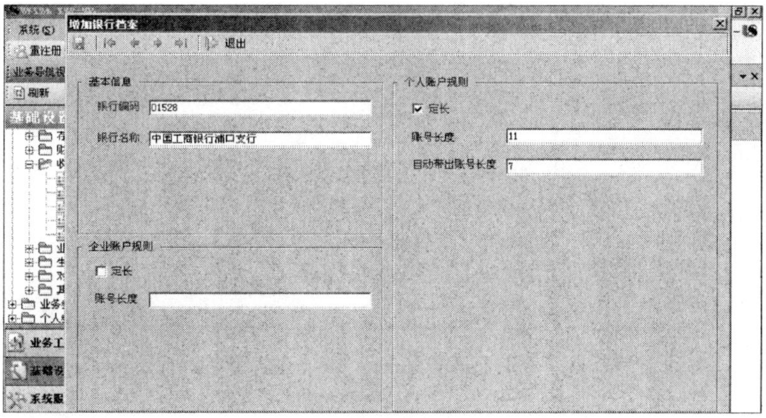

图　9-11

③ 单击【保存】按钮，再单击【退出】按钮后退出。

4. 在岗员工工资类别初始设置

操作步骤：

(1) 打开工资类别。

① 在薪资管理中，执行“工资类别”→“打开工资类别” 命令，打开“打开工资类别”对话框。

② 选择“在岗人员”工资类别，单击【确定】按钮。

(2) 设置人员档案。

① 执行“设置”→“人员档案”命令，进入“人员档案”窗口。

② 单击工具栏中的【批增】按钮，打开“人员批量增加”对话框。

③ 在左侧的“人员类别”列表中，单击“企业综合管理人员”、“业务管理岗”、“车间管理岗”、“车间技术人员”前面的选择栏，“选择”栏出现“是”标志，所选人员类别下的人员档案出现在右侧列表中，如图 9-12 所示。

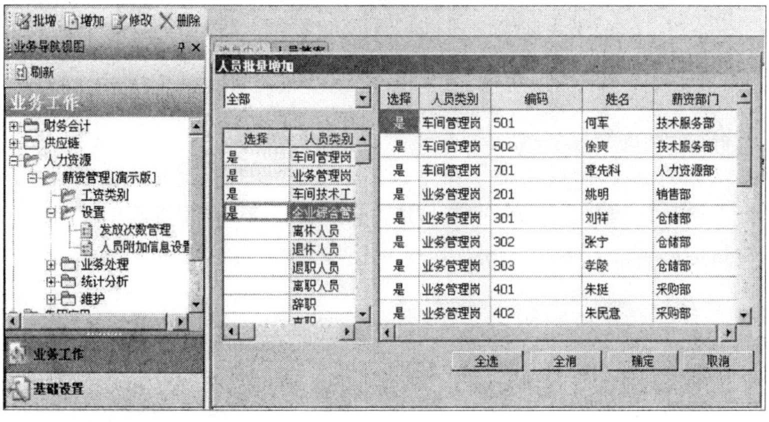

图　9-12

④ 单击【确定】按钮，返回“人员档案”窗口。

⑤ 在“人员档案”窗口，单击【修改】按钮，进入“人员档案明细”对话框，分别修改各人员档案信息，并补充输入银行账号信息，单击【确定】按钮保存，如图 9-13 所示。

图 9-13

⑥ 修改人员档案完毕后,单击【确定】按钮保存后返回“人员档案”窗口,如图 9-14 所示。

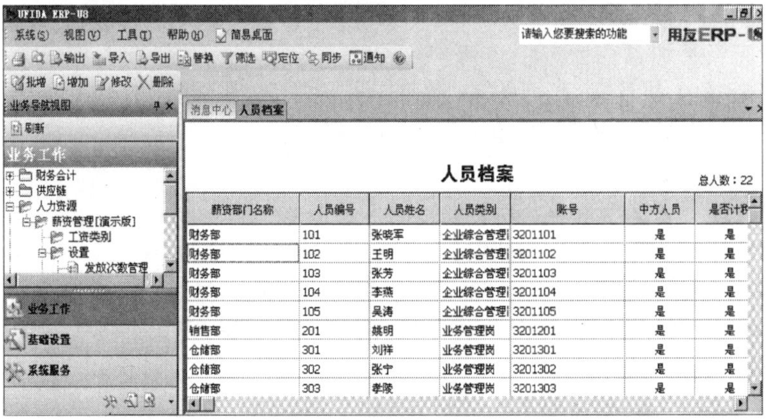

图 9-14

⑦ 单击【退出】按钮后退出。

(3) 设置工资项目。

① 执行“设置”→“工资项目设置” 命令,打开“工资项目设置”对话框。

② 选择“工资项目设置”选项卡,单击【增加】按钮,工资项目列表中增加一空行。

③ 单击“名称参照”下拉列表框,选择“基本工资”选项,将基本工资选入左边“工资项目”栏,如图 9-15 所示。

注意:

工资项目名称、类型、长度、小数、增减项都自动带出,不能修改。

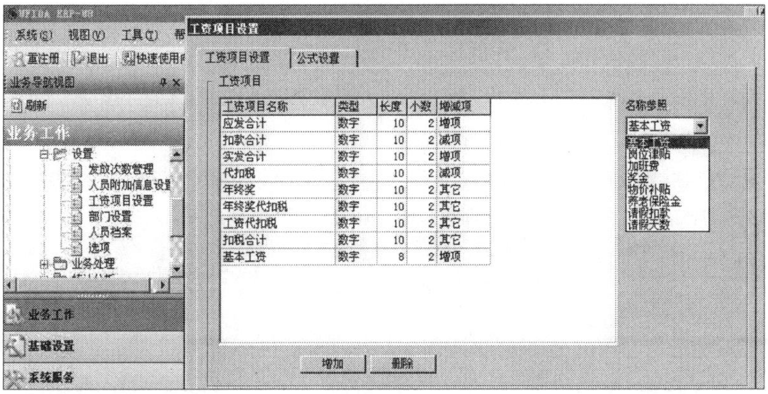

图　9-15

④ 同理,根据实验资料的要求,单击【增加】按钮,分别增加其他工资项目。

⑤ 所有项目增加完成后,单击“上移”和“下移”按钮,按照实验资料所给顺序调整各工资项目的前后位置。

注意:

- 工资项目不能重复选择。
- 没有选择的工资项目不允许在计算公式中出现。
- 不能删除已输入数据的工资项目和已设置计算公式的工资项目。

(4) 设置计算公式。

① 在“工资项目设置”对话框中,选择“公式设置”选项卡。

② 单击【增加】按钮,在工资项目框中增加一空行,单击该行,在下拉列表中选择“请假扣款”。

③ 单击“请假扣款公式定义”文本框,再单击“工资项目”列表中的“请假天数”。

④ 单击运算符“ * ”,在“ * ”后单击,输入数字“22”,点击【公式确认】按钮,完成请假扣款的公式设置,如图 9-16 所示。

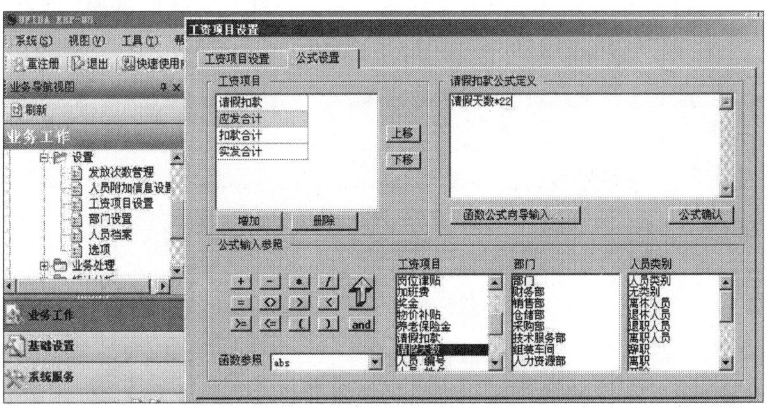

图　9-16

⑤ 同理,单击【增加】按钮,在工资项目框中增加一空行,完成“养老保险金”的公式设置。

⑥ 设置完毕后,单击【确定】按钮退出。

注意:

公式设置也可采用“函数公式向导”,打开“函数向导”对话框进行设置。

(5) 设置所得税纳税基数。

① 执行“设置”→“选项”命令,打开“选项”对话框。

② 单击【编辑】按钮,选择“扣税设置”选项卡,再单击【税率设置】按钮,打开“个人所得税申报表——税率表”对话框,如图 9-17 所示。

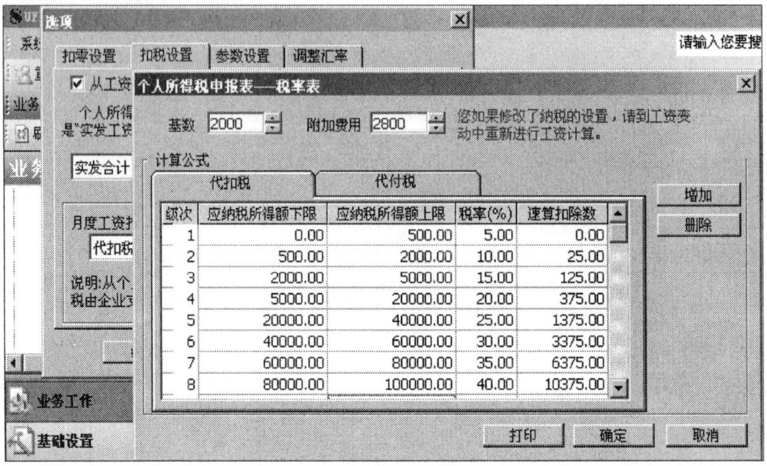

图 9-17

③ 修改所得税纳税基数为“2 000”元,点击【确定】按钮返回;再点击【确定】按钮,确认选项修改后退出。

5. 在岗人员工资类别日常业务

操作步骤:

(1) 录入正式人员基本工资数据。

① 执行“薪资管理”→“业务处理”→“工资变动”命令,进入“工资变动”窗口。

② 单击“过滤器”下拉列表框,选择“过滤设置”,打开“项目过滤”对话框。

③ 选择“工资项目”列表框中的“基本工资”、“岗位津贴”、“加班费”、“奖金”、“物价补贴”,单击“ > ”按钮,选入“已选项目”列表中,如图 9-18 所示。

图 9-18

④ 单击【确定】按钮，返回“工资变动”窗口，此时每个人的工资项目只显示五项。

⑤ 根据实验资料要求，分别输入各正式员工的工资数据，如图 9-19 所示。

图　9-19

注意：

这里只需要输入没有进行公式设定的项目，如基本工资、加班费、岗位津贴、物价补贴、奖金、请假天数等，其余各项由系统根据计算公式自动计算生成。

(2) 数据计算与汇总。

① 在“工资变动”窗口中，单击工具栏中的【计算】按钮，计算工资数据。

② 单击工具栏中的【汇总】按钮，汇总工资数据，如图 9-20 所示。

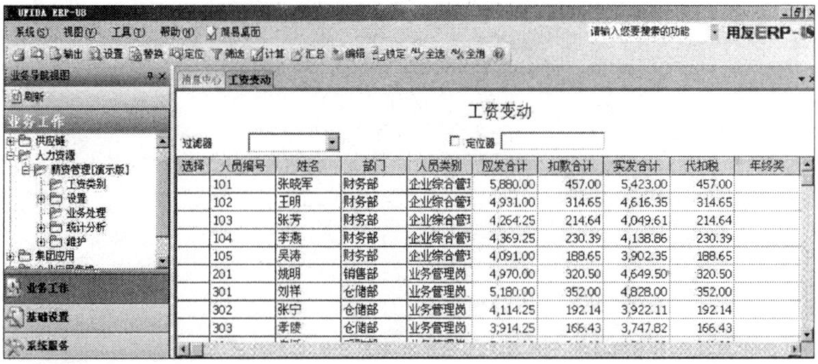

图　9-20

③ 单击【退出】按钮，退出“工资变动”窗口。

6. 在岗人员工资分摊

操作步骤：

(1) 工资分摊类型设置。

① 单击“业务处理”→“工资分摊”命令，打开“工资分摊”对话框。

② 单击【工资分摊设置】按钮，打开“分摊类型设置”对话框。

③ 单击【增加】按钮，打开“分摊计提比例设置”对话框。

④ 输入计提类型名称“应付工资”，单击【下一步】按钮，打开“分摊构成设置”对话框。

⑤ 根据实验资料的要求，进行相关内容设置，设置完成后如图 9-21 所示。

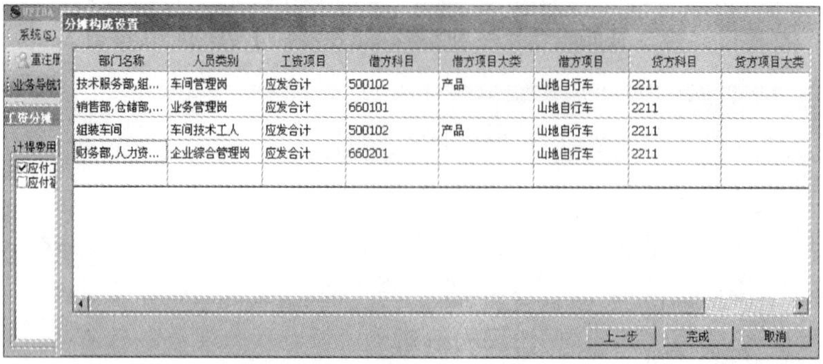

图 9-21

⑥ 单击【完成】按钮，返回“分摊类型设置”对话框。

⑦ 同理，单击【增加】按钮，根据实验资料的要求，继续设置应付福利费分摊计提项目。

(2) 分摊工资费用。

① 执行“业务处理”→“工资分摊”命令，打开“工资分摊”对话框。

② 选择需要分摊的计提费用类型“应付工资”复选框，选择计提会计月份为“2012-12”。

③ 分别选中核算部门“财务部”、“销售部”、“仓储部”、“采购部”、“技术服务部”、“组装车间”、“人力资源部”复选框。

④ 选择计提分配方式“分配到个人”单选按钮。

⑤ 选择“明细到工资项目”、“按项目核算”复选框，如图 9-22 所示。

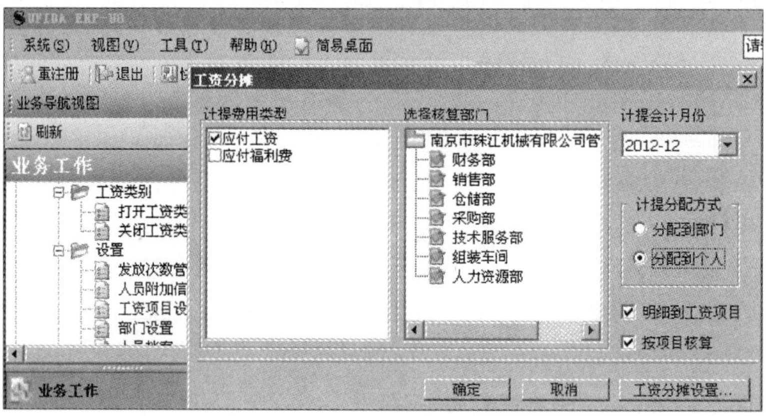

图 9-22

⑥ 单击【确定】按钮，进入“工资分摊明细”窗口，显示“应付工资一览表”，如图 9-23 所示。

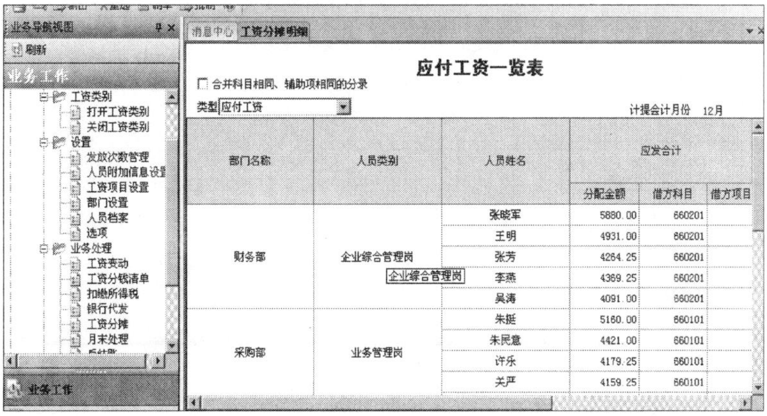

图 9-23

⑦ 选择“合并科目相同、辅助项相同的分录”复选框，单击【制单】按钮，进入“填制凭证”窗口。

⑧ 单击凭证左上角的“字”位置，选择“记账凭证”，单击【保存】按钮，凭证左上角出现“已生成”标志，表示该凭证已传递到总账，如图 9-24 所示。

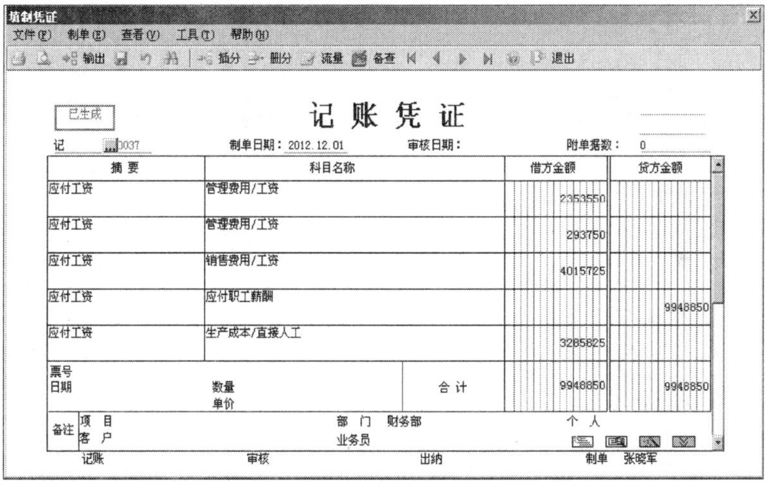

图 9-24

⑨ 单击【退出】按钮返回。

⑩ 同理，选择需要分摊的计提费用类型“应付福利费”，分摊“应付福利费”，生成记账凭证。

(3) 代缴所得税。

① 执行“业务处理”→“扣缴所得税”命令，打开“个人所得税申报模板”对话框。

② 选择“个人所得税年度申报表”所在行，单击【打开】按钮，进入“所得税申报”窗口。

③ 默认所得税申报查询范围，单击【确定】按钮，显示“系统扣缴个人所得税年度申报表”界面，如图 9-25 所示。

④ 单击【退出】按钮后退出。

图 9-25

7. 账表查询

操作步骤：

(1) 在薪资管理系统中查看“工资发放条”。

① 以“张晓军”身份注册进入企业应用平台，在企业应用平台“业务工作”页签中，执行“人力资源”→“薪资管理”→“统计分析”→“账表”→“工资表”命令，进入“工资表”对话框。

② 选择“工资发放条”，单击【查看】按钮，系统弹出“选择分析部门”对话框，选择所有部门，选择“选定下级部门”复选框。

③ 单击【确定】按钮，打开“工资发放条”窗口，查看工资发放条，如图 9-26 所示。

图 9-26

④ 查询完毕后，单击【退出】按钮。

(2) 在薪资管理系统中查看“部门工资汇总表”。

操作步骤参考“工资发放条”查询。

(3) 在薪资管理系统中查看“工资卡”。

操作步骤参考“工资发放条”查询。

(4) 在薪资管理系统中查看“部门工资汇总表”。

操作步骤参考“工资发放条”查询。

(5) 在薪资管理系统中进行“工资项目分析”。

操作步骤参考“工资发放条”查询。

8. 备份本次实验数据，命名为实验账套八

第 10 章

固定资产管理

10.1 固定资产管理系统概述

固定资产是指使用年限在一年以上、单位价值在规定标准以上,并且在使用过程中保持原有实物形态的资产。固定资产是企业长期使用的资产,作为企业资产的重要组成部分,固定资产核算与管理是企业会计和财务管理工作的重点。

企业不分性质、大小和业务规模,固定资产核算和管理都存在很大的共性,加之固定资产核算和管理的内容和方法单一、规范,这使得固定资产管理系统成为企业应用最普遍和成功的管理软件之一。

在用友 ERP-U8(V8.72)管理软件中,固定资产管理系统是作为财务会计子系统的一部分存在的。

1. 功能概述

用友 ERP-U8 管理软件中固定资产管理系统主要完成企业固定资产日常业务的核算和管理,生成固定资产卡片,按月反映固定资产的增加、减少、原值变化及其他变动,并输出相应的增减变动明细账,按月自动计提折旧,生成折旧分配凭证,同时输出一些同设备管理相关的报表和账簿。

固定资产的主要功能包括:

(1) 提供外币管理资产设备。

(2) 用户自定义折旧方法。

(3) 可处理各种资产变动业务,包括原值变动、部门转移、使用状况变动、使用年限调整、折旧方法调整、净残值(率)调整、工作总量调整、累计折旧调整、资产类别调整等。

(4) 提供对固定资产的评估功能,包括对原值、累计折旧、使用年限、净残值率、工作总量的评估等。

(5) 提供自动计提折旧功能,并按分配表自动生成记账凭证。

(6) 提供"固定资产卡片联查图片"功能,在固定资产卡片中能联查扫描或数码相机生成的资产图片,以便管理得更具体、更直观。

(7) 固定资产多部门使用、分摊的处理功能。一个资产选择多个"使用部门",并且当资产为多部门使用时,累计折旧可以在多部门间按设置的比例分摊。

(8) 提供"固定资产到期提示表",用于显示当前使用年限已到期的固定资产信息,以及即将到期的资产信息。

2. 固定资产管理系统与其他系统的主要关系

固定资产管理系统作为用友 ERP-U8 管理软件的一部分,将有关固定资产核算数据通过记账凭证的形式传递给总账系统,同时为成本管理、项目管理、UFO 报表、财务分析等提供数据支持。

固定资产管理系统与其他系统的主要关系如图 10-1 所示。

固定资产管理系统中资产的增加、减少及原值和累计折旧的调整、折旧计提都要将有关数据通过记账凭证的形式传输到总账系统,同时通过对账保持固定资产与总账账目的平衡,并可以修改、删除及查询凭证。固定资产管理系统为成本管理系统、项目管理系统提供计提折旧有关费用的数据,还可以为设备管理系统提供固定资产卡片信息。UFO 报表系统也可以通过相应的取数函数从固定资产管理系统中提取分析数据。

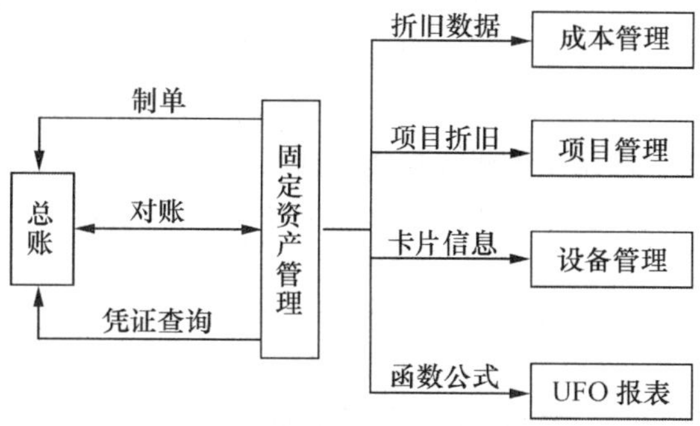

图 10-1　固定资产管理系统与其他系统的主要关系

10.2　固定资产管理系统日常业务处理

固定资产管理系统的业务处理可以分为初始设置、日常业务处理和期末处理三部分。

1. 初始设置

固定资产管理系统的初始设置是根据各单位的具体情况，建立一个适合需要的固定资产子账套的过程。初始设置包括设置控制参数、设置基础数据、输入期初固定资产卡片。

设置控制参数包括约定与说明、启用月份、折旧信息、编码方式和财务接口等。这些参数在首次启用固定资产管理系统时设置，其他参数可以在“选项”中补充。

设置基础数据主要包括资产类别设置、部门设置、部门对应折旧科目设置、增减方式设置、折旧方法设置等基础信息的定义和设置。

输入期初固定资产卡片是将建账日期以前的有关固定资产数据输入系统中，以保持历史资料和业务处理的连续性。

2. 日常业务处理

固定资产管理系统日常处理主要包括资产增减、资产变动、资产评估、生成凭证和账簿管理。

（1）资产增减。资产增减包括资产增加和资产减少。资产增加是指单位购进或通过其他方式增加企业资产，资产增加需要输入一张新的固定资产卡片。资产减少是指在使用过程中，由于各种原因造成资产退出企业，如损毁、出售、盘亏等。资产减少需要做减少处理，输入资产减少卡片并说明减少原因。对于资产减少，只有当账套开始计提折旧后才可以使用这一功能。

（2）资产变动。资产的变动包括原值变动、部门转移、使用状况变动、使用年限调整、折旧方法调整、净残值（率）调整、工作总量调整、累计折旧调整、资产类别调整、变动单管理。资产发生变动，要求输入相应的“变动单”来记录资产调整结果。其他项目的修改，如名称、编号、自定义项目等的变动等可以在卡片上直接进行。

（3）资产评估。固定资产管理系统提供对固定资产评估作业的管理。利用此功能，可以将评估机构的评估数据手工录入或定义公式录入系统，也可以根据国家要求手工录入评估结果或根据定义的评估公式生成评估结果，并实现对评估单的管理。资产评估功能提供的可评估的资产内容主要包括资产原值、累计折旧、净值、使用年限、工作总量和净残值率。

（4）资产盘点。利用资产盘点功能可以录入盘点数据，与账面上记录的盘点单进行核对，实现对盘点单的管理等；还可以在卡片管理中打印输出固定资产盘点单。

（5）生成凭证。固定资产管理系统通过生成记账凭证向总账系统传递有关数据。在固定资产管理系统中，制作凭证可以采取“立即制单”或“批量制单”的方法实现。

（6）账表管理。通过固定资产管理系统的账表管理功能，可以及时了解和掌握资产的统计、汇总和其他有关信息。系统中的账表包括各种账簿、折旧表、统计表和分析表四类。另外，系统还提供了自定义报表功能，单位可以根据实际要求进行设置。

3．期末处理

固定资产管理系统的期末处理主要包括计提减值准备、计提折旧、对账和月末结账等内容。

（1）计提减值准备。由于市价持续下跌或技术陈旧等原因导致其可回收金额低于账面价值的，应当将可回收金额低于账面价值的差额作为固定资产减值准备进行计提，且必须按单项资产计提。如果计提的固定资产价值又得到恢复，应在原计提的减值准备范围内转回。

（2）计提折旧。系统提供自动计提折旧功能，对各项固定资产每期计提一次折旧，并自动生成折旧分配表，然后制作记账凭证，将本期的折旧费用自动登账。系统提供的折旧清单显示了所有应计提折旧资产所提取的折旧额数据。

（3）对账。利用对账功能可以将固定资产管理系统的资产价值与总账系统中固定资产科目的数据进行核对，以检查两者是否一致，并给出对账结果。

（4）月末结账。当固定资产管理系统完成了本月全部业务后，可进行月末结账处理，月末结账每期进行一次。

固定资产管理系统业务处理流程如图 10-2 所示。

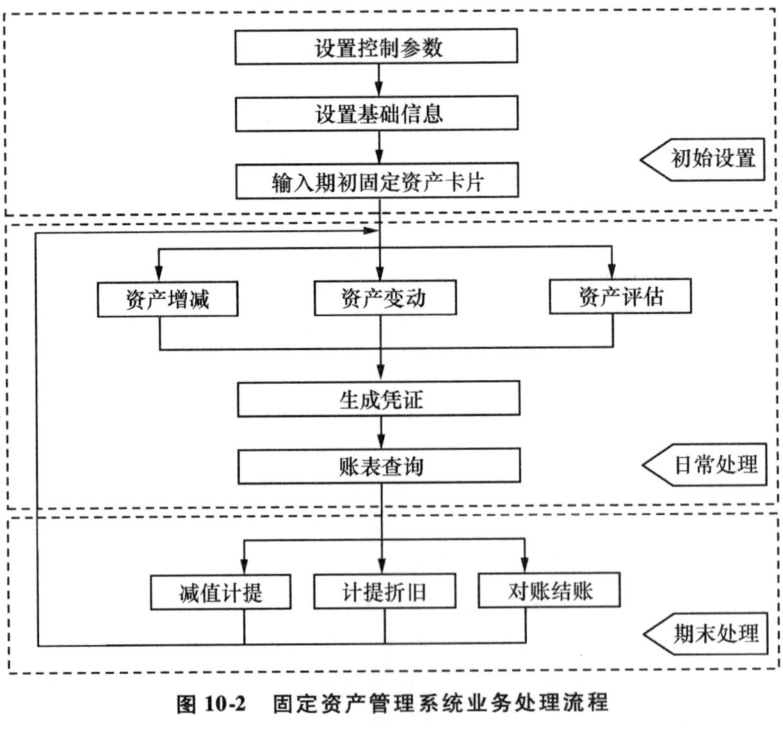

图 10-2　固定资产管理系统业务处理流程

实验九 固定资产管理

【实验准备】

引入实验八的账套备份数据,将系统日期修改为“2012/12/31”。

【实验目的和要求】

1. 熟悉用友 ERP-U8(V8.72)软件中固定资产管理系统的相关内容
2. 掌握固定资产管理系统初始化、日常业务处理及月末处理的操作方法
3. 理解固定资产管理系统与其他系统之间的数据传递关系

【实验内容】

1. 固定资产管理系统参数设置、原始卡片录入
2. 日常业务:资产增减、资产变动、资产评估、生成凭证、账表查询
3. 月末处理:计提减值准备、计提折旧、对账和结账

【实验资料】

1. 初始化设置

(1) 设置控制参数,见表 10-1。

表 10-1 控制参数

控制参数	参数设置
约定与说明	我同意
启用月份	2012 年 12 月
折旧信息	本账套计提折旧 折旧方法:平均年限法 折旧汇总分配周期:1 个月 当(月初已计提月份 = 可使用月份 - 1)时,将剩余折旧全部提取
编码方式	资产类别编码方式:2112 固定资产编码方式: 按“类别编码 + 部门编码 + 序号”自动编码 卡片序号长度为 3
财务接口	与财务系统进行对账: 对账科目: 固定资产对账科目:1601 固定资产 累计折旧对账科目:1602 累计折旧
补充参数	业务发生后立即制单 月末结账前一定要完成制单登账业务 固定资产默认入账科目:1601 累计折旧默认入账科目:1602

（2）资产类别，见表10-2。

表10-2　资产类别

编码	类别名称	净残值率%	单位	计提属性
01	房屋及建筑物			正常计提
011	办公楼	4	栋	正常计提
012	厂房	4	栋	正常计提
02	机器设备			正常计提
021	生产线	3	条	正常计提
022	生产设备	3	台	正常计提
03	运输设备			正常计提
031	机动车	4	辆	正常计提
032	非机动车	1	辆	正常计提

说明：卡片式样为通用式样。

（3）部门及对应折旧科目，见表10-3。

表10-3　部门及对应折旧科目

部门	对应折旧科目
财务部、采购部、仓储部、技术服务部、人力资源部	660206 管理费用/折旧费
销售部	660106 销售费用/折旧费
组装车间	5101 制造费用

（4）增减方式对应入账科目，见表10-4。

表10-4　增减方式对应入账科目

增减方式目录		对应入账科目
增加方式：		
	直接购入	100201，农行珠江分行
	在建工程转入	1604，在建工程
	投资者投入	4001，实收资本
减少方式：		
	毁损	1606，固定资产清理

（5）原始卡片，见表10-5。

表10-5　原始卡片

卡片编号	00001	00002	00003	00004	00005
资产名称	1号办公楼	1号厂房	1号生产线	车间设备	卡车
类别编号	011	012	021	022	031
所在部门	人力资源部	组装车间	组装车间	组装车间	组装车间
增加方式	在建工程转入	投资者投入	直接购入	直接购入	直接购入
使用年限（月）	240	300	120	120	50
原值（元）	900 000	667 944	637 578	318 789	318 789
累计折旧（元）	12 757	2 864	54 648	27 324	27 324
对应折旧科目	管理费用/折旧费	制造费用	制造费用	制造费用	制造费用
开始使用日期	2010-09-08	2012-10-01	2009-08-01	2010-05-01	2010-05-01

注：使用状况均为在用。

2. 日常及期末业务

业务 1:资产增加

2012 年 12 月 20 日,投入固定资产造型机 1 台,原值 9 800 元,已提折旧 3 300 元,尚可使用 10 年。

业务 2:资产评估

2012 年 12 月 20 日,对 1 号生产线进行资产评估,评估结果为原值 600 000 元,累计折旧 56 000 元。

业务 3:部门转移

2012 年 12 月 22 日,将 1 号办公楼所属部门由人力资源部转为财务部。

业务 4:计提减值准备

2012 年 12 月 31 日,经检查对卡车计提 5 000 元减值准备。

业务 5:折旧处理

2012 年 12 月 31 日,计提本月折旧费用。

【实验指导】

1. 启用固定资产管理系统

操作步骤:

(1) 执行“开始”→“程序”→“用友 ERP-U8”→“企业应用平台”命令,打开“登录”对话框。

(2) 输入操作员“001”,密码“001”,在“账套”下拉列表框中选择“[999]南京市珠江机械有限公司”,更改“操作日期”为“2012-12-01”,如图 10-3 所示。

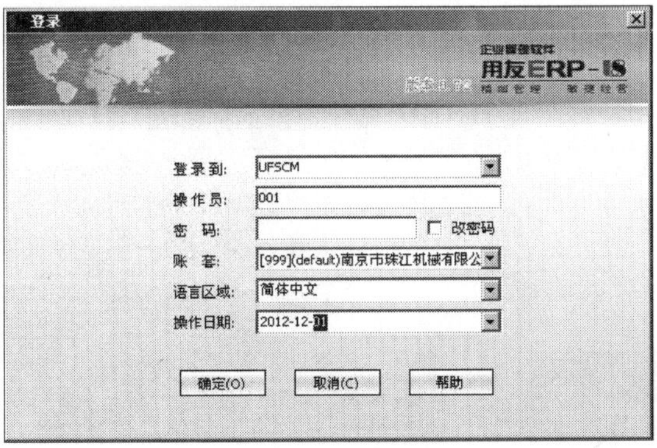

图　10-3

(3) 单击【确定】按钮,进入企业应用平台。

(4) 在企业应用平台“基础设置”页签中,执行“基础设置”→“基本信息”→“系统启用”命令,打开“系统启用”对话框。

(5) 单击选中“固定资产”复选框,弹出“日历”对话框,选择固定资产系统启用日期为“2012-12-01”,单击【确定】按钮,系统弹出“确实要启用当前系统吗?”信息提示框。

(6) 单击【是】按钮后退出,如图 10-4 所示。

图 10-4

2. 固定资产管理系统初始设置

操作步骤：

(1) 注册进入固定资产管理系统。

① 在企业应用平台“业务”页签中，执行“财务会计”→“固定资产”命令，系统弹出“这是第一次打开此账套，还未进行过初始化，是否进行初始化?”信息提示框，如图 10-5 所示。

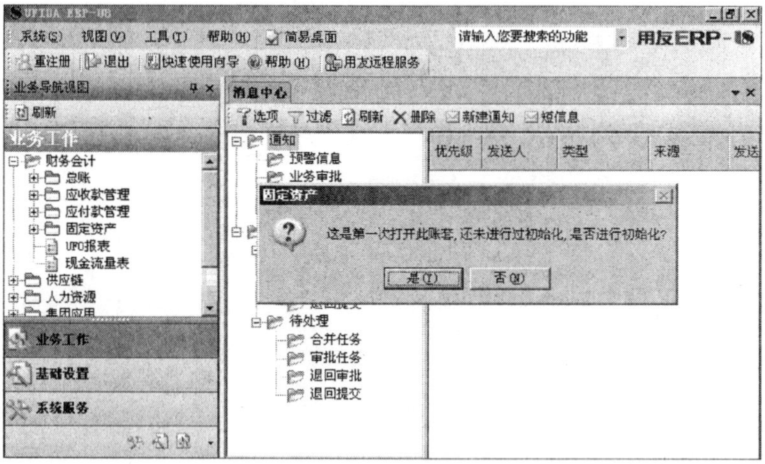

图 10-5

② 单击【是】按钮，打开“初始化账套向导”对话框，如图 10-6 所示。

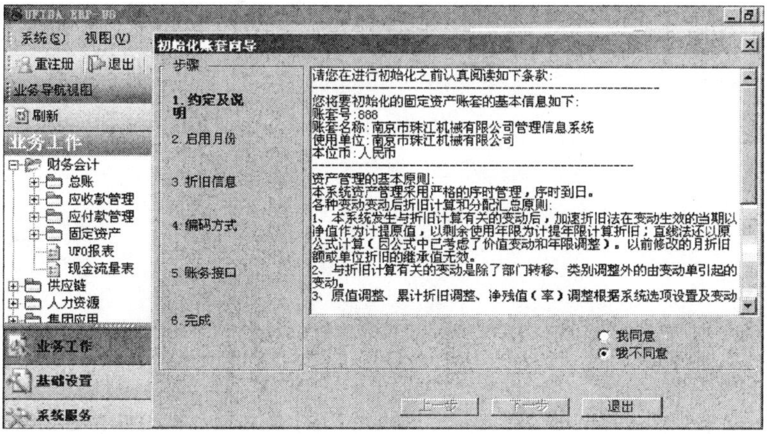

图　10-6

（2）设置控制参数。

① 在“初始化账套向导——约定及说明”对话框中，选择“我同意”单选按钮。

② 单击【下一步】按钮，打开“初始化账套向导——启用月份”对话框。

③ 单击【下一步】按钮，打开“初始化账套向导——折旧信息”对话框。

④ 选中“本账套计提折旧”复选框，选择折旧方法“平均年限法（一）”，折旧分配周期“1 个月”，选中“当（月初已计提月份 = 可使用月份 - 1）时，将剩余折旧全部提足”复选框，如图 10-7 所示。

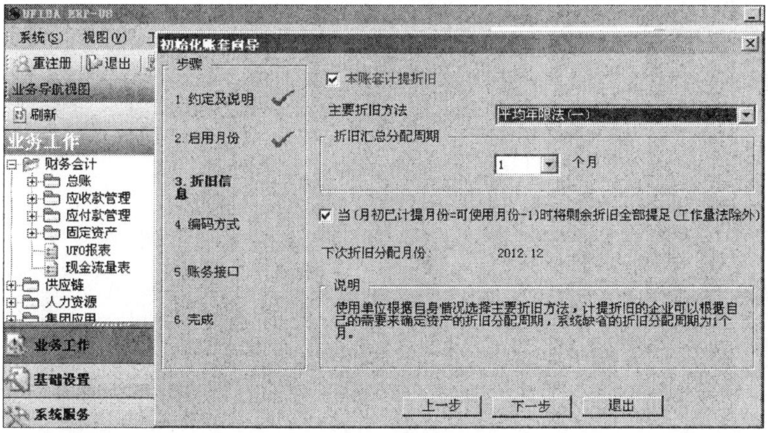

图　10-7

⑤ 单击【下一步】按钮，打开“初始化账套向导——编码方式”对话框。

⑥ 确定资产类别编码长度为“2112”，单击“自动编号”单选按钮，选择固定资产编码方式为“类别编号 + 部门编号 + 序号”，选择序号长度为“3”，如图 10-8 所示。

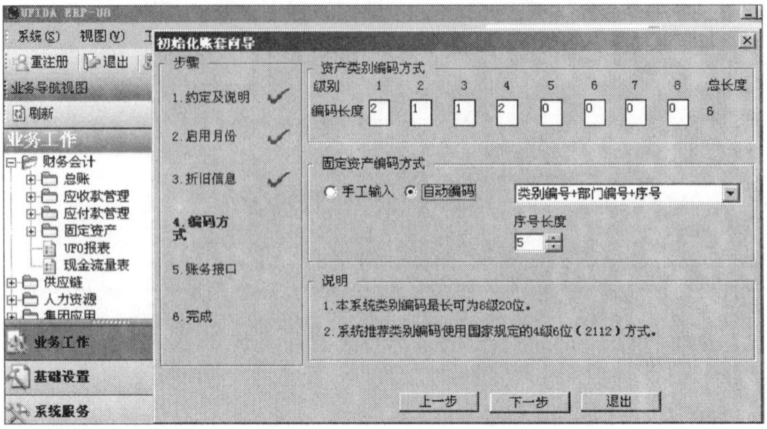

图 10-8

⑦ 单击【下一步】按钮,打开"初始化账套向导——财务接口"对话框。

⑧ 选中"与财务系统进行对账"复选框,选择固定资产对账科目"1601,固定资产"、累计折旧对账科目"1602,累计折旧",选中"在对账不平衡情况下允许固定资产月末结账"复选框,如图 10-9 所示。

⑨ 单击【下一步】按钮,打开"初始化账套向导——完成"对话框,单击【完成】按钮,系统弹出"是否确定所设置的信息完全正确并保存对新账套的所有设置?"提示框。

⑩ 单击【是】按钮,弹出"已成功初始化本固定资产账套!"信息提示框。

⑪ 单击【确定】按钮,完成控制参数设置。

注意:

- 初始化设置完成后,有些参数不能修改,所以要慎重。
- 如果发现参数有错,必须改正,只能通过固定资产管理系统"工具"→"重新初始化账套功能"命令实现,该操作将清空对该子账套所做的一切工作。

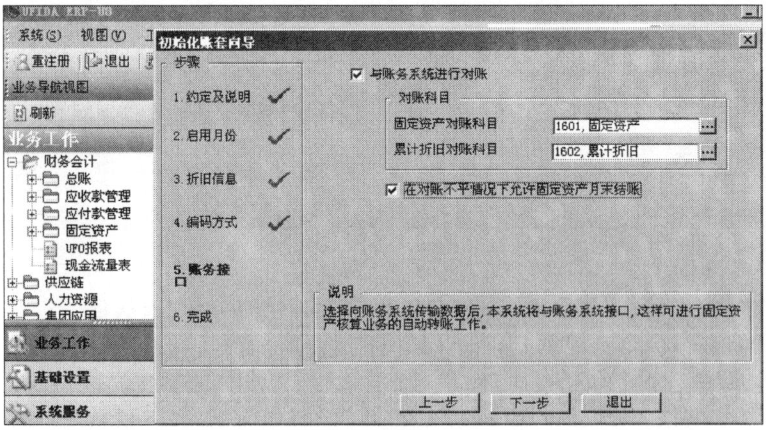

图 10-9

(3)设置补充参数。

① 执行"设置"→"选项"命令,进入"选项"窗口。

② 单击【编辑】按钮,选择“与财务系统接口”选项卡。

③ 选中“业务发生后立即制单”、“月末结账前一定要完成制单登账业务”复选框,选择固定资产缺省入账科目为“1601,固定资产”、累计折旧缺省入账科目为“1602,累计折旧”,如图 10-10 所示。

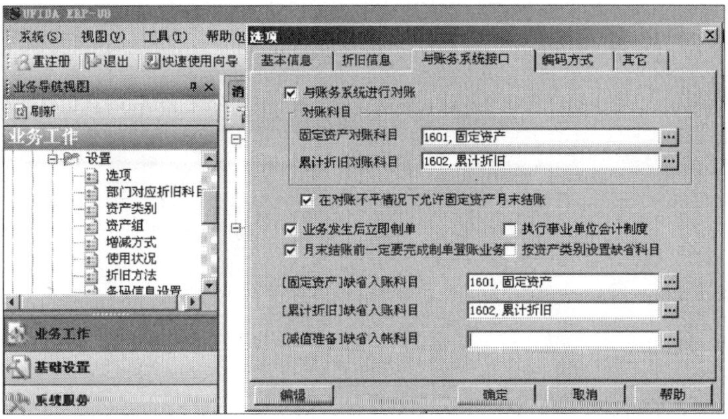

图　10-10

④ 单击【确定】按钮后退出。

(4) 设置资产类别。

① 执行“设置”→“资产类别”,进入“资产类别”窗口。

② 单击【增加】按钮,输入类别名称“房屋及建筑物”、净残值率“4%”,选择计提属性“正常计提”、折旧方法“平均年限法(一)”、卡片样式“通用样式”,如图 10-11 所示。

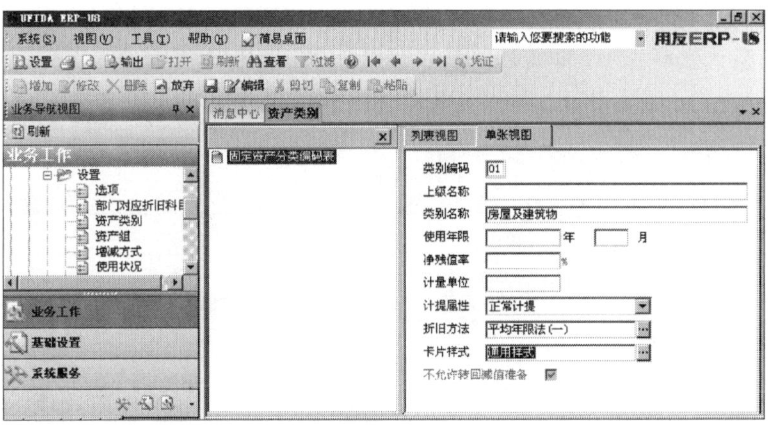

图　10-11

③ 单击【保存】按钮。

④ 同理,单击【增加】按钮,根据实验资料的要求,分别完成其他资产类别的设置。

⑤ 设置完成后,单击【确定】按钮后退出。

注意:

- 资产类别编码不能重复,同一级的类别名称不能相同。
- 类别编码、名称、计提属性、卡片样式不能为空。

(5) 设置部门对应折旧科目。

① 执行“设置”→“部门对应折旧科目”,进入“部门对应折旧科目”窗口。

② 在固定资产部门目录列表框中选择部门“财务部”,单击【修改】按钮。

③ 选择折旧科目“660206,折旧费”,如图 10-12 所示。

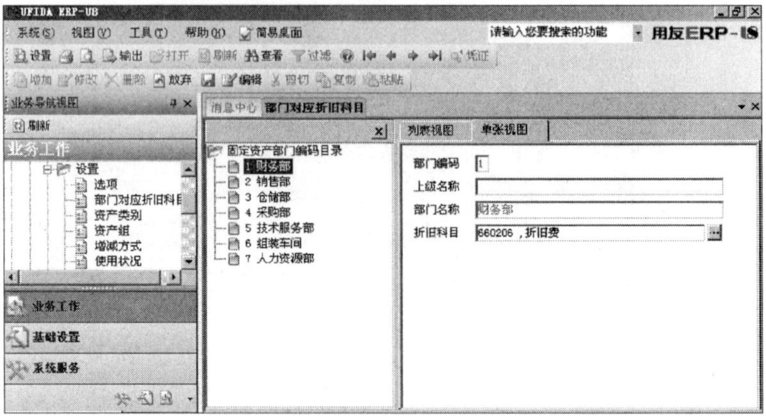

图 10-12

④ 单击【保存】按钮。

⑤ 同理,根据实验资料的要求,分别完成其他部门对应折旧科目的设置。

⑥ 设置完成后,单击【退出】按钮后退出。

(6) 设置增减方式的对应科目。

① 执行“设置”→“增减方式”命令,进入“增减方式”窗口。

② 在左边列表框中,单击选中增加方式“直接购入”,单击【修改】按钮。

③ 输入对应入账科目“100201 农行珠江分行”,如图 10-13 所示。

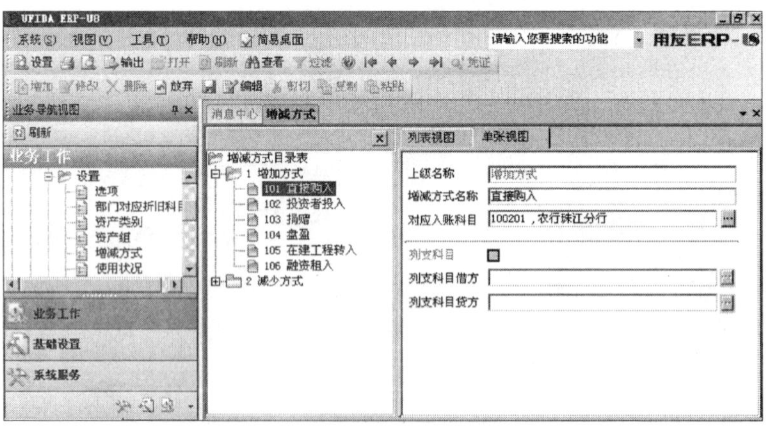

图 10-13

④ 单击【保存】按钮。

⑤ 同理,根据实验资料,分别输入增加方式“在建工程转入”、“投资者投入”,输入减少方式“毁损”的对应入账科目。

⑥ 设置完成后,单击【退出】按钮后退出。

注意：

当固定资产发生增减变动、系统生成凭证时，会默认采用这些科目。

(7) 原始卡片录入。

① 执行“卡片”→“录入原始卡片”命令，进入“固定资产类别档案”窗口。

② 选中固定资产类别编码为“011”前的复选框，单击【确定】按钮，进入“固定资产卡片”窗口。

③ 输入固定资产名称“1 号办公楼”，双击“使用部门”并选择“人力资源部”，双击“增加方式”选择“在建工程转入”，双击“使用状况”选择“在用”，输入开始使用日期“ 2010-09-08 ”，输入原值“900 000”元、累计折旧“12 757”元、使用年限(月)“240”，其他信息自动算出，如图 10-14 所示。

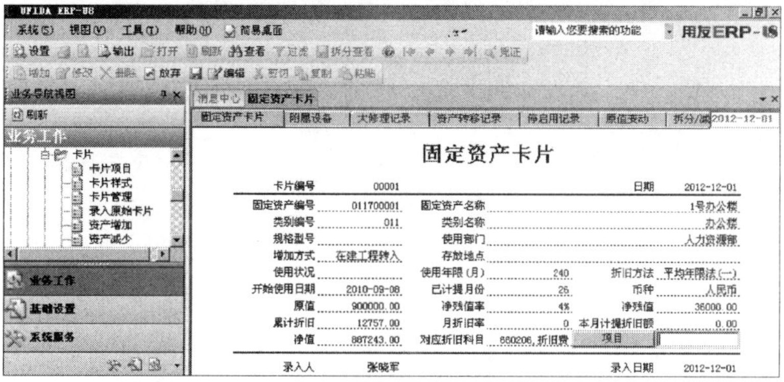

图　10-14

④ 单击【保存】按钮，系统弹出“数据成功保存！”信息提示框，再单击【确定】按钮。

⑤ 同理，根据实验资料的要求，依次完成其他固定资产卡片的输入。

⑥ 全部原始卡片录入完成后，可以选择“处理”→“对账”命令，系统自动将目前固定资产系统明细与总账系统进行对账，显示与财务对账结果，如图 10-15 所示。

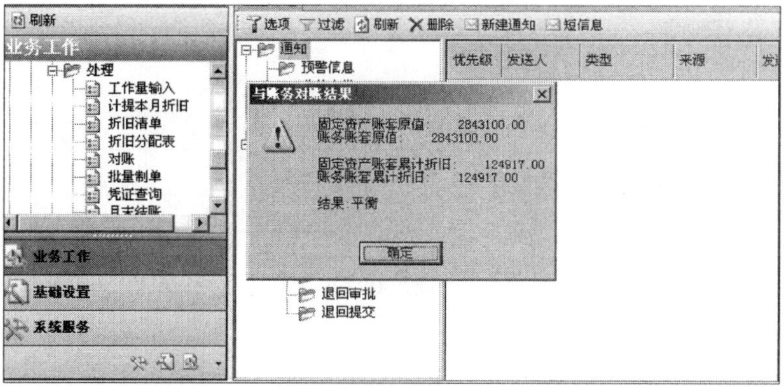

图　10-15

⑦ 单击【确定】按钮返回。

3. 日常及期末处理

操作步骤：

(1) 业务 1：资产增加。

① 以“王明”身份重新注册进入企业应用平台，在企业应用平台“业务”页签中，执行“财务会计”→“固定资产”→“卡片”→“资产增加”命令，进入“固定资产类别档案”窗口。

② 选中资产类别“021 生产线”复选框，单击【确定】按钮，进入“固定资产卡片”窗口。

③ 输入固定资产名称“造型机”，双击“使用部门”并选择“组装车间”，双击“增加方式”选择“投资者投入”，双击“使用状况”选择“在用”，输入使用年限(月)“120”、开始使用日期“2012-12-20”，输入原值“9 800”元、累计折旧“3 300”元，如图 10-16 所示。

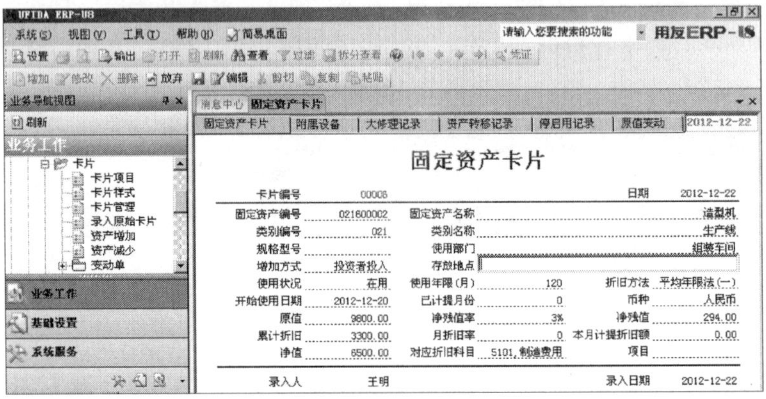

图　10-16

④ 单击【保存】按钮，进入“填制凭证”窗口。

⑤ 选择凭证类别“记账凭证”，修改制单日期为“2012-12-20”，如图 10-17 所示。

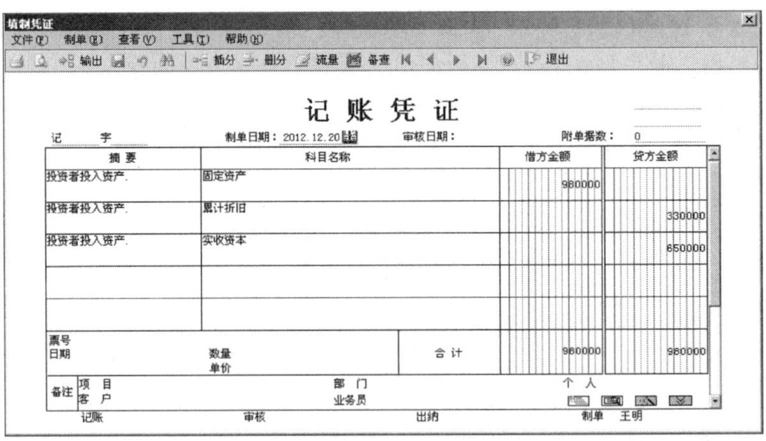

图　10-17

⑥ 单击【保存】按钮，凭证左上角出现“已生成”标志，表示该凭证已传递到总账。

⑦ 单击【退出】按钮。

注意：

- 固定资产原值要输入卡片录入月月初的价值，否则会出现计算错误。
- 卡片录入后，也可以不立即制单，月末可以批量制单。

(2) 业务 2:资产评估。

① 执行“卡片”→“资产评估”，进入“资产评估”窗口。

② 单击【增加】按钮,打开"资产评估选择"对话框,选中需要评估项目的"原值"复选框和"累计折旧"复选框,如图 10-18 所示。

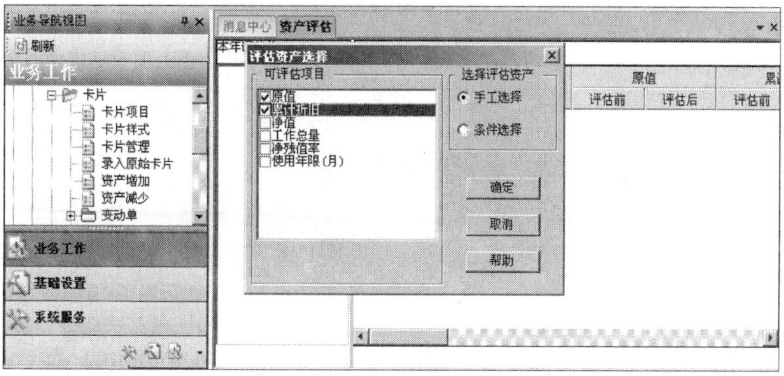

图　10-18

③ 单击【确定】按钮,返回"资产评估"窗口。

④ 在"资产评估"窗口,选择要评估资产"机器设备"的卡片编号"00003",输入评估后的原值"600 000"元、累计折旧"56 000"元,如图 10-19 所示。

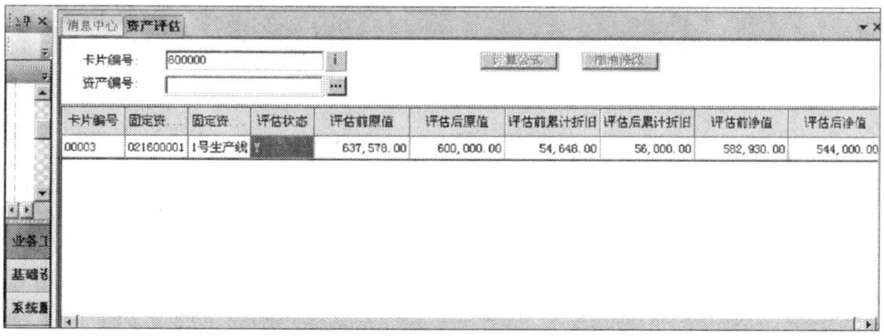

图　10-19

⑤ 单击【保存】按钮,系统弹出"是否确认要进行资产评估?"信息提示框。

⑥ 单击【是】按钮,进入"填制凭证"窗口,选择凭证类别"记账凭证",修改制单日期为"2012-12-20"。

⑦ 在第 2 记录空白行科目名称处输入"660206 管理费用/折旧费",系统弹出"辅助项"对话框。

⑧ 在"辅助项"对话框中,部门名称选择为"组装车间",如图 10-20 所示。

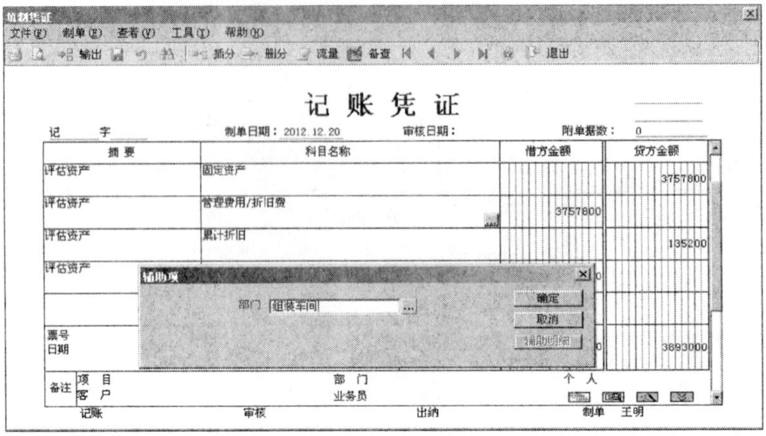

图 10-20

⑨ 单击【确定】按钮返回"填制凭证"窗口。

⑩ 同理,在第 4 记录空白行科目名称处输入"660206 管理费用/折旧费",系统弹出"辅助项"对话框,部门名称选择为"组装车间"。

⑪ 单击【保存】按钮,凭证左上角出现"已生成"标志,表示该凭证已传递到总账,如图 10-21 所示。

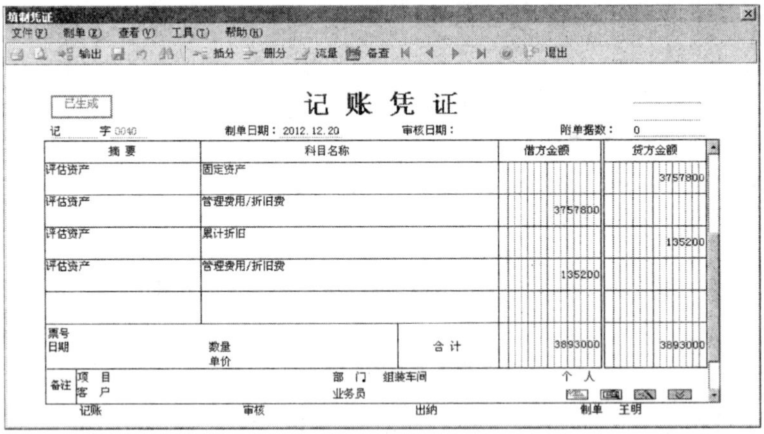

图 10-21

⑫ 单击【退出】按钮。

(3) 业务 3:部门转移。

① 执行"卡片"→"变动单"→"部门转移"命令,进入"固定资产变动单"窗口,如图 10-22 所示。

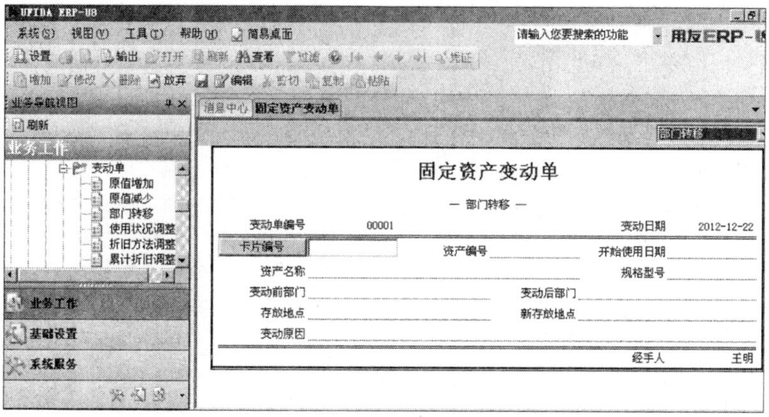

图　10-22

② 输入卡片编号“00001”，输入变动后部门“财务部”，输入减值变动原因为“使用部门变更”。

③ 单击【保存】按钮后退出。

(4) 业务 4：计提减值准备。

① 执行“卡片”→“变动单”→“计提减值准备”，进入“固定资产变动单”窗口。

② 输入卡片编号“00005”，输入减值准备金额“5 000”元，输入减值变动原因为“型号更新”，如图 10-23 所示。

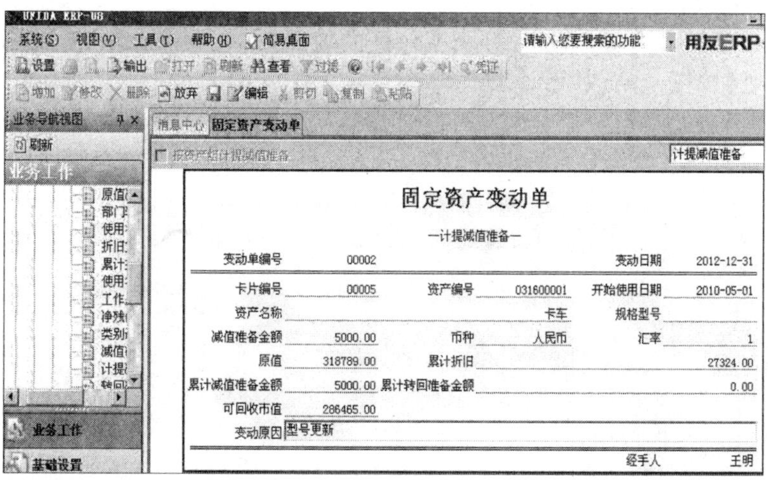

图　10-23

③ 单击【保存】按钮，进入“填制凭证”窗口。

④ 选择凭证类别为“记账凭证”，修改制单日期为“2012-12-31”。

⑤ 在第 1 记录行借方科目名称处填写“660207 管理费用/其他”，系统弹出“辅助项”对话框。

⑥ 在“辅助项”对话框中，部门选择为“组装车间”，单击【确定】按钮返回“填制凭证”窗口。

⑦ 在第 2 记录行贷方科目名称处填写“1603 固定资产减值准备”，如图 10-24 所示。

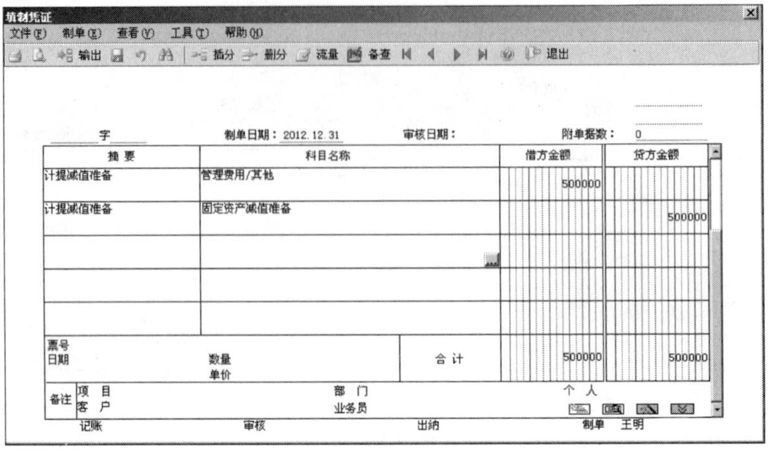

图 10-24

⑧ 单击【保存】按钮，凭证左上角出现“已生成”标志，表示该凭证已传递到总账。

⑨ 单击【退出】按钮。

注意：

计提减值准备生成如下凭证：

借：管理费用/其他

贷：固定资产减值准备

（5）业务5：折旧处理。

① 执行“处理”→“计提本月折旧”命令，弹出“是否要查看折旧清单？”信息提示框。

② 单击【否】按钮，系统弹出“本操作将计提本月折旧，并花费一定时间，是否要继续？”信息提示框。

③ 单击【是】按钮，系统计提折旧完成后，进入“折旧分配表”窗口，如图10-25所示。

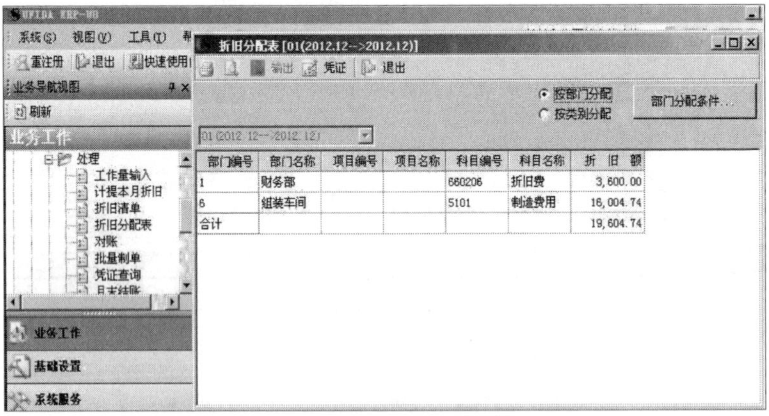

图 10-25

④ 单击【凭证】按钮，进入“填制凭证”窗口。

⑤ 选择凭证类型为“记账凭证”，输入制单日期“2012-12-31”，点击选中第2记录行会计科目“制造费用”，双击鼠标左键，系统弹出“辅助项”对话框。

⑥ 在“辅助项”对话框中,输入项目名称“山地自行车”,如图 10-26 所示。

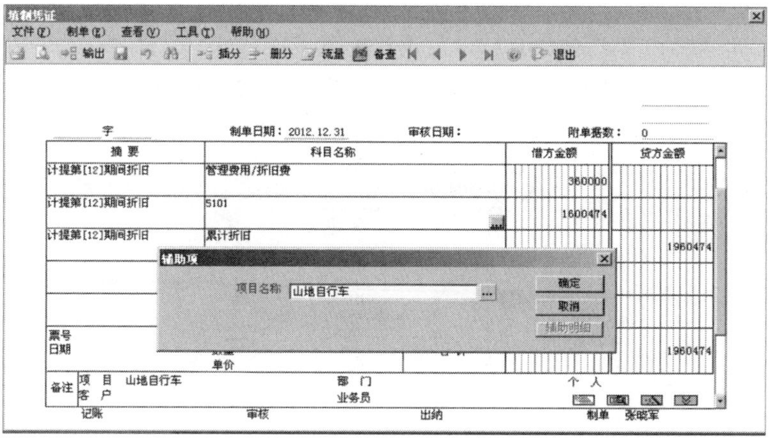

图　10-26

⑦ 单击【确定】按钮,再单击【保存】按钮,凭证左上角出现“已生成”标志,表示该凭证已传递到总账,如图 10-27 所示。

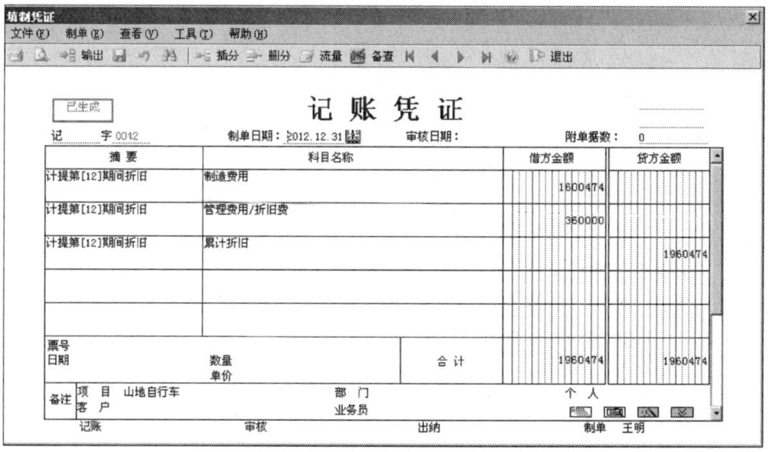

图　10-27

⑧ 单击【退出】按钮。

注意:

- 如果上次计提折旧已通过记账凭证把数据传递到总账系统,则必须删除该凭证才能重新计提折旧。
- 计提折旧后又对账套产生了影响折旧计算或分配的操作,必须重新计提折旧,否则系统不允许结账。

5. 账表管理

操作步骤:

(1) 在固定资产管理系统中查看“(部门)折旧计提汇总表”。

① 以“张晓军”身份注册进入企业应用平台,在企业应用平台“业务工作”页签中,执行“财务会计”→“固定资产”→“账表”→“我的账表”命令,进入“报表”窗口。

② 在账簿列表框中，选择"折旧表"下的"(部门)折旧计提汇总表"，打开"条件—(部门)折旧计提汇总表"对话框。

③ 选择期间："2012. 12"—"2012. 12"，选择汇总级次："1"—"2"。

④ 单击【确定】按钮，打开"(部门)折旧计提汇总表"窗口，查询"(部门)折旧计提汇总表"，如图 10-28 所示。

图 10-28

⑤ 查询完毕后，单击【退出】按钮。

(2) 在固定资产管理系统中查看"固定资产登记簿"。

操作步骤参考"(部门)折旧计提汇总表"查询。

(3) 在固定资产管理系统中查看"固定资产总账"。

操作步骤参考"(部门)折旧计提汇总表"查询。

(4) 在固定资产管理系统中查看"固定资产统计表"。

操作步骤参考"(部门)折旧计提汇总表"查询。

(5) 在固定资产管理系统中查看"使用状况分析表"。

操作步骤参考"(部门)折旧计提汇总表"查询。

7. 备份本次实验数据，命名为实验账套九

第11章

总账系统日常业务处理

11.1 总账系统概述

总账系统又称账务处理系统，是会计核算系统的核心系统，也是集成化管理信息系统的核心子系统。账务处理是指从输入记账凭证开始，到审核凭证、汇总凭证、记账、银行对账、查询打印账簿、结账等一系列会计核算过程。

总账系统包含了会计主体所有经济业务的会计核算。各业务子系统都必须将本系统会计核算的结果以记账凭证的形式传递到总账系统，并从总账系统获得各业务的总括会计核算信息。总账系统还是生成会计报表的主要数据来源。

在用友 ERP-U8(V8.72)管理软件中，总账系统可以独立使用，也可以与其他子系统联合使用。如果是单独使用，则所有凭证都需要人工输入；若与其他子系统联合使用，则其他子系统生成的机制记账凭证，可自动转入总账系统中。本实验采用总账系统与其他子系统联合使用方式，将总账系统与其他子系统作为一个整体来看待。

1. 功能概述

总账管理系统的主要功能包括初始设置、凭证管理、出纳管理、账簿管理、辅助核算管理和期末处理等。

(1) 初始设置。由用户根据本企业的需要建立账务应用环境，将用友通用账务处理系统变成适合本单位实际需要的专用系统。主要工作包括选项设置、期初余额的录入等。

(2) 凭证管理。通过严密的制单控制保证填制凭证的正确性。提供资金赤字控制、支票控制、预算控制、外币折算误差控制及查看最新余额等功能，加强对发生业务的及时管理和控制。完成凭证的录入、审核、记账、查询、打印，以及出纳签字、常用凭证定义等。

(3) 出纳管理。为出纳人员提供一个集成办公环境，加强对现金及银行存款的管理。可完成银行日记账、现金日记账，随时产生最新资金日报表、余额调节表及进行银行对账。

(4) 账簿管理。强大的查询功能使整个系统实现总账、明细账、凭证联查，并可查询包含未记账凭证的最新数据。可随时提供总账、余额表、明细账、日记账等标准账表查询。

(5) 辅助核算管理。

① 个人往来核算。主要进行个人借款、还款管理工作，及时地控制个人借款，完成清欠工作。提供个人借款明细账、催款单、余额表、账龄分析报告及自动清理核销已清账等功能。

② 部门核算。主要为了考核部门费用收支的发生情况，及时地反映控制部门费用的支出，对各部门的收支情况加以比较，便于进行部门考核。提供各级部门总账、明细账的查询，并对部门收入与费用进行部门收支分析等功能。

③ 项目管理。用于生产成本、在建工程等业务的核算，以项目为中心为使用者提供各项目的成本、费用、收入、往来等汇总与明细情况及项目计划执行报告等，也可用于核算科研课题、专项工程、产成品成本、旅游 团队、合同、订单等。提供项目总账、明细账及项目统计表的查询。

④ 往来管理。主要进行客户和供应商往来款项的发生、清欠管理工作，及时掌握往来款项的最新情况。提供往来款的总账、明细账、催款单、往来账清理、账龄分析报告等

功能。

(6) 期末处理。灵活的自定义转账功能、各种取数公式可满足各类业务的转账工作。自动完成月末分摊、计提、对应转账、销售成本、汇兑损益、期间损益结转等业务。进行试算平衡、对账、结账、生成月末工作报告。

2. 总账管理系统与其他系统的主要关系

总账系统不仅可以接受来自各核算子系统的记账凭证数据，而且为会计报表和财务分析等子系统提供数据和信息。

总账管理系统与其他系统的主要关系如图 11-1 所示。

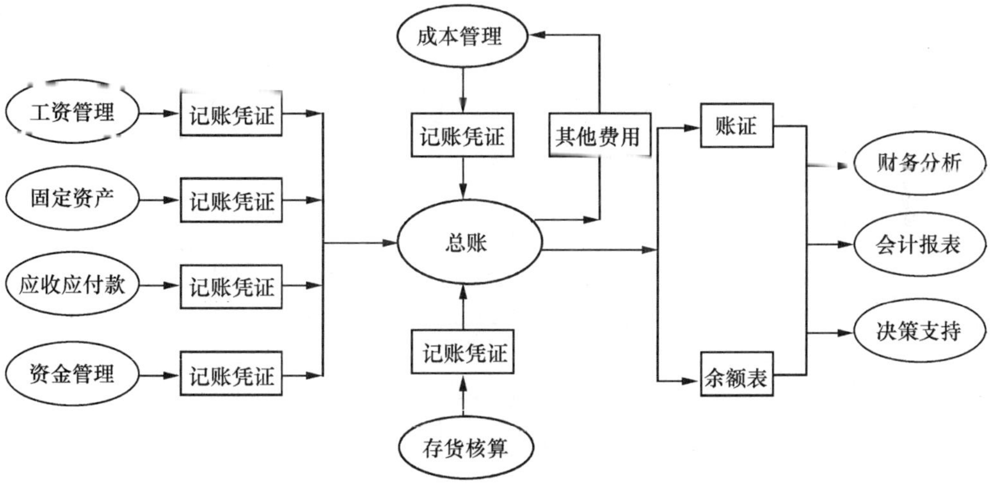

图 11-1　总账管理系统与其他系统的主要关系

11.2　总账系统业务处理流程

总账系统的业务处理流程如图 11-2 所示。

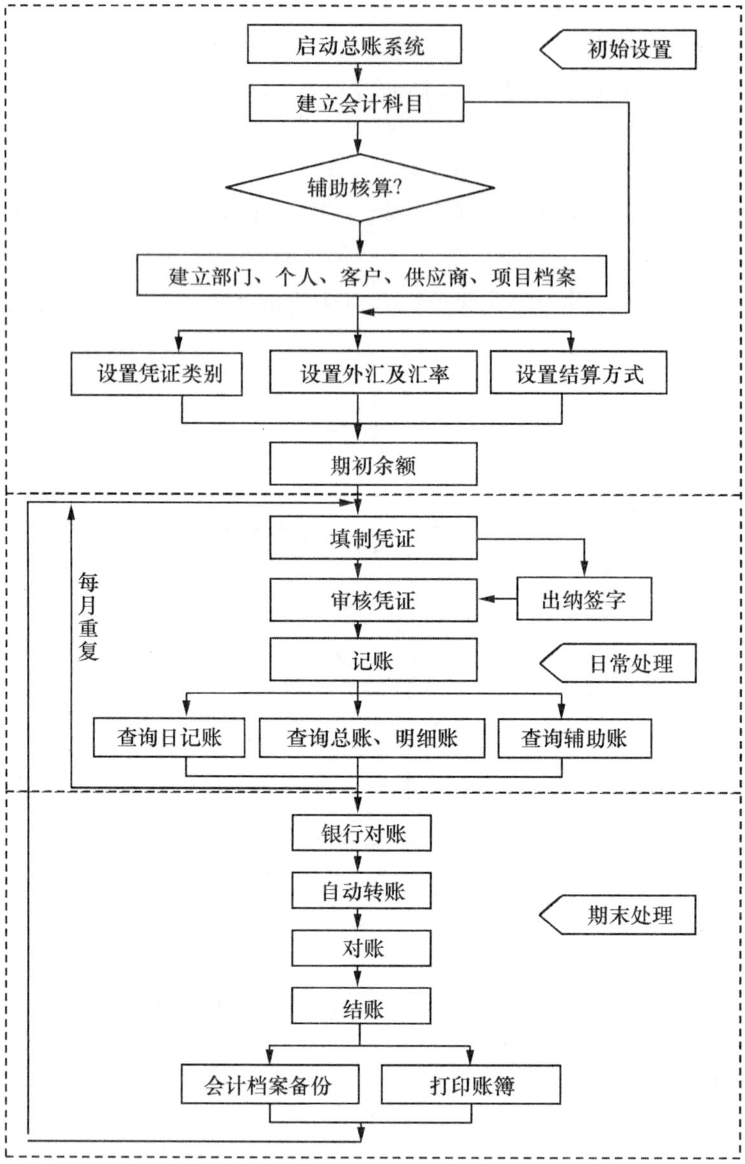

图 11-2 总账系统业务处理流程

实验十　总账系统日常业务处理

【实验准备】

引入实验账套九数据，将系统日期修改为“2012/12/31”。

【实验目的】

1. 掌握用友 ERP-U8(V8.72)软件中总账系统日常业务处理的相关内容
2. 熟悉总账系统日常业务处理的各种操作
3. 掌握凭证管理、出纳管理和账簿管理的具体内容和操作方法

【实验内容和要求】

1. 凭证管理：填制凭证、审核凭证、凭证记账的操作方法
2. 出纳管理：出纳签字、现金、银行存款日记账和资金日报表的查询
3. 账簿管理：总账、科目余额表、明细账、辅助账的查询方法

【实验资料】

1. 凭证管理

(1) 填制凭证。

2012 年 12 月企业发生的经济业务如下：

业务 1：1 日，向农行珠江分行借款 34 000 元，现金支票号为 02578，附件 2 张。

借：银行存款/农行珠江分行(100201)　　34 000

　贷：短期借款(2001)　　34 000

业务 2：2 日，技术服务部徐爽预借差旅费 2 500 元，单据号 177，附件 1 张。

借：其他应收款/个人款(122102)　　2 500

　贷：库存现金(1001)　　2 500

业务 3：5 日，技术服务部徐爽报销差旅费实际花费 2 283 元，退还现金 217 元，单据号 177，附件 3 张。

借：管理费用/差旅费(660204)　　2 283

　　库存现金(1001)　　217

　贷：其他应收款/个人款(122102)　　2 500

业务 4：6 日，采购部朱民意向单位借款 800 元，单据号 216，附件 1 张。

借：其他应收款/个人款(122102)　　800

　贷：库存现金(1001)　　800

业务 5：9 日，支付江苏天虹律师事务所律师费 1 200 元，现金支票号为 03689，附件 1 张。

借：管理费用/其他(660207)　　1 200

　贷：银行存款/农行珠江分行(100201)　　1 200

业务 6：9 日，支付江苏省现代快报发行有限公司产品广告费 3 000 元，附件 1 张。

借:销售费用/其他(660107)　　3 000

　贷:库存现金(1001)　　3 000

业务 7:9 日,计提 55 900 元用于备发工资,单据号 03237,附件 1 张。

借:库存现金(1001)　　55 900

　贷:银行存款/农行珠江分行(100201)　　55 900

业务 8:27 日,支付国家电网公司南京分公司电费 4 142 元,以现金支票支付,单据号 05168,附件 1 张。

借:管理费用/其他(660207)　　4 142

　贷:银行存款/农行珠江分行(100201)　　4 142

业务 9:月末缴纳城乡维护建设税 900 元,附件 1 张。

借:应交税费/应缴城建税(222108)　　900

　贷:库存现金(1001)　　900

(2) 修改凭证。经检查,发现 2012 年 12 月 9 日发生的广告费金额应为 2 000 元,而不是 3 000 元,需要修改该笔业务的凭证。

(3) 删除凭证。经检查,发现 2012 年 12 月 6 日,采购部朱民意没有向单位借款 800 元,应删除该笔业务的凭证。

2. 出纳管理

12 月 28 日,采购部朱民意借转账支票一张,票号 21228,预计金额 5 000 元,登记支票簿。

3. 账簿查询

(1) 查询 2012 年 12 月余额表。

(2) 查询 2012 年 12 月管理费用明细账。

(3) 查询 2012 年 12 月供应商科目明细账。

(4) 查询 2012 年 12 月产成品自行车项目统计表。

【操作指导】

1. 凭证管理

操作步骤:

(1) 业务 1。

① 以“王明”身份注册进入企业应用平台,在企业应用平台“业务”页签中,执行“财务会计”→“总账”→“凭证”→“填制凭证”命令,进入“填制凭证”窗口。

② 单击【增加】按钮,系统自动增加一张空白凭证。

③ 选择凭证类型“记账凭证”,输入制单日期“2012-12-01”、附单据数“2”。

④ 选中第 1 记录行,输入摘要“借款”,继续输入科目名称“100201”后,系统自动弹出“辅助项”对话框。

⑤ 输入结算方式“201”、票号“02578”、发生日期“2012-12-01”,如图 11-3 所示。

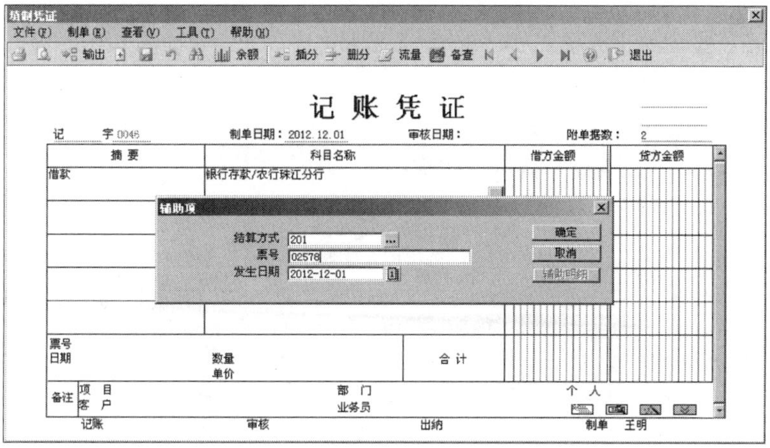

图　11-3

⑥ 单击【确定】按钮，返回“填制凭证”窗口。

⑦ 在第 1 记录行，继续输入借方金额“34 000”元，按“Enter”键，摘要自动带入下一行。

⑧ 在第 2 记录行，输入科目名称“2001”、贷方金额“34 000”元。

⑨ 输入完成后，单击【保存】按钮，系统弹出“凭证已成功保存！”信息提示框。

⑩ 单击【确定】按钮，保存已生成的凭证，如图 11-4 所示。

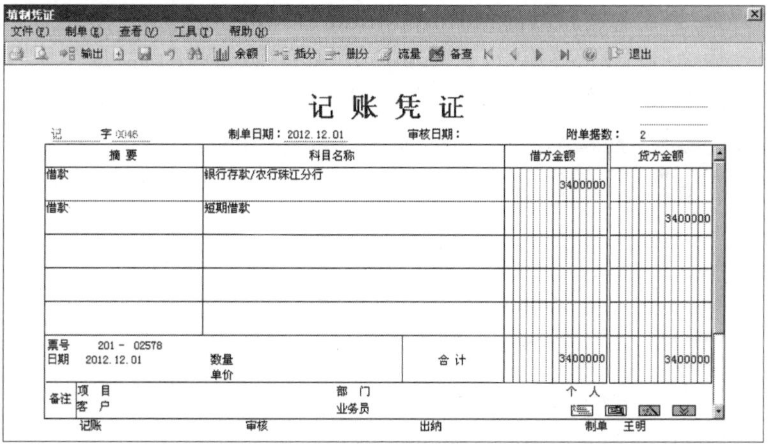

图　11-4

注意：

- 在填制凭证过程中，若某会计科目为“银行存款”、“外币科目”、“数量科目”、“辅助核算科目”、“现金流量科目”，输入完毕后，需要输入该科目的辅助核算信息。
- 科目编码必须是末级科目代码；凭证一旦保存，其凭证类别、凭证编号不能修改。
- 金额不能为 0，红字以“ – ”号表示。

(2) 业务 2。

① 在“填制凭证”窗口，单击【增加】按钮，系统自动增加一张空白凭证。

② 选择凭证类型“记账凭证”，输入制单日期“2012-12-02”、附单据数“1”。

③ 选中第 1 记录行，输入摘要“预借差旅费”，继续输入科目名称“122102”后，系统自动弹

出“辅助项”对话框。

④ 输入部门“技术服务部”、个人“徐爽”、票号“177”、发生日期“2012-12-02”，如图 11-5 所示。

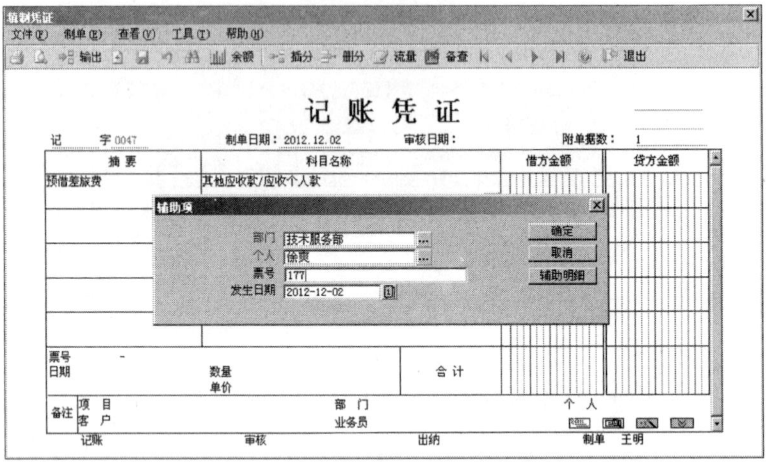

图 11-5

⑤ 单击【确定】按钮，返回“填制凭证”窗口。

⑥ 在第 1 记录行，继续输入借方金额“2 500”元，按“Enter”键，摘要自动带入下一行。

⑦ 在第 2 记录行，输入科目名称“1001”、贷方金额“2 500”元。

⑧ 输入完成后，单击【保存】按钮，系统弹出“凭证已成功保存！”信息提示框。

⑨ 单击【确定】按钮，保存已生成的凭证，如图 11-6 所示。

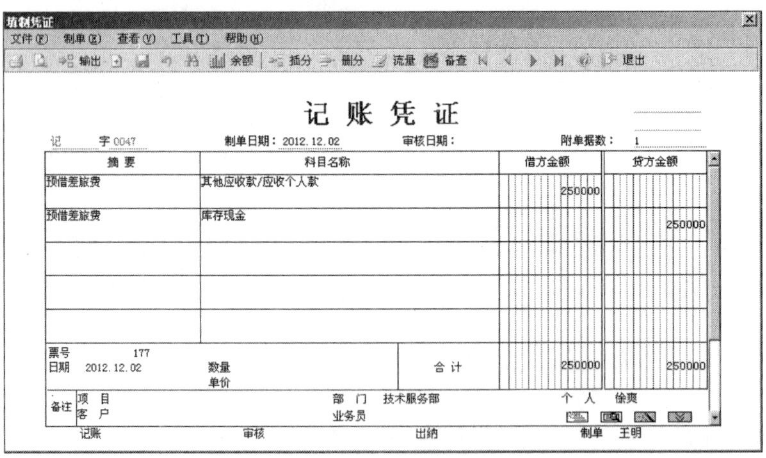

图 11-6

（3）业务 3。

① 在“填制凭证”窗口，单击【增加】按钮，系统自动增加一张空白凭证。

② 选择凭证类型“记账凭证”，输入制单日期“2012-12-05”、附单据数“3”。

③ 选中第 1 记录行，输入摘要“报销差旅费”，继续输入科目名称“660204”后，系统自动弹出“辅助项”对话框。

④ 输入部门“技术服务部”，如图 11-7 所示。

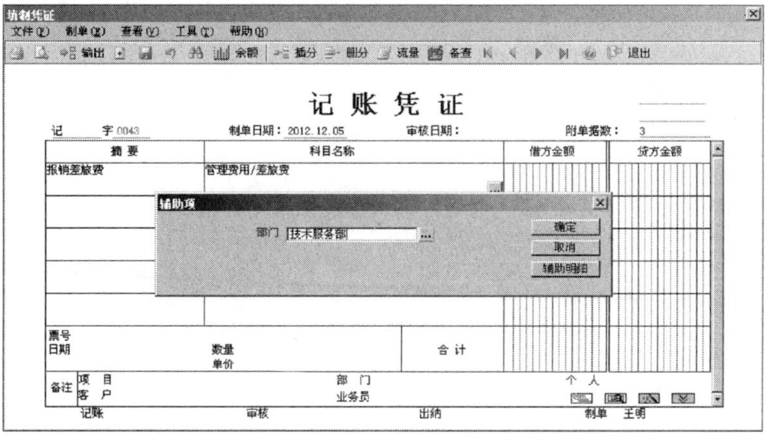

图 11-7

⑤ 单击【确定】按钮，返回“填制凭证”窗口。

⑥ 在第 1 记录行，继续输入借方金额“2 283”元，按“Enter”键，摘要自动带入下一行。

⑦ 在第 2 记录行，输入科目名称“1001”、借方金额“217”元，按“Enter”键，摘要自动带入下一行。

⑧ 在第 3 记录行，输入科目名称“122102”，系统自动弹出“辅助项”对话框。

⑨ 输入部门“技术服务部”、个人“徐爽”、票号“177”、发生日期“2012-12-05”，如图 11-8 所示。

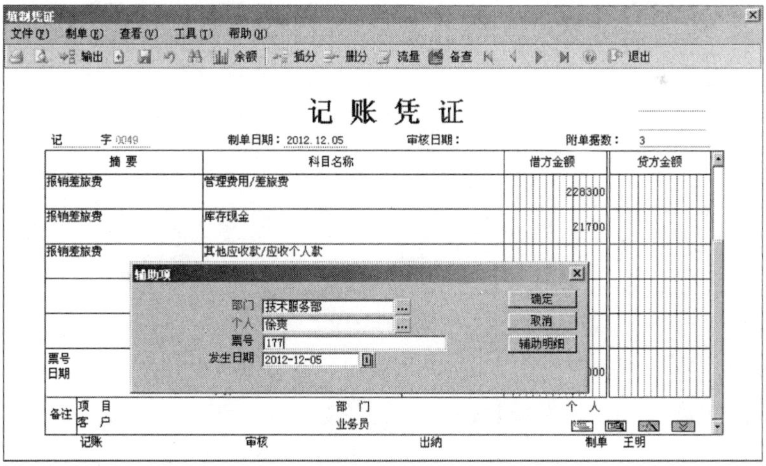

图 11-8

⑩ 单击【确定】按钮，返回“填制凭证”窗口。

⑪ 在第 3 记录行，继续输入贷方金额“2 500”元，单击【保存】按钮，系统弹出“凭证已成功保存！”信息提示框。

⑫ 单击【确定】按钮,保存已生成的凭证,如图 11-9 所示。

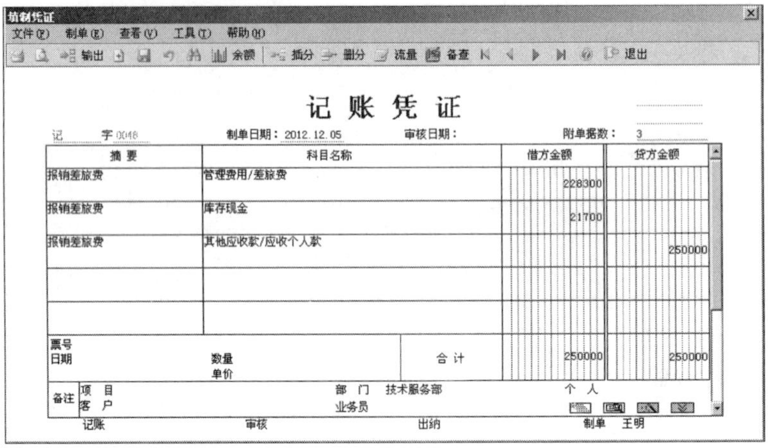

图 11-9

(4) 业务 4。

在"填制凭证"窗口,单击【增加】按钮,系统自动增加一张空白凭证,根据实验资料业务 4 的要求,填制记账凭证并保存,如图 11-10 所示。操作步骤参见"业务 1"。

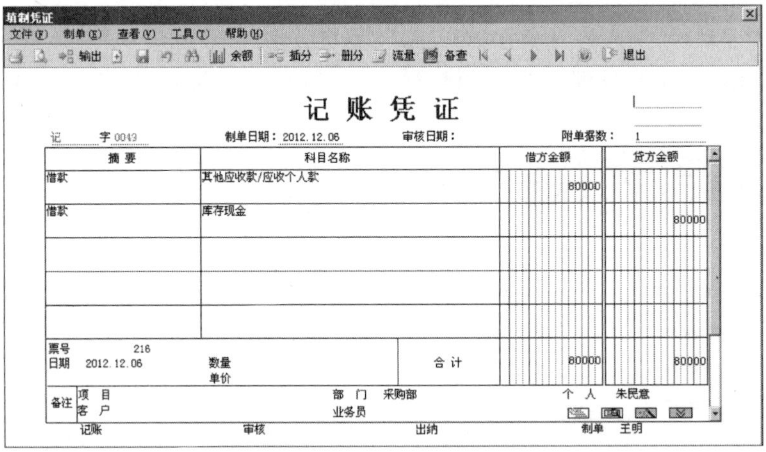

图 11-10

(5) 业务 5。

在"填制凭证"窗口,单击【增加】按钮,系统自动增加一张空白凭证,根据实验资料业务 5 的要求,填制记账凭证并保存,如图 11-11 所示。操作步骤参见"业务 1"。

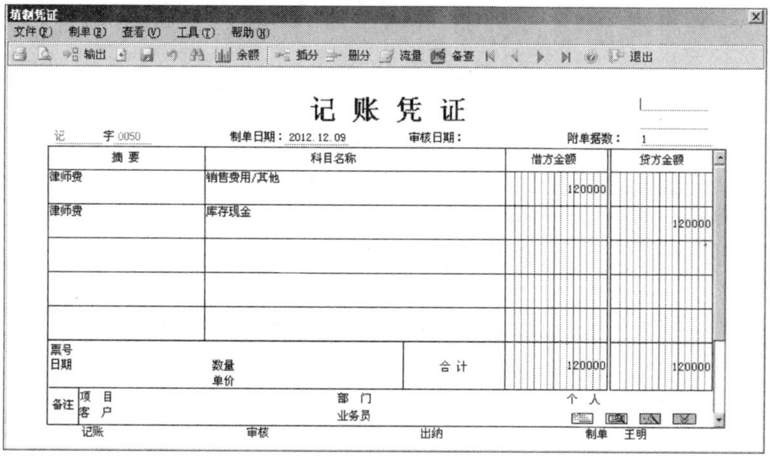

图　11-11

（6）业务 6。

在“填制凭证”窗口，单击【增加】按钮，系统自动增加一张空白凭证，根据实验资料业务 6 的要求，填制记账凭证并保存，如图 11-12 所示。操作步骤参见“业务 1”。

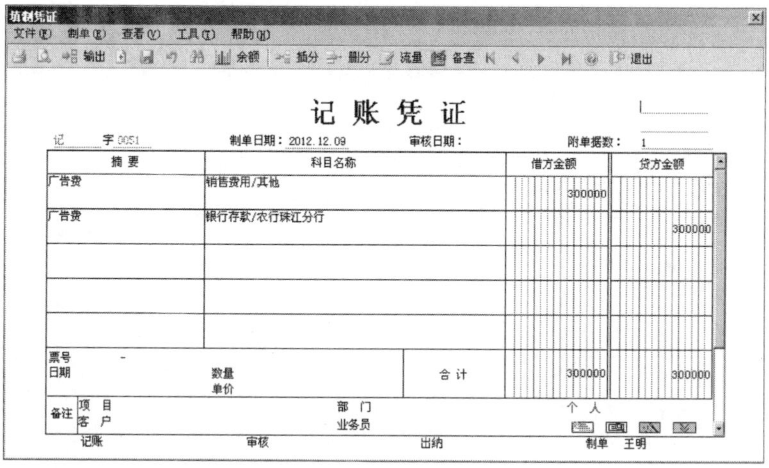

图　11-12

（7）业务 7。

在“填制凭证”窗口，单击【增加】按钮，系统自动增加一张空白凭证，根据实验资料业务 7 的要求，填制记账凭证并保存，如图 11-13 所示。操作步骤参见“业务 1”。

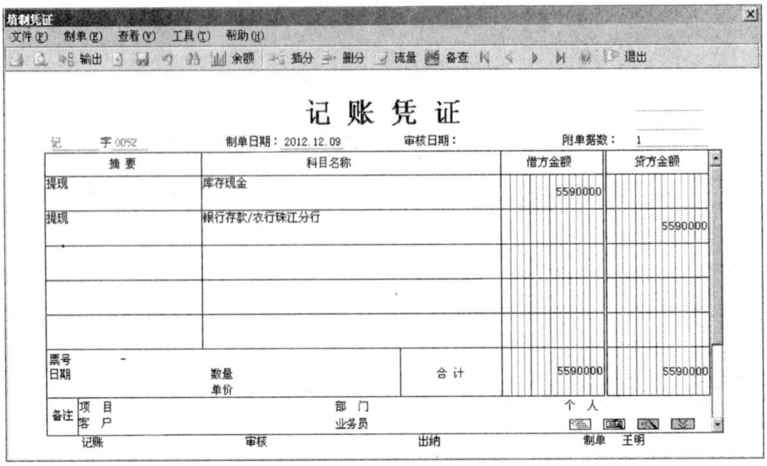

图 11-13

(8) 业务 8。

在"填制凭证"窗口，单击【增加】按钮，系统自动增加一张空白凭证，根据实验资料业务 8 的要求，填制记账凭证并保存，如图 11-14 所示。操作步骤参见"业务 1"。

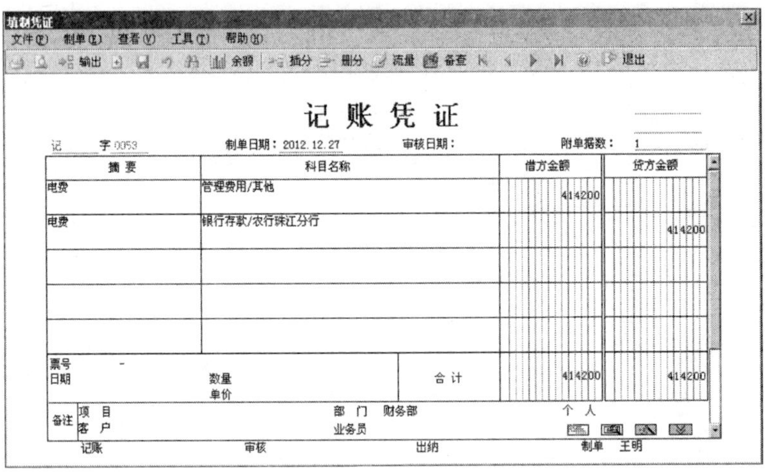

图 11-14

(9) 业务 9。

在"填制凭证"窗口，单击【增加】按钮，系统自动增加一张空白凭证，根据实验资料业务 9 的要求，填制记账凭证并保存，如图 11-15 所示。操作步骤参见"业务 1"。

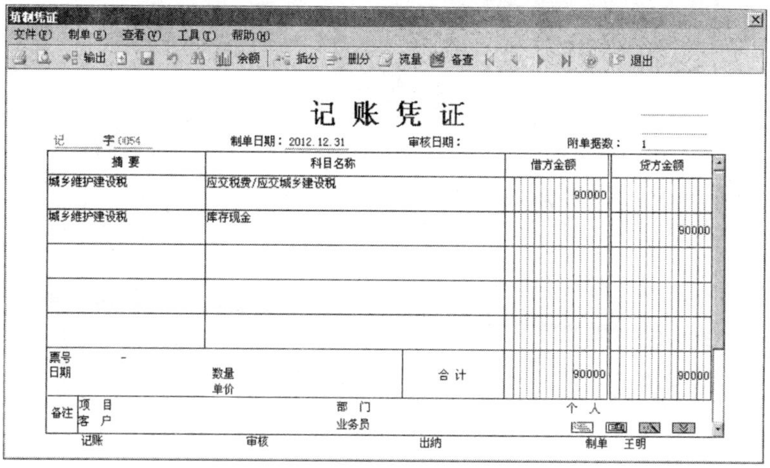

图　11-15

2. 修改凭证

操作步骤:

① 执行“凭证”→“查询凭证”命令,打开“凭证查询”对话框。

② 选择查询日期“2012-12-09”,如图 11-16 所示。

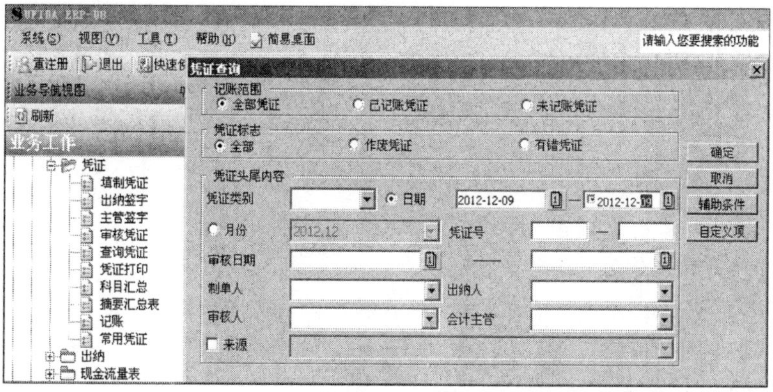

图　11-16

③ 单击【确定】按钮,进入“查询凭证”窗口,选择需要修改的凭证。

④ 单击【修改】按钮,根据实验资料要求,点击需要修改的凭证所在行。

⑤ 单击【确定】按钮,进入“查询凭证”窗口,显示需要修改的凭证。

⑥ 将光标置于需要修改的借方金额栏,修改借方金额为“2 000”元;将光标置于需要修改的贷方金额栏,修改贷方金额为“2 000”元,如图 11-17 所示。

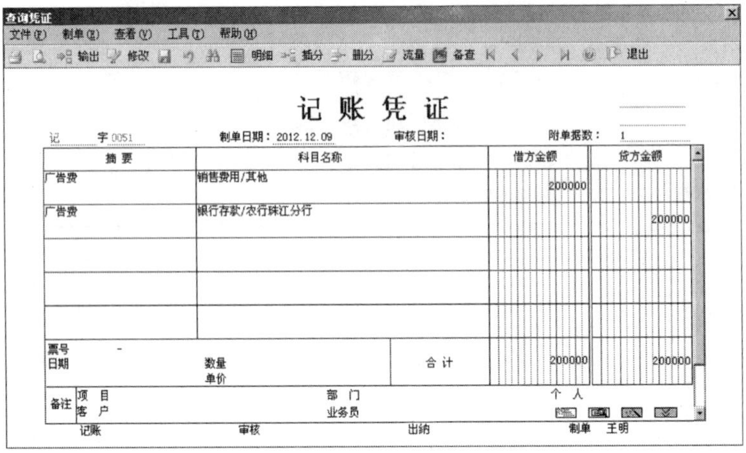

图 11-17

⑦ 修改完毕后，单击【保存】按钮，系统弹出“凭证已成功保存！”信息提示框。

⑧ 单击【确定】按钮，再单击【退出】按钮后退出。

注意：

- 未经过审核的错误凭证可通过“查询凭证”或“填制凭证”功能直接修改。
- 已经审核的凭证应先取消审核后，再进行修改。
- 若选择“不允许修改或作废他人填制的凭证”权限控制，则不能修改或作废他人填制的凭证。
- 外部系统传递过来的凭证不能在总账系统中进行修改，只能在生成该凭证的系统中进行修改。

3. 删除凭证

操作步骤：

① 执行“凭证”→“查询凭证”命令，打开“凭证查询”对话框。

② 选择查询日期“2012-12-06”。

③ 单击【确定】按钮，进入“查询凭证”对话框，选择需要删除的凭证。

④ 执行“制单”下的“作废/恢复”命令，凭证的左上角显示“作废”字样，代表该凭证已作废（删除），如图 11-18 所示。

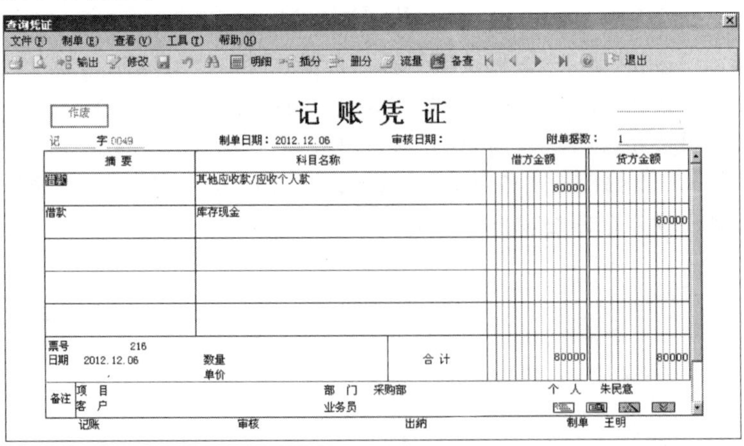

图 11-18

⑤ 单击【退出】按钮后退出。

注意：

- 作废凭证仍保留凭证编号和内容，只显示“作废”字样。
- 作废凭证不能修改和审核。
- 记账时，已经作废的凭证应参与记账，否则月末无法结账，但不对作废凭证做数据处理。
- 已经作废的凭证，利用“制单”下的“作废/恢复”命令，可取消作废标志，使其恢复为有效凭证（正常凭证）。

4. 出纳签字

操作步骤：

① 以“张芳”身份重新注册进入企业应用平台，执行“财务会计”→“总账”→“凭证”→“出纳签字”命令，打开“出纳签字”查询条件窗口。

② 选择“全部”单选框，单击“月份”单选按钮后，输入月份“2012.12”，如图 11-19 所示。

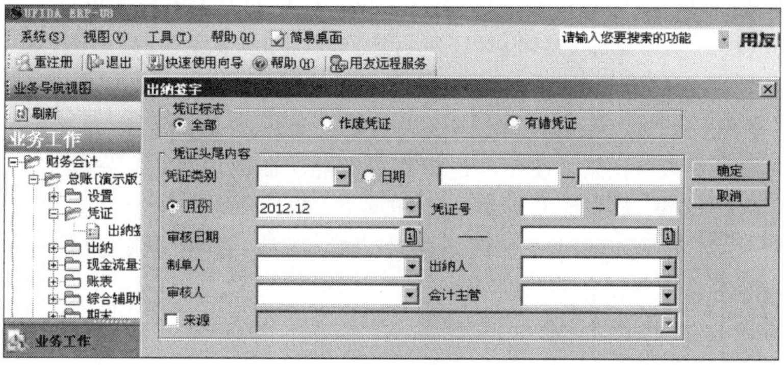

图　11-19

③ 单击【确定】按钮，进入“出纳签字”的凭证列表窗口。

④ 双击某一要签字的凭证或单击【确定】按钮，进入“出纳签字”窗口。

⑤ 单击【签字】按钮，则凭证底部的“出纳”位置被自动签上出纳员“张芳”的姓名。

⑥ 同理，分别单击【下一张】按钮，依次对需要出纳签字的其他凭证进行出纳签字。

⑦ 签字完毕后，单击【退出】按钮。

注意：

- 凡指定为现金科目和银行科目的凭证才需要签字。
- 凭证一经签字，就不能修改、删除，只有取消签字后才可以修改或删除该凭证。
- 取消出纳签字只能由出纳员自己进行。
- 可以执行“出纳”下的“成批出纳签字”命令对所有凭证进行出纳签字。

5. 审核凭证

操作步骤：

① 以“张晓军”身份重新注册进入企业应用平台，执行“财务会计”→“总账”→“凭证”→“审核凭证”命令，打开“凭证审核”查询条件对话框。

② 单击“全部”单选按钮，选择凭证类别“记账凭证”，单击“月份”单选按钮后，输入月份“2012.12”，选择制单人“王明”，如图 11-20 所示。

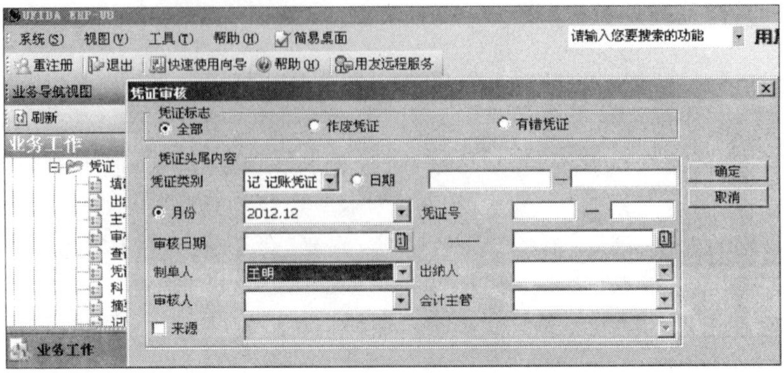

图 11-20

③ 单击【确定】按钮,进入“凭证审核”的凭证列表窗口。

④ 双击要审核的凭证或单击【确定】按钮,进入“审核凭证”的审核窗口。

⑤ 单击【审核】按钮,则凭证底部的“审核”位置处自动签上审核人姓名。

⑥ 同理,依次对需要审核的其他凭证进行审核签字,审核完毕后,单击【退出】按钮。

⑦ 执行“凭证”→“审核凭证”命令,打开“凭证审核”查询条件对话框。

⑧ 单击“全部”单选按钮,选择凭证类别“记账凭证”,单击“月份”单选按钮后,输入月份“2012. 12”,选择制单人“李燕”,按照上述步骤对李燕填制的凭证进行审核。

⑨ 以“王明”身份重新注册进入企业应用平台,执行“财务会计”→“总账”→“凭证”→“审核凭证”命令,打开“凭证审核”查询条件对话框,选择制单人“张晓军”,按照前述步骤对张晓军填制的凭证进行审核。

⑩ 全部审核完毕后,单击【退出】按钮。

注意:

- 按照会计制度的规定,凭证的填制与审核不能是同一个人。
- 审核人必须具有审核权。
- 除作废凭证外,所有凭证均需要审核。
- 凭证一经审核,就不能修改、删除,只有取消审核后才可以修改或删除该凭证。

6. 记账

操作步骤:

① 执行“总账”→“凭证”→“记账”命令,进入“记账”条件选择窗口。

② 点击“2012. 12 月份凭证”单选按钮,单击【全选】按钮或输入记账范围。

③ 单击【记账】按钮,系统弹出“期初试算平衡表”窗口,显示试算平衡表信息。

④ 单击【确定】按钮,系统自动开始登记有关的总账、明细账和辅助账,登记完成后,系统弹出“记账完毕!”信息提示框。

⑤ 单击【确定】按钮,完成记账。

⑥ 在“记账”窗口,单击【预览】按钮,查看科目汇总表。

⑦ 单击【关闭预览】按钮返回。

⑧ 单击【退出】按钮后退出。

7. 出纳管理

操作步骤:

(1) 现金日记账。

① 以“张芳”身份重新注册进入企业应用平台，执行“财务会计”→“总账”→“出纳”→“现金日记账”命令，打开“现金日记账查询条件”对话框。

② 选择科目“1001 库存现金”，点击“按月查”单选按钮，默认月份“2012. 12”。

③ 单击【确定】按钮，进入“现金日记账”窗口，如图 11-21 所示。

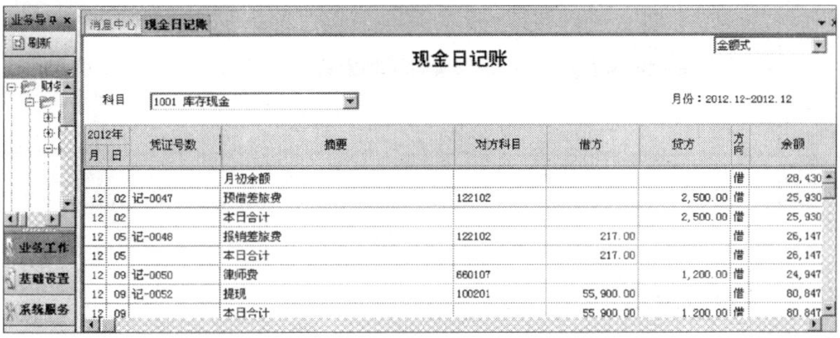

图 11-21

④ 双击某行或选择某行后再单击【凭证】按钮，可查看对应的凭证。

⑤ 单击【总账】按钮，可查看三栏式“库存现金总账”。

⑥ 单击【退出】按钮后退出。

注意：

如果在选项中设置了“明细账查询权限控制到科目”，那么账套主管应赋予出纳员“现金”和“银行存款”科目的查询权限。

(2) 银行存款日记账。

① 执行“出纳”→“银行日记账”命令，打开“银行日记账查询条件”对话框。

② 选择科目“1002 银行存款”，点击“按月查”单选按钮，默认月份“2012. 12”。

③ 单击【确定】按钮，进入“银行日记账”窗口，如图 11-22 所示。

图 11-22

④ 双击某行或将选择某行后再单击【凭证】按钮，可查看对应的凭证。

⑤ 单击【总账】按钮，可查看三栏式“银行存款总账”。

⑥ 单击【退出】按钮后退出。

(3) 资金日报表。

① 执行“出纳”→“资金日报”命令，打开“资金日报查询条件”对话框。

② 选择查询日期“2012-12-09”，级次“1”—“2”，选中“有余额无发生额也显示”复选框。

③ 单击【确定】按钮，进入“资金日报表”窗口，查看 2012 年 12 月 9 日有关资金信息，如图 11-23 所示。

图　11-23

④ 单击【退出】按钮后退出。

(4) 支票登记簿。

① 执行“出纳”→“支票登记簿”命令，打开“银行科目选择”对话框。

② 选择科目“农行珠江分行(100201)”。

③ 单击【确定】按钮，进入“支票登记簿”窗口。

④ 单击【增加】按钮，输入领用日期“2012-12-28”、领用部门“采购部”、领用人“朱民意”、支票号“21228”、预计金额“5 000”元、用途“购原材料”，如图 11-24 所示。

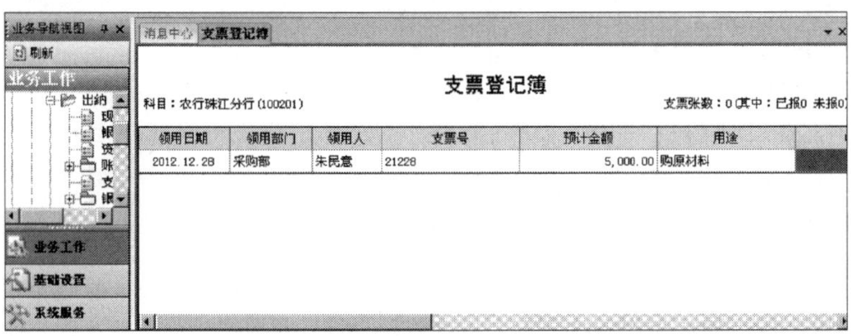

图　11-24

⑤ 单击【保存】按钮，再单击【退出】按钮后退出。

8. 账簿查询

操作步骤：

(1) 在总账系统中查看“余额表”。

① 以“张晓军”身份重新注册进入企业应用平台，在企业应用平台“业务”页签中，执行“财务会计”→“总账”→“账表”→“科目账”→“余额表”命令，打开“发生额及余额查询条件”对话框。

② 选择月份“2012. 12”—“2012. 12”，选中“本期无发生无余额，累计有发生显示”复选框。

③ 单击【确定】按钮，进入“发生额及余额表”窗口，查看科目余额数据，如图 11-25 所示。

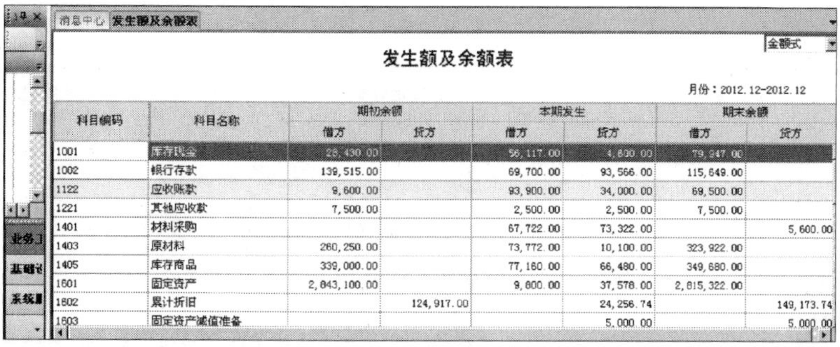

发生额及余额表

月份：2012.12-2012.12

科目编码	科目名称	期初余额		本期发生		期末余额	
		借方	贷方	借方	贷方	借方	贷方
1001	库存现金	28,430.00		56,117.00	4,600.00	79,947.00	
1002	银行存款	139,515.00		69,700.00	93,566.00	115,649.00	
1122	应收账款	9,600.00		93,900.00	34,000.00	69,500.00	
1221	其他应收款	7,500.00		2,500.00	2,500.00	7,500.00	
1401	材料采购			67,722.00	73,322.00		5,600.00
1403	原材料	260,250.00		73,772.00	10,100.00	323,922.00	
1405	库存商品	339,000.00		77,160.00	66,480.00	349,680.00	
1601	固定资产	2,843,100.00		9,800.00	37,578.00	2,815,322.00	
1602	累计折旧		124,917.00		24,256.74		149,173.74
1603	固定资产减值准备				5,000.00		5,000.00

图 11-25

④ 双击某行，可查看对应科目的明细账。

⑤ 查看完毕，单击【退出】按钮后退出。

(2) 在总账系统中查看“总账”。

操作步骤参考“余额表”查询。

(3) 在总账系统中查看“管理费用明细账”。

① 执行“账表”→“科目账”→“明细账”命令，打开“明细账查询条件”对话框。

② 选中“月份综合明细账”单选按钮，选择科目“6602 管理费用”。

③ 单击【确定】按钮，进入“明细账”窗口，查看管理费用明细账，如图 11-26 所示。

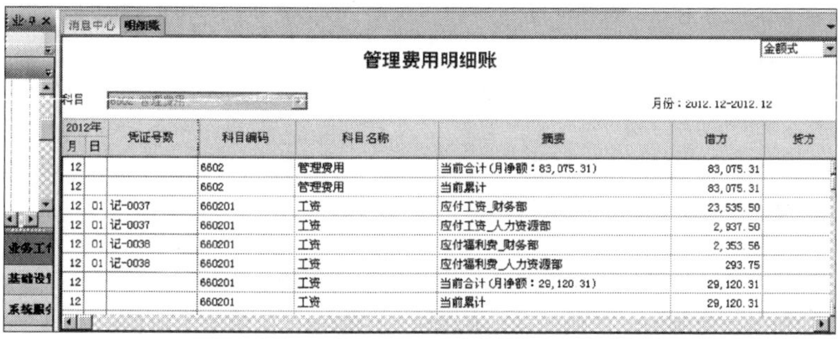

管理费用明细账

月份：2012.12-2012.12

2012年 月	日	凭证号数	科目编码	科目名称	摘要	借方	贷方
12			6602	管理费用	当前合计（月净额：83,075.31）	83,075.31	
12			6602	管理费用	当前累计	83,075.31	
12	01	记-0037	660201	工资	应付工资_财务部	23,535.50	
12	01	记-0037	660201	工资	应付工资_人力资源部	2,937.50	
12	01	记-0038	660201	工资	应付福利费_财务部	2,353.56	
12	01	记-0038	660201	工资	应付福利费_人力资源部	293.75	
12			660201	工资	当前合计（月净额：29,120.31）	29,120.31	
12			660201	工资	当前累计	29,120.31	

图 11-26

④ 查看完毕，单击【退出】按钮后退出。

(4) 在总账系统中查看“供应商科目明细账”。

操作步骤参考“余额表”查询。

(5) 在总账系统中查看“产成品自行车项目统计表”。

① 执行“账表”→“项目辅助账”→“项目统计分析”命令，打开“项目统计条件——选择统计项目”对话框。

② 选择项目大类“产品”。

③ 单击【下一步】按钮，打开“项目统计条件——选择统计科目”对话框。

④ 将左边待选择科目框中的科目全部添加到右边空白框中。

⑤ 单击【下一步】按钮，打开“项目统计条件——选择统计月份”对话框。

⑥ 选择起始月份“2012.12”、终止月份“2012.12”，选中“包含未记账凭证”复选框。

⑦ 单击【完成】按钮，进入“项目统计表”窗口，可查看产成品自行车项目统计数据，如图

11-27 所示。

项目统计表

2012.12-2012.12

项目分类及项目名称	项目编号	统计方式	方向	合计 金额	生产成本(5001) 金额	直接材料(500101) 金额	直接人工(500102) 金额
产成品自行车(1)		期初	平				
		借方		128,628.82	46,144.08	10,000.00	36,144.08
		贷方		158,442.04	77,160.00	77,160.00	
		期末	贷	29,813.22	-31,015.92	-67,160.00	36,144.08
公路自行车(02)	02	期初	平				
		借方		10,120.00			
		贷方		41,898.48	30,360.00	30,360.00	
		期末	贷	31,778.46	-30,360.00	-30,360.00	
山地自行车(01)	01	期初	平				
		借方		118,508.82	46,144.08	10,000.00	36,144.08

图 11-27

⑧ 单击【退出】按钮后退出。

9. 备份本次实验数据,命名为实验账套十

第12章

期末处理

12.1 期末处理概述

在用友 ERP-U8 管理软件中,财务核算的期末处理是根据国家财会制度的要求及企业有关利益各方的要求,按月或年进行定期的处理,而业务管理模块的期末处理主要是根据财务核算的需要及企业经营管理者的管理需求进行的处理;一般月末处理是自动完成的,企业完成当月所有日常工作后,软件系统将各个系统的单据封存,各种数据记入相关的账表,完成相关会计期间的期末处理工作。

由于从业务逻辑关系来看,业务管理的期末处理是服务于财务核算的期末处理的,所以软件各模块进行期末处理时是有一定的先后顺序的,基本顺序为:采购管理期末处理→销售管理期末处理→库存管理期末处理→应收款、应付款管理期末处理→存货核算期末处理→薪资管理期末处理→固定资产管理期末处理→总账系统期末处理。值得注意的是,各模块在进行期末处理前,必须保证该会计期间内的所有业务都处理完毕并记账,特别要注意在总账模块进行期末处理时要先对期间损益结转生成的凭证进行二次记账后才能进行期末处理。

12.2 期末处理内容

期末处理是当前会计期间的业务已经处理完毕,即所有业务单据已经录入完毕,并且准确无误,可以结束当前期间的业务操作,将本期余额结转为下一会计期间的余额,以便进行下一会计期间的业务操作。期末处理每月只能进行一次。期末处理完毕后,当月不能再处理有关业务。

各模块期末处理的主要内容如下:

1. 采购管理期末处理

采购管理系统期末处理工作是月末结账。即将当前的采购单据封存,结账后不允许再对该会计期间的采购单据进行增加、修改和删除处理。

2. 销售管理期末处理

销售管理系统期末处理工作是月末结账。即将当前的销售单据封存,结账后不允许再对该会计期间的销售单据进行增加、修改和删除处理。

3. 库存管理期末处理

库存管理系统期末处理工作是月末结账。即将当前的库存单据封存,结账后不允许再对该会计期间的出、入库单据进行增加、修改和删除处理。

4. 应收款管理期末处理

应收款管理系统期末处理工作有汇兑损益和月末结账。如果客户往来有外币核算,且在总账系统中进行了设置,则应计算外币单据的汇兑损益并对其进行相应的处理;月末结账是将当前的应收款、收款单据封存,结账后不允许再对该会计期间的应收款、收款单据进行增加、修改和删除处理。

5. 应付款管理期末处理

应付款管理系统期末处理工作有汇兑损益和月末结账。如果供应商往来有外币核算,且在总账系统中进行了设置,则应计算外币单据的汇兑损益并对其进行相应的处理;月末结账是将当前的应付款、付款单据封存,结账后不允许再对该会计期间的应付款、付款单据进行增加、修改和删除处理。

6. 存货核算期末处理

存货核算系统期末处理工作有期末处理和月末结账。当存货核算系统日常业务全部完成后，进行期末处理，自动计算全月平均单价及出库成本，自动计算差异率及本会计月的分摊差异，并对已经完成日常业务的仓库/部门做处理标志；期末处理完成后，才可以结账；为了保证业务与财务数据的一致性，还需要进行对账，将存货核算系统记录的存货明细数据与总账系统中存货科目和差异科目的结存金额和数量核对。

7. 薪资管理期末处理

薪资管理系统期末处理工作有月末结转和年末结转。月末结转是将本月数据经过处理后结转至下月，月末结转只有在会计年度的 1 月至 12 月进行，且只有当月工资数据处理完毕后才可进行；年末结转是将工资数据经过处理后结转至下一年，同时新年度账自动建立。

8. 固定资产管理期末处理

固定资产管理系统期末处理工作有计提减值准备、计提折旧、对账和月末结账。

9. 总账系统期末处理

总账系统期末处理工作有银行对账、自动转账、月末处理及年末处理。

实验十一　期 末 处 理

【实验准备】

采购管理、销售管理、库存管理、存货核算、应收款管理、应付款管理、薪资管理、固定资产管理有关 12 月份的业务已经处理完毕、凭证已经生成，总账系统已经完成正常记账。

引入实验十的账套备份数据，将系统日期修改为“2012/12/31”。

【实验目的和要求】

1. 了解和掌握用友 ERP-U8 软件各业务模块基本台账的查询功能
2. 掌握用友 ERP-U8 软件各业务模块期末处理的内容和操作方法
3. 理解用友 ERP-U8 软件各模块之间期末结转的业务内在逻辑关系

【实验内容】

各业务模块的期末处理

【实验资料】

1. 各业务模块最后的备份数据

各业务模块包括采购管理、销售管理、库存管理、存货核算、应收款管理、应付款管理、薪资管理、固定资产管理和总账。

2. 总账系统自定义结转

按短期借款期末余额的 0.3% 计提短期借款利息。会计分录如下：

借：财务费用/利息支出(660 301)　　　　QM(2001,月) * 0.003

　贷：应付利息(2 231)　　　　　　　　　　　　JG( )

3. 总账系统期间损益结转

将本月"期间损益"转入"本年利润"。

【操作指导】

1. 采购管理期末处理

操作步骤：

(1) 结账处理。

① 以"张晓军"身份注册进入企业应用平台，在企业应用平台"业务工作"页签中，执行"供应链"→"采购管理"→"月末结账"命令，打开"月末结账"对话框，如图 12-1 所示。

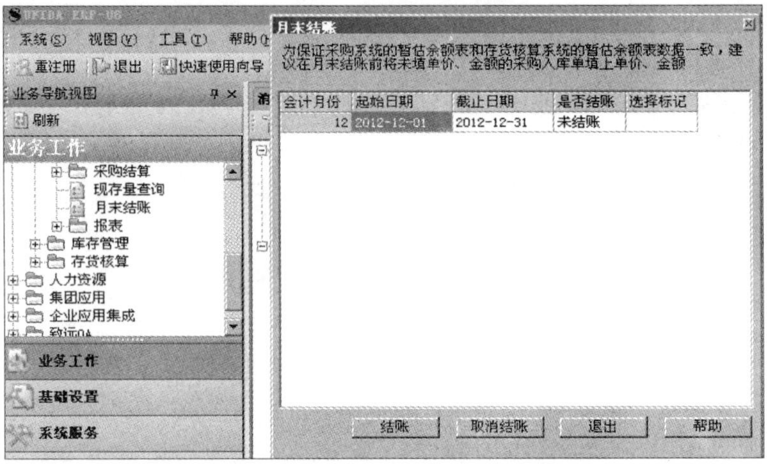

图 12-1

② 单击"选择标记"栏，出现"选中"标记。

③ 单击【结账】按钮，系统弹出"月末结账完毕!"信息提示框。

④ 单击【确定】按钮，在"是否结账"栏显示"已结账"。

⑤ 单击【退出】按钮。

(2) 取消结账。

① 执行"月末结账"命令，打开"月末结账"对话框。

② 单击"选择标记"栏，出现"选中"标记。

③ 单击【取消结账】按钮，系统提示"取消月末结账完毕"。

④ 单击【确定】按钮，在"是否结账"一栏显示为"未结账"。

⑤ 单击【退出】按钮。

注意：

若应付款管理系统或库存管理系统或存货核算系统已结账，则采购管理系统不能取消结账。

2. 销售管理期末处理

操作步骤：

(1) 月末结账。

① 执行"供应链"→"销售管理"→"月末结账"命令，打开"月末结账"对话框(其中蓝条是当前会计月)，如图 12-2 所示。

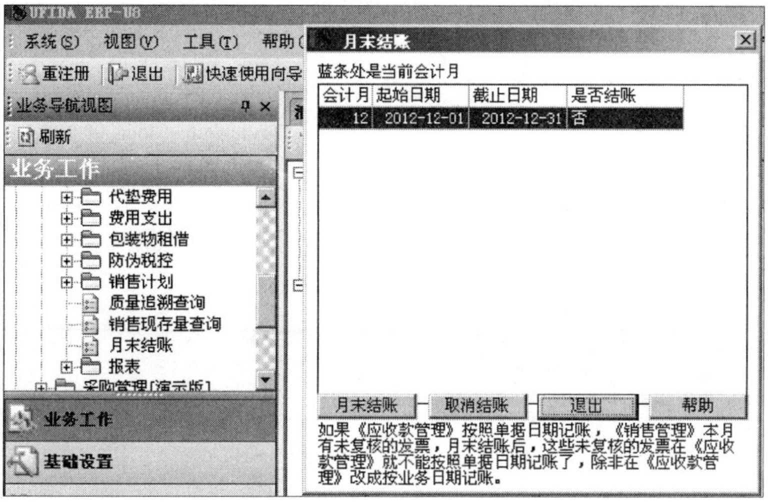

图　12-2

② 单击【月末结账】按钮,系统开始结账。

③ 结账完成后,“是否结账”栏显示“是”。

④ 单击【退出】按钮。

(2) 取消结账。

① 执行“月末结账”命令,打开“销售月末结账”对话框,其中蓝条是当前会计月。

② 单击【取消结账】按钮,“是否结账”一栏显示为“否”。

③ 单击窗口右上角【关闭】按钮返回。

注意:

若应收款管理系统或库存管理系统或存货核算系统已结账,则销售管理系统不能取消结账。

3. 库存管理期末处理

操作步骤:

(1) 月末结账。

① 执行“供应链”→“库存管理”→“月末结账”命令,打开“结账处理”对话框,如图 12-3 所示。

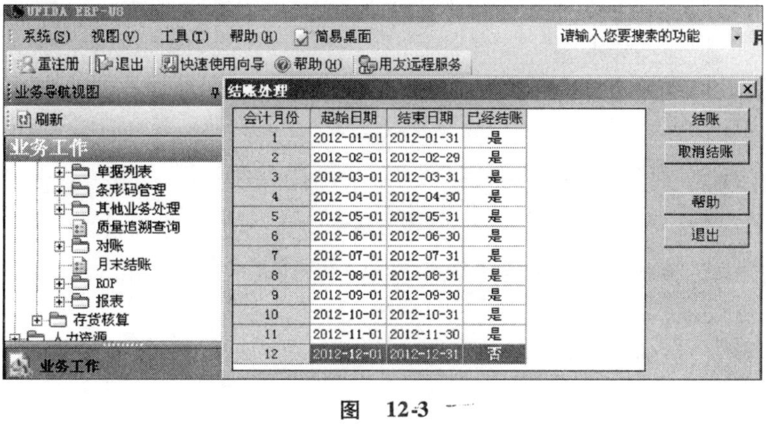

图　12-3

② 选择结账月份“12”所在行,单击【结账】按钮。

③ 结账完成后,“已经结账”栏显示“是”。

④ 单击【退出】按钮。

4. 存货核算期末处理

操作步骤:

(1) 期末处理。

① 执行“供应链”→“存货核算”→“业务核算”→“期末处理”命令,打开“期末处理”对话框,如图 12-4 所示。

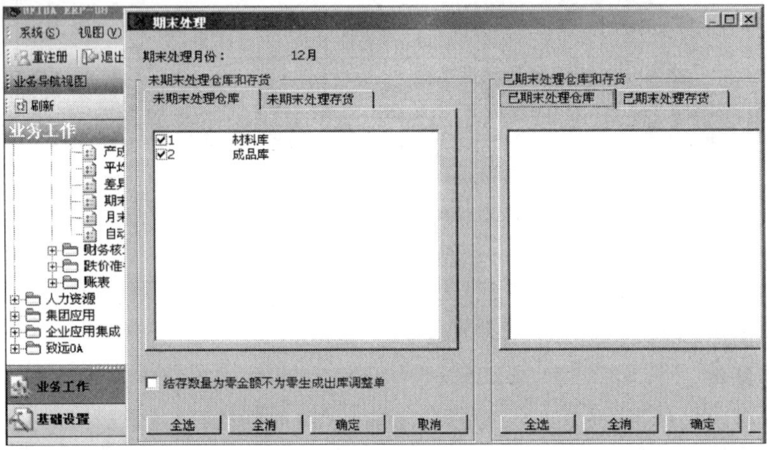

图 12-4

② 选择需要进行期末处理的仓库,单击【确定】按钮,打开“月平均单价计算表”窗口,如图 12-5 所示。

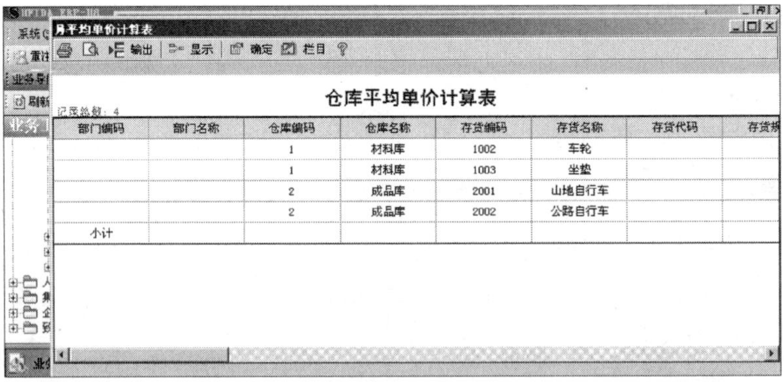

图 12-5

③ 单击【确定】按钮,系统自动计算存货成本完成后,系统弹出“期末处理完毕!”信息提示。

④ 单击【确定】按钮完成期末处理工作,如图 12-6 所示。

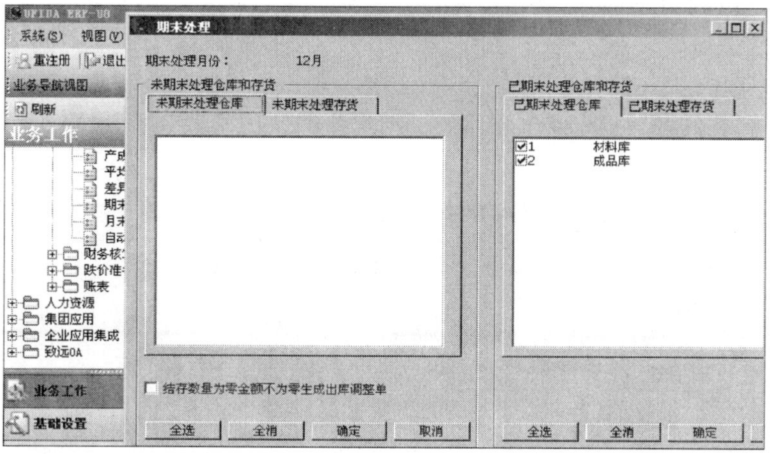

图　12-6

⑤ 单击【退出】按钮。

(2) 月末结账。

① 执行“业务核算”→“月末结账”命令,打开“月末结账”对话框,如图 12-7 所示。

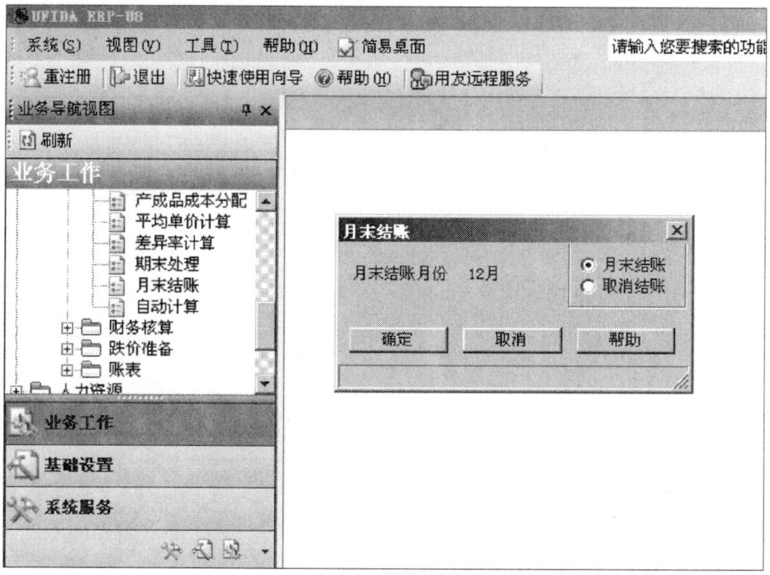

图　12-7

② 单击【确定】按钮,系统显示“尚有单据未生成凭证,12 月结账后将不能再生成凭证,不进行对账。确认进行 12 月结账吗?”信息提示。

③ 单击【确定】按钮,系统弹出有关月末结账完成的信息提示。

④ 单击【确定】按钮。

(3) 对账。

① 执行“财务核算”→“与总账系统对账”命令,进入“月末结账”窗口。

② 对账完毕后,单击【退出】按钮返回。

5. 应收款管理期末处理

操作步骤:

(1) 结账处理。

① 执行“财务会计”→“应收款管理”→“期末处理”→“月末结账”命令,打开“月末处理”对话框,如图 12-8 所示。

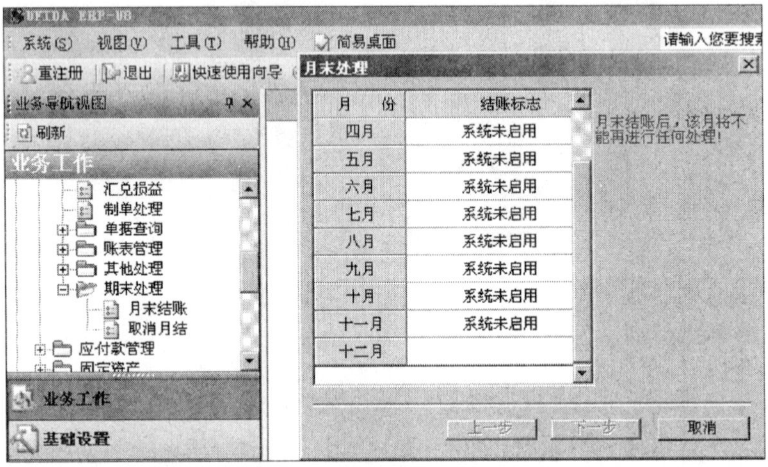

图 12-8

② 单击“选择标记”栏,出现“选中”标记“Y”,单击【下一步】按钮,再单击【完成】按钮,系统提示“12 月份结账成功”信息提示。

③ 单击【确定】按钮。

(2) 取消结账。

① 执行“月末结账”命令,打开“月末结账”对话框。

② 单击“选择标记”栏,出现“选中”标记。

③ 单击【取消结账】按钮,系统提示“取消月末结账完毕”,单击【确定】按钮。“是否结账”一栏显示为“未结账”。

④ 单击【退出】按钮。

6. 应付款管理期末处理

操作步骤:

(1) 结账处理。

① 执行“财务会计”→“应付款管理”→“期末处理”→“月末结账”命令,“月末处理”对话框,如图 12-9 所示。

图　12-9

② 单击"选择标记"栏，出现"选中"标记"Y"，单击【下一步】按钮，再单击【完成】按钮，系统提示"12 月份结账成功"信息提示。

③ 单击【确定】按钮。

(2) 取消结账。

① 执行"月末结账"命令，打开"月末结账"对话框。

② 单击"选择标记"栏，出现"选中"标记。

③ 单击【取消结账】按钮，系统提示"取消月末结账完毕"，单击【确定】按钮。"是否结账"一栏显示为"未结账"。

④ 单击【退出】按钮。

7. 薪资管理期末处理

操作步骤：

(1) 月末处理。

① 执行"人力资源"→"薪资管理"→"业务处理"→"月末处理"，打开"月末处理"对话框。

② 单击【确定】按钮，系统提示"月末处理之后，本月工资将不许变动！继续月末处理吗？"

③ 单击【是】按钮，系统提示"是否选择清零项？"

④ 单击【否】按钮，系统提示"月末处理完毕！"

⑤ 单击【确定】按钮。

(2) 选择"12 月份"进行薪资模块年结。

8. 固定资产管理期末处理

结账处理操作步骤：

① 执行"财务会计"→"固定资产"→"处理"→"月末结账"命令，打开"月末结账"对话框，如图 12-10 所示。

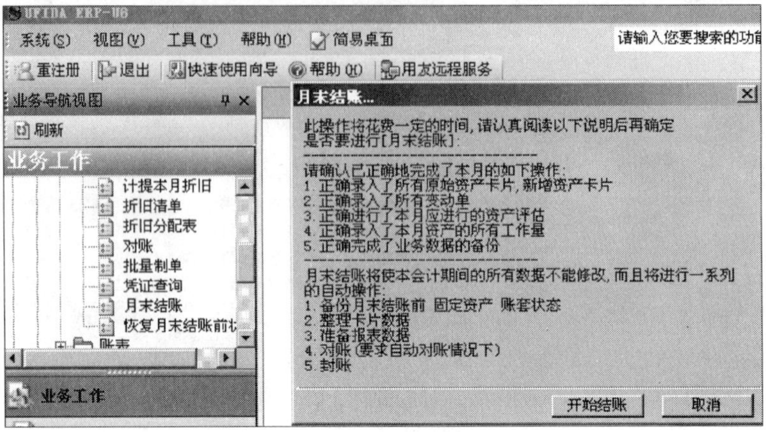

图 12-10

② 单击【开始结账】按钮,系统自动检查与财务系统的对账结果。

③ 单击【确定】按钮后,弹出“月末结账成功完成!”信息提示。

④ 单击【确定】按钮。

注意:

本会计期间做完月末结账工作后,所有数据资料将不能再进行修改;本会计期间不做完月末结账工作,系统将不允许处理下一个会计期间的数据。

9. 总账期末处理

操作步骤:

(1) 自定义结转设置。

① 以“张晓军”身份重新注册进入企业应用平台,执行“财务会计”→“总账”→“期末”→“转账定义”→“自定义转账”,进入“自定义转账设置”窗口。

② 单击【增加】按钮,打开“转账目录”对话框,输入转账序号“0001”、说明“计提利息”,选择“记账凭证”,如图 12-11 所示。

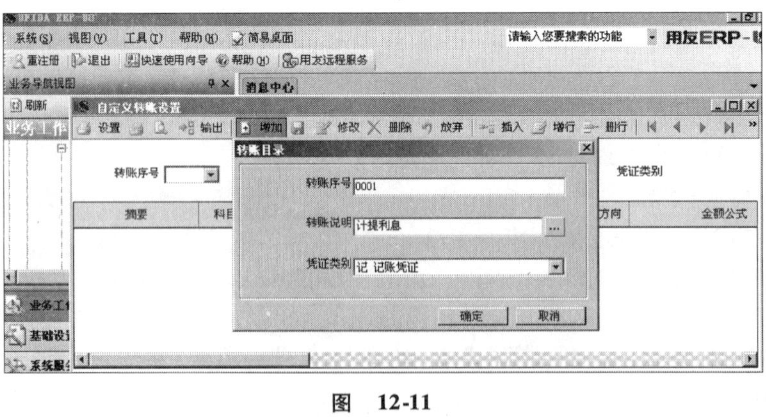

图 12-11

③ 单击【确定】按钮,再单击【增行】按钮。

④ 选择科目编码“660301”,双击金额公式栏,直接输入公式“QM(2001,月)*0.003”,或选择参照,打开“公式向导”进行公式设置,如图 12-12 所示。

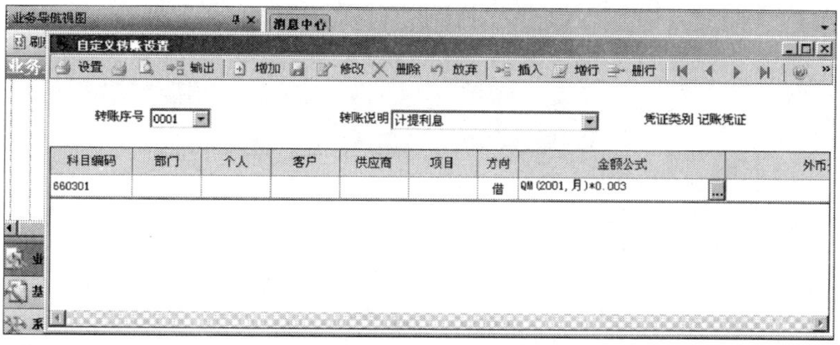

图　12-12

⑤ 同理，单击【增行】按钮，设置贷方信息，选择科目编码“2231”，输入公式“JG( )”，如图 12-13 所示。

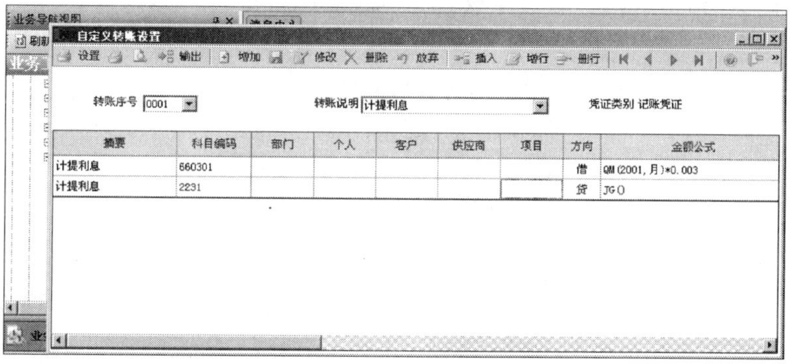

图　12-13

⑥ 单击【保存】按钮，再单击【退出】按钮后退出。

(2) 期间损益设置。

① 执行“期末”→“转账定义”→“期间损益”，进入“期间损益结转设置”窗口。

② 选择凭证类别“记账凭证”、本年利润科目“4103”，如图 12-14 所示。

图　12-14

③ 单击【确定】按钮后退出。

(3) 自定义转账生成。

① 执行“期末”→“转账生成”，进入“转账生成”窗口。

② 选择“自定义转账”单选按钮，单击【全选】按钮，如图 12-15 所示。

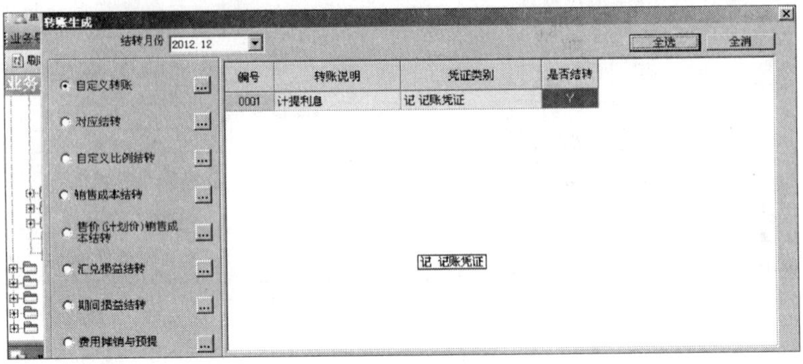

图 12-15

③ 单击【确定】按钮，进入“转账生成”的凭证窗口，如图 12-16 所示。

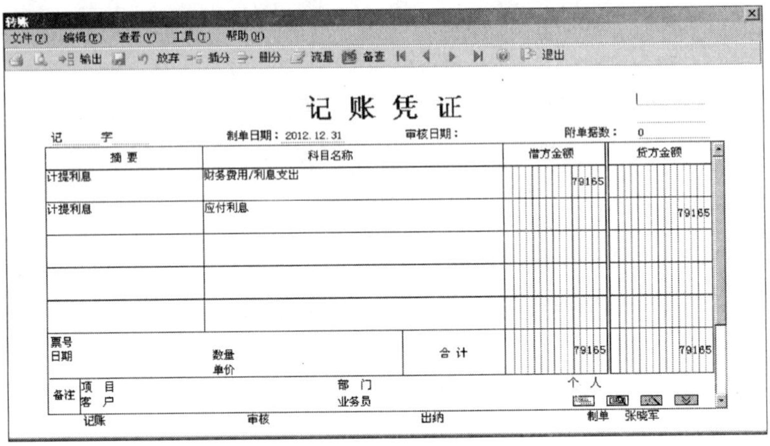

图 12-16

④ 单击【保存】按钮，凭证左上角显示“已生成”字样，表示系统自动将生成的凭证追加到未记账凭证中。

注意：

- 在进行转账生成之前，应先将相关经济业务的记账凭证登记入账。
- 转账凭证每月只生成一次；生成的转账凭证还需要审核，才能进行记账。
- 若使用应收款管理系统、应付款管理系统，则总账中不能按客户、供应商进行结转。

(4) 期间损益结转生成。

① 以“王明”身份重新注册进入企业应用平台，在总账系统中对未审核、记账的凭证进行审核、记账。参考前面的操作步骤。

② 以“张晓军”身份重新注册进入企业应用平台，执行“财务会计”→“总账”→“期末”→“转账生成”，进入“转账生成”窗口。

③ 选择“期间损益结转”单选按钮，单击【全选】按钮，如图 12-17 所示。

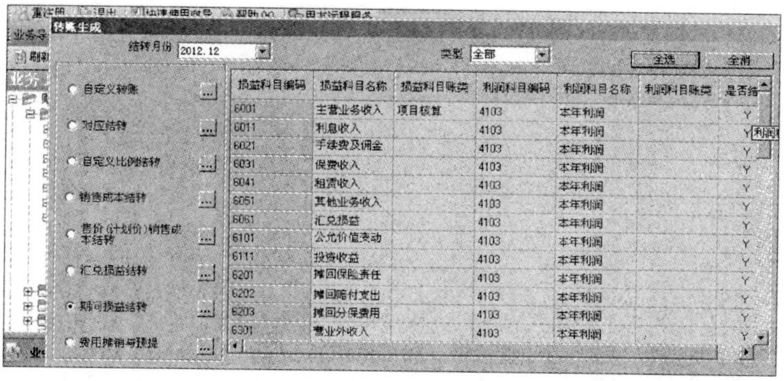

图　12-17

④ 单击【确定】按钮，进入“转账”生成的凭证窗口，如图 12-18 所示。

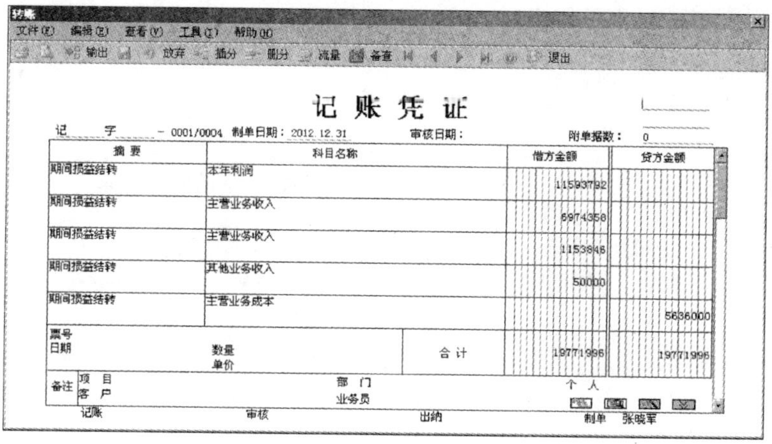

图　12-18

⑤ 单击【保存】按钮，凭证左上角显示“已生成”字样，表示系统自动将生成的凭证追加到未记账凭证中。

⑥ 期间损益转账生成凭证后，以“王明”身份重新注册进入企业应用平台，在总账系统中对生成的凭证进行审核、记账。参考前面的操作步骤。

(5) 对账。

① 以“张晓军”身份重新注册进入企业应用平台，执行“财务会计”→“总账”→“期末”→“对账”命令，打开“对账”对话框。

② 选择对账月份“2012. 12”所在行，单击【选择】按钮或双击“是否对账”单元格。

③ 单击【对账】按钮，系统自动对账后，显示对账结果为“正确”信息，如图 12-19 所示。

④ 单击【试算】按钮，对各科目余额进行试算平衡后，系统弹出“2012. 12 试算平衡表”信息提示。

⑤ 单击【确定】按钮后退出。

(6) 结账。

① 进行结账。

A. 执行“期末”→“结账”，进入“结账”窗口，如图 12-20 所示。

图 12-19

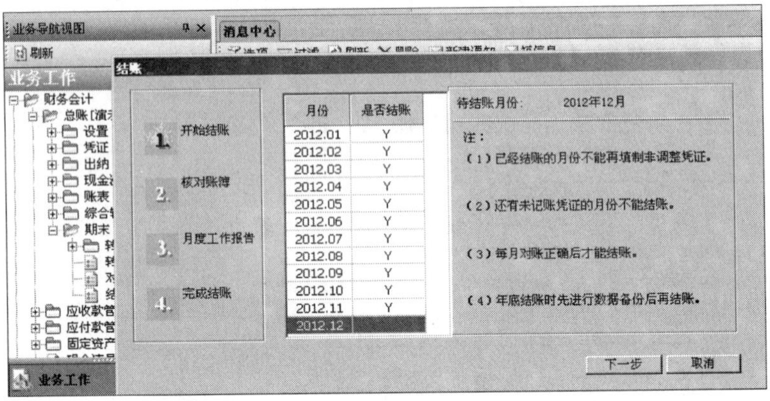

图 12-20

B. 单击要结账月份“2012-12”，再单击【下一步】按钮。

C. 单击【对账】按钮，系统对需要结账的月份进行账账核对。

D. 单击【下一步】按钮，系统显示“2012 年 12 月工作报告”。

E. 单击【下一步】按钮，再单击【结账】按钮，如果符合结账条件，系统将进行结账，否则不能结账。

② 取消结账。

A. 执行“期末”→“结账”，进入“结账”窗口。

B. 选择要取消结账月份“2012-12”。

C. 按“Ctrl + Shift + F6”键，激活“取消结账”功能。

D. 输入口令，单击【确认】按钮，取消结账标志。

注意：

在结账完成后，由于非法操作、病毒或其他原因可能造成数据被破坏，这时可以使用“取消结账”功能。

10. 备份本次实验数据，命名为实验账套十一

第13章

UFO报表

13.1 UFO 报表概述

1. 功能概述

用友 ERP-U8 软件中的 UFO 报表是报表事务处理的工具。它与用友财务管理软件等各系统有完善的接口,具有方便的自定义报表功能、数据处理功能,内置多个行业的常用会计报表;该系统也可以独立运行,用于处理日常办公事务。

(1) 文件管理功能。UFO 提供了各类文件管理功能,除能完成一般的文件管理外, UFO 的数据文件还能转换为不同的文件格式,如 TXT 文件、MDB 文件、XLS 文件等。此外,通过 UFO 提供的“导入”和“导出”功能,可以实现和其他流行财务软件之间的数据交换。

(2) 格式设计功能。UFO 提供的格式设计功能,可以设置报表尺寸、组合单元、画表格线、调整行高列宽、设置字体和颜色、设置显示比例等。同时,UFO 还内置了 11 种套用格式和 19 个行业的标准财务报表模板,包括最新的现金流量表,方便了用户标准报表的制作,对于用户单位内部常用的管理报表,UFO 还提供了自定义模板功能。

(3) 公式设计功能。UFO 提供了绝对单元公式和相对单元公式,可以方便、迅速地定义计算公式、审核公式、舍位平衡公式; UFO 还提供了种类丰富的函数,在系统向导的引导下轻松地从用友财务及其他子系统中提取数据,生成财务报表。

(4) 数据处理功能。UFO 的数据处理功能可以固定的格式管理大量数据不同的表页,并在每张表页之间建立有机的联系。此外,还提供了表页的排序、查询、审核、舍位平衡、汇总功能。

(5) 图表功能。UFO 可以很方便地对数据进行图形组织和分析,制作包括直方图、立体图、圆饼图、折线图等多种分析图表,并能编辑图表的位置、大小、标题、字体、颜色和打印输出。

(6) 打印功能。UFO 提供“所见即所得”和“打印预览”的功能,可以随时观看报表或图形的打印效果。报表打印时,可以打印格式或数据,可以设置表头和表尾,可以在 0.3—3 倍之间缩放打印,可以横向或纵向打印等。

(7) 二次开发功能。UFO 提供了批命令和自定义菜单,利用该功能可以开发出适合本企业的专用系统。

UFO 报表管理系统主要是从其他系统中提取编制报表所需的数据。总账、薪资、固定资产、应收款、应付款、财务分析、采购、库存、存货核算和销售子系统均可向报表子系统传递数据,以生成财务部门所需的各种会计报表。

13.2 UFO 报表业务处理流程

UFO 报表管理系统的业务处理流程如图 13-1 所示。

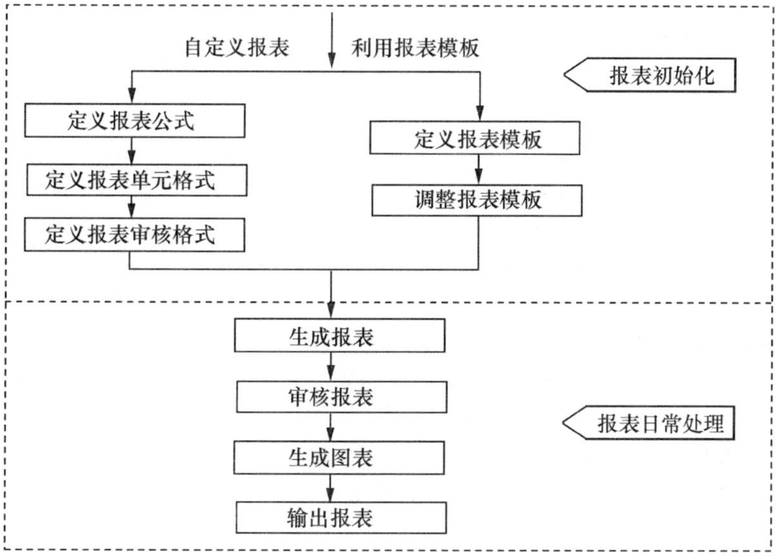

图 13-1　UFO 报表管理系统的业务处理流程

实验十二　UFO 报表

【实验准备】

引入实验十二账套数据，将系统日期修改为“2012/12/31”。

【实验目的】

1. 理解报表编辑的原理及流程
2. 掌握报表格式定义、公式定义的操作方法，掌握报表公式单元的用法
3. 掌握报表数据处理、表页管理及图表功能等操作
4. 掌握如何利用报表模板生成报表

【实验内容和要求】

1. 自定义报表
2. 利用模板生成一张报表

【实验资料】

1. 利用报表模板生成一张“资产负债表”。
2. 自定义生成一张“管理费用明细表”，如表 13-1 所示。

表 13-1　管理费用明细表

单位名称：　　　　　　　　年　　　月　　　　　　　　单位：元

项目	管理费用	工资	福利费	办公费
财务部				
销售部				
仓储部				

（续表）

项目	管理费用	工资	福利费	办公费
采购部				
技术服务部				
组装车间				
人力资源部				
合计				

审核人: 制表人:

有关说明：

（1）表头。标题“管理费用明细表”设置为黑体、14 号字、居中，行高设置为 8。单位名称和年、月应设置为关键字，偏移量分别为 0、-200、-150。

（2）表体。表体中文字体设置为楷体、12 号字、居中。

（3）表尾。“审核人:”、“制表人:”均设置为宋体、10 号字。

（4）报表公式，见表 13-2。

表 13-2 报表公式

位置	单元公式
B4	PTOTAL (C4:E4)
B5	PTOTAL (C5:E5)
B6	PTOTAL (C6:E6)
B7	PTOTAL (C7:E7)
B8	PTOTAL (C8:E8)
B9	PTOTAL (C9:E9)
B10	PTOTAL (C10:E10)
B11	B4 + B5 + B6 + B7 + B8 + B9 + B10
C4	FS(“660201”,月,“借”,,,“1”,,“y”)
C5	FS(“660201”,月,“借”,,,“2”,,“y”)
C6	FS(“660201”,月,“借”,,,“3”,,“y”)
C7	FS(“660201”,月,“借”,,,“4”,,“y”)
C8	FS(“660201”,月,“借”,,,“5”,,“y”)
C9	FS(“660201”,月,“借”,,,“6”,,“y”)
C10	FS(“660201”,月,“借”,,,“7”,,“y”)
C11	C4 + C5 + C6 + C7 + C8 + C9 + C10
D4	FS(“660202”,月,“借”,,,“1”,,“y”)
D5	FS(“660202”,月,“借”,,,“2”,,“y”)
D6	FS(“660202”,月,“借”,,,“3”,,“y”)
D7	FS(“660202”,月,“借”,,,“4”,,“y”)
D8	FS(“660202”,月,“借”,,,“5”,,“y”)
D9	FS(“660202”,月,“借”,,,“6”,,“y”)

（续表）

位置	单元公式
D10	FS("660202",月,"借",,,"7",,"y")
D11	D4 + D5 + D6 + D7 + D8 + D9 + D10
E4	FS("660203",月,"借",,,"1",,"y")
E5	FS("660203",月,"借",,,"2",,"y")
E6	FS("660203",月,"借",,,"3",,"y")
E7	FS("660203",月,"借",,,"4",,"y")
E8	FS("660203",月,"借",,,"5",,"y")
E9	FS("660203",月,"借",,,"6",,"y")
E10	FS("660203",月,"借",,,"7",,"y")
E11	E4 + E5 + E6 + E7 + E8 + E9 + E10

【操作指导】

1. 利用模板生成资产负债表

操作步骤：

（1）以"张晓军"身份注册进入企业应用平台，在企业应用平台"业务"页签中，执行"财务会计"→"UFO 报表"命令，打开 UFO 报表。

（2）执行"文件"→"新建"命令，建立一张空白报表，默认报表名为 report1。

（3）在"格式"状态下，执行"格式"→"报表模板"命令，打开"报表模板"对话框。

（4）选择您所在的行业"工业企业"，选择财务报表"资产负债表"，如图 13-2 所示。

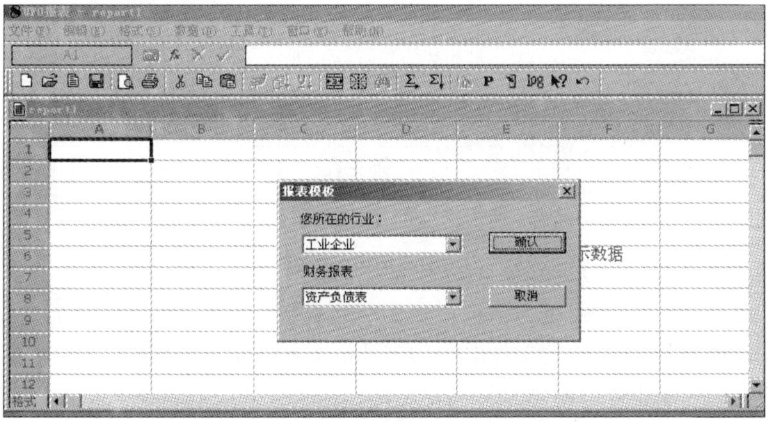

图　13-2

（5）单击【确认】按钮，系统弹出"模板格式将覆盖本表格！是否继续？"信息提示框

（6）单击【确定】按钮，打开"资产负债表"模板，如图 13-3 所示。

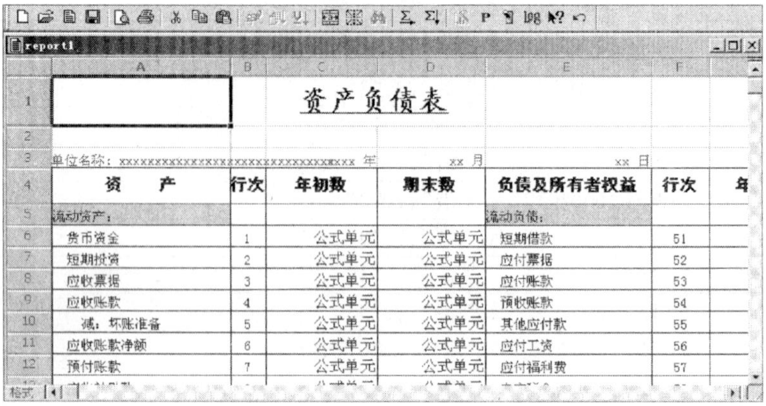

图 13-3

(7) 单击【格式/数据】按钮，使资产负债表处于数据状态。

(8) 执行“数据”→“关键字”→“录入”命令，打开“录入关键字”对话框。

(9) 输入单位名称“南京市珠江机械有限公司”，输入关键字年“2012”、月“12”、日“31”，如图 13-4 所示。

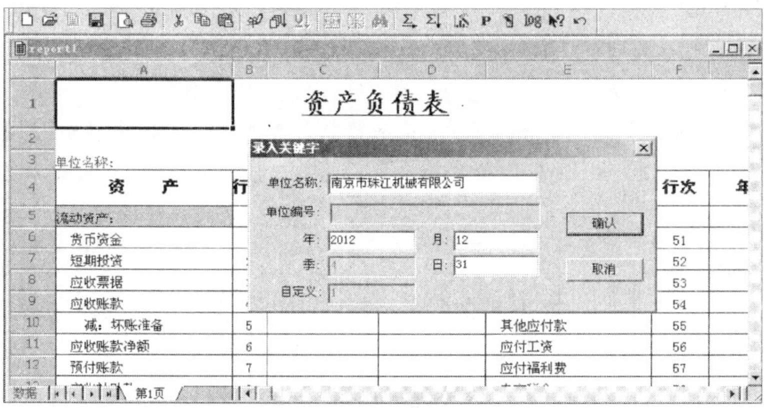

图 13-4

(10) 单击【确认】按钮，系统弹出“是否重算第 1 页?”信息提示框。

(11) 单击【是】按钮，系统会自动根据单元公式计算 12 月份资产负债表数据。

(12) 单击【保存】按钮，输入文件名如“12 月份资产负债表”，将生成的报表数据保存。

2. 自定义生成“管理费用明细表”

操作步骤：

(1) 新建空白报表。

① 执行“财务会计”→“UFO 报表”命令，打开 UFO 报表。

② 单击【新建】按钮，建立一张空白表。

③ 查看空白报表底部左下角的“格式/数据”状态，使其处于格式状态。

(2) 报表格式定义。

① 设置表尺寸。

A. 执行“格式”→“表尺寸”，打开“表尺寸”对话框。

B. 输入行数“12”,列数“5”,单击【确认】按钮,如图 13-5 所示。

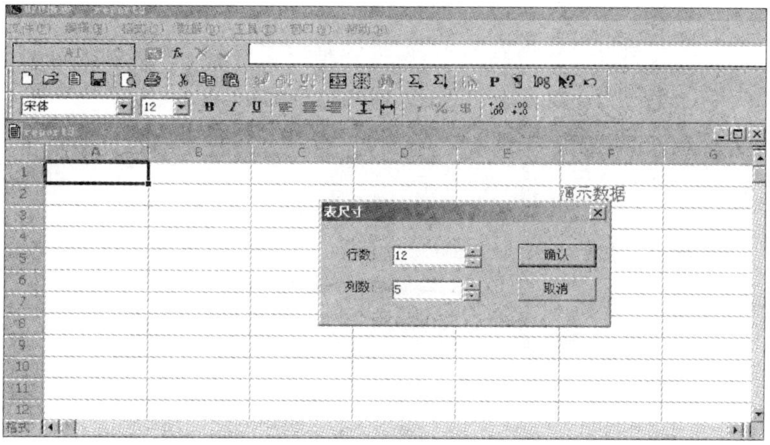

图　13-5

② 定义组合单元。

A. 选择需合并的单元区域 A1:E1,执行“格式”→“组合单元”命令,打开“组合单元”对话框,选择组合方式“整体组合”或“按行组合”,该单元区域即可合并成一个单元格。

B. 同理,合并单元区域 A2:E2 和 A12:E12,如图 13-6 所示。

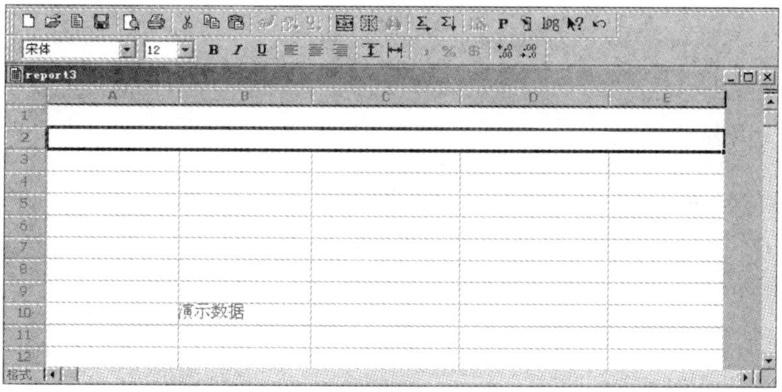

图　13-6

③ 画表格线。

A. 选中报表需要画线的单元区域 A3:E11,执行“格式”→“区域画线”命令,打开“区域画线”对话框。

B. 选择“网线”,单击【确认】按钮,在所选区域画上表格线。

④ 定义报表项目。

A. 选中需要输入的组合单元格 A1,在 A1 组合单元格中输入“管理费用明细表”,并单击【居中】按钮,调整文字的位置。

B. 同理,分别选中单元格 A3—A11、B3—E3,分别输入有关表体文字,如在 A4 单元格输入文字“财务部”。

C. 同理,选中组合单元格 A12,在 A12 组合单元格输入“审核人:”、“制表人:”。

注意:

• 报表项目指报表的文字内容，主要包括表头项目、表体项目和表尾项目等，不包括关键字。

• 日期一般不作为项目文字内容输入，需要设置为关键字。

⑤ 定义报表行高和列宽。

A. 选中需要调整的组合单元格 A1 所在行，执行“格式”→“行高”命令，打开“行高”对话框。

B. 输入行高“8”，单击【确认】按钮，如图 13-7 所示。

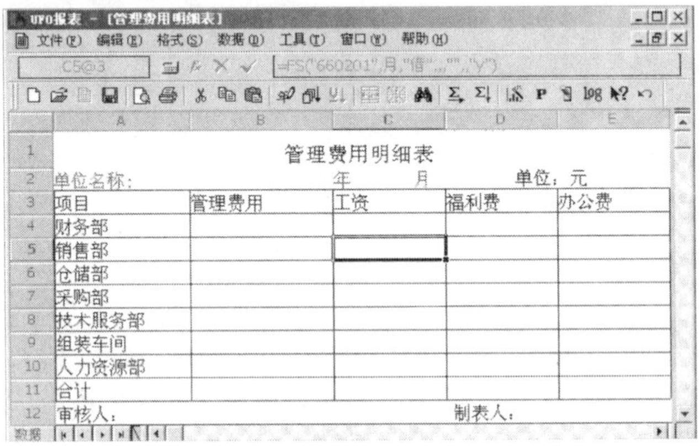

图 13-7

C. 同理，选中需要调整的单元格所在列，可调整表格的列宽。

注意：

行高、列宽的单位为毫米。

⑥ 单元风格设置。

A. 选中表头的标题所在组合单元格 A1，执行“格式”→“单元属性”命令，打开“单元格属性”对话框。

B. 选择“字体图案”选项卡，设置字体为“黑体”、字号“14”。

C. 选择“对齐”选项卡，设置对齐的水平方向、垂直方向均为“居中”。

D. 单击【确定】按钮。

E. 同理，分别设置表体、表尾的字体、字号等单元风格。

⑦ 设置关键字。

A. 选中需要设置关键字的组合单元格 A2，执行“数据”→“关键字”→“设置”命令，打开“设置关键字”对话框。

B. 选中“单位名称”单选按钮，单击【确定】按钮。

C. 同理，根据实验资料要求，执行“数据”→“关键字”→“设置”命令，分别设置关键字“年”、“月”。

D. 执行“数据”→“关键字”→“偏移”命令，打开“定义关键字偏移”对话框。

E. 分别输入偏移量单位名称“0”、年“ -200”、月“ -150”。

F. 单击【确定】按钮，如图 13-8 所示。

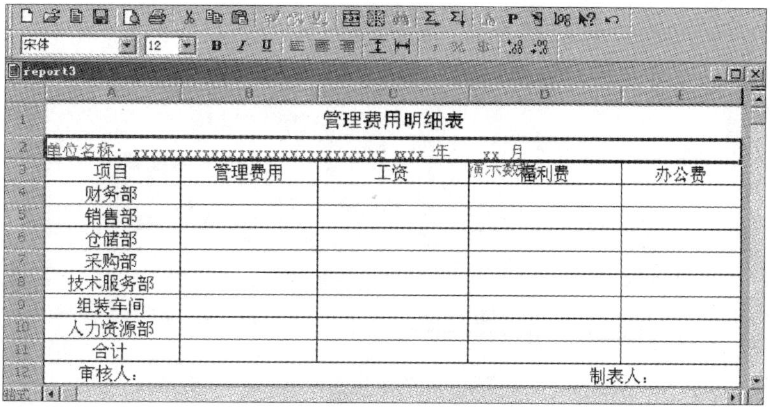

图 13-8

注意：

关键字的位置可用偏移量来表示，偏移量设为正数、负数，分别表示向右移、左移。

(3) 设置报表公式。

① 利用"函数向导"输入公式。

A. 选定需要定义公式的单元格 C4，执行"数据"→"编辑公式"→"单元公式"命令，打开"定义公式"对话框。

B. 单击【函数向导】按钮，进入"函数向导"对话框。

C. 在左边的函数分类列表中选择"用友账务函数"，在右侧的函数名列表中选择"发生(FS)"，如图 13-9 所示。

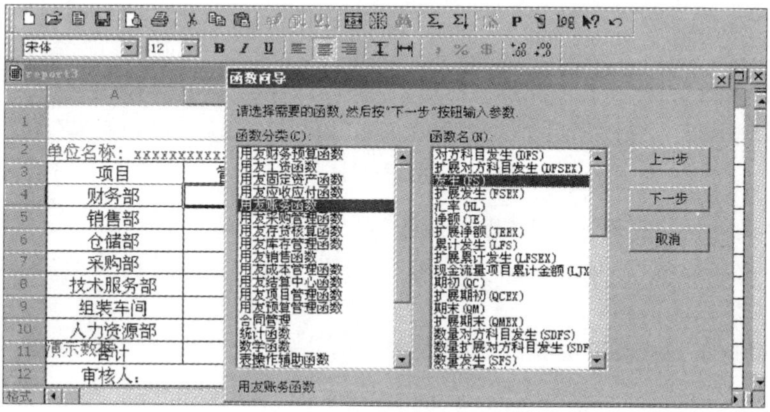

图 13-9

D. 单击【下一步】按钮，进入"用友账务函数"对话框，如图 13-10 所示。

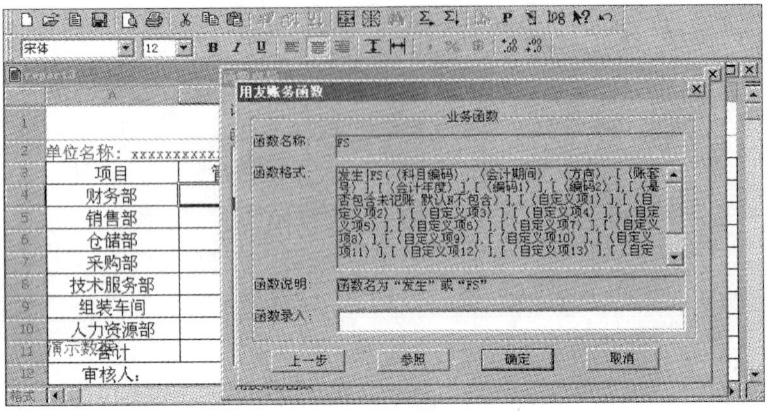

图 13-10

E. 单击【参照】按钮，打开“账务函数”对话框。

F. 选择账套号为“默认”、会计年度“默认”，输入科目“660201 工资”、部门编码“1 财务部”，选中“包含未记账凭证”复选框，如图 13-11 所示。

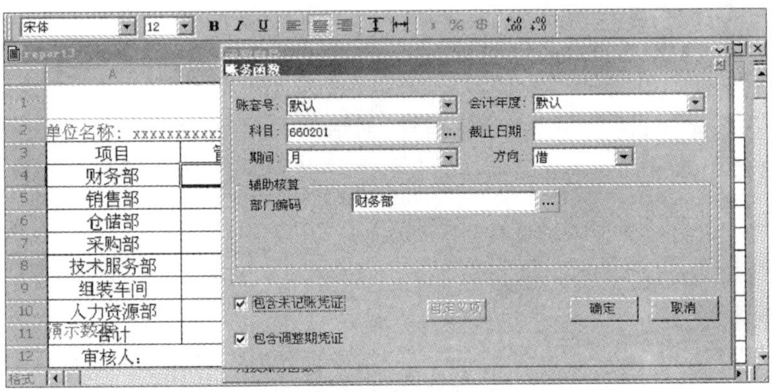

图 13-11

G. 单击【确定】按钮，返回“用友账务函数”对话框。

H. 在“用友账务函数”对话框，单击【确定】按钮，报表 C4 单元格显示“公式单元”字样，至此单元格 C4 公式设置完毕。

I. 同理，根据实验资料的要求，分别选定需要定义公式的其他单元格，设置相应的公式。

注意：

- 如果未进行账套初始，则账套号、会计年度需要直接输入。
- 也可使用【fx】按钮打开“定义公式”对话框。

② 直接输入公式。

A. 选定需要定义公式的单元格 B11，执行“数据”→“编辑公式”→“单元公式”命令，打开“定义公式”对话框。

B. 在“定义公式”对话框中，直接输入公式“B4 + B5 + B6 + B7 + B8 + B9 + B10”。

C. 单击【确认】按钮，单元格 B11 公式设置完毕。

D. 同理，执行“数据”→“编辑公式”→“单元公式”命令，可分别直接输入其他单元格的公式。

注意：

单元公式中的符号应为英文半角字符。

③ 公式设置完毕后，如图 13-12 所示。

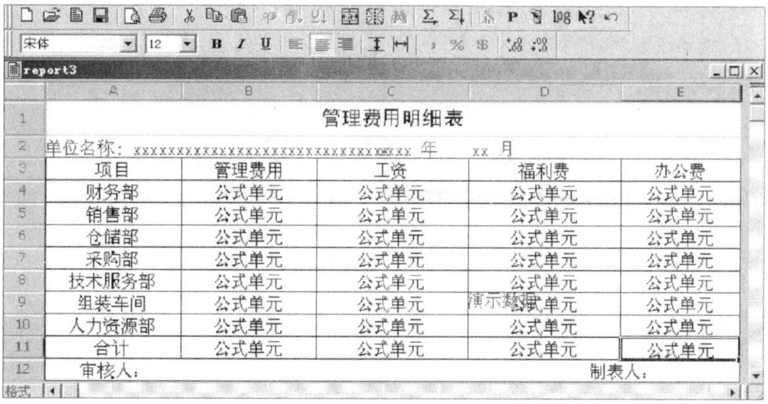

图 13-12

(4) 保存报表格式。

① 执行“文件”→“保存”命令，打开“另存为”对话框。

② 选择保存文件夹的目录，输入报表文件名“管理费用明细表”，单击【另存为】按钮保存。

注意：

报表格式设置完成后，应及时保存，以便以后直接调用。

(5) 报表数据处理。

① 增加表页。

A. 在“数据”状态下，执行“编辑”→“追加”→“表页”命令，打开“追加表页”对话框，如图 13-13 所示。

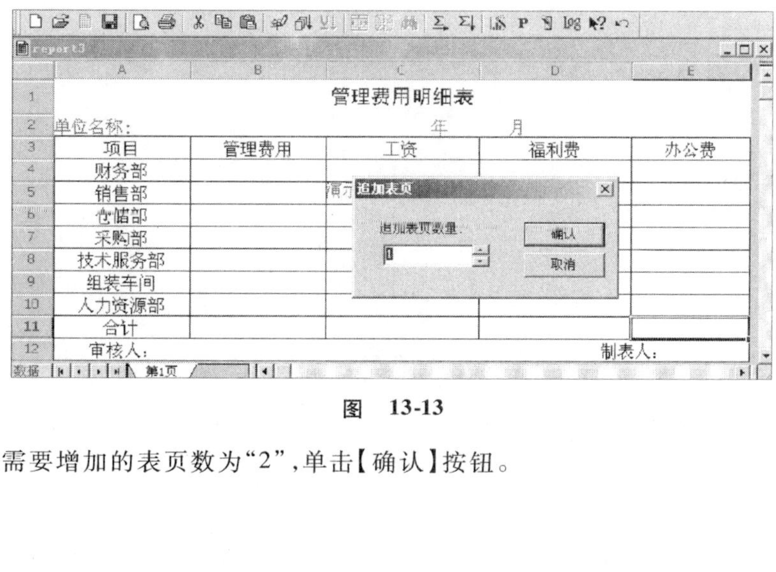

图 13-13

B. 输入需要增加的表页数为“2”，单击【确认】按钮。

注意：

追加表页是在最后一张表页后追加 N 张空白表，插入表页是在当前表页后面插入一张空白表页。

② 录入关键字。

A. 执行"数据"→"关键字"→"录入"命令，打开"录入关键字"对话框。

B. 输入单位名称"南京市珠江机械有限公司"、年"2012"、月"12"。

C. 单击【确认】按钮，系统弹出"是否重算第1页？"信息提示对话框。

D. 单击【否】按钮。

注意：

如果单击【是】按钮，系统会自动计算12月份管理费用明细表数据，并显示结果；如果单击【否】按钮，系统将不进行报表数据的计算，以后可利用"表页重算"功能计算并生成有关报表数据。

③ 生成报表。

A. 执行"数据"→"表页重算"，系统弹出"是否重算第1页？"信息提示对话框。

B. 单击【是】按钮，则系统自动计算12月份管理费用明细表数据，并显示结果。

④ 保存报表数据。

A. 执行"文件"→"另存为"命令，打开"另存为"对话框。

B. 选择保存文件夹的目录，输入报表文件名"12月份管理费用明细表"，根据需要选择保存文件格式为"＊.rep"或者"＊.xls"等格式。

C. 单击【另存为】按钮，即可将12月份管理费用明细表数据保存。